BIBLIOTHÈQUE INTERNATIONALE D'ÉCONOMIE
publiée sous la direction de Alfred Bon

THÉORIE DE LA VALEUR

PAR

CHRISTIAN CORNÉLISSEN

AVEC UNE

RÉFUTATION DES THÉORIES

DE

RODBERTUS, KARL MARX,
STANLEY JEVONS & BŒHM-BAWERK

Deuxième Édition entièrement revue

PARIS (5e)

M. GIARD & É. BRIÈRE

LIBRAIRES-ÉDITEURS
16, RUE SOUFFLOT ET 12, RUE TOULLIER

1913

THÉORIE DE LA VALEUR

BIBLIOTHÈQUE INTERNATIONALE D'ÉCONOMIE POLITIQUE
publiée sous la direction de Alfred Bonnet

THÉORIE DE LA VALEUR

PAR

CHRISTIAN CORNÉLISSEN

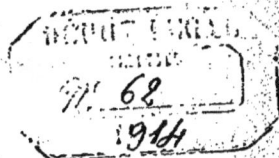

AVEC UNE

RÉFUTATION DES THÉORIES

DE

RODBERTUS, KARL MARX,

STANLEY JEVONS & BOEHM-BAWERK

Deuxième Édition entièrement revue

PARIS (5ᵉ)

M. GIARD & É. BRIÈRE

LIBRAIRES-ÉDITEURS

16, RUE SOUFFLOT ET 12, RUE TOULLIER

1913

A

MA VAILLANTE COMPAGNE,

LILLY CORNÉLISSEN-RUPERTUS

CHR. C.

AVANT-PROPOS POUR LA DEUXIÈME ÉDITION

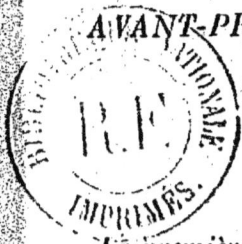

La première édition de ce livre date de novembre 1902. Cette nouvelle édition, comme l'indique le titre, a été entièrement revue.

Je dois m'expliquer sur cette revision. Une théorie générale de la valeur des richesses, telle que je l'ai présentée, ne vieillit pas dans l'espace de dix ans, et il lui faut plus de temps pour faire son chemin. Pour la juger, en la confrontant avec les faits et les réalités de la vie, plusieurs années sont nécessaires et souvent même la vie entière d'une génération devra s'écouler avant que le développement des phénomènes économiques et la constatation de faits nouveaux viennent confirmer ou infirmer les lois formulées ou y apporter des corrections nécessaires.

Je n'ai donc eu, pour le fond, rien à changer à ma théorie générale de la Valeur, ni à ma critique des théories antérieures.

Les changements que contient cette deuxième édition sont dûs à ce que de nouvelles enquêtes, des faits économiques nouvellement révélés, m'ont permis souvent de préciser les termes de mes constatations et d'enrichir la documentation de mon volume.

Cornélissen   1

Je dois aussi insister quelque peu sur la nature de cette documentation : Un fait social et économique bien et dûment constaté est, à mes yeux, un fait acquis, enregistré une fois pour toutes, qui fait ressortir un résultat général, né, dans des conditions sociales déterminées, du jeu des forces économiques. Notre rôle d'économiste est d'étudier ces conditions ; mais au point de vue scientifique, un fait économique et social ne perdra rien de sa valeur pour ces études, parce qu'il aura dix ans de date. Les faits économiques et sociaux, bien constatés, restent des faits et gardent leur valeur même après un siècle et lorsqu'ils appartiennent depuis longtemps à l'Histoire.

Aussi n'ai-je pris aucune peine pour « mettre à jour » — comme l'on dit — mon volume, en remplaçant un fait datant de 1890 ou de 1900 par un fait analogue plus récent. Je n'ai apporté de nouveaux faits qu'au cas où je les jugeais propres à compléter ou à éclaircir ma théorie.

CHRISTIAN CORNÉLISSEN.

Paris, Octobre 1912.

PRÉFACE

———

Avant d'entrer dans l'exposition de mon sujet, je tiens à faire quelques observations préalables sur les points où je me sépare des écoles économiques actuelles et sur les parties de ce livre qui me semblent exiger quelques éclaircissements.

En premier lieu, une réflexion s'impose : Dans le présent ouvrage, nous étudions la question du bien-être matériel des hommes et examinons en particulier la *valeur* des richesses ; nous partirons de là pour rechercher ensuite dans des ouvrages successifs les lois qui régissent, dans la société actuelle, le salariat, le capital et l'accumulation du capital, la rente foncière, etc.

Cependant, ce dont nous aurions besoin, au commencement du xxᵉ siècle, c'est d'un système entier de sociologie, qui ne se contenterait pas d'examiner les phénomènes économiques de la vie sociale, mais qui se préoccuperait en même temps de la constitution et de l'évolution de la vie morale, intellectuelle et politique, dont ces phénomènes sont la base. Un tel système envisagerait tous les aspects de la vie sociale comme inséparablement unis par un continuel rapport.

Les économistes modernes arrivent de plus en plus à le

reconnaître : il est incontestable que l'aspect matériel de la vie
sociale ne saurait être bien et dûment étudié à part, séparé de
l'aspect moral, intellectuel et politique ; chaque pas que nous
faisons sur le terrain économique nous convainc davantage que
les lois économiques se rattachent, comme la partie au tout, à
cet ensemble de lois générales à l'étude desquelles s'applique la
sociologie.

La science économique nous paraît donc étroitement et inséparablement liée aux autres branches de la philosophie sociale,
et les lois du bien-être matériel des hommes ne sauraient être
scientifiquement exposées, lorsque l'on ne regarde que le côté
matériel de la vie.

Dans ce premier volume, traitant de la valeur des richesses,
surtout dans les pages qui examinent en particulier la valeur
d'usage sociale et dans celles qui montreront au lecteur des
tendances communistes, nous verrons les richesses du genre
humain se présenter à nos yeux comme *richesses historiques*,
créées non seulement par le travail d'une génération humaine,
mais des générations successives.

L'homme n'est-il pas lui-même un être historique, un être
de culture, le produit de longs siècles et d'une éducation à
laquelle des influences morales, intellectuelles ou politiques,
ont collaboré aussi bien que le bien-être matériel ?

L'accumulation des richesses humaines s'est montrée aux
chercheurs modernes sous la dépendance de tout un ensemble complexe de lois sociales qui dirigent l'énergie et le
travail humains, lois non seulement économiques, réglant la
production et la distribution des richesses, mais encore lois de
la vie morale, intellectuelle et politique des hommes. La religion, les vieux liens familiaux, ainsi que nombre de mœurs ou
de coutumes locales ou nationales ont témoigné incessamment
de leur influence directe sur les phénomènes économiques. La

manière dont les peuples pourvoient à leurs premiers besoins d'existence — c'est-à-dire leur existence matérielle — s'est montrée intimement solidaire de toute l'histoire de notre espèce.

Considérons par exemple, dans la vie sociale actuelle, l'échange des marchandises et remarquons les influences complexes qui, sur le marché moderne, concourent à fixer leurs prix définitifs ; nous verrons alors combien peu les lois purement économiques sauraient être séparées des lois générales de la constitution et du développement de la société.

Nous ne prétendons nullement par là que les lois du bien-être matériel des hommes ne puissent pas être soumises à un examen scientifique distinct, ni que la science économique, par le domaine singulièrement vaste où s'étendent ses recherches et l'importance particulière des questions qu'elle traite, ne doive pas rester nécessairement réservée à des savants spéciaux ; mais cette science ne saurait être pratiquée avec succès, c'est ce que j'ai voulu démontrer, — que si elle est tenue continuellement en rapport avec les autres branches de la philosophie sociale.

C'est à ce point de vue, — comme un ensemble de recherches sur un « subdomaine » de la sociologie générale, — que je désire voir juger mon ouvrage.

Je ne m'arrêterai pas à défendre le caractère scientifique que peuvent avoir de telles recherches. On a prétendu parfois que la science économique ne saurait porter le nom de science, en disant qu'elle ne mène pas, comme par exemple les mathématiques, à des données certaines et exactes ; cette objection, cependant, s'appliquerait non seulement à la science économique, mais à la sociologie dans son ensemble. Je pense en outre, comme cela a déjà été dit par d'autres, que ceux qui ont défendu cette opinion ont trop peu distingué entre *certitude* d'une part et *exactitude* ou *précision mathématique* de l'autre. La sociologie, et par conséquent la science économique, peut nous donner de la certitude aussi bien que n'importe quelle autre science. Seulement celle qu'elle procure dans son domaine particulier restera toujours la certitude relative qu'on doit attribuer à toute tendance.

Si l'on appelle science la recherche des lois générales dérivées des faits particuliers et, ensuite, la confirmation et la coordination de ces lois, la science économique mérite incontestablement ce nom. Aussi la certitude que nous procurent ses recherches nous donnera-t-elle la possibilité — c'est un des traits caractéristiques de toute science réelle — de déduire avec justesse, jusqu'à un certain point, l'inconnu et le futur du connu et du présent.

Dans la science économique, cependant, plus peut-être que dans n'importe quelle autre science, il nous sera incessamment remis en mémoire que nous avons affaire à des lois tendantielles. Précisément à cause de la complexité de la vie sociale et de l'action simultanée de tendances différentes, les phénomènes sociaux et économiques nous paraîtront parfois moins faciles à déterminer que ceux qui sont étudiés dans d'autres branches de la Science.

Si, néanmoins, la sociologie doit véritablement être considérée comme une science, et même, à mon avis, comme une des plus importantes et des plus étendues, — celle de l'évolution humaine dans son ensemble, — la branche particulière de cette science générale qui s'occupe des lois du bien-être matériel des hommes est, sans contredit, de la plus grande importance parmi les sciences-sœurs.

Je partage la conception matérialiste de l'histoire en me plaçant au point de vue évolutionniste qui, depuis le XVIIIe siècle, pénètre de plus en plus dans les esprits; je pense donc que les conditions d'existence matérielle du genre humain forment les bases réelles de toute la vie morale, intellectuelle et politique des peuples et que celle-ci, de son côté, réagit sur les premières. Or, la science qui s'applique à rechercher les lois de cette existence matérielle se place, à mon avis, dans les premiers rangs, s'il est vrai que l'on puisse parler de rangs parmi les sciences.

Je puis donc résumer ainsi mon opinion : La science générale de la sociologie étudie tous les phénomènes de l'existence sociale des hommes ; mais cette science gigantesque se subdivise, d'après les faits étudiés, en sciences spéciales. Une de ces sciences s'applique à l'étude du bien-être matériel des hommes : étude de la constitution et du développement des rapports de production et de distribution. Cette science spéciale est solidaire de toutes les autres sciences sociales et son étude ne saurait être séparée de celle des sciences-sœurs. Au contraire, ce sont précisément les rapports réciproques entre toutes ces branches de la sociologie générale qui doivent nous éclairer sur les questions sociales les plus importantes.

L'espoir que je fonde sur l'Économie ne s'appuie pas sur la méthode suivie jusqu'à nos jours par la plupart de ses représentants et qui ne méritait guère le qualificatif de scientifique. Aussi cette méthode sera-t-elle critiquée spécialement dans le présent ouvrage.

Pour les deux grands groupes d'économistes qui, de nos jours, se disputent la suprématie, les uns au nom de la *Théorie du coût-de-production*, — courant objectiviste, — les autres au nom de la *Théorie « utilitaire »*, — courant subjectiviste, — la science économique n'a été que trop une science d'abstractions et de métaphysique. Leurs représentants ne sont que trop partis de certaines causes premières et générales pour expliquer par elles tous les phénomènes sociaux. Ayant

hâte, en outre, de transformer les résultats de leurs recherches en système complet, ils ont dressé une philosophie
sociale qui, naturellement, devait se perdre dans l'abstraction.

Examinons d'abord le courant objectiviste dans la science
économique, ce courant qui, comme on l'a dit, part de Quesnay
et, en passant par Ricardo et Rodbertus, s'écoule dans le système économique complet de Karl Marx. N'est-ce pas trop une
doctrine d'abstractions malgré les capacités extraordinaires
d'analyse des conditions réelles de la vie dont Marx surtout a
fait preuve ?

Du marché des marchandises Marx exclut la concurrence et
toutes les conditions qui précisément font le marché (1); il pose
une valeur abstraite à la place de la valeur d'échange que les
articles possèdent en réalité. Il juge que la valeur d'échange des
marchandises consiste dans le travail « socialement nécessaire »
à leur production (ou reproduction) et qu'elle est mesurée par la

---

(1) « Si nous avons agi ainsi, c'est parce que le mouvement effectif de
la concurrence ne rentre pas dans le cadre de notre étude, qui n'a pour
but que d'analyser l'organisation interne de la production capitaliste,
pour ainsi dire dans sa moyenne idéale. » (KARL MARX, *Das Kapital*,
tome III, deuxième partie, ch. XLVIII, p. 367 ; trad. fr., Paris, 1902, p. 432.)
   Cherbuliez, dont l'œuvre économique sert, sur plusieurs points, de
trait-d'union entre l'école classique de Smith-Ricardo et la théorie développée et intégrale de Marx, dit : « Nous avons dépouillé les phénomènes
réels de ce qui les rendait complexes et divers, pour ne voir que ce
qu'ils avaient de commun. Le résultat de cette analyse peut donc fort
bien ne représenter rien de réel, ne ressembler exactement à aucun des
phénomènes complexes de la réalité. Dès lors, la théorie, la loi, que nous
construisons d'après ce résultat, peut aussi ne se vérifier dans aucun des
faits que nous verrons s'accomplir sous nos yeux. Cette théorie, cette loi
n'en sera pas moins une vérité scientifique ». (A.-E. CHERBULIEZ, *Précis
de la science économique et de ses principales applications*, Paris, 1862,
tome I, chap. II, p. 11.)
   Cherbuliez a exprimé les choses dans un langage plus simpliste que
celui qu'emploie Karl Marx, mais, au fond, les procédés de travail dits
« scientifiques », dont parlent les deux auteurs, sont identiques.

durée de ce travail (1). C'est d'après celte valeur-de-travail que
les marchandises s'échangent comme « équivalentes » au marché métaphysique inventé par Marx. Il est vrai que les marchandises peuvent être vendues à des prix qui s'écartent de cette
valeur, mais, dit Marx, « cet écart apparaît comme une infraction à la loi de l'échange des marchandises » (*aber diese Abwei-
chung erscheint als Verletzung des Waarenaustausches*) (2).
Dans la détermination de cette valeur, du reste, Marx n'agit pas
autrement que son maître Ricardo ; celui-ci, en effet, ne s'occupe
jamais de la valeur d'échange réellement existante et continuellement variable des marchandises, valeur qu'il désigne par le
nom de « prix courant », mais de ce qu'il appelle, par opposition à la première, le « prix naturel » des marchandises (3).

La théorie de la valeur exposée et élaborée par Karl Marx
d'après l'école classique de Smith-Ricardo, comme la théorie
de la « *plus-value* » qui repose sur elle, comme l'explication
qu'il donne du salaire, du profit d'entreprise, de l'intérêt et de
la rente foncière, etc., nous paraît, dès le premier coup d'œil,
être devenue dans ses mains une théorie d'abstractions métaphysiques, clairement contredite çà et là par les faits sociaux
réels ; c'est si net qu'à la fin, dans le troisième volume de son
Capital, Marx oppose lui-même à sa vieille théorie de la valeur-de-
travail une théorie de l'échange, selon laquelle les marchandises

---

(1) Voir KARL MARX, *Das Kapital*, tome I, ch. I, 3ᵉ édit., pages 5 et 6 ;
cf. trad. Roy, p. 15, col. 1.

(2) KARL MARX, *loc. cit.*, ch. IV, § 2, p. 134; cf. trad. franç., p. 67,
col. 2.

(3) Ricardo aboutit à la conséquence suivante : « En parlant donc
de la valeur d'échange des choses, ou du pouvoir qu'elles ont d'en
acheter d'autres, j'entends toujours parler de ce pouvoir qu'elles posséderaient, si quelque cause momentanée ou accidentelle de perturbation
n'intervenait pas, et qui constitue leur prix naturel. » (DAVID RICARDO,
Principles of Political Economy and Taxation, ch. IV, édit. 1888, p. 49;
cf. trad. Constancio et Alc. Fonteyraud, Paris, 1882, p. 58.)

ne se vendent plus sur le marché moderne d'après le travail
socialement indispensable à leur production ou reproduction,
mais selon leur *prix de production*, consistant dans leurs frais
de confection, plus une quote-part de profit moyenne et proportionnelle pour le fabricant.

Mais en est-il autrement de la *théorie utilitaire* de nos jours,
de cette doctrine moderne de la science économique qui
cherche dans des motifs subjectifs et psychologiques les lois
des phénomènes économiques ? Dans l'exposition de ces motifs
psychologiques, les représentants de cette théorie sont tombés
dans des abstractions menant nécessairement à des conclusions
aussi fausses et aussi opposées à la vie réelle que les conclusions
les plus abstraites de l'école de Ricardo-Marx. Aussi bien que
l'école marxiste, par exemple, ces économistes nous conduisent
à un marché chimérique, chez eux acheteurs et vendeurs viennent échanger leurs marchandises d'après l'*utilité-limite* (le
« *Grenznutzen* » de M. Böhm-Bawerk) qu'ils attribuent aux
marchandises. Naturellement, ces marchandises sont encore des
marchandises métaphysiques, montrant toutes, comme nous le
verrons, les mêmes qualités intrinsèques : Pour ceux qui se présentent en acheteurs à ce marché, tout cheval, par exemple, est
« un cheval », toute livre de bœuf est « une livre de bœuf » et
rien de plus.

C'est bien naturel du reste. Comment serait-il possible autrement aux économistes *utilitaristes* de nous exposer leur « loi »
de l'*utilité-limite* des biens, de dresser ces formules fixes
et ces schèmes mathématiques pour les évaluations psychologiques personnelles de l'utilité et pour l'échange final entre les
individus, — formules et schèmes si chers aux représentants de
cette doctrine de la science économique !

Supposons, cependant, que la science économique se soit plus
décidément appliquée qu'elle ne l'a fait jusqu'à nos jours à étu-

dien et à analyser les phénomènes réels de la vie sociale et à construire d'après eux, par la voie inductive, les lois générales qu'elle aurait eu à vérifier et à coordonner ensuite, en se tenant toujours en contact avec cette vie réelle dont elle est partie ; on peut admettre que ses recherches auraient pu nous apporter plus de connaissances positives qu'elles ne l'ont fait jusqu'ici, tout en prêtant moins à une critique par trop justifiée.

La méthode déductive n'est point exclue de ce programme ; ce serait d'ailleurs impossible, vu la complexité des phénomènes que nous présente précisément la vie sociale. La connaissance générale que nous possédons de la nature humaine et des lois qui gouvernent le monde extérieur peut nous apporter un secours des plus utiles et est même parfois indispensable à l'éclaircissement des phénomènes sociaux. En l'appliquant, nous raisonnons par la voie déductive, en concluant du général au particulier.

Pourtant, c'est justement à cause de cette extrême complexité de la vie sociale et de la coexistence de plusieurs tendances différentes que nous devrons appliquer cette méthode déductive avec le plus grand scrupule et l'hésitation la plus marquée ; car, si nous nous engageons dans la voie des abstractions, nous courons le risque — la science économique ne l'a prouvé que par trop jusqu'à nos jours — de perdre le contact avec les rapports réels de la vie. Raisonnant comme si le phénomène social étudié était gouverné par la seule tendance spéciale qui nous occupe, nous aboutirons aisément à des conclusions en dehors de la vie sociale réelle, si même elles ne paraissent pas en contradiction évidente avec les faits réels.

En général, la méthode déductive aurait dû rester, dans la science économique, l'auxiliaire de la méthode inductive — la principale. Pourtant le plus souvent son rôle fut autre, — aussi bien dans la doctrine de la *valeur-de-travail* (où, cependant, nous avons à faire une exception, quant à la méthode, pour son fondateur, Adam Smith) que dans la moderne doctrine subjectiviste de Jevons et Menger-Böhm, celle des « utilitaristes ». La méthode déductive aurait dû rester précisément la méthode de vérification et de contrôle des résultats acquis par la voie inductive.

Que l'on nous comprenne bien. Nous ne souhaiterions pas voir établir les lois de la constitution et du développement économique de la société par l'observation seule, ce qui serait tomber dans l'extrême opposé et ne vaudrait pas mieux. Il ne faut pas que la science économique devienne ce qu'un représentant de la doctrine subjectiviste moderne a appelé dédaigneusement « un plat et stérile empirisme » (1). Seulement, nous nous opposons à la construction d'un système économique où la méthode déductive prédomine tellement que la théorie doit être jugée à bon droit — et ce reproche ne s'applique que trop bien à toute notre science économique moderne — construite sur des abstractions et des hypothèses et sans contact suffisant avec la vie réelle.

Quelques mots encore sur les tendances communistes que l'on trouvera dans mon ouvrage et qui, pour moi, sont les conséquences d'un raisonnement rigoureusement déduit des rapports sociaux réels.

Nous avons à considérer l'Economie, non seulement comme l'étude de la *constitution* économique de la société, mais également comme celle de son *évolution*, parce que les phénomènes

---

(1) Voir LÉON WALRAS : « Mais je dois déclarer qu'elle (cette idée) est la mienne, tout opposée qu'elle soit à l'absence totale de philosophie de la science et de science pure qui se décore en ce moment du titre de méthode expérimentale et qui n'est, à mes yeux, qu'un plat et stérile empirisme. » (*Théorie de la Monnaie*, Lausanne, 1886, Préface, p. XI.)

sociaux et économiques, comme tous les autres, se montrent sous un double aspect, l'aspect statique et l'aspect dynamique, en qualité de phénomènes d'*équilibre* ou de *mouvement*.

De même que la biologie étudie chez les êtres vivants aussi bien les caractères anatomiques que le processus physiologique et le développement embryogénique, l'Economie comprend et la théorie de la constitution économique de la société et celle de son développement. Lorsque donc l'économiste, soutenu dans ses recherches par le résultat des sciences-sœurs de la sociologie, croit devoir tirer de son étude du développement des forces sociales productives actuelles, certaines conséquences concernant la constitution future de la société, il lui appartient de pousser ses recherches aussi loin qu'il estime pouvoir *prévoir*. C'est même là ce que nous avons appelé un trait caractéristique de toute science réelle.

C'est sur ce point encore que, en général, les économistes de nos jours ont laissé voir de graves faiblesses. En étudiant les œuvres de l'Economie moderne, le lecteur exempt de préjugés aura sans doute l'impression continuelle que les économistes que j'appellerai ici « officiels » n'ont pas osé, pour des motifs secondaires et politiques, tirer les conséquences immédiates de leurs propres théories. Je vise ici surtout les représentants de la *doctrine utilitaire*, mais cela pourrait se dire encore de beaucoup d'autres.

Lorsque ces faiblesses nous tomberont sous les yeux, nous n'hésiterons pas à les mettre en évidence, tout comme, d'autre part, nous reconnaîtrons les mérites de chaque école de science économique. Il faut, avant tout, que l'on cesse d'épargner certains intérêts de classe dans les œuvres qui prétendent ne se réclamer que de l'esprit scientifique.

Ce n'est pas sans raison, en effet, que particulièrement les représentants de la *doctrine utilitaire* sont désignés souvent sous le nom d'« économistes bourgeois ». Trop souvent leurs théories nous semblent confectionnées expressément pour servir à l'instruction universitaire, pour défendre les bases de la vie sociale et politique actuelle et cacher sous des mots les iniquités sociales.

THÉORIE DE LA VALEUR

DÉFINITIONS

J'appelle *valeur d'usage* d'une chose la signification que cette chose peut avoir pour un homme quelconque ou bien pour une collectivité d'hommes, en tant qu'elle peut satisfaire certains besoins ou désirs humains ; en d'autres termes, c'est ce qui correspond, au point de vue du consommateur, à l'utilité de cette chose ou, du moins, aux propriétés et qualités qui la font servir à l'usage des hommes.

J'appelle cette valeur : *valeur d'usage personnelle* quand il est question de l'utilité ou de l'usage d'une chose pour la personne d'un consommateur défini. Je l'appelle : *valeur d'usage sociale* quand je vise l'utilité ou l'usage que les choses ont pour les hommes en général.

Je distingue ensuite la *valeur d'usage totale* et l'*utilité totale* d'une quantité quelconque de choses de la *valeur d'usage* et de l'*utilité* d'une certaine fraction de cette quantité.

J'appelle *valeur de production* d'une richesse son rapport avec d'autres richesses relativement au coût de leur production.

Je distingue entre la *valeur de production subjective* ou *individuelle* qui se base sur le coût de production personnel du producteur et la *valeur de production objective* ou *sociale* qui est basée sur le coût socialement nécessaire à la production des richesses suivant le développement des forces productives.

La valeur de production est *valeur-de-travail* lorsque le coût de production se réduit au *coût de travail* ; elle se distingue alors en *valeur-de-travail subjective* et *valeur-de-travail objective*.

Elle est *valeur de production capitaliste* pour des catégories de richesses telles et dans des conditions de production telles que les frais se réduisent pour le producteur non au coût de travail, mais à une dépense de capital.

J'appelle *valeur d'échange* d'une marchandise son rapport avec d'autres marchandises relativement aux quantités auxquelles, sur le marché, elles sont considérées comme équivalentes et proportionnellement auxquelles elles sont échangées.

J'appelle cette valeur : *valeur d'échange subjective* ou *personnelle* quand elle est déterminée par les évaluations personnelles d'acheteurs et de vendeurs définis, et *valeur d'échange objective* ou *sociale* quand elle est déterminée par la valeur de production sociale d'une part et par les besoins sociaux de l'autre.

ANALYSE DE LA NOTION DE « VALEUR »

Le mot *valeur* — comme l'ont déjà remarqué plusieurs économistes — exprime une idée de *grandeur comparative* et non de *grandeur absolue*.

Ce caractère de *relativité* est communément fort mal défini par la science économique. Les économistes l'ont indiqué pour démontrer l'impossibilité de mesurer d'une façon absolue la valeur des choses ; mais ils se sont généralement contentés de faire observer qu'il en est de la valeur des choses comme de la pesanteur, de la longueur, de la surface ou de la chaleur des objets : pour en parler il faut comparer un objet quelconque à un autre qui possède également une certaine pesanteur, longueur, surface ou chaleur. Ceux-là même qui ont poussé le plus loin l'analyse n'ont vu dans la valeur qu'un rapport entre différentes choses, comparées les unes aux autres relativement à une qualité qui leur est commune (1).

Pour les simples transactions entre les hommes, étant donnée surtout la confusion qui règne en ce qui concerne la notion de « valeur », cette conclusion paraissait suffisamment approfondie.

---

(1) Voir par exemple J.-B. SAY dans son : *Cours complet d'économie politique pratique*, première partie, ch. II : *De la valeur qu'ont les choses*. Ses théories sur ce point ont fait le tour de la science économique internationale.

Cornélissen   2

Lorsque nous exprimons, dans la vie journalière, la valeur d'un objet quelconque en la comparant immédiatement à celle d'un autre objet, quand nous l'égalons par exemple à X onces d'or, ou Y francs, la vérité de l'assertion mentionnée est évidente.

L'égalité ne saurait avoir un autre sens que celui-ci : le rapport entre l'objet susdit et une once d'or ou bien un franc (en ce qui concerne leur « valeur » respective) est le même que le rapport de X : 1 ou de Y : 1. C'est donc une proportion pareille à celle que nous exprimons en disant qu'un arbre quelconque a une longueur de cinq mètres ce qui signifie simplement : au point de vue de la longueur, l'arbre est à un mètre ce que 5 est à 1.

Cependant, il suffit d'approfondir un peu plus l'idée même de *valeur*, pour reconnaître qu'elle n'est ni aussi simple ni aussi claire que celle de *longueur*. D'abord le mot de valeur peut avoir plusieurs acceptions ; ensuite, — et c'est ce que nous montrerons en premier lieu, — quel que soit le sens donné à ce mot, nous ne trouverons jamais une unité propre à exprimer la valeur des choses comme nous en avons une pour la mesure des distances.

Les distances ou longueurs peuvent être *mesurées* dans le sens strict du mot ; leur grandeur, en effet, s'exprime à l'aide d'une autre distance, d'une autre longueur, qui est prise comme unité de mesure. Cela se peut, puisque — comme le fait très bien remarquer Rodbertus — « une unité de mesure n'est autre chose *qu'une fraction de la grandeur à mesurer même*, fraction devenue visible et proclamée unité » (1).

Or, c'est justement à cet égard qu'il existe une différence essentielle entre la *valeur* des objets et par exemple leur *lon-*

(1) Rodbertus-Jagetzow, *Zur Erkenntniss unsrer staatswirthschaftlichen Zustände, Neubrandenburg*, 1842, ch. II, p. 34. Rodbertus a, plus soigneusement qu'on ne l'a fait d'ordinaire, examiné la « valeur » comme une notion comparative, seulement il n'a pas suffisamment fait attention aux rapports existant entre les choses évaluées et l'homme qui évalue.

gueur. Un arbre a une certaine longueur indépendante de son
milieu ; il a la même longueur ici que dans le centre de
l'Afrique. Il en est autrement de la valeur : le charbon enfoui
dans le sol de l'Afrique ne saurait représenter une certaine valeur que lorsqu'il est mis en rapport avec les hommes ; et sa valeur même n'est pas autre chose que ce rapport.

Ce fait que la valeur des choses suppose toujours un rapport
entre elles et un être humain quelconque ou le genre humain en
général, se trouve bien çà et là superficiellement noté dans la
science économique ; mais, le plus souvent, on ne l'a pas suffisamment mis en lumière dans l'analyse de l'idée de valeur, et
c'est même là une des principales causes de la confusion de cette
idée.

En France, par exemple, Condillac pose en principe que
notre besoin d'une chose, *s'exprimant dans l'opinion personnelle que nous avons de sa rareté ou de son abondance*, décide
de sa valeur, — l'utilité de cette chose restant la même (1),
D'autre part, d'après J.-B. Say, cette utilité qui fonde la valeur
est une qualité essentielle aux choses mêmes : « C'est la faculté
d'acheter, qui fait que les choses sont des richesses ; or cette
faculté, cette qualité qu'on appelle *leur valeur*, est *dans l'objet
qu'on évalue*, indépendamment de l'objet qui sert à faire cette
évaluation. » (2).

---

(1) « Si la valeur des choses est fondée sur leur utilité, leur plus ou
moins de valeur est donc fondé, l'utilité restant la même, sur leur rareté
ou sur leur abondance, ou plutôt sur l'opinion que nous avons de leur
rareté et de leur abondance. » (CONDILLAC, *Le Commerce et le Gouvernement*, Ire partie, chap. I, Amsterdam, 1776, p. 14.)

« Car la valeur est moins dans la chose que dans l'estime que nous en
faisons, et cette estime est relative à notre besoin : elle croît et diminue,
comme notre besoin croît et diminue lui-même. » (*Ibidem*, p. 15.)

(2) L'italique est de l'auteur : J.-B. SAY, *loc. cit.*, p. 37. Cette opinion-
ci, cependant, ne l'a pas empêché de déclarer nettement au commencement du même chapitre : « La seconde circonstance à remarquer relativement à la valeur des choses, est l'impossibilité d'apprécier sa grandeur
absolue. Elle n'est jamais que *comparative* » (*Loc. cit.*, p. 34.) Aussi le
fait que Say cherche l'origine de la valeur dans les objets mêmes qu'on

L'une et l'autre conceptions de l'idée de valeur ont trouvé
depuis, dans la science économique, leurs partisans qui, plus
ou moins catégoriquement, ont mis au premier plan, les uns, les
propriétés et qualités intrinsèques des choses, les autres, les
besoins humains et nos évaluations personnelles. Or, il est
évident que les deux opinions contiennent chacune une part
de vérité. Il faut s'exprimer ainsi : la valeur que nous attribuons aux choses, provient de la collaboration de deux
causes, d'une part, des choses mêmes et de leurs qualités intrinsèques et, d'autre part, de notre désir de les posséder, désir dépendant de plusieurs facteurs subjectifs que nous aurons à
analyser et parmi lesquels trouvera place notre opinion de la
rareté ou de l'abondance des choses.

Pour que la valeur d'un objet pût être *mesurée* dans le sens
rigoureux du mot, il faudrait donc pouvoir l'appliquer sur une
autre valeur, ce qui signifie toujours, en dernière analyse, sur
un autre rapport d'un objet à un homme, à un groupe d'hommes
ou au genre humain en général, rapport toujours subjective-
ment évalué par un individu quelconque.

La difficulté de ce processus est évidente. En réalité, les
différentes quantités des choses sont bien comparées les unes
aux autres relativement à leur valeur ; mais il n'y a pas lieu,
cependant, de parler d'une *mesure* de celle-ci au sens propre
du mot, mesure au moyen d'une *unité* conventionnelle comme
pour les distances, les surfaces, etc. De là cette remarque de
Rodbertus qu'en réalité ce n'est pas une *Mesure de la valeur*,
mais plutôt un *Indicateur de la valeur* que les hommes cherchent à se procurer (1).

évalue ne l'empêche-t-elle pas davantage de désigner ailleurs dans ses
œuvres les besoins des hommes comme la cause des prix des choses. Voir
par exemple son *Traité d'économie politique*, Livre II, chap. IX, § 1,
6º édition, p. 228 : «... ce qui nous ramène à ce principe déjà établi, que
les frais de production ne sont pas la cause du prix des choses, mais que
cette cause est dans les besoins que les produits peuvent satisfaire. »

(1) « On ne veut donc pas, à proprement parler, une *mesure* de la valeur, mais un *indicateur* de la valeur. Ce que l'on veut (la monnaie) est

La notion de valeur nous paraît donc comparative en deux sens ; premièrement, en ce qu'elle exprime un rapport des choses entre elles ; deuxièmement, en ce qu'elle exprime aussi un rapport entre les choses évaluées et l'homme. Nous pouvons choisir entre divers points de départ pour notre analyse de la valeur : examiner, par exemple, l'utilité des choses pour un homme quelconque, ou un groupe d'hommes, ou pour le genre humain en entier ; nous pouvons encore nous demander combien de travail ou de capital coûte la production des richesses, ou rechercher enfin dans quelles quantités elles s'échangent entre elles sur le marché. Quel que soit, cependant, notre point de vue, que nous parlions de *valeur d'usage*, de *valeur de production* ou de *valeur d'échange*, la notion de valeur présentera toujours le même caractère de relativité à un double chef.

En ce qui concerne le rapport des choses entre elles, ce caractère de relativité est toujours évidente pour la *valeur d'usage* et la *valeur d'échange* ; la valeur, sous ces deux formes, s'exprime toujours par une comparaison directe entre les objets en question et la monnaie, l'or, l'argent ou d'autres « objets de valeur ».

La *valeur d'usage* des choses, — bien qu'elle soit déterminée en fin de compte par le plaisir ou l'avantage qu'elles procurent, ne s'exprime pourtant jamais en quantités de plaisir ou d'avan-

donc absolument comparable au Thermomètre qui devrait être appelé plutôt Thermoscope. Car, de même que nous n'apprenons nullement par le thermomètre la quantité de la chaleur même, mais seulement des variations relatives de la dilatation du mercure, desquelles nous inférons les grandeurs relatives de la chaleur, ainsi nous n'apprenons pas par la monnaie la quantité de la valeur même, mais seulement des quantités relatives d'argent ou de travail, qui nous font connaître la grandeur relative de la valeur. » (RODBERTUS, *Zur Erkenntniss*, etc., note aux pages 45-46.)

La comparaison de l'expression de la valeur à celle de la chaleur par le thermomètre, n'appartient pas à Rodbertus ; nous la trouvons déjà chez J.-B. Say, bien que celui-ci n'ait pas une conception claire de la relativité de l'idée de valeur. Voir *Cours complet, loc. cit.*, pages 34-35.

tage. Nous disons bien, en langage figuré, que l'acquisition d'un objet quelconque vaudrait « la perte d'un de nos membres » ou « tant d'années de notre vie » ; mais dans ces locutions le mot « valoir » s'emploie en un sens qui le met déjà en dehors de la terminologie économique, et on peut ajouter sans doute qu'il n'est pas question ici d'une mesure directe du plaisir ou de l'avantage.

La *valeur de production* laisse voir parfois d'une façon aussi évidente son caractère de relativité. Il en est ainsi lorsque nous comparons directement les choses les unes aux autres par rapport au travail qu'exige leur production ou reproduction ; si nous attribuons à deux objets une valeur égale parce qu'ils ont exigé chacun 1,000 heures de travail d'un ouvrier déterminé, la comparaison est encore manifeste.

Il en est autrement si la valeur de production d'un objet est exprimée directement en heures de travail et si elle est par exemple estimée équivalente à 1,000 heures de travail (travail d'un ouvrier déterminé). Ici le caractère de relativité est plus ou moins effacé et la valeur nous paraît, au premier aspect, être une *grandeur absolue*. Cependant, en analysant de plus près la matière de cette valeur, on voit aisément que la dernière équation ne diffère essentiellement de la première qu'en un point : c'est qu'un second objet qui, dans la première, était expressément nommé, ne figure qu'implicitement dans la dernière.

Il en est ici de la valeur des choses comme de la force motrice quand elle s'exprime en kilogrammètres ou en chevaux-vapeur.

Lorsque nous parlons de 1,000 kilogrammètres, nous entendons parler d'une force 1,000 fois plus grande que la force exigée pour lever un kilogramme à la hauteur d'un mètre. De même, lorsque nous estimons la valeur d'un objet égale à 1,000 heures de travail d'un ouvrier déterminé, nous la considérons simplement comme 1,000 fois plus grande que celle qui peut être produite par le travail de ce même ouvrier en une heure. Les objets que cet ouvrier pourrait produire dans cette heure sont implicitement mis à l'arrière-plan ; ils n'ont pas plus d'importance ici que n'en a, pour la quantité de force motrice, la nature de la force capable d'élever un kilogramme à la hauteur d'un mètre.

La valeur de 1,000 heures de travail n'est donc pas dans ce cas une valeur absolue, mais réside en toutes sortes de choses pouvant être produites dans 1,000 heures de travail déterminées.

L'usage de la langue donne le plus souvent au mot *valeur* un sens absolu, mais c'est évidemment la pauvreté du vocabulaire qui est responsable de ces expressions défectueuses et nous met dans l'impossibilité de faire toujours les distinctions nécessaires en termes propres et sans périphrases. Au fond dans toutes les expressions de cette sorte on peut donc retrouver le caractère comparatif de la notion de valeur, même lorsque les objets qui ont servi de terme de comparaison ne sont pas mentionnés.

Nous prendrons encore comme exemple la mesure d'une force motrice pour éclaircir une autre équivoque. Lorsqu'une force motrice est évaluée égale à 1,000 kilogrammètres, on ne s'inquiète pas de savoir si, en réalité, l'effort s'opère ou non dans une direction verticale. il ne s'agit, dans cette expression, que d'une égalité ou d'une évaluation : 1,000 kilogrammètres est donc, tout bien considéré, non pas l'effort donné lui-même, mais la *forme d'expression* de cet effort. De même, le nombre d'unités de durée et d'intensité de travail qu'exprime la valeur de production (valeur-de-travail), c'est-à-dire la quantité de travail qu'une chose coûte lors de sa production, est, en réalité, non pas sa valeur-de-travail, mais seulement la *forme d'expression de cette valeur ; c'est la forme sous laquelle la valeur de production, comme valeur-de-travail, se manifeste à nos yeux.*

Bien que la *valeur de production* s'incorpore dans les richesses humaines par le travail, elle n'est pas la quantité même de ce travail ; elle ne saurait s'identifier avec celle-ci, pas même sous sa forme primitive de « valeur-de-travail » pure, lorsque les frais du producteur sont évalués immédiatement en travail et ne se réduisent pas encore à une dépense de capital. De même, la *valeur d'usage* des choses dépend bien de leur utilité ou, du moins, des qualités qui rendent leur emploi possible ; mais elle ne peut nullement se confondre avec ces qualités mêmes, pas plus qu'elle ne se confond avec le plaisir ou l'avantage procuré par les choses.

Il en est de même de la *valeur d'échange*. John Stuart Mill a donné la définition suivante de cette valeur : « Par valeur d'une chose, on entend la quantité de quelque autre chose, ou des choses en général, contre laquelle la première s'échange. » (1). Cette définition doit être critiquée dès maintenant, parce que la valeur ne peut pas être identifiée avec une quantité d'objets, bien que celle-ci lui serve d'expression. Stanley Jevons a parfaitement raison quand il déclare que cette définition de Mill, qui fait de la valeur « une chose », est aussi inexacte, philosophiquement parlant, que le serait la proposition : « L'Ascension droite signifie la planète Mars, ou une planète en général. » (2).

Jevons lui-même, cependant, tout en comprenant avec raison la valeur comme une notion comparative, est tombé dans l'autre extrême. Dans sa théorie de l'échange, il admet bien que des substances comme l'or ou le fer peuvent avoir certaines *qualités* « qui en influencent la valeur », mais pour le reste, la valeur d'une substance n'exprime, comme il dit, que « *le fait de son échange dans une certaine proportion contre une autre substance quelconque*». Aussi se laisse-t il aller à déclarer textuellement : « Lorsqu'une tonne de fonte s'échange sur un marché

---

(1) John Stuart Mill, *Principles of Political Economy*, livre III, ch. VI, § 1, I, Edit. Londres, 1867 (*People's Edition*), p. 290; trad. Dussard et Courcelle-Seneuil, Ed. 1861, t. I, p. 535.
Une définition analogue — évidemment empruntée à Mill — est celle que donne Alfred Marshall, *Principles of Economics*, tome I, livre I, chap. I, *Introduction*, Edit. 1898, p. 8; trad. F. Sauvaire-Jourdan, p. 10.
(2) W. Stanley Jevons, *The Theory of Political Economy*, préface de la deuxième édition, 1879, p. XI; trad. franç., Paris, 1909, p. 7.

contre une once d'or étalon, ni le fer ni l'or ne sont valeur, et il n'y a de valeur ni dans le fer ni dans l'or. La notion de valeur n'existe que dans le fait ou la circonstance que l'un s'échange contre l'autre. » (1).

Il faut remarquer, pourtant, que ce « fait » ou cette « circonstance » de l'échange, ont un fondement, et que non seulement l'or et le fer présentent certaines qualités « qui en influencent la valeur », mais que c'est sur ces qualités mêmes que la valeur repose, en ce sens que c'est simultanément à ces qualités que la valeur se maintient ou disparaît. Il est incontestable que la *valeur d'échange* ne se réalise qu'au moment de l'échange et que les circonstances de celui-ci peuvent influer directement sur la valeur. Mais il est non moins incontestable qu'une rigoureuse distinction doit être faite entre cette manifestation de la valeur et la valeur elle-même.

J'ai insisté ici sur la différence entre la valeur et sa forme de manifestation parce que ces deux notions ont été trop souvent confondues par les économistes ; maintes fois certains d'entre eux ont cru avoir à faire à deux formes de manifestation différentes de la même valeur, lorsque, en réalité, ils avaient devant eux deux formes de valeur différentes.

Telle est l'origine de la fausse détermination que, par exemple, l'école classique de Smith-Ricardo et les doctrines de Rodbertus et de Karl Marx qui la complètent, ont donnée de la *valeur d'échange* des marchandises ; comme nous le verrons encore, ces économistes n'ont visé en réalité, dans leur analyse, que la *valeur de production*.

D'autre part, la confusion de la *valeur d'usage* avec la *valeur d'échange* — confusion si générale dans la science économique jusqu'à nos jours et que l'on peut observer plus ou moins chez tous les représentants de la *théorie utilitaire* de notre époque — a pour cause une équivoque analogue.

(1) *Loc. cit.*, chap. IV, 3e édition, 1888, pages 77-78, cf. trad. franç., p. 143.

C'est en vue d'éviter toutes ces confusions regrettables que
j'ai voulu apporter sur ce point les distinctions nécessaires,
comme on a pu le remarquer déjà par les définitions qui ouvrent
ce chapitre.

En distinguant trois formes différentes de la valeur, *valeur
d'usage*, *valeur de production*, *valeur d'échange*, je m'écarte de
toutes les théories courantes de la science économique, re-
prochant précisément aux principaux représentants de cette
science d'avoir introduit sur ces notions la confusion la plus
redoutable. Il m'a paru que cela m'engageait à rechercher
dans le présent ouvrage la plus grande clarté d'exposition
et le discernement le plus rigoureux possible des différentes notions.

Dans la production sociale, le travail humain est à nos yeux
l'élément créateur de la valeur de production : c'est pour
cette raison que souvent le travail humain a pu servir de
base aux transactions entre les hommes, la *valeur d'échange*
des richesses manifestant alors une tendance essentielle à coïncider avec la *valeur de production* fondée sur le travail humain dépensé.

De son côté, la *valeur d'usage* des biens influe aussi sur
leur *valeur d'échange*, de sorte que celle-ci s'établit en définitive sous la double influence de la *valeur d'usage* et de la *valeur
de production*. Ce fait sera étudié spécialement, en son lieu et
place.

PREMIÈRE PARTIE

Introduction.

CHAPITRE PREMIER

LES RICHESSES HUMAINES. — BIENS ÉCONOMIQUES ET NON ÉCONOMIQUES

Tout ce dont nous avons besoin pour notre existence, tout ce qui peut satisfaire un besoin ou un désir humain peut être désigné sous le nom de *richesse*.

La science économique donne aussi aux choses qui peuvent satisfaire les besoins et les désirs humains le nom de *biens*.

Nous pouvons donc mettre au nombre des richesses humaines les choses qui nous sont librement accessibles, — l'air que nous respirons, l'eau des ruisseaux, des sources et des rivières, le bois, les fruits et même le sol dans les pays déserts ou peu populeux, — aussi bien que les choses dont nous ne pouvons nous servir, en l'état actuel de la civilisation, qu'en nous appuyant sur un certain droit de propriété. Nous acquérons ce droit, soit par un achat, soit par notre propre travail, soit encore grâce au travail d'autrui, mais toujours d'une manière reconnue comme « légale » ou du moins tolérée par la société actuelle. Les biens de la dernière espèce sont spécialement l'objet de transactions entre différents individus ou groupements d'individus, et acquièrent ainsi une valeur spéciale (*valeur d'échange*) dont nous aurons à examiner particulièrement la nature.

Dans la science économique, on désigne communément la première espèce de richesses sous le nom de *biens non-économiques*, la deuxième sous celui de *biens économiques*.

Certains économistes pensent que la différence entre les deux catégories de richesses consiste en ceci, que l'acquisition des biens énonomiques coûte du travail, contrairement à celle des biens non-économiques (1).

Il est évident que nous ne pouvons pas nous contenter de cette distinction entre les deux groupes de biens.

En effet, les richesses de la première catégorie, tout comme les autres, ne nous parviennent jamais sans travail, ne fût-ce que le travail nécessaire pour ouvrir une fenêtre et respirer l'air à pleins poumons, pour puiser de l'eau ou fendre du bois dans la forêt.

D'autres économistes ont cru que la différence consistait dans cette autre particularité, que les biens de la première catégorie existent toujours en plus grande quantité qu'il n'est nécessaire pour pourvoir à tous les besoins du genre humain, tandis que les biens économiques existent tout au plus en quantité strictement suffisante.

Cette explication ne nous paraît pas non plus décisive. La notion de « plus » ou de « moins » ou de « strictement suffisant » dans la proportionnalité entre les richesses et les besoins généraux du genre humain est aussi vague et aussi élastique que la notion de « besoins » elle-même. Il peut se faire que l'eau de l'aqueduc soit un bien économique, l'eau de la rivière ou l'eau des puits un bien non-économique ; mais ce n'est point d'ordinaire parce que l'eau potable canalisée se trouve en quantité in-

---

(1) C'est encore l'opinion de l'école marxiste de nos jours. Voir KARL MARX : « Une chose peut être une valeur d'usage sans être une valeur. C'est là le cas, lorsque son utilité pour l'homme n'a pas été créée par l'intermédiaire du travail. » (*Das Kapital*, tome I, ch. I, p. 7; cf. trad. fr. pages 15-16.)

suffisante ou strictement limitée aux besoins éventuels, tandis que l'eau non potable est plus abondante qu'il n'est nécessaire. La pêche est libre en pleine mer, tandis qu'en eau douce elle est souvent affermée ; mais, ne serait-il pas faux de croire que les hommes, pour établir cet usage, se sont inquiétés de savoir si la quantité de poisson pêché surpasse ou non les besoins généraux, d'ailleurs bien variables ? Ou encore, pour prendre un exemple plus important, est-il bien certain que, dans nos pays civilisés, le sol propre à la culture ne suffise pas à fournir les quantités de céréales, de légumes, etc., dont le genre humain entier a besoin ? On pourrait facilement prouver le contraire.

Toutes ces distinctions appartiennent à la période primitive de la science économique et les explications de cette sorte nous prouvent par trop que leurs auteurs se sont préoccupés de faire concorder leurs définitions bien plus avec leur système qu'avec la vie réelle.

En recherchant pourquoi ces richesses sont librement accessibles à tous les hommes, tandis que d'autres se trouvent en la possession exclusive de certaines personnes ou de certaines collectivités, nous nous trouverons en réalité en présence de tout un ensemble d'influences ; parmi elles nous rencontrerons, il est vrai, la quantité disponible des richesses et la masse de travail humain qu'exige leur production ; mais nous aurons aussi à tenir compte d'autres facteurs sociaux, facteurs décisifs parfois, qui ne trouvent leur explication que dans l'ensemble de la civilisation humaine.

Supposons que l'eau de la mer et l'air atmosphérique soient aussi faciles à allotir que le sol ; il est évident qu'ils seraient aussi aptes que lui à être transformés en propriété privée et par conséquent à être vendus, achetés, ou même loués ; se réclamant de leurs « droits acquis », les propriétaires, dans un cas comme dans l'autre, ne céderaient leurs possessions que contre une certaine compensation et ces possessions auraient ainsi une « valeur d'échange ».

Prenons un autre exemple : le bétail est actuellement rangé

au nombre des biens économiques tandis que, depuis quelques
dizaines d'années, l'homme ne peut plus être acheté ni vendu
(directement du moins et sauf exceptions). La cause de cette
différence ne doit sans doute pas être cherchée dans le plus ou
moins de travail exigé de part et d'autre par la production
des bestiaux et des êtres humains ; pas davantage dans la quantité disponible de ces deux espèces d'êtres vivants. La cause en
est dans le progrès général de la civilisation qui ne tolère plus
l'esclavage ou, du moins, ne le tolère plus aussi franchement ni
aussi généralement qu'autrefois.

Dans le cours des siècles, ce même progrès de la civilisation a,
d'une part, soustrait beaucoup de richesses à la sphère des biens
économiques pour les ranger parmi les biens non-économiques
et librement accessibles. On peut considérer les chemins, les
rues, les canaux et les digues, les musées et les parcs publics
comme soustraits déjà aux transactions régulières, bien que les
éléments nécessaires à leur création et à leur maintien puissent
appartenir encore à la deuxième catégorie de richesses que nous
venons de distinguer et posséder même une grande valeur
d'échange.

D'autre part, des richesses passent incessamment de la catégorie des biens non-économiques à celle des biens économiques.
Ce phénomène se rencontre journellement dans les pays nouveaux et dans les colonies des Etats modernes. L'appropriation
du sol en est un exemple, appropriation faite soit au nom du
« droit du premier occupant », soit au nom du « droit de con-
quête » ; ce sont deux formes de « droit » que nous ne voulons nullement défendre comme telles, mais il faut constater
cependant que, même parmi les peuples les plus civilisés, elles
sont encore reconnues et maintenues.

Le même phénomène se manifeste ensuite dans les pays modernes où fréquemment les biens non-économiques passent
au rang des biens économiques parce qu'ils deviennent plus
rares et que leur acquisition coûte par conséquent plus de
travail qu'auparavant. C'est ce qui arrive pour le bois dans une

contrée autrefois riche en forêts et transformée depuis en terres labourables, pour l'eau potable en temps de sécheresse, etc.

Les richesses des deux catégories que nous avons distinguées se ressemblent en ceci qu'elles doivent toutes être capables de satisfaire un besoin ou un désir humain et être, pour cette cause, recherchées par l'homme ; en d'autres termes, elles doivent posséder quelque « utilité » ou montrer du moins certaines qualités qui les rendent propres à notre usage.

Ce n'est que grâce à ces qualités que les hommes se mettent en rapport avec les richesses et que celles-ci obtiennent ainsi une valeur. Nous aurons spécialement à rechercher dans quelles circonstances cela arrive et de quelles formes de valeur il peut être question. Pour l'existence de n'importe quelle forme de valeur, il faut cependant que le rapport avec l'homme soit possible. Lorsque des causes extérieures éloignent de lui les richesses, même les plus utiles et les plus recherchées, celles-ci restent pour lui *sans valeur* (1).

L'existence d'une certaine utilité dans les choses ou, du moins, de quelques qualités qui les rendent propres à l'usage est non moins nécessaire pour qu'elles possèdent de la valeur. Donc, lorsqu'une chose, sous n'importe quelle influence particulière, par exemple à la suite d'une altération quelconque, perd son aptitude à satisfaire des besoins ou des désirs humains et devient, par conséquent, inutile, elle perd également — mais cette fois par des causes intérieures — sa valeur toute entière. Dans ce dernier cas, la chose ne peut même plus être rangée parmi les richesses humaines et est rayée du nombre des biens.

---

(1) Von Thünen disait déjà avec raison au sujet du blé, dont l'utilité est généralement reconnue : « Comme toute autre marchandise, le grain n'a pas de valeur s'il ne trouve pas de consommateurs. » (J. H. VON THÜNEN, *Der Isolirte Staat*, tome I, traduit en français par J. Laverrière sous le titre : *Recherches sur l'influence que le prix des grains, la richesse du sol et les impôts exercent sur les systèmes de culture.* Voir sect. I, § v b., 3e édit. Berlin, 1876, p. 36 ; trad. fr., p. 31.)

CHAPITRE II

LES DIFFÉRENTES FORMES DE « VALEUR »

Il n'y a guère de question économique qui prête autant à la discussion que celle de la valeur des biens. Il est d'autant plus important de nous en convaincre de prime abord que toute la science économique et notre connaissance des phénomènes sociaux les plus divers dépendent étroitement de la notion que nous avons de la valeur des richesses.

Selon le point de vue d'où nous la jugeons, la valeur des choses peut nous apparaître bien différente, aussi bien dans sa nature que dans ses proportions. Nous devrons en examiner les formes diverses avec leurs caractères respectifs en les distinguant entre elles d'autant plus rigoureusement que nous voyons incessamment une forme de valeur agir sur l'autre.

Dans la science économique, rien n'a apporté tant de trouble, rien n'a mené à tant d'erreurs entraînant de graves conséquences sociales, que la confusion de ces différentes formes sous le terme général de « valeur ». Pour nous orienter parmi les différents points de vue d'où nous aurons à examiner la valeur des richesses, nous nous arrêterons à quelques observations historiques.

La science économique moderne compte deux théories rivales, différant précisément par le principe qui leur sert à juger la valeur et par la forme de valeur qu'elles mettent au premier plan et qu'elles considèrent comme décisive dans la vie sociale.

Nous en avons fait mention en passant dans notre préface. Il est évident qu'il reste, entre les deux courants, des économistes n'adoptant pas précisément l'une ou l'autre de ces théories, bien qu'ils se rapprochent de l'une ou de l'autre.

Les deux principes que nous visons sont *la satisfaction des besoins humains* et *la production pour l'échange*. Les économistes qui envisagent de préférence la valeur des richesses humaines du premier point de vue, se basent, dans leurs théories, sur la *consommation* ; les autres, sur la *production des richesses*.

La première doctrine est défendue par les représentants de toute nuance de la *théorie utilitaire*. Ils présentent d'une façon plus ou moins nette la *valeur* d'un objet comme déterminée par *son utilité*, c'est-à-dire par *le plaisir* ou *l'avantage* qu'il peut donner ; cela s'applique non seulement à la valeur subjective que le consommateur peut trouver dans cet objet (ce que nous appelons sa *valeur d'usage*), mais aussi à la valeur que l'objet peut réaliser sur le marché, quand on l'échange contre des objets d'une autre nature (*valeur d'échange*).

Cette catégorie d'économistes ne prend pas assez en considération — nous aurons l'occasion de le démontrer amplement — le côté objectif de la production et de l'échange ; elle a cherché en définitive dans les estimations subjectives de la valeur des biens par les acheteurs et les vendeurs les bases des prix de marché de ces biens (1).

---

(1) Il s'agit ici d'un trait vraiment caractéristique de cette école. M. Böhm-Bawerk dit : « Ce qui est plus important encore, c'est que le prix est, du commencement jusqu'à la fin, le produit d'évaluations subjectives. » (*Kapital und Kapitalzins*, t. II, livre III, ch. II, ii, D. 3e édit., Innsbruck, 1912, p. 375.)

« Nous pouvons donc à bon droit qualifier le prix comme étant la résultante des évaluations personnelles de la marchandise et de la marchandise numéraire, telles que ces évaluations se rencontrent sur le marché. » (*Loc. cit.*, p. 376.)

Voir aussi W. Stanley Jevons, *The Theory of Political Economy*, chap. iii : « C'est sur cette base complexe de besoins inférieurs et de hautes aspirations que l'économiste doit édifier la théorie de la production et de la consommation. » Cette opinion du professeur T. E. Banfield,

Cornélissen   3

Cette théorie de la valeur, partant ainsi de l'utilité particulière de chaque chose, devait manifester un caractère essentiellement subjectiviste, de sorte que toutes les difficultés qu'offrent objectivement et la production des richesses et le marché des produits ne pouvaient pas être envisagées et moins encore résolues par les représentants de cette doctrine économique.

On peut déjà compter parmi eux, si l'on veut, Thünen, mais surtout, parmi les anciens, l'économiste allemand H. H. Gossen, plus tard, Jevons, de l'école anglaise, Karl Menger et Böhm-Bawerk de l'école autrichienne, Léon Walras de l'école française, et enfin toute une école américaine plus récente, représentée par John B. Clark, Carver, Seligman, etc. C'est là toute une série d'économistes que nous pouvons considérer, plus ou moins, comme représentant l'Economie officielle contemporaine, telle qu'elle est enseignée de préférence dans les universités.

Opposée à ce courant dans toute son étendue, la deuxième catégorie d'économistes représente la *Théorie du coût-de-production*, ou, sous sa forme la plus prononcée, la *Théorie de la valeur-de-travail*. Nous pouvons compter parmi eux tous ceux qui, depuis Adam Smith et Ricardo, en passant par John Stuart Mill jusqu'aux écoles de Rodbertus et de Karl Marx, ont plus ou moins conséquemment, présenté le travail comme la base naturelle de la valeur.

En comparant leur théorie à celle du premier courant, nous pouvons dire qu'elle est tombée dans l'autre extrême.

Karl Marx, son représentant le plus autorisé, a fait abstraction de toutes les qualités particulières des diverses richesses humaines; dans les produits, en tant que porteurs de valeur, il n'a pu voir autre chose, en définitive, que des « cristaux de

---

exposée dans le livre : *The Organisation of Labour*, 2ᵉ éd , p. 11, est acceptée par Jevons comme la sienne. (JEVONS, *loc. cit.*, édit. 1888, p. 421; cf. trad. franç., p. 102.)

cette substance sociale commune » qui est « le temps de travail » (1).

Tout en admettant que la *valeur d'échange* des choses est la
« valeur » par excellence, tout en s'appliquant à analyser cette
seule forme de valeur, cette catégorie d'économistes n'a pas assez
tenu compte des lois de l'échange lui-même. En réalité, ce
qu'elle a développé, c'est une forme de valeur toute différente
que, sous le nom de *valeur de production*, nous distinguerons
rigoureusement de la *valeur d'échange*.

Depuis qu'Adam Smith a exposé la nature de la valeur des
biens dans son double caractère de *valeur d'usage* et de *valeur d'échange*, on s'en est tenu à cette double forme et cette
distinction est devenue pour ainsi dire officielle. Je me demande
comment il a été possible de la maintenir pendant plus d'un
siècle sans remarquer que, sous une de ces formes, celle-là
même qui paraissait de la plus grande importance pour les
économistes, s'en cachait encore une troisième.

En ce qui concerne la différence entre ces deux courants, je
suis convaincu que, des deux côtés, on aurait pu s'épargner
beaucoup de malentendus et d'erreurs, si l'on avait mieux distingué la notion de la valeur sous ses diverses formes et évité de
désigner par le même terme général et par conséquent vague de
« valeur » des notions tout à fait différentes. La distinction aurait dû être d'autant plus nette que chacune de ces formes peut
influer sur une des autres, sinon sur toutes les deux. Maintes
fois, à mon avis, on aurait pu s'entendre ainsi sur un terrain
scientifique où a régné, jusqu'ici, la plus déplorable confusion
d'idées (2). Sur plusieurs points la théorie de la valeur, exposée

---

(1) KARL MARX, *Das Kapital*, tome I, chap. I, p. 6; cf. trad. franç.,
p. 15, col. 1.

(2) Donnons encore un exemple de cette confusion. Voici un lieu commun que l'on trouve fréquemment, en termes plus ou moins variés, dans
la science économique :

« Les choses n'ont pas de valeur, parce qu'elles coûtent du travail,
mais on y dépense du travail, parce qu'elles ont de la valeur. »

C'est la phrase de Condillac : « Une chose n'a pas une valeur, parce

dans le présent ouvrage, mettra d'accord les deux théories dites : *Théorie utilitaire* et *Théorie du coût-de-production*.

A côté du troisième terme de *valeur de production*, appliqué à la nouvelle forme de valeur que j'ai distinguée, j'ai maintenu les deux autres termes de *valeur d'usage* et de *valeur d'échange*. Je l'ai fait non seulement parce que ces deux termes sont introduits et naturalisés dans la science économique depuis plus d'un siècle, ce qui ne suffirait pas évidemment pour qu'on les maintînt, mais aussi parce que toute tentative de les remplacer par un autre terme m'a paru avoir échoué jusqu'ici (1).

qu'elle coûte, comme on le suppose ; mais elle coûte, parce qu'elle a une valeur. » (Condillac, *Le Commerce et le Gouvernement*, 1re partie, chap. 1, p. 15.)

Cette formule exprimant l'opinion définitive de l'école de J.-B. Say a été répétée jusqu'à nos jours, sans réflexion, par plusieurs économistes.

Pour se convaincre, cependant, que le mot de « valeur » est employé dans les deux membres de cette phrase en un sens tout à fait différent, on n'a qu'à l'appliquer à des exemples concrets, tout en paraphrasant le mot de « valeur ». Si l'on ne veut pas écrire des non-sens, on devra donc formuler la phrase par exemple comme il suit :

Le fer, le blé, le beurre, etc., n'ont pas de valeur (ne peuvent pas réaliser une valeur au marché), parce qu'ils coûtent du travail, mais on y dépense du travail, parce qu'ils ont de la valeur (parce qu'ils peuvent être transformés en objets utiles, ou bien être mangés, etc.).

Dans le premier membre de cette phrase la notion de « valeur » n'est autre en définitive que la *valeur d'échange*, dans le deuxième c'est la *valeur d'usage*, sinon la phrase entière sera incompréhensible.

(1) Pareille tentative a été faite par M. Böhm-Bawerk dans son livre *Kapital und Kapitalzins* (tome II, livre III. ch. I, 1, p. 212). Il propose de distinguer entre *valeur* dans un sens *subjectif* et dans un sens *objectif* (*Wert im subjektiven und Wert im objektiven Sinn*). Abstraction faite encore de la manière peu logique, dont me paraît motivée cette distinction, la distinction elle-même, sans doute, est peu propre à exprimer le caractère spécial que revêtent ces deux formes de valeur discernées dans notre ouvrage par les termes de *valeur d'usage* et *valeur d'échange*. Aussi, dans toutes les formes de valeur, comme nous le verrons, se présentent les éléments *subjectifs* et *objectifs*. A cet égard encore la nouvelle distinction de M. Böhm-Bawerk nous paraît insuffisante. Si les qualifications de « valeur subjective » et « valeur objective » peuvent nous servir parfois à distinguer des notions entre elles, nous devrons maintenir, à mon avis, les termes existants pour analyser le caractère de la valeur sous chacune de ses formes.

Les deux termes indiquent, du reste, avec une clarté suffisante, que l'on vise la valeur en tant qu'elle trouve son fondement soit dans la *satisfaction des besoins des consommateurs*, soit dans la *production pour le marché* ; autrement dit, qu'une forme de valeur se manifeste dans *la consommation*, l'autre dans *l'échange*.

On pourrait élever une objection contre le terme de *valeur d'échange* pris dans le sens littéral du mot : dans les rapports sociaux modernes, il n'y a lieu de parler que par exception d'échanges proprement dits, d'échanges tels que les a connus la société pré-capitaliste, caractérisés par l'absence de l'argent comme intermédiaire.

Cependant, en substituant au terme ancien de *valeur d'échange* de nouveaux termes, comme *valeur de commerce, valeur de marché*, ou n'importe quel autre, on se heurte à divers inconvénients et l'on doit reconnaître que ces expressions sont une nouvelle source d'équivoques. Cela deviendra visible dès que nous commencerons à analyser de plus près cette forme spéciale de valeur.

Pour tous ces motifs nous avons conservé le terme de *valeur d'échange*, ne voulant pas contribuer pour notre part à augmenter l'obscurité déjà si grande dans ce domaine de la science économique.

En ce qui touche la valeur des richesses, la science économique a comme tâche l'analyse de cette valeur au double point de vue des besoins humains et de la production pour le marché moderne. Là est le point décisif. Dans la première partie du présent volume de notre ouvrage, nous aurons donc à faire l'analyse de la *valeur d'usage*, dans les suivantes, celles des *valeurs de production* et *d'échange*.

DEUXIÈME PARTIE

La valeur subjective.

CHAPITRE III

CONSIDÉRATIONS GÉNÉRALES SUR LA VALEUR D'USAGE COMME VALEUR SUBJECTIVE

Tous les biens peuvent être comparés les uns aux autres relativement à leurs quantités et qualités ; aussi peut-on partir, pour faire cette comparaison, de différents points de vue selon les propriétés ou qualités des biens qu'on envisage et qui servent de base à la comparaison. Un de ces points de vue est leur aptitude à satisfaire certains besoins ou désirs humains, — c'est-à-dire leur « utilité » ou du moins les propriétés et qualités qui les rendent propres à notre usage (1).

Tous les biens — économiques ou non-économiques — sont plus ou moins aptes à « servir » aux hommes et à leur être « utiles ». Nous l'avons vu : dès que les choses perdent ce pouvoir, elles cessent d'être rangées parmi les richesses humaines et sont rayées du nombre des biens. Une mine d'or

(1) « Si j'emploie le mot de besoins, c'est que c'est là une expression sous laquelle on peut ranger les choses les plus diverses, et qu'elles reçoivent ainsi un caractère commun qui les rend mesurables. » (HEGEL, *Philosophie des Rechts*, § 63, *Zusatz*.)

Sur l'idée d'une « mesure » pour la valeur des choses, voir plus haut l'analyse de la notion de valeur.

épuisée ou un soulier usé n'ont plus de valeur, et cela dans tous
les sens du mot. S'ils ont encore quelque valeur pour une
autre destination que celle de mine ou de vêtement, — le
soulier par exemple comme « guenille » servant de matière première pour une industrie quelconque, — cela dépendra de nouveau de leur utilisation possible en vue de cette nouvelle destination.

La seule aptitude des choses à satisfaire des besoins ou des
désirs humains ne suffit pas pour leur accorder une valeur
d'usage. La notion de valeur d'usage est, en définitive, économique et — selon ce qui a été dit plus haut dans nos considérations générales sur la valeur — il est évident qu'elle suppose
l'existence d'un rapport économique entre la chose évaluée et
un homme ou bien une collectivité d'hommes.

Tandis que, par la qualification « d'utile » ou par la supposition que les biens peuvent servir à notre usage, nous n'exprí-
mons pas autre chose que l'aptitude générale des biens à satisfaire nos besoins ou nos désirs, nous ne pouvons parler au contraire de la valeur d'usage d'une chose que lorsqu'un sujet —
homme seul ou collectivité d'hommes — s'est mis ou peut se
mettre en rapport avec elle en qualité de consommateur.

La définition générale de la valeur d'usage se formule donc
comme il suit : *c'est l'intérêt qu'une chose peut avoir au point
de vue de la consommation, pour un homme quelconque ou une
collectivité d'hommes, par son aptitude à satisfaire certains
besoins ou désirs humains.*

Il résulte de cette définition que, lorsque le rapport social et
économique dont nous venons de parler n'existe pas pour des
raisons extérieures, on ne parle pas, communément, de la
valeur d'usage d'une chose, bien que son aptitude à servir à la
consommation soit incontestable. Il en est ainsi de nombre de
biens non-économiques que l'homme n'utilise, pour ainsi dire,
qu'accidentellement, mais au sujet desquels, dans les autres cas,
on ne saurait parler d'un rapport d'usage. Ainsi, la pluie, le vent,
la mer comme telle (à distinguer d'une quantité quelconque d'eau

de mer que l'on emploie par exemple pour la fabrication du sel) appartiennent à cette catégorie. Bien que leur utilité pour la vie végétale ainsi que pour la vie et la santé des hommes et des animaux soit hors de doute et doive même être considérée comme infiniment grande, nous ne parlons point, généralement, de la *valeur d'usage* du vent, de la pluie, de la mer. Il en est autrement pourtant dès que l'homme peut s'approprier ces richesses naturelles (1).

De prime abord nous avons discerné les deux notions de

(1) M. Böhm-Bawerk (*Kapital und Kapitalzins*, t. II, liv. III, chap. I, II), avec nombre d'autres économistes, ne met ici en jeu que la *rareté* des choses qui, naturellement, comme nous le verrons encore, exerce une influence essentielle. Mais il a le tort de ne compter qu'avec elle et il se laisse entraîner à des conséquences singulières :

« Vis-à-vis des biens, prétend-il, qui sont *seulement utiles*, l'homme pratique se comporte avec négligence et indifférence. » (*Loc. cit.*, p. 223.)

C'est peu probable, l'homme pratique se gardera bien de le faire. De plus, la grande majorité des richesses, sans exception, doivent être considérées comme « seulement utiles». Au même titre que « la coupe d'eau, puisée à la source », dont parle M. Böhm-Bawerk, elles peuvent être remplacées plus ou moins les unes par les autres, du moins dans une vie sociale réglée. Plus tard, nous aurons encore l'occasion de faire remarquer que les *frais de production* influent encore ici sur la valeur d'usage. Pour le moment, cependant, nous n'avons qu'à récuser cette observation de M. Böhm-Bawerk, ainsi que cette autre qu'il en déduit : « Pratiquement, pour notre bien-être, de tels biens ne sont que des zéros et nous les traitons en conséquence. » (*Ibid.*). La conclusion à laquelle aboutit l'auteur est la suivante : « Tous les biens ont de l'utilité, mais ils n'ont pas tous de la valeur. Pour que la valeur prenne naissance, il faut que la *rareté* accompagne l'utilité. » D'où l'on peut déduire, pense M. Böhm-Bawerk : « Tous les biens économiques ont de la valeur, tous les biens librement accessibles (*alle freien Güter*) sont des non-valeurs. » (*Loc. cit.*, pages 224 et 225). On voit que cette théorie n'exprime pas à fond la différence entre « utilité » et « valeur » et nous amène à des conclusions réellement fausses. Je peux choisir un cabinet de travail exposé au midi pour pouvoir jouir de la chaleur du soleil, et j'établis ainsi un rapport d'usage entre cette chaleur et ma personne. Je peux aussi prendre des bains de mer pour me fortifier ; dans l'un et l'autre cas ce n'est pas précisément la « rareté » de la chaleur du soleil ou de l'eau de la mer qui me séduisent. La chaleur et le bain ont cependant pour moi une certaine *valeur*, bien que tous deux puissent être pour moi « librement accessibles ».

besoin et de *désir*, ainsi que, parallèlement, ces autres notions d'*être utile* ou de *pouvoir servir à l'usage des hommes.*

Ces deux séries de notions — celle de *besoin* et d'*utilité* d'une part, de *désir* et d'*aptitude à servir* de l'autre — ne se confondent pas entre elles ; mais pour notre analyse nous avons à compter avec toutes les deux.

Pouvoir *servir à notre usage* est la notion la plus vaste, la notion générale. Elle n'exprime que la seule aptitude des biens à être employés par l'homme de manière à satisfaire un de ses désirs: elle s'applique également au cas où le consommateur considère ce désir comme tel, comme désir ou caprice même et au cas où le consommateur juge son désir bien fondé par le souci de son bien-être matériel ou intellectuel et le considère comme un besoin personnel urgent. Avec la notion d'*utilité* qui a un sens plus restreint que la précédente, se combine en même temps un jugement sur la légitimité ou la non-légitimité du désir et sur la question de savoir s'il est basé ou non sur un besoin humain réel.

Ce jugement sur la légitimité ou la non-légitimité peut différer d'après la personne qui juge, ainsi que d'après les circonstances particulières dans lesquelles se fait la consommation. Il peut différer de même d'après le point de vue d'où l'on juge l'utilité, fait qui a amené encore certains auteurs à distinguer différentes sortes d'utilité : utilité purement économique, utilité morale, etc.

Des bijoux, des bibelots, des fleurs exotiques, des boissons alcooliques possèdent des qualités spéciales qui les rendent propres à l'usage de nombre de gens. Quant à affirmer qu'ils possèdent de l'*utilité*, c'est un point sur lequel on peut être d'opinion très différente.

Un homme quelconque peut considérer comme satisfaisant un besoin humain tout naturel et raisonnable les parfums et les couleurs de certaines fleurs précieuses, qui caressent l'odorat et la vue ; un autre peut en juger tout autrement. De même l'opinion d'un seul individu peut différer aussi bien d'après la quantité et l'origine des fleurs, que d'après la circonstance dans laquelle elles se présentent à lui.

Pouvoir servir à l'usage de l'homme est donc, pour une chose, la qualité nécessaire et suffisante pour qu'un rapport économique s'établisse entre elle et l'homme et pour que la chose puisse posséder ainsi une valeur d'usage. Tout ce qui possède une valeur d'usage n'est pas nécessairement utile et peut même avoir, dans certaines conditions, une influence absolument nuisible au bien-être définitif du consommateur, comme il arrive par exemple pour l'opium ou l'absinthe.

Pouvoir servir à l'usage humain, voilà la notion à laquelle nous sommes renvoyés en définitive, quand nous recherchons si un objet possède ou non une valeur d'usage. La valeur d'usage ayant un caractère purement économique, on doit la considérer, au point de vue de sa seule existence, comme indépendante du jugement que l'on peut porter sur la légitimité de l'usage.

Les deux notions, *avoir une valeur d'usage* et *servir à l'usage humain* sont donc plus près l'une de l'autre que ne le sont la première de ses notions et celle de l'*utilité*.

Cependant, lorsque nous cherchons à estimer la quantité de la valeur d'usage, lorsqu'il est question non seulement de la simple existence, mais du degré de cette valeur, l'utilité exerce le plus souvent une influence essentielle.

Parfois, en même temps que l'utilité d'un bien diminue, nous voyons baisser aussi sa valeur d'usage, quoiqu'il soit aussi facile qu'auparavant de nous en servir. Le plus ou moins de valeur d'usage d'un aliment ou d'une boisson, par exemple, ne s'explique pas par le simple fait de leur usage, mais principalement par le fait plus spécial que cet usage est plus ou moins utile. L'utilité d'une chose augmentant ou, ce qui revient au même, notre connaissance de ses caractères utiles se complétant, sa valeur d'usage augmente en même temps ; inversement, l'utilité d'une chose diminuant ou bien un caractère nuisible étant nouvellement découvert en elle, sa valeur d'usage diminuera aussi, bien que la chose continue à pouvoir être employée.

De même l'aptitude à être employé et même l'utilité proprement dite ne variant pas pour un bien considéré isolément, sa
valeur d'usage peut cependant diminuer, si, à côté de lui, on
découvre d'autres biens, propres au même emploi et montrant
la même utilité, mais offrant, en même temps, de nouveaux
avantages. Les derniers biens sont rendus préférables aux premiers, et leur apparition fait baisser immédiatement la valeur
d'usage de ceux-ci.

Le platine aurait immédiatement moins de valeur, dans son
emploi pour les pointes de paratonnerres, si l'on trouvait un
autre métal plus facile à obtenir et mieux approprié à la même
destination. Pour choisir des faits réels : La garance comme
teinture a perdu en valeur d'usage depuis la fabrication des
couleurs d'aniline, tout en conservant les propriétés et qualités par lesquelles elle peut servir à l'homme. De même, depuis
quelques années, l'indigo naturel est détrôné peu à peu par l'indigo artificiel qui présente des qualités supérieures à l'usage et
dont la production est moins coûteuse.

Le phénomène inverse peut aussi se produire : La valeur de
certains biens peut augmenter lorsque d'autres qui répondaient
aussi bien ou mieux aux mêmes besoins ou désirs humains
cessent de leur faire concurrence, qu'ils soient devenus trop
rares ou trop difficiles à obtenir.

Il est donc entendu que la valeur d'usage des choses peut varier, leurs qualités intrinsèques restant invariables ; il s'ensuit
que la valeur d'usage ne saurait être identifiée simplement avec
le pouvoir des biens de servir à notre usage. Nous devons généralement compter en même temps et avec les influences qu'exprime la notion d'utilité par rapport à chaque bien en particulier et à ses propriétés intrinsèques et avec la concurrence de
différents biens répondant au même usage.

Comme nous venons de le remarquer, les deux notions — *être
utile* et *servir à l'usage* — expriment, d'un côté, certaines qualités intrinsèques et objectives des biens et, de l'autre, un rapport
subjectif entre les biens et le consommateur. Aussi le simple

pouvoir de servir à l'usage et l'utilité peuvent-ils être également modifiés en premier lieu par toute variation des qualités intrinsèques des biens, telles qu'elles existent en eux et telles qu'elles nous sont connues ; ensuite par tout changement dans les besoins et désirs humains auxquels répondent ces biens (1).

Une invention, une nouvelle destination trouvée pour les richesses peut immédiatement influer sur leur valeur d'usage ; elle peut de même donner une certaine valeur d'usage à des objets qui autrefois étaient mis de côté comme *non-valeurs* et dont certaines propriétés n'étaient pas utilisées par les hommes. Cet

(1) Les représentants de la doctrine utilitaire moderne, dans leur analyse de la valeur d'usage des biens, ont trop négligé les premiers facteurs indiqués ici et trop exclusivement tenu compte des seuls changements dans les besoins personnels des consommateurs et dans la *rareté* des biens. Il est clair que cela a fortement influencé toute la théorie de la valeur chez ces économistes. Ils n'auraient pas pu, sans doute, construire des figures mathématiques et nous présenter des calculs plus ou moins ingénieux, pour exprimer les évaluations personnelles, s'ils avaient dû compter encore avec les propriétés et qualités infiniment différentes de toutes sortes de biens, ainsi qu'avec la connaissance que nous en avons. Tout à fait remarquable, à cet égard, est le procédé de M. Böhm-Bawerk, qui, pour prouver que la valeur d'échange objective des biens repose sur des évaluations personnelles, nous amène à un plaisant marché de chevaux, où se rencontrent des acheteurs et des vendeurs qui ont chacun devant les yeux un chiffre correspondant à la valeur qu'ils attribuent à « un cheval ». Pour que le jeu des évaluations d'où provient le prix de marché se conforme strictement aux prescriptions de la théorie, l'auteur part, entre autres conditions, de la supposition singulière, que tous les chevaux offerts soient « de la même qualité ». (*Kapital und Kapitalzins*, tome II, livre III, chap. II, II, D, page 365.) Plus tard, dans notre critique spéciale des différentes théories de la valeur, nous reparlerons de ce marché bizarre.

Stanley Jevons a un procédé plus facile de démonstration. Quand il veut exposer la valeur des choses en tant qu'elle repose sur des évaluations personnelles, il choisit de préférence « de l'eau ». Ne pouvant plus se servir de ce bien favori au marché proprement dit, il le remplace par « du blé » et « du bœuf », en faisant abstraction, naturellement, des qualités respectives de ces denrées. — C'est du blé et du bœuf purement abstraits, ce qui cadre à merveille avec ses figures et ses formules mathématiques.

emploi, inconnu auparavant, leur accorde dès lors une place parmi les richesses humaines.

La lisière du drap, traitée autrefois en non-valeur, sert à l'heure présente à des industries particulières. Les horticulteurs et cultivateurs d'oignons à fleurs en Hollande jetaient autrefois aux ordures les fleurs de jacinthes et de tulipes ; depuis quelques années et surtout par suite de l'amélioration des moyens de transport, ils les ramassent soigneusement pour les apporter en bouquets aux marchés voisins (1).

Il n'est pas moins évident que la valeur d'usage des biens augmente ou diminue avec l'accroissement ou la diminution des besoins du consommateur. Dans certaines conditions anormales, — la disette par exemple lors du siège d'une ville, — les principales denrées peuvent acquérir une valeur d'usage surpassant de beaucoup leur valeur ordinaire.

Certains articles dont l'usage s'attache à une saison particulière, comme les vêtements d'hiver ou d'été, perdent avec cette saison leur valeur d'usage, qui ne leur revient qu'avec elle. Le fait que, dans tous les cas mentionnés, les altérations que subit la valeur d'usage des biens influent essentiellement sur leur valeur d'échange sera particulièrement examiné dans le présent ouvrage.

Dans notre analyse de la valeur d'usage des biens nous aurons à distinguer la *valeur d'usage personnelle* de la *valeur d'usage sociale ou générale*.

Il est évident que le plaisir ou l'avantage qu'une personne peut

---

(1) Voici encore un exemple typique que nous empruntons aux *Rapports du jury international de l'Exposition universelle internationale* de 1900 *à Paris* : « La filature des *déchets de soie*, d'ailleurs mal représentée à l'Exposition, se sert maintenant de continus à anneau ; la soie a une telle résistance que ses fibres, même brisées et courtes, conservent le nerf et le brillant nécessaires. On arrive, au moyen du raclage, à utiliser 25 0/0 des bourrettes, jadis abandonnées par les filateurs de schappe, sous forme de boutons fortement noués ; la Société alsacienne a exposé une peigneuse destinée à cet usage. » (*Loc. cit., Introduction générale*, t. II, 4º partie : *Industrie*, p. 313.)

tirer d'un objet quelconque, un tableau, une statue, ou d'une marchandise en quantité déterminée, du vin, du fer, de l'or, etc., est à distinguer de celui qu'une agglomération d'hommes, un peuple entier, ou bien toute une génération humaine peuvent tirer de l'ensemble de ces marchandises : vin, fer, or, etc., ou même d'objets particuliers, comme les tableaux et les statues de certains maîtres.

Les propriétés des richesses auxquelles est dû ce plaisir ou cet avantage et qui sont la base de leur valeur d'usage, sont de même à distinguer selon que les richesses servent à un seul individu, ou bien à une collectivité d'hommes. Quand nous estimons que *l'eau, le fer, l'or*, possèdent une grande valeur d'usage pour la race humaine entière, notre jugement se base sur le fait que le pouvoir de ces richesses à satisfaire certains besoins ou désirs humains n'est pas limité à un seul individu quelconque ou à un petit nombre d'individus. C'est donc la généralité et la communauté des besoins ou des désirs qui confèrent ici à la valeur d'usage des richesses en question, considérées dans leur ensemble, son caractère général.

Nous pouvons nous placer au même point de vue général quand nous comparons le pouvoir de servir à l'usage humain ou l'utilité de différentes catégories de richesses. Nous pouvons, par exemple, estimer que le fer est plus utile que l'or, juger l'eau potable apportée par la conduite d'eau d'une ville bien supérieure à l'eau de pluie conservée dans les citernes. En jugeant ainsi, c'est la notion des *besoins généraux* que nous visons et la valeur d'usage dont il s'agit ici est une *valeur d'usage générale* ou *sociale*. Nous pourrions la distinguer par le nom de *valeur d'usage objective*, de cette autre valeur dont nous venons de parler et qui est strictement *personnelle* et *subjective*. Dans ce dernier sens, c'était, en effet, la personne du consommateur immédiat et la signification que celui-ci pouvait attacher personnellement à un objet quelconque ou à une certaine quantité (un kilogramme, un litre) d'une richesse déterminée, qui décidait de la valeur. Aussi la *valeur d'usage personnelle* ou *subjective*

varie-t-elle avec les besoins personnels du consommateur immédiat et peut-elle varier, par conséquent, avec les circonstances
momentanées d'abondance ou de disette dans lesquelles ce consommateur se trouve. La *valeur d'usage sociale* ou *objective*, au
contraire, correspondant à la totalité disponible d'une richesse,
et se rapportant également à la totalité des consommateurs, ne
peut varier qu'avec les besoins éventuels de cette collectivité
dont chaque individu n'est qu'une partie.

Cependant la notion de *valeur d'usage* exprime déjà d'elle-
même un rapport subjectif : rapport du consommateur à une
richesse consommée. Peu importe, à ce point de vue, de savoir
si le consommateur est une personne déterminée, ou bien une
collectivité d'individus, ou bien encore, dans le sens le plus large
du mot, le genre humain tout entier.

Tenant compte de ces considérations dans notre analyse générale de la valeur, nous pouvons donc définir la *valeur d'usage
personnelle : valeur subjective, considérée dans un sens individuel* et, d'autre part, la *valeur d'usage sociale : valeur subjective considérée dans un sens général*.

Nous avons à examiner de près ces deux notions particulières
de *la valeur d'usage* dans les chapitres suivants.

CHAPITRE IV

LA VALEUR D'USAGE PERSONNELLE

Après les considérations générales précédentes sur la nature de la valeur d'usage, la valeur d'usage personnelle se définit d'elle-même. *C'est la signification qu'un bien peut avoir pour le consommateur d'après ses besoins et ses désirs individuels et l'aptitude que possède le bien en question à les satisfaire.*

Nous avons donc à compter ici avec deux catégories de facteurs : d'une part, les besoins et les désirs personnels du consommateur, de l'autre toutes les propriétés et les qualités des richesses, ainsi que les quantités de ces richesses qui peuvent être à la disposition du consommateur et les conditions spéciales auxquelles celui-ci peut les obtenir.

La valeur d'usage personnelle des biens augmente ou diminue donc, en premier lieu, avec les besoins et les désirs personnels du consommateur, c'est-à-dire avec certaines dispositions physiques, intellectuelles et morales de la personne, qui, comme possesseur et consommateur, se met en rapport avec ces biens.

Envisagé de ce point de vue, un bien peut être considéré comme présentant autant de valeurs d'usage personnelles qu'il y a de personnes désirant le posséder ou le consommer.

Le développement physique, intellectuel et moral des hommes variant infiniment, on ne saurait indiquer d'une manière absolue

Cornélissen　　　　　　　　　　　　　　　　　4

le quantum de la valeur personnelle des biens : d'autant moins qu'interviennent ici des manifestations de l'âme différant non seulement selon les individus, mais encore, chez le même individu, selon les moments et les circonstances. Lorsque nous parlons donc, dans le présent chapitre, de la valeur d'usage d'un objet ou d'une certaine quantité d'un bien, il s'agit toujours d'une manifestation de la valeur particulière que cet objet ou cette quantité d'un bien peuvent posséder pour le consommateur éventuel et dans les circonstances où celui-ci se trouve au moment donné. Cette manifestation se présentera sous la forme de l'égalité du bien en question avec une certaine quantité d'un autre bien.

Si deux personnes — ou une même personne à deux moments différents — estiment que la même quantité d'un bien est équivalente à des quantités différentes d'un autre bien, de sorte qu'elles soient prêtes dans les deux cas à abandonner l'une pour l'autre, nous nous trouvons en présence de deux équations différentes. C'est là le fait réel que nous aurons à examiner.

A estimant x francs, dans des conditions déterminées, équivalents à y litres de vin, B, à $2\,y$ litres du même vin, les deux équations expriment l'intérêt différent qu'à un moment déterminé, A et B portent aux biens en question : argent et vin. La différence peut provenir de l'évaluation différente de la monnaie seule, ou bien du vin seul, ou encore de tous les deux.

Ayant donc à compter, en matière de valeur d'usage personnelle, avec une grandeur instable et inconstante comme les impressions de l'âme humaine dont cette valeur dépend, nous ne pouvons nullement nous ranger du côté de ces économistes qui se sont appliqués à construire des schèmes fixes et des formules minutieuses pour les évaluations personnelles sur lesquelles se base la valeur d'usage des richesses. Ces schèmes et ces formules ne peuvent pas donner une expression quelque peu juste du jeu compliqué de la nature dans un domaine aussi imprécis que celui des évaluations personnelles des valeurs d'usage.

C'est particulièrement l'école autrichienne de Menger et Böhm-Bawerk, dont la doctrine atteint son plein développement dans l'œuvre de ce dernier économiste, qui a poursuivi des recherches assidues et détaillées à ce sujet. Si ces recherches s'appuient sur des principes psychologiques et économiques bien et dûment établis, il ne sera certainement pas sans intérêt pour nous de suivre ces auteurs dans leurs développements subtils, dont la valeur réelle au point de vue de la vie sociale reste cependant douteuse.

« Nous attribuons, dit M. Böhm-Bawerk, la plus haute importance aux besoins dont la non-satisfaction aurait notre mort comme conséquence ; à côté d'eux nous plaçons ceux dont la non-satisfaction causerait un préjudice sérieux et durable à notre santé, à notre honneur, au bonheur de notre vie ; au-dessous viennent tous ceux qui mettent en jeu des souffrances, des douleurs ou des privations plus passagères ; enfin nous placerons tout en bas ceux de nos besoins dont la non-satisfaction ne nous coûte qu'un très léger désagrément ou l'abandon d'une joie dont nous ne faisons que très peu de cas. D'après ces caractères, nous pouvons établir une véritable série ou échelle indiquant l'importance de nos besoins. » (1).

Admettons qu'en effet ces règles générales pour déterminer l'urgence des différents besoins humains correspondent à la réalité, ce qui, tout bien considéré, ne peut pas être, pour la raison que ces règles fondamentales varient de consommateur à consommateur. Nous pourrions, par exemple, nous demander s'il n'y aurait pas lieu de réserver une place à certains besoins, supérieurs à ceux dont la non-satisfaction cause la mort ; évidemment, il y a des individus pour lesquels certains besoins moraux ou religieux, ou certains désirs qu'ils jugent étroitement liés à leur honneur, pèsent plus que les besoins de la vie matérielle.

Si nous acceptons cependant la classification que nous donne

(1) Böhm-Bawerk, *Kapital und Kapitalzins*, t. II, liv. III, chap. I, III, pages 236-237.

M. Böhm-Bawerk, est-ce qu'elle nous apprend l'importance relative, non de certains besoins en général, mais des besoins réels et définis que manifeste un individu donné à une époque déterminée, dans des circonstances précises, besoins dans lesquels se révèle communément tout un jeu compliqué de diverses tendances et inclinations humaines ?

« Chaque réveil de la faim n'a pas la même intensité, ni chaque satisfaction de ce besoin la même importance », fait observer déjà M. Böhm-Bawerk dans le même passage : « Dans l'échelle des catégories de besoins, le « besoin de nourriture » dans son ensemble se place avant les besoins de tabac, de boissons spiritueuses, de parures, et ainsi de suite ; ici, au contraire, s'entrecroisent les besoins des catégories les plus diverses. » (*Loc. cit.*, p. 238.)

Au lieu, pourtant, de se contenter de ces considérations générales sur la nature des besoins humains, telles que nous venons de les emprunter à l'un des meilleurs d'entre eux, les économistes de l'école utilitaire moderne ont cru devoir aller plus loin et nous mettre sous les yeux des formules et, dans des tableaux soigneusement élaborés, pour ainsi dire la cote des divers besoins humains, évaluant en chiffres leur degré d'importance et leur action réciproque. M. Böhm-Bawerk croit pouvoir représenter dans ce but les besoins humains par les chiffres 10. 9. 8. etc., jusqu'à 0 (1), comme si la représentation d'un groupe de besoins par une série de chiffres arithmétiques, n'était pas déjà un procédé arbitraire que la science ne peut autoriser qu'après la preuve de sa légitimité. Ce n'est pas en général le droit de représenter en chiffres des phénomènes sociaux que nous contestons ici ; cela peut être, en certains cas, légitime et utile (que l'on pense à toute la science moderne de

(1) « A proprement parler, dit M. Böhm-Bawerk, qui, évidemment, a éprouvé plus vivement le « besoin » de clarté dans l'exposition que le désir d'examiner ce qu'est un besoin ou un désir humain, « la catégorie plus importante ne se distingue de la catégorie moins importante qu'en ceci :

la statistique). Cependant, pour le phénomène cher à M. Böhm-Bawerk et à son école, c'est-à-dire pour les besoins personnels, nous ne voyons aucun moyen de les soumettre à la mesure et de les exprimer en chiffres ; il est donc impossible d'attacher aucune valeur scientifique à des schèmes dont les termes nous sont donnés sans aucune espèce de justification.

chez elle, dans un certain sens, la tête s'élève plus haut, tandis que la base se trouve chez tous au même niveau ».

Et il nous présente le schème suivant :

I	II	III	IV	V	VI	VII	VIII	IX	X
10	»	»	»	»	»	»	»	»	»
9	9	»	»	»	»	»	»	»	»
8	8	8	»	»	»	»	»	»	»
7	7	7	7	»	»	»	»	»	»
6	6	6	»	6	»	»	»	»	»
5	5	5	»	5	5	»	»	»	»
4	4	4	4	4	4	4	»	»	»
3	3	3	»	3	3	»	3	»	»
2	2	2	»	2	2	»	2	2	»
1	1	1	1	1	1	»	1	1	1
0	0	0	0	0	0	0	0	0	0

« Dans ce schème, dit-il, les chiffres romains I-X indiquent les différentes catégories de besoins ainsi que leur rang en ligne descendante ; I représente la catégorie de besoins la plus importante, par exemple le besoin de nourriture, V une catégorie d'importance moyenne, par exemple le besoin de boissons spiritueuses, X la catégorie de besoins la moins importante que l'on peut imaginer. » Les chiffres arabes 10-1 représentent « les besoins concrets ou besoins partiels concrets qui se trouvent dans les diverses catégories » ; « .... plus la catégorie est importante, plus haut s'élève le besoin concret le plus important qu'elle renferme. » On peut considérer comme des exceptions « les catégories de besoins IV et VII » « ... dans lesquelles, pour des motifs techniques, une satisfaction successive par actes partiels est imparfaitement possible sinon absolument impossible, de sorte que le besoin doit être satisfait entièrement ou pas du tout. Le besoin de poêles, par exemple, est déjà si complètement satisfait par un poêle, qu'un deuxième serait tout simplement inutilisable... » (*Loc. cit.*, pages 242-243.)

Stanley Jevons, comme tant d'autres économistes, a choisi des surfaces pour exprimer les évaluations personnelles des biens et des quantités limitées d'un bien. A mon avis, il est tombé dans les mêmes erreurs que l'école autrichienne (1).

(1) Jevons distingue entre elles « l'utilité totale provenant d'une denrée quelconque » et « l'utilité s'attachant à une portion particulière quelconque de cette denrée ». Il prend comme exemple les denrées alimentaires et exprime ses calculs sous la forme d'une figure (voir la figure A) accompagnée du texte suivant :

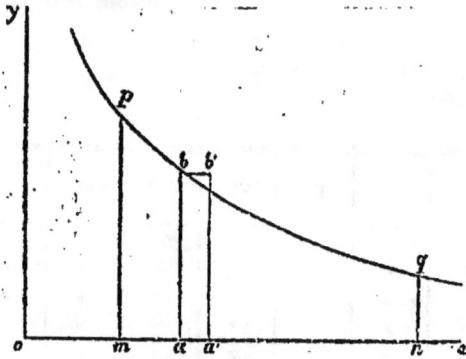

Fig. A.

« La loi de la variation du degré d'utilité des aliments peut donc être représentée par une courbe continue pbq, et l'ordonnée de chaque point de la courbe par rapport à la ligne ox, représente le degré d'utilité de la denrée lorsqu'une certaine quantité en a été consommée.

« Ainsi, quand la quantité oa est consommée, le degré d'utilité correspond à la longueur de la ligne ab ; car, si nous prenons une toute petite quantité d'aliments en plus, aa', son utilité sera à peu de chose près le produit de aa' et ab et cela avec une approximation croissant au fur et à mesure que aa' est moins grand. Le degré d'utilité est donc bien mesuré par la hauteur d'un rectangle très étroit correspondant à une quantité d'aliments très petite, qui théoriquement devrait être infiniment petite. » (The Theory of Political Economy, ch. III, pages 48-49 ; cf. trad. franç., pages 109-110.)

Les critiques que nous avons adressées à la théorie de M. Böhm-Bawerk s'appliquent aussi à celle de Jevons. Tout aussi arbitraires que les chiffres du premier, sont les ordonnées du second. La courbe de Jevons n'aurait une valeur scientifique que si la détermination des lignes Pm, qn, etc., avait reçu une justification quelconque. Ce qui n'a pas été fait... et pour cause. De semblables figures et combinaisons de chiffres construites soi-disant pour éclaircir la question sont évidemment indispensables aux représentants de la doctrine utilitaire moderne ; elles sont une partie essentielle de ce système qui réduit toute valeur à des évaluations subjectives. Comme exemple de telles illustrations nous mentionnons encore les « courbes d'utilité ou de besoins » de M. Léon Walras (Le premier économiste chez qui on trouve ces courbes est H. H. Gossen). On peut varier d'opinion sur l'appui que les mathématiques peuvent prêter à certaines

Aussi ne suivrons-nous ni l'un ni l'autre exemples. De prime abord nous faisons observer ici que nous pouvons examiner au point de vue sociologique les grands principes vitaux de notre race humaine, mais qu'il ne nous est pas donné, généralement, de les exprimer en formules et en tableaux, ou de les enfermer dans une figure mathématique. Car la vie sociale des hommes, si complexe dans toutes ses expressions, nous met trop rarement en présence de purs problèmes de quantités. Cela ne s'applique pas uniquement à la valeur des richesses ou spécialement à leur valeur d'usage personnelle que nous étudions ici, mais à la science économique en général. Si, dans l'étude de la vie sociale réelle, nous ne désirons pas franchir à chaque pas les limites prescrites à toute science, nous devons nous contenter, en règle générale, d'examiner les faits réels dans les actions humaines. C'est d'eux que nous devons inférer les lois économiques qui gouvernent la vie sociale des hommes, sans nous laisser entraîner à fixer dans une formule ou dans une courbe les impressions de l'âme humaine, impressions si infiniment va-

parties de la science économique, mais il faut convenir que les illustrations que nous venons d'examiner ont plus contribué à confondre qu'à éclaircir les problèmes économiques, leurs créateurs se montrant moins économistes que mathématiciens.

Rien ne prouve, en effet, pour revenir aux naïves démonstrations mathématiques de Jevons, que, si l'utilité des biens augmente ou diminue avec la diminution ou l'augmentation de leurs quantités, elle se conforme aux schèmes que Jevons nous met sous les yeux dans sa théorie rectangulaire. Encore moins aurons-nous le droit d'accepter les conséquences que l'on déduit de pareils schèmes arbitrairement construits.

Notons encore combien arbitraire et contestable est déjà l'hypothèse posée par Jevons et autres que l'utilité puisse être considérée comme une quantité à deux dimensions, (« l'utilité peut être traitée comme une *quantité à deux dimensions*, une dimension consistant dans la quantité de la richesse et l'autre dans l'intensité de l'effet produit sur le consommateur ». STANLEY JEVONS, *loc. cit.*, p. 47; trad. fr. p. 108.) Pourquoi ne compterait-on pas trois dimensions en considérant la *durée* de l'effet comme troisième facteur ? Dans la supposition de Jevons il serait dès lors nécessaire et que la *quantité* de la denrée fût *infiniment petite* et que la durée de l'utilité fût *infiniment courte*.

riables et insaisissables dans leur jeu profond et dont l'ensemble est seul capable d'expliquer les manifestations de notre activité.

En outre, dans le cas spécial de la valeur, il n'appartient pas, à notre avis, à la science économique de rechercher les évaluations qu'un individu, Jean ou Paul, pourrait bien faire d'un objet quelconque ou d'une quantité donnée de quelque denrée, dans telles circonstances momentanées de sa vie personnelle.

La tâche essentielle de la science économique, en ce qui concerne la valeur des richesses, consiste à rechercher la valeur que représentent les biens indépendamment d'un individu donné, tant comme valeur d'usage générale que comme valeur de production sociale, ou encore comme valeur d'échange objective se réalisant au marché.

En tant que les évaluations personnelles peuvent influer sur la valeur objective, nous avons, assurément, à compter avec elles ; relativement à leur influence, cependant, nous n'aurons à nous occuper généralement que des résultats finals qui nous viennent sous les yeux et des principes généraux de l'action humaine qui les expliquent. Il ne nous est pas possible de connaître toutes les possibilités accidentelles et individuelles. Dès que la science économique construit des figures et des schèmes abstraits, qui prétendent réfléchir le jeu des besoins humains concrets et réels, elle quitte le domaine de la science positive pour aborder celui de la conjecture.

Nous avons d'autant plus à nous abstenir ici de calculs de probabilités que — nous l'avons fait remarquer déjà — ce ne sont pas seulement les besoins personnels, variant à chaque instant, qui entrent en jeu ; ce sont aussi tout ensemble les propriétés et qualités particulières des biens, les quantités qui en sont disponibles et les conditions dans lesquelles elles le sont, qui collaborent à l'évaluation personnelle, partout où celle-ci mérite le nom d'évaluation économique.

Si donc le calcul des probabilités peut fournir une aide utile dans la science économique, il ne peut rien nous apprendre quand il est question de l'évaluation purement subjective et individuelle de la valeur d'usage.

Nous devons remarquer en outre que, dans la vie sociale réelle, il n'y a pas d'objet qu'on puisse considérer isolément quand on juge sa valeur. Tout objet examiné se trouve en contact avec son milieu et ne saurait être jugé indépendamment de celui-ci.

Comment l'homme pourrait-il apprécier la valeur des allumettes dont il se sert le matin pour faire du feu, sinon en les mettant en rapport avec le café et l'eau potable, le pain et le beurre qui servent aussi à son premier déjeuner ?

Un examen isolé des évaluations personnelles de chacun des biens dont chaque consommateur se sert tous les jours, est une pure impossibilité.

Nous reparlerons encore à maintes reprises de cette théorie qui, en dernière analyse, réduit toute valeur à des évaluations personnelles ; mais il reste certain pour nous que les principes mêmes dont elle part sont insoutenables *a priori*. Il est évident que les évaluations personnelles peuvent toujours influer sur les phénomènes objectifs de la valeur, mais ces derniers restent, quand même, des phénomènes objectifs, qu'on doit distinguer de l'évaluation subjective qu'ils peuvent provoquer. Cette vérité, qui est de grande importance pour l'intelligence de la théorie de la valeur, se présentera plus clairement encore à nos yeux dans le courant de notre étude.

En examinant la valeur d'usage personnelle des biens, nous avons à faire abstraction, pour le moment, de l'intérêt que les biens peuvent avoir pour la vie et le bien-être de l'homme en général, et nous devons prêter toute notre attention à l'intérêt qu'ils ont pour un consommateur quelconque.

La valeur d'usage personnelle des objets, en effet, se rapporte à la personne du possesseur ; les besoins ou désirs personnels qu'ils satisfont se présentent ici, non pas comme besoins et désirs en général : besoins généraux de nourriture, d'habillement, d'habitation, etc., mais comme besoins ou désirs *concrets* et parfois *momentanés* d'un certain consommateur. Aussi, pour le moment, avons-nous à considérer la valeur d'usage des biens comme indépendante et du travail qu'a dépensé le producteur et de celui qui est épargné au consommateur par leur acquisition ; comme indépendante également des avantages qu'ils peuvent avoir pour le consommateur par leur aptitude à être échangés contre d'autres biens. Tels que nous aurons à les considérer actuellement, les biens sont entrés dans la dernière phase de la circulation, celle de la consommation immédiate. Ce n'est qu'à la fin de notre analyse et en examinant l'action que la valeur objective, sous ses différentes formes, peut exercer sur les évaluations personnelles, que nous aurons à compter encore avec d'autres facteurs que des facteurs purement subjectifs.

La question étant ainsi posée et la valeur d'usage comprise comme *valeur subjective considérée dans un sens individuel*, il est évident que le plaisir ou l'avantage que le consommateur peut personnellement retirer de la consommation d'un bien et dont il sera privé par la perte de ce bien est le facteur qui détermine cette valeur. Il est entendu, en effet, que la valeur d'usage des biens est l'expression de leur aptitude à satisfaire certains besoins ou désirs humains. En traitant ici de cette valeur dans un sens individuel, nous avons à considérer ces besoins comme des besoins concrets et personnels.

A bon droit les représentants de la doctrine utilitaire ont spécialement mis en lumière la différence qui doit être faite ici entre l'intérêt que toute la quantité disponible d'un bien peut avoir pour son possesseur et l'intérêt qu'il attribuera momentanément à une partie déterminée (un ou plusieurs litres, kilogrammes, mètres, etc.) de ce bien (1).

(1) « Quand nous examinons la question de près, dit W. STANLEY JEVONS, nous ne pouvons pas dire que toutes les portions du même bien possèdent

Pour nous en tant qu'individus, une certaine quantité d'aliments par jour étant nécessaire à la consommation, cette quantité a sans doute une valeur d'usage excessivement élevée ; cette valeur devrait même être considérée comme infiniment grande, s'il n'y avait deux réserves à faire : d'abord chaque aliment peut d'ordinaire, d'une manière plus ou moins satisfaisante, être remplacé par un autre répondant au même usage ; ensuite, en dehors de la quantité nécessaire des aliments, nous en avons encore habituellement d'autres quantités à notre disposition ; et cette circonstance suffit en général à nous faire évaluer moins haut la quantité indispensable dont il est question. Nous parlons ici d'évaluations régies par des motifs d'ordre économique (des calculs de chances économiques) et non pas de celles qui résultent de caprices personnels ou d'influences d'ordre moral.

Il peut arriver exceptionnellement que les deux circonstances que nous venons d'indiquer n'influent pas sur les rapports qui nous lient à certains objets. Les biens qui pourvoient à nos premiers besoins atteignent alors immédiatement une valeur d'usage illimitée. C'est ce que produit dans certains cas la famine ou le manque d'eau, pendant la traversée d'un désert ou le siège d'une ville, aussitôt que les hommes se trouvent réduits à des quantités limitées de vivres ou que ceux-ci sont même sur le point de faire complètement défaut.

une même utilité... Un *quart de gallon* d'eau par jour a la haute utilité de préserver quelqu'un d'une mort très pénible. Plusieurs *gallons* par jour peuvent être d'une grande utilité par exemple pour le service de la cuisine et le lavage ; mais, dès qu'une provision suffisante est assurée pour cet usage, toute quantité supplémentaire est une chose relativement indifférente. Tout ce que nous pouvons donc dire, c'est que, jusqu'à une certaine quantité, l'eau est indispensable ; que des quantités supplémentaires auront différents degrés d'utilité ; mais que, au-dessus d'une certaine quantité, l'utilité diminue graduellement jusqu'à zéro ; elle peut même devenir négative, c'est-à-dire que les portions suivantes de la même substance peuvent devenir gênantes et nuisibles. » (*The Theory of Political Economy, loc. cit.,* p. 44 ; cf. trad. franç., p. 104.)

Ensuite, il est évident que nous pouvons nous représenter ici les biens comme divisés en petites quantités. S'il pouvait être de quelque importance pour la vie sociale pratique d'examiner la modification que subirait, dans ce cas, l'intérêt pour nous de chaque hectogramme d'un kilo de pain ou de chaque décilitre d'un litre d'eau potable, nous aboutirions à la constatation suivante : à chacune de ces portions, on devrait attribuer une valeur d'usage personnelle spéciale variant même à l'infini avec chaque division de la quantité en question.

Les représentants de la doctrine utilitaire dans la science économique moderne ont soumis les deux circonstances, la possibilité du remplacement d'un bien par un autre et l'existence d'une certaine quantité disponible de chaque bien, à un examen vraiment minutieux, ayant pour but de décrire l'influence de chacune de ces circonstances sur l'évaluation personnelle. Certains d'entre eux — Stanley Jevons par exemple — ont fait de même relativement à la subdivision des biens en petites quantités.

Ici encore ces économistes sont tombés dans l'erreur en ne se bornant pas à formuler des principes fondamentaux et à exposer les résultats concrets et pratiques qui en dérivent ; ils ont voulu donner, une fois de plus, des schèmes abstraits jusque pour les plus petites particularités.

L'école autrichienne de Menger et Böhm-Bawerk s'est attachée à diviser les besoins humains en « besoins concrets et besoins partiels concrets » (*konkrete Bedürfnisse und Theilbedürfnisse*), dont les derniers, les besoins partiels, servent à démontrer qu'un besoin humain peut souvent être partiellement satisfait. Puis, l'école utilitaire tout entière a admis que la valeur (valeur d'usage) d'un bien capable, en certaine quantité, de satisfaire différents besoins humains, doit être jugée non pas d'après l'utilité la plus grande ou d'après l'utilité moyenne, mais, en règle générale, d'après la moindre utilité (l'utilité *minima*) que ce bien ou son équivalent devrait produire, tant qu'il est encore « rationnellement appliqué ».

En adoptant le vocabulaire de Wieser, qui a le premier employé ce terme, Böhm-Bawerk parle ici de l'*utilité économique-limite* (*wirthschaftlicher Grenznutzen*) des biens et formule le principe suivant : « *La valeur d'un bien se détermine d'après son utilité-limite.* » Cette thèse est pour M. Böhm-Bawerk « la pierre angulaire de la théorie de la valeur » et elle a pour lui d'autant plus d'importance, qu'il la considère, avec toute une série d'économistes de notre époque, comme la base même de la valeur objective, ou valeur d'échange, des richesses.

« Et ainsi — affirme-t-il dans son livre *Capital et Intérêt* — la doctrine de l'*utilité-limite* est la pierre angulaire, non seulement de la théorie de la valeur, mais véritablement de toute explication des actions économiques des hommes, et par suite de toute la théorie de l'économie. » (1).

Nous avons ici affaire à une thèse fondamentale de la doctrine utilitaire moderne et il existe même, sur ce point, un accord frappant entre les représentants de cette doctrine.

Karl Menger, bien qu'il ne se soit pas servi d'un terme technique aussi expressif que celui de *Grenznutzen*, a développé, avant M. Böhm-Bawerk, les mêmes principes fondamentaux et généraux (2) ; il faudrait même remonter jusqu'à Gossen (3) et à sa « valeur du dernier atome » (*Werth des letzten Atoms*) pour exposer complètement la genèse de cette théorie de l'*utilité-limite*.

Sur ce point encore, l'école française de Walras se range entièrement du côté de l'école autrichienne de Menger-Böhm. « L'intensité du dernier besoin satisfait » ou « la rareté » (ce

---

(1) Böhm-Bawerk, *Kapital und Kapitalzins*, tome II, livre III, ch. I, iii, pages 247 et 248.

(2) Voir Karl Menger, *Grundsätze der Volkswirthschaftslehre*, Wien, 1872, pages 98 et suiv.

(3) Hermann Heinrich Gossen, *Entwickelung der Gesetze des menschlichen Verkehrs und der daraus fliessenden Regeln für menschliches Handeln*, Braunschweig, 1854.

dernier mot pris dans un sens très particulier), voilà les expressions techniques dont Walras se sert (1).

Jevons, par des recherches indépendantes, est parvenu à une doctrine, et même à une terminologie analogue. Chez lui le *Final Degree of Utility* des biens est la base essentielle de toute la théorie de la valeur et de toute la science économique (2).

Dans cette théorie, je conteste le caractère général que l'on prête à l'*utilité-limite*, ce caractère qui serait nécessaire pour qu'on pût trouver dans son action « la loi principale » (*das Hauptgesetz*) de la valeur sociale et qui justement autoriserait les économistes *utilitaristes* à considérer leur thèse comme «la pierre angulaire » de la science économique.

Je conteste premièrement que les besoins humains se laissent partager en *besoins particuliers* et *besoins partiels particuliers* d'une manière assez exacte pour en tirer quelque appréciation satisfaisante sur le degré d'utilité. Je conteste même que, pour chaque cas spécial, les divers besoins et désirs qui peuvent collaborer à l'intérêt final qu'un consommateur attache à un bien déterminé, puissent être isolés les uns des autres. Et, sans compter que je n'attribue guère de valeur, pour la vie réelle, à de telles distinctions purement abstraites, je nie la possibilité de les introduire rationnellement dans la théorie.

Lorsque, par hasard, le plaisir de boire un verre de vin dans un petit coin ombragé de la campagne, présente pour moi, consommateur, un intérêt évalué très haut, je conteste la possibilité de déterminer, dans la valeur d'usage personnelle de ce

(1) Léon Walras, *Théorie de la Monnaie*, Lausanne, 1886, 1re partie, ii, p. 30. Voir également ses *Eléments d'économie politique pure*, Lausanne — Paris, 1900. Dans les préfaces de ces deux ouvrages, M. Walras donne un exposé historique et comparatif de la théorie utilitaire et de sa terminologie, telle qu'elle se rencontre dans les écoles anglaise, française et autrichienne.

(2) W. Stanley Jevons, *The Theory of Political Economy*, chap. iii, p. 52; trad. franç. pages 113-114.

vin, valeur momentanée et accidentelle : 1° quelle valeur provient de l'apaisement de ma soif ; 2° quelle valeur dérive de la
satisfaction de mon besoin de me reposer, satisfaction dont la
consommation du vin m'a procuré l'occasion. M. Böhm-Bawerk
considérera peut-être comme nécessaire d'introduire ici une
sous-division dans le cas où ce besoin ne serait que partiellement satisfait et ne compterait, par suite, que comme « besoin
partiel » ; 3° quelle valeur résulte de la satisfaction de mon
désir de jouir de la vue pittoresque ; 4° enfin, quelle valeur
vient de l'occasion que me donne la consommation du vin de
m'entretenir en même temps amicalement avec mes compagnons de promenade. Et ainsi de suite.

En même temps que la possibilité d'une division et d'une
comparaison précises des besoins complets et des besoins partiels, je conteste non moins catégoriquement les conclusions
auxquelles la doctrine utilitaire s'est laissée amener, dans son
analyse de l'*utilité-limite*.

Pour me référer au cas proposé comme exemple par M. Böhm-
Bawerk, supposons qu'un chasseur possède deux pains, qu'il
en donne un à son chien et qu'il apaise sa faim avec l'autre. Je
conteste que la valeur (valeur d'usage) du pain mangé par le
chasseur soit déterminée par l'utilité du pain qui est donné au
chien (voir Böhm-Bawerk, *loc. cit.*, pages 244 et suiv.).

A notre avis, les deux pains en question ont pour le chasseur
une valeur toute différente. Il est évident aussi que la présence
du premier pain diminue grandement la valeur d'usage qu'il
attribue au deuxième pain, destiné à nourrir le chien et auquel
il attacherait une tout autre valeur s'il n'avait pas eu le premier. M. Böhm-Bawerk prétend bien que « indubitablement »
« deux biens pareils, dont on dispose dans des conditions
égales, doivent de même s'égaler entièrement en ce qui concerne leur valeur », mais nous répondons ici que « les conditions égales » dont il parle ne durent qu'aussi longtemps précisément que le chasseur n'a pas encore décidé la destination
à donner à chacun des deux pains. Peu nous importe, pour

notre analyse, de savoir si son choix sera déterminé par la circonstance qu'un pain est mieux cuit que l'autre (il est naturel
que M. Böhm-Bawerk, toujours égaré dans les abstractions, ait
supposé qu'il est question de « deux pains parfaitement pareils »)
ou encore que le hasard, la position des deux pains dans la
carnassière, par exemple, décide en définitive. A partir du
moment où le chasseur a pris sa décision, il n'est plus exact,
en tout cas, qu'il soit question de « conditions égales » pour la
consommation des pains ; par suite, il n'y a plus aucune
raison de parler d'une même valeur d'usage attribuée par le
chasseur aux deux pains différents. Le premier pain étant
mangé, la faim du chasseur sera, sinon entièrement apaisée,
du moins partiellement satisfaite, et ceci expliquera logiquement qu'il doive attribuer une moindre valeur au deuxième
pain.

Regardons maintenant de plus près l'exemple plus compliqué
que donne M. Böhm-Bawerk au sujet de la valeur d'usage
personnelle. Nous oublierons volontiers que le cas choisi est
encore à la fois naïf et recherché.

Un colon, vivant loin du monde dans une maison faite de
troncs d'arbre, possède cinq sacs de blé : « Un sac lui est rigoureusement nécessaire pour prolonger sa vie jusqu'à la prochaine
moisson » ; un deuxième sac « pour compléter ses repas de
façon à conserver sa santé et ses forces ». Un troisième sac
est destiné par lui « à engraisser la volaille » ; un quatrième
« à la fabrication de l'eau-de-vie de grains ». Faute de
meilleure destination, il emploiera le cinquième sac à « nourrir un certain nombre de perroquets dont les farces le diver-
tissent ».

Il va de soi qu'il s'agit ici de la satisfaction de besoins tout
à fait divers et l'intérêt différent de l'emploi que trouvent les
sacs de blé est représenté par les chiffres *10* (la conservation
directe de la vie), *8* (le soin de la santé), *6* (le supplément de
viande ajouté au repas), *4* (le plaisir procuré par l'eau-de-vie de
grains) et *1* (l'agrément causé par les oiseaux).

Or lorsque ce colon voudra se défaire d'un seul de ces sacs de blé, — c'est l'économiste autrichien qui parle, — il choisira celui qu'il avait destiné à la pâture des perroquets. « Et c'est d'après cette utilité minime, — dit-il, les yeux toujours fixés sur son monde hypothétique, — qu'il évaluera donc rationnellement un sac pris à part dans sa provision de blé. Et cela est vrai, bien entendu, de tout sac pris séparément... » (1).

Mettons un peu à l'essai cette conclusion singulière : puisque *tout* sac pris à part a une valeur de pâture de perroquets, valeur exprimée par le chiffre *1*, nous concluons, nous-mêmes, que *cinq* sacs semblables auront une valeur exprimée par le chiffre *5*. (Nous nous plaçons pour cela au point de vue de M. Böhm-Bawerk, supposant que les besoins humains puissent être représentés par des chiffres, de sorte que les valeurs d'usage s'appuyant sur les mêmes besoins puissent être multipliées, tout comme les grandeurs arithmétiques.)

Cependant, l'essai réussit fort mal. Le premier sac, seul, a déjà une valeur supérieure à celle des cinq sacs métaphysiques et équivalents de M. Böhm-Bawerk ensemble. Le premier sac de blé est nécessaire à la vie matérielle la plus élémentaire et il est représenté, quant à sa valeur, par le chiffre le plus élevé (*10*).

Nous avons affaire ici à un problème non moins obscur dans sa signification que celui de la Trinité chrétienne, où trois personnes, dont chacune est en soi une divinité complète, ne sont pourtant, dans leur ensemble, qu'un seul dieu.

Mais la solution de l'énigme économique qui se dresse ici devant nous sera bien facile, si nous voulons suivre un moment l'argumentation qui l'accompagne. La valeur de chaque sac de blé, prétend M. Böhm-Bawerk, sera déterminée par celle du sac qui sert à nourrir les perroquets. Pourquoi ? «... parce que, si les sacs sont égaux entre eux, il sera aussi absolument égal, pour le colon, de perdre le sac A, ou le sac B, — pourvu

(1) *Loc. cit.*, p. 248.

Cornélissen   5

seulement qu'il reste encore, derrière le sac perdu, quatre autres
sacs, pour satisfaire les besoins plus importants. » (1).

Mais, tout bien considéré et vu surtout la restriction faite, il
n'est donc *pas* exact que *chaque sac de blé* ait incontestablement
une valeur d'usage pouvant être représentée par le chiffre *1* ;
ceci n'est vrai que pour *chaque cinquième sac*. Et puisque,
parmi cinq sacs de blé, il n'y en a qu'un seul qui puisse arriver
le cinquième, comme, parmi les milliers de soldats d'une armée, il
n'y en a qu'un seul qui porte réellement dans sa giberne le bâton
de maréchal, il s'ensuit qu'un seul, parmi les cinq sacs de blé,
aura en effet, pour le colon, une valeur de pâture de perroquets,
valeur déterminée par *l'utilité-limite* (le *Grenznutzen*) du blé.

L'exactitude de cette conclusion est facile à démontrer par
la pratique. Demandons simplement au colon en question
deux sacs de blé à la fois et nous nous apercevrons bien qu'il
les évaluera à des prix fort différents. Modifions un peu l'expérience : essayons de démontrer à l'intéressé que, pour son
propre usage, il gagnera beaucoup à nous donner sans compensation deux de ses cinq sacs de blé ; en effet, auparavant, *l'utilité-limite* de son blé s'exprimait par le chiffre *1*, tandis que
pour chacun des trois sacs restants elle s'exprimerait par le
chiffre *6*. Il est permis de penser que la « casuistique » dont
parle l'économiste autrichien, — casuistique d'après laquelle
la valeur du blé diminue de *plus des deux tiers* par l'addition
de deux nouveaux sacs, — sera sévèrement jugée dans la
vie pratique. Notons bien, en passant, qu'une telle théorie
a été considérée, au seuil du XXᵉ siècle, comme une théorie
« scientifique » et comme la base de toute la science économique.

Voilà ce qui se produit, lorsque la science perd contact avec
la réalité et, partant de suppositions préétables, se perd dans
les abstractions (2) !

----

(1) *Loc. cit.*, pages 249-250.
(2) Telle est la conclusion à laquelle je suis personnellement arrivé
en 1902. Cependant, dans la troisième édition de son livre, M. Böhm-
Bawerk ajoute un passage où il rejette lui-même les conséquences de sa

La vérité qui s'impose à notre esprit, quand il s'agit de l'évaluation par rapport à l'usage, est évidemment la suivante :

théorie. Tout en maintenant ses anciennes formules et le raisonnement « casuistique » que nous avons cité, il dit : « La valeur subjective d'une grande provision de biens n'est pas égale à l'*utilité-limite* de l'unité de ces biens multipliée par le nombre des pièces contenues dans la provision ; elle se mesure d'après les utilités totales additionnées de ces dernières et ceci — aussi longtemps que la quantité à évaluer n'épuise pas encore complètement la provision totale disponible ou existante — dans le sens du principe de l'*utilité-limite*, d'après la moindre utilité totale qui est encore économiquement admissible. » (*Loc. cit.*, p. 256.) Ainsi la valeur de « trois sacs de blé » se mesurerait « d'après la somme des satisfactions résultant de l'élevage de perroquets, de la consommation de l'eau-de-vie et de la nourriture carnée ». (*Ibid.*)

Dans les annexes de son livre, polémiquant avec Wieser au sujet des « biens complémentaires », M. Böhm-Bawerk revient sur la même question : « Avec cinq sacs de blé *ensemble*, le colon ne s'assure pas cinq fois l'agrément de nourrir des perroquets, mais il assure par eux la conservation de sa vie + l'entretien de sa santé + l'obtention de la nourriture carnée + le plaisir procuré par l'eau-de-vie de grains + l'agrément d'avoir des perroquets. Pas plus que la satisfaction de tous ces besoins n'égale en importance l'agrément cinq fois additionné d'avoir des perroquets, la valeur de cinq sacs de blé pris ensemble, n'égale la valeur d'*un* sac de blé cinq fois additionnée. » (*Loc. cit., Exkurs* VII, p. 182.) Voir aussi les pages suivantes où M. Böhm-Bawerk précise encore sa théorie et notamment la page 185, où il constate lui-même que... « jamais les cinq sacs ne sauraient être cumulativement évalués comme « derniers » sacs, puisqu'il est impossible que tous les cinq sacs puissent être cumulativement réservés à la satisfaction du dernier groupe de besoins, celui qui détermine la valeur. »

J'avoue ne plus comprendre le raisonnement de M. Böhm-Bawerk et ne pas voir la fin des contradictions qu'il recèle. De deux choses l'une : ou bien la valeur d'usage individuelle des trois ou des cinq sacs de blé se mesure, dans le système de M. Böhm-Bawerk, d'après les besoins ou désirs satisfaits successivement par eux, et on n'a alors qu'à « additionner » leurs chiffres d'*utilité* successifs, — mais dans ce cas il n'est plus vrai que « tout sac pris séparément » soit évalué d'après « la moindre utilité » ou l'*utilité-limite*, et tout l'édifice « casuistique » de l'économiste autrichien s'écroule ; ou bien on admet, conformément au principe fondamental de M. Böhm-Bawerk, que les cinq sacs de blé ont bien tous la même valeur, mesurée d'après l'*utilité-limite*, — mais, dans ce cas, on ne peut plus « additionner » leurs valeurs d'après les différents besoins ou désirs que les cinq sacs de blé satisfont successivement, chacun d'après son emploi. Dans un système économique sérieux comme dans une comédie fameuse : « Il faut qu'une porte soit ouverte ou fermée ! ».

différentes quantités égales d'un bien, se trouvant à la fois à la disposition d'un même consommateur, ont généralement pour lui des valeurs d'usage différentes.

Il est donc inexact de dire que la valeur d'usage personnelle d'un bien se détermine par « l'utilité de la dernière fraction infiniment petite » (*the utility of the last increment*, de W. Stanley Jevons) ou par celle de « l'utilité minima » (*der kleinste Nutzen* dans l'école autrichienne) s'appliquant à la quantité déterminée de ce bien qui est employée.

La valeur d'usage personnelle des quantités définies d'un bien se détermine, pour chacune d'elles en particulier, par le plaisir ou l'avantage que le consommateur peut en tirer personnellement et elle variera, ordinairement, à l'infini avec ces quantités.

Si la valeur d'usage personnelle, se basant sur la satisfaction de besoins et de désirs personnels et concrets, peut, d'une part, être infiniment grande, elle peut aussi diminuer jusqu'à zéro, jusqu'au point où elle cesse entièrement d'exister. Il se peut même qu'elle franchisse aussi ce point et que, tous les besoins et les désirs ayant été entièrement satisfaits, le plaisir fasse place à l'aversion, et que ce qui était avantageux devienne nuisible. Il se peut donc que la totalité disponible d'un bien ait depuis longtemps cessé de posséder une valeur d'usage, ou même soit devenue nuisible relativement à une catégorie particulière de besoins, et que, néanmoins, une petite quantité déterminée du même bien, ou le bien entier considéré par rapport à d'autres besoins, possède encore une valeur d'usage personnelle plus ou moins considérable. La complexité de l'action des besoins et des désirs humains nous donne l'explication de ce phénomène.

Dans l'exemple de Stanley Jevons, l'eau, ayant perdu entièrement sa valeur d'usage par suite de sa trop grande abondance, peut même causer, en cas d'inondation, des malheurs, malgré l'utilité capitale que présente une quantité déterminée de la même eau qui étanche la soif et satisfait ainsi un de nos besoins les plus essentiels.

Vu cette complexité de la vie sociale, la doctrine utilitaire, telle qu'elle est exposée par ses représentants, doit donc, de prime abord, nous paraître impuissante à fournir une base rationnelle pour une théorie générale de la valeur.

Une théorie qui fonde la valeur des biens sur « l'utilité de la dernière fraction infiniment petite » (Jevons) ou « l'utilité du dernier exemplaire d'un bien » (Böhm-Bawerk) est déjà insoutenable pour la seule raison que la division des richesses en « quantités » et « fractions », ou en exemplaires numérotés, ne saurait être maintenue raisonnablement. On peut l'appliquer à l'eau, substance si chère à Jevons, ou bien si l'on veut au bétail et au blé, mais dire que la valeur d'une maison, d'un musée ou d'une fabrique est déterminée par celle de la dernière fraction de ces biens, c'est exposer une théorie dénuée de sens (1).

La théorie utilitaire montre ici son caractère de théorie abstraite, constituée en dehors de la vie réelle, qui la rend manifestement insoutenable dès qu'on veut l'ériger en théorie générale.

Cependant, supposons que plusieurs quantités égales de la même richesse — par exemple cinq sacs de blé — soient en même temps à la disposition du même consommateur ; dans ce cas, la présence seule des quantités qui satisfont les besoins et les désirs les moins intenses, peut avoir pour effet que les autres quantités — pourvoyant pourtant à des besoins plus pressants — ne soient pas estimées par le consommateur selon l'usage qu'il en fera en réalité. Ainsi le fait que plusieurs quantités égales du même bien sont en même temps à la disposition du même con-

---

(1) La manière la plus commode de trancher ce nœud philosophique est assurément celle de Walras. Il écrit avec candeur dans sa *Théorie de la Monnaie* : « Pour plus de simplicité, je supposerai ici que toutes les marchandises sont susceptibles de se consommer par quantités infiniment petites, comme cela a lieu pour les aliments par exemple. » (LÉON WALRAS, *loc. cit.*, p. 31.)

Le fait que cette supposition ne se réalise même pas pour les aliments, n'est qu'une particularité d'importance secondaire dans cet exemple étonnant d'arbitraire.

sommateur semblerait être cause que celui-ci n'estime pas les différentes quantités de ce bien (les différents sacs de blé ou les différentes parties d'un sac de blé par exemple) selon le plaisir ou l'avantage qu'il peut retirer directement de chacun d'eux, c'est-à-dire, d'après nous, par rapport à leur vraie valeur d'usage.

C'est précisément la faute de M. Böhm-Bawerk de n'avoir pas rigoureusement distingué entre la *valeur d'usage réelle*, d'une part, et, de l'autre, l'*estimation accidentelle de cette valeur* par le consommateur. Dans le cas présenté par lui, les valeurs d'usage réelles des cinq sacs de blé étaient successivement de *10, 8, 6, 4, 1* ; mais les estimations momentanées de ces valeurs par le colon paraissent avoir été de *1 ,1, 1, 1, 1.*

Sans être aussi prompt à l'abstraction que M. Böhm-Bawerk, qui estime tout le blé à la valeur de pâture de perroquets, valeur correspondant au dernier et moindre besoin, le consommateur peut facilement se tromper sur l'intérêt qu'ont pour lui les différentes parties de sa richesse. Mais c'est un problème psychologique qui se pose ici devant nous, problème que M. Böhm-Bawerk n'a pas vu. Ce problème repose sur la méprise du consommateur qui confond l'égalité matérielle des différentes quantités de blé avec leur égalité par rapport à ses besoins et désirs. La distinction que nous faisons ici entre *la valeur d'usage personnelle* et *l'opinion momentanée* que le consommateur a sur cette valeur, tient en réalité à une pure confusion qu'il y a dans l'esprit de celui-ci, qui évalue autre chose que ce qu'il croit évaluer. Il prétend estimer un objet au point de vue des services que cet objet peut lui rendre et, en fait, il l'estime autrement.

Cela n'est pas d'ailleurs la seule méprise que puisse faire le consommateur. Selon le dicton populaire, il faut avoir été malade pour connaître le prix de la santé. — L'homme ne peut connaître qu'approximativement l'état de ses besoins et de ses désirs, d'une part, et, d'autre part, les qualités intrinsèques des biens ; il ne peut donc pas avoir une connaissance absolue de l'intérêt qu'ont pour lui les biens qui satisfont entièrement ou partiellement ses besoins ou ses désirs.

En critiquant, à ce dernier point de vue, les évaluations personnelles, nous quitterions le domaine de l'économie pour aborder celui de la psychologie ou de la morale.

Tout ce qui précède met surtout en lumière l'instabilité des évaluations personnelles. Lorsqu'un consommateur veut exprimer la valeur d'usage de son bien sous la forme d'une égalité de celui-ci avec une certaine quantité d'autres biens, cette quantité peut varier suivant qu'il aura une notion plus ou moins exacte du plaisir ou de l'avantage que les divers biens peuvent lui procurer. Cela nous éloigne d'autant plus de chercher, dans les évaluations personnelles, la base d'une théorie générale de la valeur et, ensuite, de toute la science économique.

En continuant notre analyse nous sommes parvenus aux principes fondamentaux suivants :

La valeur d'usage personnelle d'un bien se détermine par le plaisir ou l'avantage que le consommateur peut obtenir par l'usage de ce bien, ou dont il serait privé par sa perte.

Différentes quantités égales d'un bien se trouvant à la fois à la disposition d'un même consommateur ont généralement pour lui des valeurs d'usage différentes.

La valeur d'usage personnelle de différentes quantités définies d'un bien se détermine, pour chacune d'elles en particulier, par le plaisir ou l'avantage que le consommateur en peut tirer personnellement ; cette valeur variera communément, jusqu'à l'infini, avec la grandeur des quantités en question, et avec les propriétés et qualités particulières du bien.

La nature d'un bien, ainsi que les circonstances dans lesquelles il est à la disposition du consommateur, décident si la valeur d'usage personnelle d'une quantité déterminée augmente (dans la même proportion ou non) en même temps que la quantité, ou bien si la valeur diminue, au contraire, au fur et à mesure que la quantité augmente, de sorte qu'elle puisse se transformer, à un moment donné, en valeur négative.

Il est évident que la totalité de la valeur d'usage personnelle d'un bien peut augmenter encore avec sa quantité, tandis qu'un exemplaire séparé, ou de même un mètre, litre ou kilogramme, etc., du bien, peut déjà avoir commencé à diminuer peu à peu en valeur. Ce phénomène se produit lorsque la valeur d'usage personnelle d'un bien augmente dans une autre proportion, et une proportion moindre, que la quantité disponible. Il est clair que ce phénomène ne se produit pas constamment et en toute occasion ; la valeur d'usage d'un bien peut, dans certains cas, augmenter longtemps encore en même proportion que sa quantité avant que commence la diminution successive de la valeur d'un seul exemplaire (1). Que l'on apporte aux colons d'une contrée isolée du drap pour confectionner des habits ou des pierres pour leurs constructions ; l'on verra aisément que la diminution de la valeur d'usage d'un mètre de drap ou d'une pierre commence seulement après que les besoins les plus pressants d'habillement ou de construction ont été satisfaits ; cette quantité nécessaire change avec chacun de ces biens et pour chaque cas spécial. Il se peut même qu'une quantité déterminée du bien importé soit une condition formelle et indispensable pour qu'un exemplaire de ce bien ait une valeur d'usage. Une seule pierre de construction ou deux, trois, dix pierres seront peut-être jetées de côté par le colon qui désire bâtir une maison. Supposons que quelques pierres soient

(1) Cf. la thèse suivante telle qu'elle est formulée par les meilleurs représentants de la théorie utilitaire moderne : « Plus grande sera la quantité des biens disponibles d'une certaine espèce, plus petite deviendra, toutes les autres circonstances restant invariables, la valeur de chaque pièce en particulier et inversement. » (BÖHM-BAWERK, *loc. cit.*, p. 251.) « Nous pouvons formuler cette loi générale que *le degré d'utilité varie avec la quantité d'une marchandise et diminue, en définitive, lorsque cette quantité augmente.* » (JEVONS, *loc. cit.*, p. 53 ; cf. trad. fr., p. 114.) « C'est d'ailleurs une grandeur qui décroît à mesure que la quantité consommée croît. » (WALRAS, *loc. cit.*, p. 30.) L'auteur parle ici de « l'intensité du dernier besoin satisfait par une quantité de marchandise consommée ». Et ainsi de suite.

Comme règle générale cela est évidemment faux.

absolument nécessaires pour achever la construction d'une maison, ces dernières pierres peuvent atteindre dans ce cas une valeur d'usage personnelle beaucoup plus grande que les autres pierres. Il en est ainsi précisément parce que ces dernières pierres, rendant possible la satisfaction d'un besoin essentiel, ont un intérêt particulièrement important. Il peut donc, en effet, se présenter des circonstances dans lesquelles la valeur d'usage du seul exemplaire ou bien celle d'un seul mètre, kilogramme, litre, etc., d'un bien augmente en raison directe de la quantité de ce bien et même dans une progression plus rapide. Pensons seulement aux prix fabuleux que des collectionneurs sont souvent disposés à payer pour les derniers spécimens d'une série qui leur manquent, et nous réduisons ainsi à l'absurde toute la théorie d'économistes comme M. Böhm-Bawerk sur l'utilité diminuée du « dernier exemplaire d'un bien ».

Ici encore, ce sont la nature particulière et la destination spéciale des divers biens qui sont décisives. Si nous voulions apporter à des colons isolés un fusil de chasse, de la poudre et du plomb, il pourrait arriver, soit qu'une lutte fût engagée pour l'acquisition de ce seul objet, soit que celui-ci atteignît, en qualité de « fusil de la colonie », une valeur d'usage particulière ; valeur plus élevée, assurément, qu'elle ne serait, si tous les colons, sans distinction, pouvaient se procurer une arme semblable.

Au fur et à mesure que l'on pénètre plus profondément dans l'étude des cas particuliers qui peuvent se présenter, nous voyons toujours plus clairement que les économistes *utilitaristes* modernes ont eu tort en voulant formuler une seule loi générale et uniforme là précisément où la vie sociale si complexe montre au contraire les tendances les plus diverses.

L'exposition des principes généraux formulés plus haut nous montre quelle influence essentielle peut exercer sur la valeur d'usage personnelle la quantité disponible d'un bien et sa rareté par rapport à la quantité exigée.

Dans notre vie sociale, un tableau ou un autre objet d'art peut déjà obtenir une valeur d'usage considérable pour un ama-

teur quelconque et le rendre heureux, par le seul fait qu'il est
dû à la main d'un maitre dont les œuvres sont rares et recherchées. C'est là un phénomène analogue à celui que nous venons
de constater pour les colons qui, placés en dehors de la vie sociale, attribuent à une arme à feu une valeur excessivement
élevée parce que cette arme est la seule de son espèce. L'eau
potable, qui, dans des circonstances normales, est considérée
comme n'ayant pas de valeur, et que l'on gaspille, par suite, en
grandes quantités, peut accidentellement, comme nous l'avons
fait remarquer, obtenir une valeur d'usage presque infiniment
grande, lorsque les hommes en ont seulement à leur disposition,
pour la satisfaction de leurs besoins les plus pressants, une quantité excessivement limitée.

D'autre part, de grandes quantités d'un bien quelconque
peuvent partiellement ou entièrement perdre leur valeur d'usage
dès que ce bien est à notre disposition en telle proportion que
non seulement les premiers et les plus urgents, mais aussi les
moindres besoins des consommateurs sont satisfaits, sans que
pourtant la demande épuise la provision. Les quantités super-
flues, comme nous l'avons fait remarquer déjà, peuvent même
occasionnellement prendre une valeur d'usage négative, c'est-à-
dire qu'elles peuvent devenir désagréables et nuisibles aux
hommes.

C'est à la clarté de ce phénomène que nous devons nous expliquer pourquoi l'on n'attribue généralement aucune valeur
d'usage à de petites quantités de certains biens non-économiques, comme l'air et l'eau, malgré les besoins essentiellement pressants que satisfont quelques portions de ces mêmes
biens, qui ont ainsi, pour chacun de nous, une valeur d'usage
très élevée. Pour les mêmes raisons, enfin, nous nous expliquons
cet autre fait au sujet de certains biens, comme le bois, les
pierres de construction, le fer, le blé, etc., qui pourvoient à des
besoins humains essentiellement pressants, mais qui sont encore
faciles à remplacer, dans les conditions actuelles du travail : il
arrive ordinairement que de grandes quantités de ces biens

sont estimées par leurs consommateurs moins que de petites quantités de bijoux, de perles ou de pierres précieuses, quoique les besoins satisfaits par ces dernières richesses soient incontestablement moins urgents. Notons bien que le sens déterminé qui s'attache aux mots de *besoin humain*, fait particulièrement ressortir le contraste que nous venons d'indiquer et qu'il est bien propre même à nous faire refuser toute valeur à des biens tels que les perles et les pierres précieuses. Mais nous avons, d'autre part, à répéter une considération formulée plus haut : la valeur d'usage personnelle est une forme de valeur très spéciale ne s'attachant pas exclusivement aux besoins des hommes, dans le sens strictement moral du mot, mais plutôt à des besoins — ou à de simples désirs — personnels, de sorte que ce n'est pas *l'utilité* proprement dite des biens qui leur donne cette valeur d'usage, mais toutes les propriétés et qualités qui nous permettent de les employer à notre usage ou même à nos caprices.

Nous nous trouvons maintenant en présence d'un phénomène particulier : certains biens, comme les bijoux, sont si rares que, quelle que soit l'utilité qu'on leur attribue, il est sûr que les consommateurs qui voudraient les posséder peuvent difficilement satisfaire leur désir. La rareté de ces biens devient dans ce cas une véritable qualité aux yeux de certains consommateurs, ceux qui désirent se distinguer de leurs semblables par des parures et des ornements; elle leur fournit un moyen d'attirer l'attention, moyen fort commun parmi les peuples de civilisation primitive et variant avec les mœurs et les coutumes générales. Il s'agit donc ici de besoins ou désirs profondément sentis.

Nous avons fait un pas en avant vers la solution du problème; pourtant celui-ci n'est pas aussi simple qu'il nous paraît au premier abord. Bien que la rareté des bijoux et leur aptitude à servir de parures soit la raison pour laquelle ils peuvent être estimés au-dessus des aliments les plus utiles ou des pierres de construction, cette rareté n'explique pas pourquoi la valeur d'usage des bijoux atteint précisément un niveau déterminé.

Il faut donc rechercher pourquoi cette valeur s'arrête à

ce niveau et ne monte pas à un point plus élevé ou ne tombe pas, au contraire, à un point plus bas. Nous avons de même à analyser plus sérieusement la valeur d'usage de cette autre catégorie de biens dont nous avons parlé, comme le bois, les pierres de construction, le fer, le blé, etc. Par rapport à eux, nous ne pouvons pas davantage nous borner à constater ce simple fait que leur valeur d'usage est estimée plus haut que celle de l'air ou de l'eau et moins haut que celle des perles et des pierres précieuses. En analysant de plus près la nature de la valeur d'usage, nous avons à résoudre la question qui se pose ici : Pourquoi, à l'égard de ces quatre articles de consommation, avons-nous sous les yeux quatre expressions différentes de la même valeur, expressions dont la grandeur varie, il est vrai, avec la rareté des biens en question : bois, pierres de construction, etc., et les évaluations personnelles qui se basent là-dessus ; mais qui mettent pourtant toutes en évidence que les évaluations personnelles sont entraînées vers un niveau déterminé différant généralement pour chaque espèce de ces biens.

Il est clair que, derrière les principes généraux qui déterminent la valeur d'usage personnelle, il se cache ici un autre principe. Nous apercevons chez les consommateurs les plus divers, par rapport à la plupart des articles de consommation, une tendance à évaluer chaque espèce de biens en particulier à un certain niveau indépendant des fluctuations éventuelles de leur surabondance ou de leur rareté, ainsi que des besoins momentanés auxquels ils pourvoient ; de ce niveau, les valeurs d'usage ne tendent à s'éloigner que dans des circonstances spéciales de surabondance ou de disette et sous la pression exceptionnellement peu sensible ou, au contraire, essentiellement vive des besoins personnels.

Examinons ce phénomène de plus près : Nous connaissons la valeur d'usage personnelle des biens comme l'avantage qu'ils offrent pour un consommateur quelconque par rapport à ses besoins et à ses désirs. Mais il y a avantage et avantage et, dans la circulation des richesses, si étendue à notre époque, un avantage spécial attire particulièrement notre attention en ce qui concerne la plus grande partie des biens économiques : c'est la possibilité d'être, par l'intermédiaire de la monnaie, échangés contre d'autres biens. Il ne s'agit plus ici, il est vrai, de la consommation immédiate : les biens trouvent une autre destination que la consommation et ne sont pas encore entrés, contrairement à ce qui a été toujours supposé, dans la dernière phase de leur existence, qu'ils n'atteindront qu'après avoir cessé d'être en circulation.

Cependant, s'il ne s'agit pas ici d'une forme de *consommation*, il s'agit du moins d'une forme *d'usage*. Les consommateurs conservent toujours la possibilité de jeter et rejeter les biens dans la circulation avant leur consommation, ou souvent même après leur consommation partielle. C'est précisément la facilité de les remplacer par d'autres biens qui peut influer profondément, au sens économique, sur l'estimation personnelle de leur valeur d'usage, tout comme la facilité qu'avait le colon de M. Böhm-Bawerk de remplacer chacun de ses cinq sacs de blé par n'importe quel autre sac, pouvait influer essentiellement sur son estimation des valeurs d'usage respectives des différents sacs de blé.

Dans la vie sociale moderne, les biens peuvent toujours être remplacés les uns par les autres, et c'est pour cela qu'ils offrent tous ce caractère commun, que l'estimation de leur valeur d'usage tend à se faire, plus ou moins, d'après des motifs économiques autres que les besoins immédiats du consommateur.

Tout ce que nous disons ici concerne les biens fongibles qui, répétons-le, constituent la grande partie des biens dont nous avons besoin pour notre vie de tous les jours. Le caractère commun que possèdent tous les biens de cette nature est la possibilité d'être acquis par l'échange. Et le niveau vers lequel nous voyons tendre l'estimation de la valeur d'usage de toutes espèces de biens, — pierres précieuses, aussi bien que bois, pierres, fer, blé, etc., — est celui de leur prix de marché, ou bien, au cas spécial de la production personnelle, celui de leur coût de production.

Nous voilà donc placés devant ce phénomène particulier que l'*estimation de la valeur d'usage* des biens peut être influencée et sera influencée communément par leur *valeur d'échange* (*leur prix de marché*), ou bien par leur *valeur de production*.

Retournons maintenant à la valeur fabuleuse à laquelle peuvent être estimées les pierres précieuses. Sans doute, nous avons ici, en premier lieu, à compter avec tous les facteurs que nous venons d'examiner ; mais, malgré le caractère subjectif que présente toujours la valeur d'usage, nous voyons à l'arrière-plan les personnes des producteurs et des marchands. Ceux-ci cessent plutôt d'apporter leurs marchandises, lorsque la demande devient trop limitée, que de les céder à un prix qui ne les dédommage pas de leurs frais de production augmentés du profit courant. Quel que soit donc l'accroissement ou la diminution des désirs non-satisfaits de pierres précieuses, au fond de l'estimation de leur valeur d'usage nous trouvons toujours la valeur d'échange et les prix de marché de ces objets. Lorsque les personnes désirant acquérir des pierres précieuses ne sont pas disposées à compter dans leurs estimations personnelles avec les conditions de la production et font des offres sensiblement au-dessous des prix du marché, ces biens qui sont rares et difficiles à apporter au marché cesseront d'être produits et mis en vente et disparaîtront à la longue du rang des richesses satisfaisant des besoins et désirs humains (1).

(1) Il est certain, non seulement que les prix de marché très élevés influent, à propos de semblables articles, sur l'estimation personnelle que le consommateur fait de leur valeur d'usage, mais même que cette estimation consiste en grande partie dans ces prix élevés ; le consommateur ne rechercherait plus ces objets comme parures, si leurs frais de production et leurs prix de marché diminuaient au point de les mettre à la portée de tout le monde. Marx a très bien dit : « Si l'on réussissait à transformer avec peu de travail le charbon en diamant, la valeur de ce dernier pourrait tomber au-dessous de celle des briques. » (*Das Kapital*,

Il en est de même des biens comme le bois, les pierres, le fer, le blé, etc. Pour tous les biens fongibles, la valeur d'échange et le prix du marché — ou bien la valeur de production individuelle pour le producteur lui-même — forment le niveau commun vers lequel tendent, dans la vie sociale moderne, les évaluations économiques et personnelles des consommateurs.

Nous pouvons aussi nous expliquer maintenant pourquoi l'air et l'eau et autres biens non-économiques sont, ordinairement et jusqu'à une certaine limite, moins estimés que les biens économiques, comme le bois, les pierres, le fer, le blé, malgré les besoins très pressants que satisfont certaines quantités d'air, d'eau, etc., et la haute valeur d'usage qu'ont, par suite, celles-ci. Le fait que ces biens non-économiques sont négligés parfois et que même on traite en non-valeurs des quantités considérables de ces biens, ne résulte pas exclusivement de ce que tous les besoins qui leur correspondent sont entièrement satisfaits. Ce dernier phénomène est, sans doute, important, mais il pourrait se produire de même à propos des biens économiques, comme le bois, les pierres, etc. Si l'on fait peu de cas de l'air et de l'eau et des autres biens non-économiques, la cause en est d'abord en ceci qu'ils sont librement accessibles à tous, — ce qui, par exemple, ne s'applique pas au sol dans nos contrées, — et ensuite que leur acquisition exige peu de travail, de sorte que le consommateur peut les obtenir sans grands sacrifices de sa part. On ne saurait attribuer ce dernier caractère à la plupart des richesses dont nous nous servons dans la consommation, — des biens économiques comme le bois, les pierres, le fer, le blé, etc., dont l'acquisition exige toujours un travail plus ou moins pénible.

Dès que, par suite, l'acquisition d'un bien non-économique et librement accessible, comme l'air, exige un coût de production assez considérable, il peut obtenir tout de suite, en même temps

tome I, chap. I, p. 7; cf. trad. franç., p. 15, col. 2.) Nous faisons remarquer que c'est aussi bien leur *valeur d'usage* que leurs *valeurs de production et d'échange* qui, en ce cas, serait atteinte.

qu'une valeur d'usage spéciale, une valeur de production et une valeur d'échange.

Il en est ainsi par exemple pour l'oxygène que nous nous procurons dans une pharmacie : sa valeur d'échange ne se détermine pas assurément par l'*utilité-limite* que chaque malade peut tirer d'une quantité déterminée de ce gaz ; elle se base, évidemment, sur le coût de production éventuel.

Revenons à l'influence essentielle que le coût de production des biens peut exercer sur les évaluations économiques personnelles. Cette influence est manifeste dans une catégorie spéciale de richesses que nous examinerons séparément. Il s'agit de certains biens qu'on n'a acquis que par un travail plus ou moins considérable, mais dont il y a ensuite surabondance, de sorte que tous les besoins peuvent en être entièrement satisfaits.

Dès ce moment, selon la théorie utilitaire moderne, *l'utilité-limite* de ces biens serait tombée à zéro. Cependant, considérons l'eau potable qui nous est fournie en abondance par une conduite d'eau. Elle possède premièrement une *valeur d'usage* qui, bien que variant avec les consommateurs et les besoins de ceux-ci, sera généralement assez grande pour empêcher de négliger ce bien précieux. Ensuite, elle possède des *valeurs de production* et *d'échange*. Or, ces dernières exercent une telle influence sur la *valeur d'usage* que celle-ci, bien loin d'être nulle, ne tombera jamais au-dessous du niveau tracé par les frais de construction et d'entretien de la conduite d'eau, c'est-à-dire le niveau du coût de la production de l'eau (1).

Dans une société possédant des moyens de communication et des marchés réguliers, secondés par une production continuelle, l'influence qui est exercée sur les évaluations per-

---

(1) M. Böhm-Bawerk s'est trompé ici encore une fois. Voir l'exemple qu'il donne de la conduite d'eau qui sert à un paysan (*Kapital und Kapitalzins*, tome II, note à la page 226.) Il est manifeste (*drastisch*), prétend l'économiste autrichien, « que c'est non les « difficultés de l'acquisition », mais bien la *rareté* qui est ici l'élément décisif. » Naturellement, c'est le contraire qui est vrai.

sonnelles des biens par leurs valeurs de production et d'échange
est tellement intense qu'il se crée, pour tous les biens fongibles,
une sorte de deuxième valeur d'usage qui se maintient à côté de
la valeur d'usage momentanée de ces biens, la remplace bien
souvent et, non moins souvent, est confondue avec elle.

Quand nous perdons un objet de valeur, nous sommes ordinairement enclins à taxer notre perte non pas d'après le plaisir
ou l'avantage que l'objet même aurait pu nous procurer et
dont nous sommes maintenant privés, mais d'après le plaisir ou
l'avantage auquel nous devrons renoncer en remplaçant cet
objet par un autre. Cela veut dire, pour la plus grande partie
des articles de consommation journalière, que nous taxerons la
perte d'un objet ou d'une quantité déterminée de quelque bien
d'après le prix de marché que coûtera leur remplacement.

Ce fait a amené certains représentants de la doctrine utilitaire
à imaginer la notion de *l'utilité de substitution* (*Substitu-
tionsnutzen*). Disons en passant que, dans le cadre de la théorie
de *l'utilité-limite*, cette notion ne pouvait que rendre plus con-
fuses encore les idées qu'elle était appelée à éclaircir.

D'après ce qui a été dit plus haut, il est évident que le « pardessus d'hiver volé » dont nous parle par exemple M. Böhm-
Bawerk peut, en effet, être évalué par quatre personnes différentes de quatre manières différentes : par le riche, comme le
privant de quelques dépenses de luxe ; par un moins riche,
comme nécessitant, pendant quelques mois, certaines épargnes
dans le ménage ; par un homme pauvre comme l'obligeant à
engager ou à vendre un meuble ; et seulement par le plus
pauvre, d'après le service immédiat que lui rendait le pardessus
d'hiver en le défendant contre le froid (1).

En réalité, il n'est directement question, pour aucune de ces
quatre personnes, de l'*utilité* des choses qu'elles sacrifient pour
remplacer par un autre le vêtement volé. Contrairement à ce que
pense M. Böhm-Bawerk, on ne songe pas d'abord à l'*utilité de*

_____

(1) Voir Böhm-Bawerk, *loc. cit.*, livre III, chap. I, IV, p. 262.

Cornélissen   6

sublitution d'une « catégorie étrangère de biens » (*fremde Gütergattung*), mais on pense en réalité au prix de marché qu'a coûté le pardessus volé ou au prix probable de celui qui le remplacera. Si l'on a porté le vêtement volé pendant plusieurs années, on n'évaluera plus la perte de cet objet d'après le prix de marché pur et simple d'un nouveau pardessus ; en homme pratique, on tiendra compte de l'usure qui diminuait la valeur de l'objet volé et on considérera cette diminution de valeur comme une circonstance atténuante de la perte qu'on a faite. On pense donc tout de suite à l'objet perdu et à sa propre valeur de marché ; ce n'est qu'ensuite et indirectement qu'on peut penser aux conséquences de la perte et dire, par exemple : « Ça me coûte deux mois de privation de tabac et de vin » ; mais il est évident que les locutions de cette espèce ne sont que des expressions figurées, derrière lesquelles se cache toujours le prix de marché d'un pardessus d'hiver (1).

(1) Dans la troisième édition de son livre, M. Böhm-Bawerk admet que les facilités de l'échange peuvent amener celui qui perd un pardessus à évaluer cet objet d'après son *coût d'achat*. Se rendant compte de toute la portée de cette concession dans le cadre de sa théorie subjectiviste, l'économiste autrichien se demande : « Cette doctrine ne nous égare-t-elle pas dans un cercle vicieux ? Nous expliquons ici le prix de marché par les évaluations que font les parties contractantes et, traitant du pardessus volé, nous avons également expliqué — au moins pour un nombre considérable de cas — l'évaluation subjective que font les gens, par le prix du marché : n'est-ce pas là un cercle ? » (1).

M. Böhm-Bawerk prétend qu'il n'en est rien. Car, dit-il, l'évaluation d'après le coût d'achat ne se fait pas sans réserves ni exceptions, mais sous certaines conditions : « Quiconque, ayant la certitude de pouvoir acheter toujours un pardessus d'hiver au prix de 40 florins, l'évalue d'après ce prix d'achat présumé, au lieu de l'évaluer d'après son *utilité-limite* immédiate, dix fois plus grande peut-être, fonde son évaluation sur une supposition préalable, qui ne se réalisera qu'au marché. Naturellement cette évaluation elle-même devient par là conditionnée et hypothétique et son existence dépend de l'exactitude et du bien-fondé de la supposition. » (2).

L'auteur traite en conséquence les évaluations subjectives qui se basent

(1) Böhm-Bawerk, *loc. cit.*, livre III, chap. II, III, p. 397.
(2) *Loc. cit.*, p. 398.

Toutes nos observations sur l'influence que les *valeurs de production* et *d'échange* peuvent exercer sur la *valeur d'usage* s'appliquent, avons-nous dit, à la plus grande partie des biens fongibles qui servent à notre usage journalier.

Il en est autrement des biens non-fongibles, c'est-à-dire de tous ceux qui possèdent une certaine valeur que la substitution d'un bien semblable ne saurait remplacer. Ici la valeur d'usage disparaît partiellement ou entièrement avec l'objet même, bijou ou tableau de famille, souvenir d'amis ou d'un certain événement de la vie, ou encore chef-d'œuvre de l'art, empruntant sa haute valeur au maître qui l'a créé ou aux conditions dans lesquelles il a été produit. Précisément parce qu'on ne saurait parler, en général, d'une libre production et reproduction de

---

sur la supposition de pouvoir acheter un objet voulu à un prix déterminé comme étant « tout au plus une étape psychologique intermédiaire, mais jamais la ligne de conduite *définitive* ». C'est à l'*utilité-limite* immédiate que resterait toujours réservée cette dernière fonction (1).

Nous objecterons à ce raisonnement que toute science présente un caractère plus ou moins « hypothétique ». Rien n'est fait par elle sans « réserves ». Quand le monde périra, nous mourrons peut-être tous, dit un dicton populaire ! Malgré cela, l'économiste recherche la solution des problèmes sociaux en admettant que le monde ne périra pas et qu'un autre désastre non prévu ne viendra pas non plus renverser tous nos calculs. Si l'économiste se met à étudier la valeur objective et le prix de marché des marchandises, dans la vie si compliquée et développée de nos jours, il doit aller au marché dans la « supposition » que ce dernier restera un marché capitaliste et ne deviendra pas, par exemple, un marché précapitaliste, un marché *boehm-bawerkien*. Il doit supposer, en effet, qu'on pourra à tout instant se procurer sur ce marché un pardessus d'hiver à son prix d'achat de 40 florins. C'est précisément ce prix d'achat qu'il faut expliquer, car c'est derrière lui que se cache la valeur objective (valeur d'échange) du pardessus. M. Böhm-Bawerk, au contraire, cherche toujours des cas particuliers et exceptionnels pour sauver sa théorie générale de la valeur.

Dans notre critique de la théorie utilitaire (voir notre chapitre VII), nous reviendrons encore et au caractère précapitaliste qui, chez M. Böhm-Bawerk, distingue toujours le marché, et aux rectifications apportées par cet économiste à sa théorie générale dans la dernière édition de son livre, rectifications qui sont autant de concessions à la théorie objectiviste.

(1) *Loc. cit.*, p. 401.

tels biens, leur *valeur d'usage* ne peut pas être influencée par
les *valeurs de production* et *d'échange* au point d'être rabaissée
au niveau de leurs prix de marché ou de leurs frais de production. Au contraire, lorsque, relativement à certains de ces biens,
comme par exemple aux œuvres d'art des grands maîtres, nous
pouvons parler en effet d'un prix de marché spécial, celui-ci
est, sans aucun doute, régi justement par la valeur d'usage
particulière et par la concurrence parmi les amateurs d'art.

Lorsque cette valeur d'usage particulière existe exclusivement
pour la personne du consommateur et dépend des préférences
spéciales de celui-ci pour *un exemplaire déterminé* d'une catégorie quelconque de biens, nous voyons disparaître ordinairement l'idée même que cette valeur d'usage exceptionnelle se
réfléchisse dans un prix de marché spécial. C'est pour cette
raison que Knies a prétendu à bon droit que la valeur d'affection comme telle « manque absolument du caractère de la fongibilité » (1).

Si nous résumons en quelques mots ce que nous avons dit sur
les principes généraux qui régissent la valeur d'usage personnelle, il sera évident pour nous que l'on ne saurait ni exprimer des formules définitives, ni déterminer un ordre quelconque
pour la classification des articles de consommation d'après leur
valeur d'usage. La raison en est que toute évaluation se présente
à nous avec un caractère purement individuel et comme réglée
par des circonstances personnelles. Ce que nous appelons la valeur d'usage des biens s'est manifesté comme le produit de toutes
sortes de facteurs, non seulement matériels et économiques,

---

(1) « D'autre part, la *valeur d'affection*, comme telle, manque absolument du caractère de la fongibilité ; elle n'est donc nullement *mesurable*
par une somme d'argent, même lorsque *juridiquement* l'on en tient
compte. » (KARL KNIES, *Das Geld*, 2e édit., Berlin, 1885, ch. IV, p. 164.)
Knies donne l'exemple suivant : « Quiconque doit sacrifier la « maison de
ses pères » à une nouvelle voie ferrée, ne se reconnaîtra pas entièrement
dédommagé par les « pleins dommages-intérêts » qu'on lui accorde, bien
que le voisin, traité de la même façon, s'estime richement payé pour *sa
propre maison*. »

mais aussi psychologiques, de la nature la plus différente, ensemble tellement complexe qu'il ne peut être question d'une loi universelle pour mesurer cette valeur. On ne peut que constater les résultats finals et objectifs des évaluations personnelles.

La valeur d'usage personnelle d'un bien quelconque se manifeste, comme nous l'avons vu, sous la forme de l'égalisation de ce bien à une quantité déterminée d'un autre bien ayant un autre usage et que le consommateur voudrait céder pour acquérir le premier bien. Il s'agit toujours ici pour lui d'une taxation purement individuelle et dépourvue de tout caractère objectif.

Il est vrai qu'à la fin de ce chapitre, en traitant de l'influence qu'exercent les *valeurs de production et d'échange* des biens sur leur *valeur d'usage*, nous avons vu la valeur d'usage personnelle de la plus grande partie des richesses montrer une tendance vers un niveau fixe et prendre, par suite, un caractère plus ou moins objectif. En y regardant de près, cependant, nous devons reconnaître que nous avions quitté là, à proprement parler, le domaine de la *valeur d'usage personnelle*, que nous connaissons comme *valeur subjective*. Notons bien que, dans le même passage, nous avons examiné particulièrement l'action des rapports d'échange *objectifs* sur les évaluations *subjectives* des biens. Tout bien considéré, nous avions toujours sous les yeux la valeur d'usage subjective des biens en question, mais elle était sous l'influence de leurs valeurs de production et d'échange.

L'action des valeurs de production et d'échange sur la valeur d'usage n'est pas un phénomène social d'un caractère universel, susceptible de se manifester dans toute société humaine : c'est, au contraire, un phénomène social dépendant d'une organisation déterminée de la société. Dans la société capitaliste actuelle, où la vie sociale repose, du côté des non-possédants, sur la vente du travail et des produits du travail et, du côté des possédants, sur l'exploitation de la force de travail et des dons naturels, toutes les évaluations économiques et personnelles des différentes espèces de biens seront, en règle générale, influencées par les rapports du marché, c'est-à-dire par les prix d'achat.

Chez les peuples demi-civilisés où se rencontrent des formes de possession ou de propriété eu commun, ainsi que dans la société communiste d'organisation supérieure, dont l'avènement semble se préparer de nos jours, la valeur d'usage peut présenter un caractère bien plus prononcé.

Sous le système d'une possession ou propriété en commun, le coût de travail, exigé pour l'acquisition de certaines richesses, peut exceptionnellement influer encore sur les évaluations personnelles de ces richesses, mais le prix de marché ne le peut pas. Le marché proprement dit manque. Partout où règne la production communiste et où le travail individuel ne se manifeste que comme quote-part du travail social total, il ne peut être question, pour évaluer individuellement les richesses, ni de l'influence de la valeur d'échange, ni même, généralement, de celle de la valeur de production. La production dépend directement de la communauté et non pas précisément de l'individu, qui n'en tiendra pas compte dans ses évaluations. Plus que la société capitaliste, le communisme, comme forme générale de civilisation, permet un jeu compliqué d'évaluations s'attachant directement à l'usage des biens et à leur utilité personnelle ou sociale.

C'est déjà un fait des plus caractéristiques que tous les représentants de la doctrine utilitaire dans la science économique aient négligé l'action que les rapports de valeur objectifs exercent sur les évaluations subjectives des biens. Mais il est plus singulier encore de voir les économistes modernes officiels — économistes d'université qui, en qualité de fonctionnaires, soutiennent par leur science l'ordre social actuel — adhérer maintenant de préférence à cette doctrine qui réduit, en définitive, toute valeur à des évaluations personnelles dont la place et l'importance sont si restreintes dans la société capitaliste de nos jours.

CHAPITRE V

LA VALEUR D'USAGE SOCIALE

« La chose utilisée, dit Hegel (1), est une chose particulière, de qualité et de quantité déterminées, et en rapport avec un besoin spécial. Mais, son aptitude à une utilisation spéciale la rend en même temps, en tant que *quantitativement* déterminée, *comparable* à d'autres choses, ayant la même aptitude; de même, le besoin spécial auquel elle sert, est un *besoin* d'une façon *générale* et, en même temps, un *besoin particulier*, comparable par conséquent à d'autres besoins ; d'où il suit que la chose elle-même est à son tour comparable à d'autres choses qui peuvent servir à d'autres besoins. »

Les articles de consommation, en effet, si différents par leur nature, peuvent être comparés les uns aux autres et estimés, selon des quantités déterminées, comme équivalents, par la seule raison que tout besoin ou tout désir spécifique satisfait par chacun d'eux est aussi un besoin en général pour le consommateur éventuel. C'est ce trait commun qui rend les biens les plus différents comparables entre eux comme des grandeurs de la même espèce ; ce sont tous des *articles de consommation individuelle*.

(1) Hegel, *Philosophie des Rechts*, § 63.

Ce qui est vrai, pourtant, pour le consommateur isolé, ne l'est pas moins pour la communauté des consommateurs. Les besoins et désirs personnels de chaque consommateur sont en même temps des *besoins et désirs humains en général*, comme le consommateur, lui-même, est un membre de la société. Les besoins et désirs de la société ne sont autre chose que l'ensemble des besoins et désirs individuels de tous ses membres.

Tandis que les biens de diverses espèces satisfont des besoins et désirs spéciaux d'individus particuliers et possèdent ainsi une valeur d'usage personnelle, ils obtiennent en même temps une *valeur d'usage sociale*, valeur « qui en constitue le caractère *générique* » (*Gebrauchswerth in genere*), comme l'a dit Knies (1).

Nous avons désigné cette valeur d'usage de caractère *générique*, cette valeur d'usage sociale, par le nom de *valeur subjective considérée dans un sens général*. Elle est restée *valeur subjective* parce qu'elle exprime toujours un rapport entre les biens et le sujet qui les consomme et qu'elle représente toujours l'intérêt de ces biens par rapport au bien-être de ce sujet. Mais cette valeur subjective est considérée dans un sens général, parce que les consommateurs sont pris ici en tant que membres de la société ; c'est donc la valeur subjective considérée du point de vue de la vie sociale en général.

Ce changement de point de vue influence immédiatement le jugement que nous portons sur la valeur subjective. Dans nos considérations générales sur la valeur d'usage, nous avons remarqué qu'elle ne supposait pas nécessairement des propriétés rendant les biens *utiles* au consommateur, mais simplement des caractères qui les rendent *propres à son usage*. Aussi avons-nous vu, dans notre chapitre sur la valeur

_____

(1) « Les diverses espèces de biens, en satisfaisant diverses espèces de besoins, satisfont en même temps, les uns avec les autres, la totalité d'une somme donnée de besoins humains. Il en résulte que les diverses *espèces* de biens contiennent une valeur d'usage qui en constitue le caractère *générique*. » (Karl Knies, *Das Geld*, chap. iv, p. 160.)

d'usage personnelle, qu'une chose peut avoir une valeur d'usage parce qu'elle peut satisfaire un désir personnel, sans qu'il y ait à se demander si ce désir est moralement légitime ou simplement raisonnable, c'est-à-dire si la chose en question possède de « l'utilité » dans le sens rigoureux du mot.

Cependant, nous avons fait remarquer déjà que, pour l'estimation de la quantité de la valeur d'usage, l'*utilité* des choses peut exercer une influence essentielle. Les biens peuvent diminuer en même temps en *utilité* et en *valeur d'usage* tout en ne variant pas dans leur aptitude à *être employés*.

Plus encore que dans la valeur d'usage personnelle, ce même phénomène se révélera à nous dans la valeur d'usage sociale. Ici l'élément de moralité — la légitimité ou non-légitimité des besoins ou désirs en question — constitue un élément important de la valeur, précisément parce que cette valeur est considérée du point de vue du bien-être social et général et non pas de celui du bien-être personnel de quelque consommateur en particulier.

Notons bien que la notion générale, à laquelle nous aurons à retourner en dernière analyse, reste toujours — même pour la valeur d'usage sociale — la simple aptitude des biens à *servir à l'usage des consommateurs* et même à leur usage personnel. Les biens n'ont une valeur d'usage *sociale* que parce qu'ils satisfont et seulement lorsqu'ils satisfont des besoins ou des désirs particuliers et pourvoient ainsi, chacun pour sa catégorie spéciale, à une partie de la totalité des besoins et désirs sociaux. Pourtant, lors de l'évaluation de la quantité de cette dernière valeur d'usage, apparaît le caractère qui la distingue de la valeur d'usage personnelle.

Pour la valeur d'usage personnelle, c'était, en définitive, le consommateur qui décidait. Son opinion particulière sur son propre bien-être et sur l'intérêt à attribuer aux biens à ce point de vue, pouvait même différer de celle de toute autre personne ; c'est sa décision qui, en réalité, créait la valeur d'usage personnelle. Il ne reste à la science économique qu'à examiner et les principes d'après lesquels le consommateur prendra cette décision et les influences qui agissent sur elle, — influences économiques, sociales, politiques et surtout psychologiques. La science économique analyse ensuite celles de ces influences particulières qui la concernent.

D'après le même principe, il appartiendra à la *société*, à la communauté, de décider de la valeur d'usage sociale. Mais la société n'est pas une personnalité comme l'individu. La communauté c'est nous tous, et l'estimation de la valeur d'usage sociale est réduite, en fait, au jugement de tous ceux, parmi nous, qui s'intéressent à ces questions économiques et sociales.

Ce jugement diffère nécessairement d'après la région et l'état de la civilisation. C'est essentiellement une notion historique. Puis, même dans une civilisation donnée, il pourra différer selon les individus.

On peut supposer toutefois qu'il ne différera guère pour les biens dont la valeur d'usage sociale est généralement admise, tels que le bois, le fer, le blé, le charbon, etc. Pour ces biens, la différence dans l'évaluation dépendra moins des opinions diverses sur leurs propriétés et qualités particulières que de celles que l'on a de leurs quantités disponibles. Cependant, il est incontestable que ce même jugement différera beaucoup plus pour d'autres espèces de biens, telles que les articles de luxe : diamants, perles, ornements d'or et d'argent, fleurs, etc.; ensuite pour certains aliments et certaines boissons, — en général pour tous les biens qui ne sont pas rigoureusement indispensables, ou qui sont même considérés parfois comme nuisibles, tels que l'opium, l'absinthe, etc.

Tout jugement définitif à ce sujet est aussi difficile qu'important. La différence d'opinion sur les caractères utiles ou nuisibles des biens nous amènera, dans l'application pratique de nos idées, à favoriser la consommation des choses qui sont considérées comme essentiellement utiles et à combattre celles dont l'usage nous paraît peu utile ou même dangereux.

Ceci est assurément d'autant plus important que, dans la vie sociale, un individu agit fréquemment au nom d'un autre ou même de beaucoup d'autres, exerçant ainsi une influence décisive sur les intérêts d'autrui : les parents et les professeurs décident pour leurs enfants et pour leurs élèves ; le représentant d'un groupe d'individus, pour chacun de ces individus ; le rédacteur d'un journal, pour ses lecteurs, et ainsi de suite. Certaines questions pratiques relatives à l'intervention ou à la non-intervention de l'Etat, le monopole des boissons alcooliques et de l'opium, les taxes sur les articles de consommation, etc., sont étroitement liées à l'opinion courante que l'on se fait, dans les classes dirigeantes d'un pays, de la valeur d'usage sociale des biens.

Précisément à cause de cette importance pratique, nous voulons encore mettre en évidence la différence essentielle existant entre les valeurs d'usage personnelle et sociale.

C'est un des réels mérites d'Adam Smith d'avoir soumis à l'examen la question des différents usages qu'une personne peut faire de sa part de la richesse sociale. Smith a fait ainsi quelques pas dans un domaine où, malheureusement, il n'a pas été suivi par ses successeurs. Ceux-ci, à commencer par Ricardo, ont été par trop enclins à se jeter dans les spéculations abstraites, alors qu'il s'agissait d'une question aussi purement pratique. Ce n'est que trop récemment qu'on a fait de nouvelles recherches sur ce point.

Supposons que deux biens différents soient estimés à la même valeur par un consommateur quelconque, de sorte qu'il accepterait de se priver de l'un pour posséder l'autre ; dans ce cas, il n'est indifférent ni pour lui, ni pour la société, de savoir lequel de ces biens il consommera en sacrifiant l'autre. Dans sa *Richesse des nations*, Adam Smith a fait remarquer qu'un homme riche pourrait dépenser son revenu en tenant une table abondante et somptueuse, en entretenant un grand nombre de domestiques, en ayant une multitude de chiens et de chevaux ; qu'il pourrait dépenser ce revenu en

choses frivoles : bijoux, colifichets, magnifiques vêtements ;
ou bien employer la plus grande partie de ses ressources à
embellir ses maisons en ville et à la campagne, à acheter des
meubles de luxe, à faire des collections de livres, de statues, de
tableaux.

« Que deux hommes égaux en fortune dépensent chacun leur
revenu, l'un de la première manière, l'autre de la seconde, la
magnificence de celui dont la dépense aurait consisté surtout
en choses durables, irait continuellement en augmentant, parce
que la dépense de chaque jour contribuerait à rehausser et à
agrandir l'effet de la dépense du jour suivant ; la magnificence
de l'autre, au contraire, ne serait pas plus grande à la fin de la
période qu'au commencement. Le premier se trouverait aussi, à
la fin, le plus riche des deux... Et, de même que l'une de ces
deux manières de dépenser est plus favorable que l'autre à
l'opulence d'un individu, elle l'est pareillement à celle d'une nation. » (1).

Dans le cas supposé, la conclusion nous semble plus juste
encore relativement à la nation et à la société en général, qu'à
l'individu en question. On peut admettre que le dernier, par ses
dispositions personnelles, — dispositions physiques, intellectuelles, morales, — ait jugé que la dernière manière de dépenser ses ressources concorde mieux avec son bien-être et son
bonheur personnel ; il peut penser que, malgré la dissipation
d'une partie de sa fortune, il est devenu plus riche par les
jouissances qu'il s'est procurées. Pour la communauté, pourtant, c'est autre chose d'hériter d'habits usés, de bouteilles de
vin vidées ou même de perles ou de diamants, que d'acquérir
par la mort d'un de ses membres une bibliothèque, un hôpital,
une collection d'œuvres d'art. En termes généraux, nous pouvons constater ceci : pour la société, le résultat n'est pas le
même selon que la plus grande partie du travail social sera

(1) ADAM SMITH, *Wealth of Nations*, livre II, chap. III, édit. Mc Culloch.
London, p. 278 ; cf. trad. *Garnier*, tome I, Edit. 1881, pages 419-420.

dépensée à la production de parures et d'ornements futiles, de boissons et d'aliments rares, ou qu'elle servira à créer certaines catégories de biens qui pourvoient aux premiers besoins humains du plus grand nombre.

Il est fort compréhensible que les représentants de la doctrine utilitaire dans la science économique moderne, tout en prenant pour point de départ de leur théorie la valeur d'usage des biens, n'aient pas analysé de près la valeur d'usage sociale. Les « évaluations personnelles » sont pour ces économistes le commencement et la fin.

Comment le *Grenznutzen*, l'*utilité-limite* que l'individu attribue aux richesses, pourrait-il être la base de toute valeur, même de la valeur d'échange objective, et constituer ainsi « la pierre angulaire » de la science économique, si la valeur d'usage elle-même ne peut pas être considérée comme exclusivement régie par les évaluations personnelles du consommateur? Les économistes *utilitaristes*, ayant déjà confondu la notion générale de valeur avec celle de valeur d'usage, ont complété cette première erreur par une deuxième, en ne distinguant pas rigoureusement la *valeur d'usage personnelle* de la *valeur d'usage sociale*.

Ce qui a une valeur d'usage aux yeux de l'individu, ne fût-ce que momentanément et dans des conditions spéciales, devra, selon ces théories, posséder en outre une valeur d'usage sociale, attendu que la société se compose d'un ensemble d'individus.

Cependant, — et c'est pour illustrer cette vérité que nous avons cité l'exemple donné par Smith, — les biens ne peuvent être considérés comme enrichissant un peuple, ou une génération entière, que dans des conditions bien spéciales. Pour avoir ce caractère, il ne suffit pas qu'ils aient satisfait à un moment donné les désirs personnels d'un consommateur quelconque, ni qu'ils aient enrichi l'individu qui les a fabriqués ou portés au marché; il faut qu'en satisfaisant quelques désirs particuliers, ils aient collaboré physiquement ou intellectuellement au bien-être du consommateur et par là à celui de la collectivité humaine. Encore faut-il que le bien qu'ils font à un membre ne soit pas contrebalancé par le mal qu'ils font aux autres.

Nous avons déjà pris pour exemple la fabrication et la vente de l'opium et de l'absinthe. Un individu quelconque peut considérer son intoxication par ces poisons comme une augmentation momentanée de son bonheur et de son bien-être ; mais l'influence néfaste que cette consommation exerce sur ses facultés physiques et intellectuelles explique suffisamment pourquoi nous contestons aux biens de cette nature une valeur d'usage dans le sens social et général du mot.

On ne pouvait pas attendre davantage des représentants de la doctrine objectiviste dans la science économique, — des écoles de Ricardo-Marx, — qu'ils prêtent attention à la valeur d'usage sociale des richesses. Engagés dans leurs considérations abstraites sur le travail comme base réelle de la valeur des denrées, ils perdaient facilement de vue les caractères naturels des biens. Ils ont donc aussi peu analysé la valeur d'usage sociale des biens qu'examiné l'influence particulière exercée sur la valeur d'échange par la valeur d'usage sous ses deux formes. Le représentant le plus autorisé de la théorie de la valeur-de-travail, Karl Marx, n'a jamais compris — comme nous le démontrerons suffisamment dans un chapitre suivant — la nature de la valeur d'usage personnelle ou sociale.

Dorénavant, pourtant, la science économique devra s'occuper, plus qu'elle ne l'a fait jusqu'à présent, de l'étude de la valeur d'usage sociale. Elle devra le faire, d'une part, pour la raison exposée dans la préface de cet ouvrage : que la science économique, en se développant, comprendra de mieux en mieux à quoi l'oblige son rôle de branche particulière de la sociologie générale. Elle continuera de s'occuper spécialement du bien-être matériel des hommes, mais elle l'étudiera dans son rapport continuel avec la civilisation en général. Car, la science contemporaine le prouve jusqu'à l'évidence : la grandeur et la nature des richesses sociales dépendent, non seulement du développement intégral des forces productives de la société, mais aussi de la civilisation intellectuelle et morale des peuples, réagissant à son tour sur la forme de la production qui lui sert de base.

Dans l'Antiquité et le Moyen Age, les bijoux et les pierres précieuses constituaient une part beaucoup plus considérable et plus estimée de la richesse sociale que dans les temps modernes ; de même ces sortes de richesses sont plus estimées par les peuples de l'Asie centrale et méridionale que par les nations modernes de l'Europe, de l'Amérique et de l'Australie.

Considérée en général, la richesse sociale diffère, chez un même peuple, aux diverses périodes de sa civilisation. Cette richesse sociale, à divers points de vue, était autre dans l'Antiquité qu'au Moyen Age. Pour quiconque voudra l'étudier de près, elle prendra encore un nouveau caractère dans les temps modernes, où elle correspond en tout à la structure capitaliste de la société avec son salariat, sa concurrence, ses richesses fabuleuses en face d'un paupérisme effrayant, son commerce extrêmement développé et sa science qui produit chaque jour de nouvelles applications techniques. Pour ne prendre que ce dernier facteur, on doit compter avec l'influence exercée par la science moderne sur les richesses sociales, tant dans le sens du progrès et de la civilisation que dans le sens de la réaction et de la décadence. En ce dernier sens, par exemple, on n'a qu'à penser aux services rendus par la chimie moderne en matière de falsification d'aliments.

Il y a une autre raison encore pour que la science économique compte dans l'avenir plus qu'à présent avec la valeur d'usage sociale des richesses et en entreprenne l'étude approfondie pour toutes les nations du monde. C'est que les recherches de la sociologie moderne ont prouvé que, plus les sociétés se trouvent à un stade relativement primitif de développement, plus l'individu y est, dans sa vie quotidienne, subordonné au groupe. Ce ne sont pas les intérêts de l'individu, mais ceux du groupe, de la famille, de la tribu, qui ont d'abord dominé les forces d'évolution de là civilisation humaine, et ce n'est que dans le cercle des intérêts du groupe que l'individu et ses besoins et désirs particuliers pouvaient s'exprimer librement ; aussi le développement intellectuel et moral de l'individu et son bien-être matériel ont-ils toujours emprunté leur première impulsion, leur direction prépondérante et leur forme concrète aux intérêts matériels, intellectuels et moraux du groupe auquel l'individu appartenait et sur lesquels cependant son influence personnelle a toujours pu réagir.

Aussi, non seulement la science économique moderne se mettra de plus en plus en rapport, dans ses recherches sur les richesses et le bien-être matériel des peuples, avec les branches sœurs de la sociologie, mais elle s'élèvera aussi au-dessus du niveau de ces écoles qui ont cru pouvoir déduire d'impulsions et d'intérêts individuels les lois de l'évolution humaine et les rapports sociaux de production et de distribution.

En ce qui concerne la valeur d'usage sociale des biens, les premières recherches scientifiques, à proprement parler, sont encore à faire. Les recherches dans ce domaine constitueront sans doute, dans l'avenir de la science économique, une partie spéciale des études sociologiques. Ces recherches semblent se compliquer du fait que la valeur d'usage sociale varie, en ce qui concerne les richesses elles-mêmes, avec les avantages physiques et chimiques qu'elles possèdent. Or, l'étude des qualités physiques et chimiques des richesses n'appartient pas, à proprement parler, à la science économique.

La science économique proprement dite n'a pas comme tâche de mesurer les propriétés nutritives du blé ou la puissance calorifique des charbons, ou bien de rechercher l'influence de l'alcool sur le corps et l'esprit de l'homme. L'étude des caractères techniques des richesses doit rester le domaine d'une science spéciale, quelle que soit l'utilité de cette dernière pour la science économique ; elle lui fournira continuellement les résultats de ses études tout comme diverses autres branches de science : ethnologie, histoire, science du droit, etc.

Dans le cadre de cet ouvrage, nos recherches seront donc restreintes au côté économique de la question de la valeur d'usage sociale.

Comment, c'est-à-dire d'après quels principes, appréciera-t-on cette valeur ? Constatons de prime abord que, dans la valeur d'usage sociale, plus encore que dans la valeur d'usage personnelle, nous aurons à nous borner à tracer quelques *principes généraux* ; moins encore qu'auparavant nous ne saurions parler d'une estimation quelque peu exacte de la valeur d'usage. Nous devrons nous contenter d'examiner les caractères essentiels de la valeur d'usage sociale pour en connaître la nature.

Pour la valeur d'usage personnelle, nous pouvions toujours prendre comme base pratique de nos recherches les égalités établies entre des objets de différente nature ; pour la valeur d'usage sociale, cependant, ces expressions pratiques des jugements nous font absolument défaut. Pour la valeur d'usage personnelle, c'étaient la complexité et l'obscurité des motifs qui rendaient l'analyse particulièrement difficile ; les égalités établies manquant pour la valeur d'usage sociale, les difficultés de la recherche des motifs qui leur servent de base n'ont pas à nous préoccuper.

Pour la société, il est d'un intérêt essentiel de savoir à l'aide de quelles espèces de richesses les individus trouvent généralement la satisfaction de leurs besoins et de leurs désirs ; il est intéressant aussi de savoir si c'est une quote-part relativement grande ou minime du travail social qui est dépensée à la satisfaction des premières nécessités de la vie matérielle des hommes. Comme c'est une question de bien-être ou de malaise général que tous les membres de la société soient bien ou mal nourris, habillés, logés et instruits, la communauté, c'est-à-dire la société elle-même, doit intervenir, lorsque le travail

Cornélissen   7

social qui pourrait procurer à la totalité de ses membres un
bien-être modeste, physiquement et intellectuellement, est dépensé, en grande partie, à de coûteuses constructions, à la production d'articles de luxe, dont jouira une faible minorité de
gens riches, tandis qu'une grande partie de la population ne
peut faire face aux premières nécessités de la vie.

*Nous partons donc, pour la valeur d'usage sociale des ri-
chesses, de ce principe fondamental que c'est le bien-être
(et le degré du bien-être) du plus grand nombre d'hommes
pour la durée la plus longue, qui décide du quantum de la
valeur.*

Il résulte de ceci que la valeur d'usage sociale des richesses
peut croître ou décroître généralement avec trois facteurs :

1° *L'intensité du plaisir ou de l'avantage que les richesses
peuvent procurer aux consommateurs (les deux autres facteurs
restant invariables).*

Si l'on découvre une application nouvelle d'un article de
consommation rendant plus intense le besoin de cet article, sa
valeur d'usage sociale augmentera. La valeur d'usage sociale du
fer, par exemple, a augmenté par l'application du fer à la construction de bateaux à vapeur et de machines et, plus récemment, au matériel et aux procédés du bâtiment (constructions en
fer et verre, ciment armé).

2° *La durée de la jouissance ou de l'avantage que les richesses
peuvent procurer à leurs consommateurs (les deux autres facteurs restant invariables).*

Des perfectionnements techniques, etc., peuvent faire que
certains articles de consommation servent plus longtemps
qu'auparavant et procurent, par suite, plus de plaisir ou d'avantage à leurs consommateurs.

On pense surtout ici aux machines de différentes espèces et
aussi à d'autres articles. Le bois, dont on fait les traverses des
voies ferrées, a beaucoup gagné en valeur d'usage sociale
depuis l'invention du créosotage qui le préserve de l'effet des-
tructeur de l'air atmosphérique.

3° *Le nombre de personnes aux besoins et aux désirs des-*
quelles pourvoit une richesse (les deux autres facteurs restant
invariables).

Il s'ensuit que les richesses en général et surtout les articles
de première nécessité : blé, bois, charbon, laine, coton, etc.,
pourront continuellement croître en valeur d'usage sociale,
aussi longtemps que tous les hommes ne seront pas suffisamment habillés, nourris, logés, etc., et considèreront comme
non-satisfaits leurs premiers besoins matériels.

Il s'ensuit encore qu'à certaines espèces d'articles nécessaires
àtous nous devons attribuer une valeur d'usage sociale bien
plus élevée que, par exemple, aux articles de luxe ne servant
qu'à une petite minorité de gens, — abstraction faite encore de
ce que les besoins et désirs auxquels ces derniers articles pourvoient sont d'une nécessité moins pressante. Si nous tenons
compte de ces divers facteurs, il est évident que, de deux articles
de consommation de nature différente, pourvoyant, l'un aux premières exigences de la vie humaine, l'autre, au contraire, à des
besoins de luxe, la valeur d'usage sociale du premier article sera
généralement beaucoup plus grande que celle du dernier, — et
il en sera ainsi tant que les principes fondamentaux exposés ici
seront valables, c'est-à-dire tant que les besoins primordiaux de
milliers et de millions de nos semblables ne seront pas suffisamment satisfaits. On n'a pas à se demander ici si, pour un consommateur particulier quelconque, la valeur d'usage momentanément attribuée par lui à la deuxième catégorie d'articles
(articles de luxe) est plus élevée que celle qu'il attribue à la première. Ici, la valeur d'usage sociale s'oppose à la valeur d'usage
personnelle qu'attache à une richesse un consommateur particulier.

Dans une civilisation plus élevée que la nôtre, on pourra considérer qu'un individu fait un faux pas en dépensant son propre
travail ou le travail d'autrui à la production d'articles de luxe,
tant que d'autres membres de la société manquent encore de
nourriture, d'habits ou de logement. Le fait que la civilisation

moderne prête si peu d'attention à de semblables méprises, tandis qu'elle considère le vol comme un crime sérieux, témoigne d'un manque de connaissance profonde de la vie sociale même chez les esprits les mieux doués de notre génération, ainsi que de sentiments moraux encore peu développés chez la grande majorité des hommes.

Nous venons de remarquer que l'intensité des besoins et des désirs humains est un facteur essentiel de la valeur d'usage sociale des richesses. Arrêtons-nous un moment encore sur ce point.

Etant donnée la quantité d'une richesse quelconque, — la durée du plaisir ou de l'avantage qu'elle procure restant invariable, — la valeur d'usage sociale peut croître ou décroître avec l'intensité des besoins ou des désirs que cette richesse satisfait.

Cette intensité des besoins dépend naturellement en premier lieu des qualités particulières de la richesse et de l'idée qu'on s'en fait ; mais des influences extérieures entrent aussi en jeu. Les besoins humains peuvent être influencés par le climat ou la saison. Certaines espèces de fruits ou de boissons rafraîchissantes peuvent, dans les pays chauds, répondre à des besoins plus intenses et représenter, par suite, une valeur d'usage sociale plus importante que dans les zones tempérées. Dans une même contrée, la valeur d'usage sociale des combustibles comme le bois et le charbon varie avec la saison.

Cette intensité peut dépendre aussi de certaines mœurs et coutumes nationales, créées par plusieurs générations de consommateurs, c'est-à-dire de la civilisation générale. Nous avons déjà constaté que, parmi certains peuples orientaux, les bijoux, pierres précieuses, etc., constituent une partie relativement plus importante de la richesse sociale que dans les nations de civilisation occidentale. Cela prouve seulement que, dans les pays orientaux, les articles de consommation de cette espèce répondent à des besoins et à des désirs plus profondément ressentis que chez nous ; aussi quiconque étudiera sérieusement sur ce point le développement de notre civilisation moderne constatera une baisse continuelle de la valeur d'usage sociale de ces biens par rapport aux siècles passés et à l'état antérieur de notre civilisation ; ils ne sont plus ou fort peu demandés par les hommes et la demande de la part des femmes a en même temps beaucoup diminué. Les besoins et les désirs satisfaits par ces richesses disparaissent lentement, et sont remplacés par d'autres besoins, créés, ceux-ci, par le développement intellectuel : la lecture de journaux et de livres, les voyages, etc. ; ces derniers besoins, au contraire, étaient moins vivement ressentis dans les siècles antérieurs et parmi les peuples anciens qu'ils ne le sont à notre époque et dans les pays modernes.

Nous avons à examiner de plus près encore l'intensité des besoins : dans une forme de civilisation donnée, et tous les autres facteurs mentionnés ici restant invariables, on ne saurait pourtant considérer comme une grandeur déterminée l'intensité des besoins que satisfait un article quelconque. Il y a encore un facteur important qui influe essentiellement sur les besoins et les désirs de tous les consommateurs et, par suite, sur la valeur d'usage sociale des richesses ; c'est la surabondance ou, au contraire, la rareté de ces dernières. Par ces mots, nous entendons la quantité disponible des richesses, ou — dans notre société capitaliste — les quantités apportées au marché, par rapport à la masse totale des besoins et des désirs qui entrent en jeu.

Notons bien que nous ne parlons plus ici du troisième facteur analysé plus haut. Il ne s'agit nullement de la question de savoir si certains membres de la société, ou même la plus grande partie de la population, sont pourvus ou dépourvus des richesses en question. Tout bien considéré, il n'est même plus question de la *valeur d'usage sociale* au sens large du mot, mais de cette valeur dans un sens capitaliste. Il s'agit de la valeur d'usage sociale telle qu'elle se manifeste sous l'influence d'une forme déterminée de la société et de l'État et de la force coercitive que ceux-ci peuvent exercer.

Par exemple, dans notre société capitaliste, au commencement du xxᵉ siècle, des milliers et même des millions d'hommes laissent voir assez clairement qu'ils ont besoin et même grand besoin de vêtements et qu'ils sont dans l'impossibilité de s'en procurer. Le nombre d'hommes qui, dans l'état actuel des rapports sociaux, possèdent des vêtements de rechange est même limité : parmi ceux qui ne sont pas absolument indigents, le plus grand nombre ne dépense qu'une partie très modeste de son revenu à l'achat de vêtements, parce que nombre d'autres besoins et d'autres désirs plus ou moins intenses demandent aussi des sacrifices.

La question qui se pose maintenant est celle-ci : Quelle influence exerce la surabondance ou la rareté des vêtements apportés au marché sur l'intensité des besoins généraux de vêtements et, par suite, sur la valeur d'usage sociale de ces articles de consommation ? Nous ne tenons plus compte ici du fait précédemment démontré, qu'une partie seulement des besoins et des désirs non-satisfaits de vêtements entrent en jeu. Nous n'examinons que *la demande totale et effective de cet article* (1).

La même question se pose évidemment pour tout autre article de consommation, quelle qu'en soit la nature ; mais on doit toujours remarquer que la hausse et la baisse accidentelle de la valeur d'échange et des prix de marché réagissent en quelque mesure sur la grandeur définitive de la demande totale et effective. Nous développerons ce point dans notre chapitre sur les principes de la fixation des prix de marché.

Dans le chapitre précédent, il a été démontré que le plus ou moins de rareté des richesses en peut augmenter essentiellement la valeur d'usage personnelle et que, d'autre part, cette valeur diminue par la surabondance des richesses en question, jusqu'à

---

(1) Cf. la différence déjà établie par ADAM SMITH entre ce qu'il appelle *absolute demand* et *effectual demand*. (*Wealth of Nations*, livre I, chap. VII, p. 58 ; trad. franç., t. I, p. 69.)

être parfois entièrement anéantie ou même transformée en valeur d'usage négative.

Pour la valeur d'usage sociale, la surabondance ou la rareté relatives de la quantité des richesses offertes exerce une influence non moins décisive.

Le principe général suivant se pose donc ici : *L'intensité des besoins s'attachant aux articles de consommation de différentes espèces, ainsi que la valeur d'usage sociale de ces articles diminuent au fur et à mesure que la quantité offerte s'élève au-dessus de la demande totale et effective, tandis que, d'autre part, elle augmente à mesure que la quantité offerte tombe au-dessous de cette demande.*

Offre et demande totales ne doivent pas être considérées dans ce cas comme invariables, mais comme variables et élastiques. Un ballot de laine, un hectolitre de froment, un quintal de charbon n'ont pas la même valeur d'usage sociale suivant que l'offre est relativement grande, — par exemple, pour le froment, dans une année de surabondance, — ou qu'elle est, au contraire, relativement insuffisante et que, par suite, les besoins des consommateurs se font sentir plus vivement.

En 1900, année de surabondance de fruits, les maraîchers et fruitiers dans les environs de Paris laissaient çà et là leurs fruits, — cerises et groseilles, — se dessécher sur les arbres, parce que les prix du marché ne payaient pas même le travail de la récolte et les frais du transport. Comme, dans l'été de l'année suivante, la vendange s'annonçait fort belle, plusieurs viticulteurs coalisés du Gard résolurent de laisser leurs ceps à l'abandon et leurs raisins sécher sur pied, pour faire hausser les prix du vin. Cela les dispensait d'embaucher des ouvriers et leur permettait même de congédier leurs vignerons. Même conduite de la part de plusieurs viticulteurs du midi de la France dans l'été de 1907, lorsque les provisions abondantes et les bonnes perspectives de récolte portaient la désespérance dans la région.

Dans des conditions analogues, il est arrivé, dans le Far-West de l'Amérique du Nord, que le maïs, au lieu de servir de nour-

riture pour les hommes ou les bestiaux, pourrisse aux champs
en grandes quantités ou soit employé comme combustible pour
les machines. En janvier 1905, la presse des Etats-Unis annonçait que les planteurs des Etats du Sud avaient brûlé, de propos
délibéré et pour faire remonter les prix, de grandes quantités de
coton. La récolte de coton de 1904 ayant été la plus abondante
qui eût jamais été produite (12 millions de balles), ils voyaient
par là leurs intérêts lésés (1). Et ainsi de suite.

De pareils exemples montrent de plus jusqu'à l'évidence,
combien peu les frais de production décident seuls de la valeur
d'échange et du prix de marché des marchandises. Nous y reviendrons dans des chapitres ultérieurs.

Il va sans dire, que, dans l'un et l'autre continents, il y aura
eu des milliers d'hommes dont les besoins ou les désirs de fruits,
de vin, de maïs et de coton n'ont pas été ou ont été mal satisfaits. Tous ces articles de consommation avaient, assurément, de
la valeur d'usage sociale, dans le sens large du mot. Mais nous
traitons de la production et de la consommation sous le régime
capitaliste de la société et c'est dans le cadre de ce régime que
les quantités négligées de fruits, de maïs et de coton ont été traitées comme des non-valeurs (2).

(1) *American Federationist*, avril 1907, article du Prof. IRA W. HO-
WERTH, p. 252.

(2) Karl Knies, dans son livre sur le numéraire, caractérise dans les
phrases suivantes l'influence exercée sur la valeur d'usage sociale, au sens
étroit du mot, par la surabondance ou la rareté des richesses : « On dit
encore maintenant comme autrefois : un quintal de blé est un quintal de
blé. Sa valeur d'usage aujourd'hui et demain, ici et là, reste la même ; sa
valeur d'échange, au contraire, est inconstante et varie toujours, etc.
Mais on ne peut parler ainsi qu'en oubliant la valeur d'usage telle qu'elle
est socialement réglée pour les biens dans leurs quantités déterminées.
La société a un besoin total et général de blé. Celui-ci doit être satisfait
par la *quantité totale qui est disponible*. Si donc, par exemple, cette quantité totale avait diminué en face du besoin total resté invariable, la valeur d'usage sociale du simple quintal de blé croîtrait. *Un* quintal de
blé $= \dfrac{B}{1,000,000}$ ou $= \dfrac{B}{2,000,000}$ selon que la quantité totale disponible
s'élève à 1 million ou à 2 millions de quintaux, et ainsi de suite. Lors-

La valeur d'usage sociale, au sens étroit du mot, influait ici sur la valeur d'échange des articles en question : fruits, vin, maïs et coton, influence dont nous aurons encore à nous occuper amplement. Tout ce que nous avons dit ici est d'une importance essentielle pour le problème de la répartition du travail social total entre les différentes branches de la production. Le nombre des besoins humains étant presque illimité et chaque besoin, comme nous l'avons remarqué, n'étant actuellement satisfait, pour la plupart des consommateurs, qu'autant que d'autres besoins plus ou moins pressants le permettent, la surabondance ou la rareté relatives de la quantité totale d'une richesse dépend étroitement de la répartition du travail social total entre les catégories principales des besoins et des désirs humains, ou, pour parler autrement, entre les différentes branches de la production.

Cette répartition ne peut pas être considérée comme rigoureusement délimitée, parce que, dans presque toutes ces catégories, — surtout dans celles de l'alimentation, de l'habillement, du logement, etc., — des produits d'une certaine sphère peuvent remplacer ceux d'une autre et pourvoir à des besoins et à des désirs de la même espèce. La production du café, par exemple, est étroitement liée à celle d'autres boissons comme le thé, le cacao, le lait, etc.

Les exemples donnés plus haut pour illustrer l'influence exercée sur la valeur d'usage sociale des richesses par leur surabondance ou leur rareté relatives, regardent tous le travail agri-

---

qu'on fait l'objection, par exemple, que l'usage du fer est bien plus utile aux hommes que celui de l'or, tandis que, néanmoins, la valeur d'échange d'une livre d'or = 25,000 livres de fer, on néglige absolument le fait décisif que, pour un besoin total de fer dont un peuple estimera la satisfaction 10 fois plus importante que celle de son besoin d'or, il se trouvera peut-être deux millions et demi de quintaux de fer et seulement 10 quintaux d'or. » (KNIES, *Das Geld*, chap. IV, pages 161-162.) L'honneur d'avoir le premier éclairé ce point en dissipant l'erreur qui voyait ici un contraste entre la valeur d'usage et la valeur d'échange est attribué par Knies à HILDEBRAND (*Nationalökonomie der Gegenwart und Zukunft*, p. 316).

cole, c'est-à-dire une sphère de production où la quantité disponible des richesses ne dépend qu'en partie de l'homme qui les produit.

Tout en considérant la demande totale de fruits, de vin, de maïs ou de coton, dans un pays, comme une grandeur connue, du moins approximativement, nous avons pourtant à compter dans la production avec la nature comme facteur puissant, pouvant toujours donner une récolte beaucoup plus ou beaucoup moins féconde que les calculs des hommes n'ont pu le prévoir.

Mieux que l'offre totale, l'homme peut prévoir en général, pour les produits en question, la demande totale ; les calculs s'appuient ici sur l'expérience en se réglant sur la demande totale et effective des années précédentes.

Dans les différentes branches de l'industrie, au contraire, aussi bien dans les industries extractives que dans celles qui rendent utilisables les matières premières, et même en partie dans les industries agricoles telles que l'élevage des bestiaux, la production peut être déterminée à l'avance et soumise aux calculs humains. La faveur ou la défaveur de la saison perdent ici leur influence prépondérante. De plus, la demande totale est également connue, avec une certaine approximation ; on la calcule ici avec une exactitude, sinon supérieure, au moins égale à celle où l'on peut arriver dans la sphère de l'agriculture et du jardinage.

Laissons de côté certaines influences, qu'on ne saurait prévoir ni calculer ; que l'on pense, par exemple, à l'influence exercée parfois par la mode. On peut dire, en général, que la grande industrie capitaliste arrive à prévoir avec assez d'exactitude la quantité totale d'un article de consommation quelconque, qui sera demandée au marché. De même, sous un régime communiste, après quelques essais et de courts tâtonnements, il n'y aurait pas plus de difficulté à connaître la totalité de tous les besoins et désirs humains par rapport aux produits dont nous parlons, qu'il n'y en a maintenant à prévoir la demande totale et effective qui se présentera au marché.

Il faut donc admettre qu'il y a des cas où les calculs ont la même prise sur la demande totale et effective que sur la provision disponible et l'offre totale des richesses, — les deux facteurs qui décident de la surabondance ou de la rareté relatives de toutes sortes d'articles. Il en est ainsi, avons-nous dit, pour les produits de la grande industrie moderne, et en général pour ceux de toutes les branches de la production n'appartenant pas à l'agriculture ou au jardinage.

Cependant, la demande totale et l'offre totale ne sont soumises aux calculs scientifiques que considérées en grand et en général, et non pas pour chaque producteur en particulier. Le règlement de la production obéit, dans la société capitaliste, aux sentiments empiriques et aux tâtonnements des producteurs particuliers, qui n'apprennent bien souvent l'état du marché international qu'à leurs dépens ; dans certaines branches spéciales il obéit aux décisions despotiques de quelques grands capitalistes-monopoleurs.

Dans le premier cas, le producteur particulier peut se méprendre, soit en ce qui concerne l'offre et la demande sur le marché national et international, soit en ce qui concerne certaines conditions exceptionnelles momentanées ou locales. Même en dehors de l'agriculture ou du jardinage, il peut se laisser amener à produire des marchandises pour lesquelles il n'y a pas de demande au sens étroit du mot. Si cela lui arrive comme entrepreneur industriel, il sera dans le même cas que les producteurs agricoles effrayés par une récolte trop abondante.

Les marchandises qu'il a produites seront des non-valeurs, parce qu'elles auront été produites au-dessus de la demande totale et effective dans la branche particulière de la production à laquelle elles appartiennent. Parmi tous les producteurs de cette branche particulière, sera-ce justement notre ami ou bien son voisin qui paiera pour les autres, voilà une question dont il n'y a pas lieu de nous occuper pour le moment.

Ce qui importe à l'analyse de la valeur d'usage sociale, c'est

que les articles de consommation produits *au-dessus des besoins
totaux* qui entrent en jeu, perdent leur valeur. Pour l'entrepreneur particulier qui supportera les conséquences de ce phénomène, cela n'aura pas d'autre effet que s'il avait apporté au
marché, au lieu de fer, de pétrole ou de laine, des sauterelles
ou des chardons. L'industriel qui a eu le malheur de produire
ainsi des articles superflus sera enclin, poussé par son égoïsme
d'entrepreneur capitaliste, à les détruire ou à les laisser dété-
riorer par le temps, tout comme les maraîchers dont nous avons
parlé, qui laissaient les fruits se dessécher sur les arbres ; pas
plus que ceux-ci, il n'aura l'idée de produire au profit des classes
sociales dont les besoins ou les désirs non-satisfaits n'ont pas
pu se faire valoir. C'est à cause de l'organisation défectueuse de
la société que ces richesses sont traitées comme des non-valeurs,
bien qu'elles ne le soient pas par nature et qu'elles soient à
même, bien souvent, de satisfaire encore des besoins ou des
désirs humains excessivement pressants et qui restent actuellement inassouvis.

Lorsque, dans des branches particulières d'industrie, la production est entre les mains de quelques grands capitalistes-
monopoleurs, il se présente un autre phénomène.

Grâce aux coalitions modernes de grands capitalistes, connues
sous le nom de cartels et de trusts, la production est souvent
organisée de façon que l'offre totale d'un article est étudiée et
réglée d'avance par les entrepreneurs coalisés dans tout le ter-
ritoire où la coalition exerce son influence, c'est-à-dire, pour
certains articles de consommation, dans une grande partie du
monde ou même dans le monde entier. Cependant, leur monopole peut également influer, dans certaines limites, sur la demande totale et effective. Les rapports sociaux basés sur l'appropriation privée mettent déjà les grands capitalistes alliés à
même de ne tolérer que la satifaction des besoins de certains
consommateurs : ceux qui paient des prix de marché capables
de procurer aux monopoleurs les dividendes voulus. Et cependant, parmi les industries nationales ou internationales domi-

nées ainsi par des coalitions de grands capitalistes, il y en a plusieurs qui pourvoient aux premières nécessités de la vie humaine.

Nous aurons encore à examiner de près ces coalitions de grands capitalistes à la fin de ce volume et plus tard, lorsque nous exposerons la théorie générale du capital et du profit. En ce qui concerne la valeur d'usage sociale des richesses, nous nous contentons ici de faire remarquer que, partout où ces coalitions dominent entièrement la production d'un article quelconque, pouvant régler ainsi complètement l'offre totale de cet article et influer sur la demande par la hausse des prix de marché, les richesses peuvent obtenir une valeur d'usage sociale tyranniquement accrue, correspondant à des prix de monopole tyranniquement maintenus ou haussés.

On sait que — grâce à des opérations de ce genre et aux spéculations financières qui se fondent sur elles — la marchandise par laquelle s'exprime la valeur d'échange de toutes les autres, l'or, possède déjà en réalité une *valeur fictive*, valeur d'usage et valeur d'échange fictives. Cette valeur, dépendant essentiellement du rapport entre la provision d'or que les monopoleurs mettent à la disposition du monde et la demande totale d'or (demandes du métal comme moyen d'échange et comme matière première de certaines industries), est une valeur fictive et artificielle en tant que la rareté du métal est maintenue à un niveau déterminé par la haute finance et les grands propriétaires de mines d'or (1).

Sous l'influence de ces coalitions de grands entrepreneurs, propriétaires de mines, rois des chemins de fer et monopoleurs de matières premières, un phénomène semblable s'est réalisé

(1) On sait quelle importance a, pour le marché des actions de mines d'or, la politique suivie par les dirigeants de l'exploitation, d'accumuler de fortes réserves du minerai, qui assurent tout à la fois plus de régularité dans les résultats d'année en année, et plus de constance dans les dividendes. Voici, divisés par groupes, les chiffres des réserves faites en 1909 et 1908 dans l'Afrique du Sud, selon une statistique dressée par

déjà, ou est en train de se réaliser, dans diverses branches de production nationales ou internationales.

le *South African Journal* (citée e. a. par le *Financial News* du 3 mai 1910 et par le *Petit Temps* du 8 mai 1910) :

	Réserves de minerais en tonnes :	
	1909	1908
Eckstein-Wernher, Beit	28,060,200	22,960,800
Consolidated Gold Fields.	9,004,300	7,292,700
Farrar Anglo-French	9,544,300	9,916,700
J.-B. Robinson	3,970,500	3,509,100
Newmann	3,137,400	2,605,400
Albu	3,141,200	3,106,200
Barnato	3,810,400	4,090,002
Goerz.	1,227,200	1,308,700

Si, malgré tout, la valeur d'échange de l'or a diminué constamment depuis plusieurs années — fait qui se manifeste par une tendance à la hausse de tous les articles qui s'échangent contre l'or — c'est que le perfectionnement de la technique et des procédés du travail ont permis aux industriels de traiter avec bénéfice des minerais de plus en plus pauvres et dont on possède des montagnes entières, en sorte que les trésors naturels en sont inépuisables.

Dans le dernier quart de siècle, la production de l'or a *quadruplé*. Naturellement on ne s'aperçoit pas de la diminution de la *valeur* (valeur d'échange) de l'or par son *prix*, une pièce de vingt francs française, ou un *sovereign* anglais ayant toujours le même poids légalement établi. Mais on s'en aperçoit à l'échange de l'or contre d'autres marchandises ; car, si l'or vaut moins, il faut en donner plus pour acheter coton, charbon, viande, etc.

Ceci est rendu d'autant plus manifeste par le développement de la grande industrie et du grand commerce, qui ne peuvent plus compter avec de simples pièces d'or. Dès le début de notre siècle, le trésorier de la *United States Rubber* C°, Charles R. Flint, pouvait écrire : « Le montant des affaires dont les transactions s'opèrent de nos jours par le crédit, aux Etats-Unis, est plus de deux mille fois plus grand que celui des affaires traitées en or et en argent. Aussitôt que l'extension du commerce prend de grandes proportions, il est impossible de faire les transactions sur la base d'un échange réel en monnaie. Au lieu de cela, tous les moyens d'échange sont utilisés. Traites et chèques sont les principaux moyens employés aujourd'hui dans le monde commercial. Il arrive rarement que de la monnaie réelle passe de main en main. » (CHARLES R. FLINT, *North American Review*, New-York, mai 1901, pages 671-672.)

Depuis 1900, le progrès s'est assurément accentué encore dans ce sens ;

Ces coalitions existent pour les articles de consommation les plus différents : pour les métaux et les matières premières et secondaires de la plupart des industries, acier, nickel, cuivre, cuir, charbon, pétrole, etc. ; ensuite pour certains aliments et certaines boissons, viande, sucre, whiskey, bière, qui ont donné naissance en Amérique comme en Europe à des trusts et cartels en continuel développement. Nous ne mentionnons qu'en passant certains produits dont la nature facilitait la concentration entre les mains de quelques grands syndicats de capitalistes, par exemple le diamant, les engrais chimiques, les glaces, etc.

Les sociétés modernes qui ont vu la suppression des dîmes et des droits féodaux, corvées royales ou seigneuriales du Moyen Age, ces sociétés qui ont aboli le droit de propriété privée sur les ponts et sur les routes, ont livré à quelques particuliers les sources d'où les hommes tirent leurs premiers moyens d'existence.

les grands cartels et trusts capitalistes, comme les grandes coopératives de consommation, font entre eux toutes les transactions sur papier, quitte à « régler » en fin d'année.

TROISIÈME PARTIE

La valeur objective. — Considérations générales.

CHAPITRE VI

INTRODUCTION A LA THÉORIE DE LA VALEUR OBJECTIVE DES RICHESSES

Nous avons considéré jusqu'à présent la valeur des richesses sous sa forme subjective ; celle-ci n'est pas la seule, pourtant, qui puisse s'offrir à notre analyse.

En entrant dans un magasin ou dans un marché quelconque, nous y trouvons ordinairement les articles de consommation accompagnés déjà de leurs prix. Ces prix ne sont pas arbitrairement attachés aux marchandises, mais se basent sur une forme de valeur spéciale à ces marchandises ; aussi nous paraissent-ils au premier coup d'œil avoir été fixés d'avance, indépendamment de l'acheteur.

C'est du moins l'aspect qu'ils prennent aux yeux de l'individu isolé. Il est vrai que nous aurions tout de suite une autre conception de ce qui se passe en réalité dans les magasins et sur les marchés, si nous pouvions nous y présenter non pas en qualité de consommateur isolé, mais comme représentant la collectivité des consommateurs. Mais même dans le cas où l'élément subjectif peut se faire valoir du côté des consommateurs avec le plus de force, il est évident qu'il existe une valeur objective des marchandises, objective relativement à nous, consommateurs.

Les besoins et les désirs de chacun de nous en tant que consommateur influent sans doute sur cette dernière valeur et nous rechercherons jusqu'à quel point cette influence pourra se faire valoir ; mais cette valeur, malgré les modifications qu'elle peut subir, reste pour nous une *valeur objective des richesses*.

Dans les magasins ou les marchés que nous venons de visiter, les prix des différents articles étaient fixés par d'autres gens que nous, consommateurs, d'après des principes que nous étudierons plus tard. Bien que ces prix, et la valeur qui leur sert de base, prennent pour nous un caractère objectif, il est sûr, néanmoins, que des rapports subjectifs avec d'autres gens que nous n'y sont pas étrangers : des rapports avec des personnes qui étaient entrées avant nous en relation avec ces articles comme producteurs ou comme vendeurs. De ce côté-là, l'élément subjectif aura encore sa place, bien qu'en définitive la valeur des richesses, telle qu'elle se manifeste au marché, garde toujours, vis-à-vis des producteurs comme des consommateurs, un caractère objectif fort prononcé.

En langage philosophique, cela peut s'exprimer ainsi : toute valeur est un rapport subjectif entre un homme ou une collectivité d'hommes et un article de consommation. Mais les richesses sont en rapport continuel non pas avec un seul sujet, mais avec des milliers ou même des millions de sujets, soit dans la sphère de la production, soit dans celle de la consommation ; même dans chacune de ces sphères, le rapport subjectif entre chaque article spécial de consommation et chaque personne en particulier doit être influencé par tout rapport parallèle, et il s'établit ainsi entre ces deux relations un nouveau rapport, ayant un caractère objectif. Au point de vue des consommateurs, les rapports subjectifs avaient toujours deux termes : l'individu, d'une part, avec ses besoins et ses désirs ; l'objet évalué, d'autre part, avec ses propriétés. Au point de vue des producteurs, un rapport analogue s'établit entre le coût de leur production et l'objet produit. Sans décider encore de quelle espèce seront les rapports en présence, nous pouvons dire dès maintenant que le nouveau rapport objectif mettra en relation deux ou plusieurs de ces rapports subjectifs dont nous venons de marquer le caractère.

Dès que la valeur des marchandises se présente à nous comme valeur objective, nous pouvons remarquer le phénomène suivant : c'est seulement à un moment donné et en un lieu spécial que sont véritablement constants les prix de tous les articles qui, au premier coup d'œil, nous paraissaient fixés d'avance. Les valeurs servant de base aux prix de marché, lorsqu'on y regarde de près, sont, quoique valeurs objectives, tout aussi sujettes à des changements continuels que les valeurs subjectives. Nous avons l'intention d'examiner à la fois et la grandeur de la valeur objective et ses variations en analysant pour cela la nature de la valeur objective des richesses. C'est le but que nous poursuivrons jusqu'à la fin de ce volume.

Quant aux variations continuelles de la valeur objective, elles ne pourront être intelligibles, en définitive, qu'après que nous aurons examiné de près, dans les chapitres sur la valeur d'échange, les causes fondamentales des oscillations du marché. Nous verrons clairement alors que les facteurs agissant ici sont en partie les mêmes que ceux dont nous avons déjà étudié l'influence sur la valeur subjective des richesses.

En premier lieu, nous aurons à examiner les bases de la valeur objective. Ces bases connues, les variations que la valeur subit pour les richesses de différentes espèces s'expliquent facilement.

Pour élucider le sens que nous attachons à notre examen nous aurons recours à une comparaison :

La hauteur du baromètre et le mouvement continuel de ses élévations et abaissements indiquent la pression de l'atmosphère ; de même les prix du marché indiquent la pression de la valeur objective des diverses richesses.

Les oscillations du mercure, cependant, n'expriment que

les *variations* de la pression atmosphérique, mais elles ne sauraient nous expliquer la nature de cette pression. Nous n'apprenons rien à ce sujet en constatant que le niveau du mercure tombe de 78 à 76 centimètres ; ces oscillations ne sauraient donc nous apprendre pourquoi, à un moment donné, c'est-à-dire sous une pression déterminée de l'atmosphère, le niveau du mercure *s'arrête* à cette hauteur de 76 centimètres et non pas au-dessus ou au-dessous. Pour apprendre la cause de ce dernier phénomène nous devons recourir à la théorie de l'équilibre, ce qui nous permet de faire abstraction, pour un moment, des oscillations du mercure.

La théorie de l'équilibre nous renvoie à la recherche de la pesanteur spécifique du mercure que nous avons à comparer à celle de l'air ; c'est ainsi que, finalement, nous comprendrons comment, à un moment donné, une colonne de mercure d'une hauteur de 76 centimètres fait équilibre à une colonne d'air ayant la même base que le mercure du baromètre et dont la hauteur se perd avec l'atmosphère dans l'infini.

Nous aurons à suivre une marche semblable en entreprenant la théorie de la valeur objective. En voyant au marché des richesses déclarées équivalentes, — *un mètre de drap, un kilogramme de beurre, deux décagrammes d'argent*, etc., — nous avons à rechercher de même *la pesanteur économique spécifique* ou, pour mieux nous exprimer, *la valeur spécifique* des denrées, draps, beurre, argent, etc.

Par l'examen de la nature et des origines de cette valeur spécifique, nous pourrons ensuite nous expliquer la nature et les causes des variations auxquelles elle est sujette.

Cette recherche, cependant, est tout autre que celle de la pesanteur spécifique des corps qu'étudie la physique. Par tout ce que nous avons déjà appris de la valeur des richesses, nous savons que l'examen de sa nature est essentiellement difficile à cause de sa complexité. Cela tient à ce que, dans toute expression de la valeur d'une chose par une autre chose, nous avons affaire non seulement à un rapport de deux choses entre elles, mais aussi à un rapport de toutes deux avec l'homme. Nous verrons même à propos de la valeur d'échange que, dans ce dernier rapport, l'homme peut être pris et comme consommateur et comme producteur.

CHAPITRE VII

CRITIQUE DES THÉORIES MODERNES
SUR LES BASES DE LA VALEUR OBJECTIVE

I. — *La Théorie Utilitaire.*

La science économique moderne, comme nous l'avons exposé dans un chapitre précédent, connaît deux solutions au problème de la valeur objective ; nous les avons distinguées sous le nom de solutions objectiviste et subjectiviste. La critique de ces deux théories nous permettra de réunir les matériaux les plus précieux pour découvrir les bases réelles de la valeur objective des richesses, et nous mettra à même d'abréger nos propres conclusions.

Nous choisirons pour notre critique les meilleurs représentants des deux doctrines : pour la *théorie utilitaire*, les auteurs des écoles anglaise et autrichienne ; pour la *théorie de la valeur-de-travail*, Rodbertus et Karl Marx, et nous ferons remarquer, pour cette deuxième théorie, que c'est spécialement dans les œuvres de Marx que la théorie de Smith-Ricardo a atteint son plein développement.

La *théorie utilitaire* moderne considère, nous l'avons vu, la valeur objective des biens comme se réalisant par un jeu compliqué d'évaluations subjectives.

Elle ne prête pas assez d'attention à cette marque essentiellement caractéristique pourtant de la production et de la distribution dans notre société, à savoir que tous les articles de consommation y sont généralement *produits pour le marché* et que ces articles n'ont pas ordinairement une valeur d'usage pour leurs producteurs. C'est pourquoi, — aussi bien dans l'école autrichienne de Menger-Böhm que dans l'école anglaise de Stanley Jevons ou l'école française de Léon Walras, — tous les *utilitaristes* font de la production et de l'échange dans la société capitaliste un tableau en grande partie imaginaire, en contradiction formelle avec la vie réelle. Ces économistes veulent nous faire croire qu'au marché moderne il se rencontre une légion d'hommes qui tous ont dans l'esprit l'idée d'une *utilité-limite* (le *Grenznutzen* de M. Böhm-Bawerk) attachée aux marchandises qu'ils portent eux-mêmes au marché et à celles qu'ils désirent se procurer en échange.

L'échange même, supposent-ils, sera rendu économiquement possible, quand deux personnes différentes auront évalué leurs marchandises autrement et dans un sens inverse, comme ils disent (1).

Dans l'échange isolé, comme l'explique M. Böhm-Bawerk que nous suivons ici de préférence, le prix se fixe dans un espace dont les limites sont indiquées en haut par l'évaluation

---

(1) « Il résulte de ceci une règle importante : *l'échange n'est économiquement possible qu'entre des personnes qui évaluent la marchandise et la marchandise numéraire autrement et même en sens opposé.* » (Böhm-Bawerk, *Kapital und Kapitalzins*, tome II, livre III, chap. II, II, p. 358.)

« Comment déterminerons-nous à quel point l'échange cessera d'être profitable? Cette question doit comprendre nécessairement et le taux de l'échange et les degrés d'utilité. Supposons, pour un moment, que le taux d'échange soit approximativement dix livres de blé pour une livre de bœuf : si, pour le corps des commerçants possédant du blé, dix livres de blé sont moins utiles qu'une livre de bœuf, ce corps désirera poursuivre l'échange. Lorsque l'autre corps possédant du bœuf juge une livre de viande moins utile que dix livres de blé, ce corps désirera de même continuer l'échange. Celui-ci continuera donc jusqu'à ce que, chaque partie ayant obtenu tout le bénéfice possible, une perte d'utilité résulterait d'une prolongation des opérations. » (W. Stanley Jevons, *The Theory of Political Economy*, chap. IV, pages 95-96 ; cf. trad. franç. p. 164.)

subjective de la marchandise du côté de l'acheteur, en bas par son évaluation du côté du vendeur.

Lorsque plusieurs aspirants acquéreurs se trouvent au marché en face d'un seul vendeur, le *tauschfähigste Bewerber*, c'est-à-dire le concurrent qui fait les offres les plus avantageuses, évaluant au plus haut prix la marchandise désirée par rapport à la marchandise numéraire, restera acheteur ; et le prix oscillera entre l'évaluation de l'acheteur comme maximum et celle de la personne qui, après lui, avait fait les offres les plus avantageuses, comme minimum, — abstraction faite encore d'une autre limite minima qui résulte constamment de l'évaluation de la marchandise de la part du vendeur.

En cas de concurrence unilatérale des vendeurs, là où différents aspirants-vendeurs ne rencontrent au marché qu'un seul acheteur, le phénomène contraire se présente. Tandis que tout à l'heure les limites étaient restreintes vers le haut, elles se restreignent ici vers le bas.

En cas de concurrence bilatérale de vendeurs et d'acheteurs, enfin, le prix courant des marchandises est limité et déterminé par les évaluations subjectives des deux *couples-limites (Grenzpaare)* qui se forment avec la réserve que la limite la plus étroite est toujours de rigueur (1).

---

(1) Voir BÖHM-BAWERK, *loc. cit.*, pages 361-373. Quant au dernier cas posé, la détermination du prix courant en cas de concurrence bilatérale des acheteurs et des vendeurs, M. Böhm-Bawerk nous présente le schème suivant : il suppose qu'une dizaine d'aspirants-acheteurs, évaluant « un cheval » à une valeur variant entre 300 florins et 150 florins, rencontrent au marché aux chevaux une huitaine d'aspirants-vendeurs, évaluant de même leurs animaux à différentes valeurs variant de 100 à 260 florins.

Pour la commodité du lecteur nous indiquons dans ce schème le *couple-limite* dont les évaluations forment les limites intérieures par le signe de —, celui dont les évaluations indiquent les limites extérieures par celui de +.

Personnes disposées à l'achat

		florins
A₁ évalue un cheval	=	300
A₂ — . —	=	280

Entre les limites que donne l'analyse précédente, le prix réel se fixe en raison de l'habileté personnélle, de la ténacité, de la ruse et de la force persuasive, etc., des vendeurs et des acheteurs.

Du commencement à la fin, tout cet exposé rappelle les conditions précapitalistes de production, alors que les hommes produisaient pour leur propre usage, n'apportant au marché que les seuls articles qu'ils avaient en excédent et auxquels ils attribuaient, par conséquent, une moindre *utilité-limite* qu'aux quantités consommées par eux-mêmes (1). Toute cette conception de la production et de la distribution contraste essentiellement avec les principes fondamentaux de la vie sociale moderne. L'ouvrier salarié de nos jours, travaillant au métier à tapisserie, polissant des diamants, ou servant le marteau-pilon à vapeur, ne saurait être considéré comme possédant une sura-

A_3	—	—	= 260
A_4	—	—	= 240
A_5	—	—	= 220 +
A_6	—	—	= 210 —
A_7	—	—	= 200
A_8	—	—	= 180
A_9	—	—	= 170
A_{10}	—	—	= 150

Personnes disposées à la vente

florins

B_1	évalue son cheval	= 100
B_2	—	—	= 110
B_3	—	—	= 150
B_4	—	—	= 170
B_5	—	—	= 200 +
B_6	—	—	= 215 —
B_7	—	—	= 250
B_8	—	—	= 260

(1) « Chaque producteur, ne produisant que quelques articles peu nombreux mais surpassant fortement, en quantité, ses besoins personnels, a donc surabondance de ses *propres* produits, tandis qu'il manque de tous les autres ; il attribuera donc une moindre valeur subjective à ses propres produits et une valeur relativement haute aux produits étrangers... » etc. (BÖHM-BAWERK, *loc. cit.*, p. 359.)

bondance des marchandises qu'il produit et y attachant par conséquent une moindre *utilité-limite*.

Cette théorie, qui n'a pas d'application possible pour les producteurs immédiats dans notre vie sociale, pour les ouvriers salariés modernes, est également fausse par rapport aux modernes entrepreneurs capitalistes.

L'idée même que l'actionnaire d'une compagnie de chemins de fer, les propriétaires d'un atelier de diamantaires, d'un atelier de tissage ou d'une aciérie sont des personnes qui, éventuellement, produisent plus de marchandises que n'en exigent leurs propres besoins, — de sorte que l'*utilité-limite* de leurs produits se trouvant diminuée, ils désirent les porter au marché, — cette idée est bien naïve.

L'entrepreneur moderne peut, avec autant d'exactitude que possible, tenir ses livres de recettes et dépenses, mais *l'utilité-limite* que pourraient avoir, pour sa personne et relativement à ses propres besoins, les articles qu'il produit est une chose qui, communément, lui est parfaitement indifférente. Il pourrait être un moderne roi des porcs en Amérique et cependant mal digérer le jambon, comme on l'a dit de M. John Jones à Chicago ; il pourrait être abolitionniste et ce que les Anglais appellent *teetotaler* tout en s'occupant d'empoisonner ces concitoyens avec l'absinthe et le genièvre. La tempérance du grand distillateur d'Amsterdam, M. Lucas Bols, est proverbiale.

Ce n'est que par une méconnaissance des bases de notre vie sociale actuelle que les représentants de la théorie utilitaire ont pu être amenés à exposer les transactions entre consommateurs et producteurs de la manière qu'ils l'ont fait.

Le producteur tenant compte de l'utilité des marchandises qu'il porte au marché ne s'occupe généralement, dans la société actuelle, que de l'utilité qu'elles auront pour d'autres que lui, pour les consommateurs qu'il espère trouver. Il doit bien compter avec l'utilité, puisqu'il y est obligé par les consommateurs eux-mêmes. Mais il ne connaît cette utilité qu'en grand et en général et non pas, ordinairement, pour chaque consommateur en particulier ; aussi la juge-t-il d'après les résultats finaux, par le débit qu'ont ses marchandises, plutôt que d'après des calculs et des évaluations préétablies. En tout cas, il est évident que cette utilité dans la consommation ne saurait lui servir de base pour déterminer la valeur qu'il attache à ses marchandises en tant que producteur, bien qu'elle puisse influer sur la grandeur de cette valeur.

Etant convaincu de l'utilité générale qu'auront ses marchandises pour l'usage humain, le producteur n'a plus à se préoccuper de ce que les acheteurs-consommateurs en feront. Le marchand de chevaux, par exemple, s'occupe fort peu de savoir si le client emploiera un cheval nouvellement acheté pour le lourd travail agricole ou industriel, ou bien si l'animal, en qualité de « cheval de régiment », végétera dans l'inaction derrière un râtelier de caserne.

Du côté du producteur, la théorie de l'*utilité-limite* manque donc en général son effet ; elle n'atteint pas le but pour lequel on l'a développée. Lorsque, malgré toute sa théorie utilitaire, M. Böhm-Bawerk prête enfin attention à cette « particularité très remarquable » que la plupart des ventes se font de nos jours par des « producteurs de métier et des commerçants », il doit naturellement reconnaître que, pour ces personnes-là, la valeur d'usage subjective se fixe « le plus souvent tout près de zéro » (*meistens ganz nahe an Null*).

Par cette découverte, M. Böhm-Bawerk se distingue essentiellement de la plupart des *utilitaristes*, vraiment aveugles sur ce point. Au lieu cependant d'être entraîné par là à revoir sérieusement sa théorie de la valeur objective, basée sur un jeu de pures évaluations personnelles, il n'en tire que cette conséquence singulière : dans les cas admis plus haut, « les prix sont limités et fixés réellement par les seules évaluations du côté des acheteurs » (1). Ce seraient donc ici les acheteurs qui feraient tout seuls les prix, les producteurs-vendeurs n'auraient qu'à se taire et à attendre.

(1) Böhm-Bawerk, *loc. cit.*, chap. II, III, pages 405-406.

En outre, regardons un peu la description purement abstraite et fausse que cette théorie de l'échange donne des rapports de marché et de la nature des marchandises. Nous en avons déjà parlé en passant ; maintenant, nous examinerons d'un peu plus près cette description en commençant par ce qui concerne le vendeur.

Pour que le train des affaires soit régulier au marché, M. Böhm-Bawerk pose les restrictions suivantes :

« Comme complément nécessaire de notre exposé de la situation, il faut encore ajouter que tous les concurrents doivent paraître simultanément sur le même marché, que tous les chevaux soient de la même qualité et, enfin, que ceux qui viennent au marché pour faire des échanges, ne se trompent pas tellement sur la situation réelle du marché qu'ils en soient empêchés de suivre essentiellement leurs intérêts égoïstes. » (1).

Ce marché *philosophique* nous montrant des chevaux purement métaphysiques ne saurait nous donner une représentation exacte de ce qui se passe au marché aux chevaux réel.

Il serait par trop absurde, assurément, de supposer que deux marchands de chevaux, — B_1 et B_8, — évalueront leurs chevaux successivement, B_1 le sien à 100 florins, B_8 le sien à 260 flo-

(1) Voir Böhm-Bawerk, *loc. cit.*, chap. II, II, D, pages 365-366. Cf. également notre chapitre sur la valeur d'usage, note à la page 45. Nous faisons remarquer en passant que la série des restrictions ne se borne pas ici à celles que M. Böhm-Bawerk a indiquées. En effet, pour que le marché aux chevaux mis en scène par l'économiste autrichien suive son cours régulier, il faut admettre encore tacitement bien d'autres conditions. Pour que les deux parties, — A_1 A_8 d'un côté, B_1 B_8 de l'autre, — échangent docilement dans les limites que leur pose la théorie de M. Böhm-Bawerk, il faut encore supposer, par exemple : 1o que B_6, B_7 ou B_8 ne soient pas *contraints* par manque d'argent de vendre leurs chevaux à tout prix ou du moins très *au-dessous* du prix qu'ils leur attribuent eux-mêmes, comme cela arrive parfois dans notre société actuelle ; 2o que, d'autre part, certaines des personnes venues pour vendre leur cheval, ne croient pas, par hasard, avoir la possibilité de faire la vente, à une époque peu éloignée, *au-dessus* du prix posé par eux-mêmes, circonstance dans laquelle ils n'auraient qu'à compter leur journée perdue aux frais de vente. Et ainsi de suite.

rins, si les deux chevaux sont *de la même qualité* et si les marchands ont à faire abstraction de toutes les particularités individuelles qui distinguent chacun des deux animaux, — comme cela doit se produire au marché de M. Böhm-Bawerk. La supposition faite ici paraît encore plus irrationnelle quand on ajoute qu'il s'agit de marchands modernes achetant et vendant leurs animaux sans que l'on puisse parler pour cela de la satisfaction de leurs propres besoins, ni des services que pourraient leur rendre les chevaux.

En outre, que faut-il entendre par les mots *même qualité* qu'emploie l'auteur ? C'est une expression qui semble vide de sens dans son exposé ; d'ailleurs tout ici est irréel ; les évaluations que font tous ces marchands sont en l'air. Il semble cependant que ce qu'il y a d'essentiel dans une théorie de la valeur objective des richesses soit la connaissance des particularités qui sont ici purement arbitraires.

B_8 évalue son cheval 260 florins, soit. Mais pourquoi pas à 260 kreutzer, ou bien à 260 centimes, pourrait-on demander ? Ou, d'autre part, pourquoi pas à 260 tonnes d'or ? Au marché aux chevaux réel et non-métaphysique, le marchand ne tardera pas à vous répondre ; en vous amenant un cheval de 260 florins, il vous calculera, par exemple, ce qu'un jeune cheval fort et sans défauts coûte à l'éleveur, et c'est précisément ce coût de production qui, dans son esprit d'éleveur ou de maquignon, lui servira de base pour ses propres évaluations, celles-ci pouvant être influencées et modifiées, il est vrai, par des circonstances accessoires et particulières. Elles peuvent l'être en premier lieu, naturellement, par les qualités spéciales de l'animal en question, ensuite par les rapports de l'offre et de la demande effectives, ainsi que par de pures spéculations de marché.

Regardons maintenant l'échange du côté de l'acheteur. Il est évident qu'ici nous pourrions reproduire les mêmes objections que nous venons d'apporter de l'autre côté, relativement à l'exposition abstraite et si peu réelle des rapports de marché et de la nature des marchandises. Le paysan disposé à acheter un cheval au marché, n'y évalue pas un cheval *en soi* à 300 florins ou à 150 florins ; au contraire, il fait ses évaluations par rapport aux chevaux *déterminés* qu'on lui amène et dont il peut d'avance juger les qualités et vertus particulières, choses dont, il est vrai, M. Böhm-Bawerk a fait abstraction, mais qui néanmoins sont la vraie base sur laquelle notre paysan fonde toutes ses évaluations personnelles.

D'autre part, il faut avouer que la théorie de *l'utilité-limite* se montre moins évidemment et moins directement en contradiction avec la vie pratique, quand on examine l'échange du côté de l'acheteur, que lorsque, comme nous l'avons fait tout à l'heure, on l'envisage du côté du vendeur.

Le paysan, acheteur d'un cheval, tient assurément compte de l'utilité qu'il pourra tirer *personnellement* de son cheval. Si l'on veut, c'est sa première préoccupation de savoir quels services futurs lui pourra rendre l'animal qu'il cherche à acheter. Nous nous trouvons même ici en face de l'hypothèse *fondamentale* que prétend introduire la doctrine utilitaire dans la science économique : *Que la valeur d'un bien dépend de l'utilité finale qu'il peut avoir, c'est-à-dire de son emploi futur et non pas de son coût de production* (1).

Cependant, avec un peu de perspicacité et d'attention, nous verrons aisément qu'il ne s'agit pas ici de la *valeur objective* des biens (*valeur d'échange*) mais de *l'utilité* ou de *l'avantage* que ces biens peuvent procurer au consommateur.

On pourrait prétendre, avec les mêmes représentants de la théorie utilitaire, que la valeur d'une mine d'or dépend de celle du minerai qu'elle donne, — cette dernière, à son tour, de la valeur de l'or pur qui a passé à travers toutes les transformations nécessaires : broyage, lavage, fonte, etc., jusqu'à la va-

---

(1) Cf. Böhm-Bawerk, *loc. cit.*, chap. I, VII, p. 288. Voir aussi *ibidem*, p. 299 : « En dernière instance ils (les frais de production) ne *donnent* pas la valeur à leurs produits, mais la *reçoivent* d'eux. »

leur des articles d'art en or, — tandis que la valeur du *produit final* (*Schluszprodukt*) serait déterminée par son *utilité-limite*. Mais il est évident que cette *utilité-limite* qui décide en définitive n'est autre chose que *la valeur d'usage que les objets d'art en question ont pour les consommateurs*, et que c'est tout autre chose que la valeur objective (valeur d'échange) de ces objets.

Lorsque nous nous rendons chez un orfèvre quelconque pour vendre un ornement en or, nous voyons que cet homme évalue notre bijou comme du « vieux », qu'il le taxe d'après la valeur du métal, sans s'occuper un moment de l'utilité personnelle que l'objet peut avoir eue, ou pourrait avoir encore pour nous, comme article d'usage.

De la même manière, il nous faut distinguer entre la valeur objective (valeur d'échange) qu'un cheval représente au marché et les services personnels que l'acheteur pourra tirer plus tard de cet animal ; ce sont deux conceptions bien différentes que l'on doit séparer l'une de l'autre. D'une façon générale, si l'acheteur avait dans l'esprit quelque évaluation personnelle de la marchandise qu'il désire acquérir, c'est par hasard seulement que, dans la vie sociale compliquée de nos jours, la valeur objective coïnciderait au marché avec cette évaluation. L'analyse ne nous montre que le résultat suivant : les évaluations personnelles de l'acheteur peuvent influencer la valeur objective et leur influence sera d'autant plus grande, en général, que le nombre des acheteurs sera plus limité ou qu'un individu-consommateur exercera plus catégoriquement une puissance spéciale et monopolisatrice sur les transactions du marché. Voilà tout !

Du côté de l'acheteur comme du côté du vendeur, la base de la valeur objective des biens manque, tant que nous voulons la considérer comme le produit d'un simple jeu d'évaluations personnelles dépendant des besoins accidentels de l'individu. Cette base manque pour le marché aux chevaux de M. Böhm-Bawerk aussi bien que pour l'échange de blé et de bœuf de Stanley Jevons, aussi bien que pour le marché du thé de M. Seligman (1), etc.

Ne croyons pas que les bases de ces évaluations personnelles aient été bien et dûment examinées par les représentants de la doctrine utilitaire ; on eût pu s'y attendre du moins de la part de ceux qui se sont demandés, comme M. Böhm-Bawerk, — et c'est un des rares exemples que l'on puisse citer, — si par hasard les évaluations personnelles n'auraient pas besoin de quelque analyse spéciale.

M. Böhm-Bawerk recherche quelles circonstances décident « si le niveau d'évaluation des couples-limites est lui-même plus ou moins élevé ». Il répond qu'il s'agit ici des quatre « motifs » (*Bestimmgründe*) suivants relatifs au prix :

1° « Nombre des demandes concernant les marchandises » (« Ampleur de la Demande »).

2° « Niveau des chiffres d'évaluation du côté des aspirants-acheteurs » (« Intensité de la Demande »).

3° « Nombre des marchandises à vendre » (« Ampleur de l'Offre »).

4° « Niveau des chiffres d'évaluation du côté des aspirants-vendeurs » (« Intensité de l'Offre ») (2).

Il est vrai, que les « chiffres d'évaluation » mentionnés aux §§ 2 et 4 (Intensité de la Demande et de l'Offre) sont encore présentés comme des « nombres proportionnels » (*Verhältnisszahlen*), obtenus par la comparaison des évaluations respectives de la « marchandise » et de la « marchandise numéraire » ; mais ni l'offre ni la demande ne sont examinées sérieusement sur ce point. La distinction introduite ici n'amène pas, comme elle l'aurait dû, à l'analyse de la double action exercée dans ce cas par la valeur de production et la valeur d'usage. En définitive, les évaluations personnelles sont encore en l'air.

(1) Edwin R. A. Seligman, *Principles of Economics*, New-York, 1905, chap. XV, pages 228 et suiv.

(2) Voir Böhm-Bawerk, *loc. cit.*, chap. II, III, pages 392-393.

Nous maintenons ce jugement pour la troisième édition de la *Théorie positive du capital* (deuxième partie, Innsbruck, 1912) de l'économiste autrichien. Si l'on compare cette édition aux deux précédentes, on se voit placé devant un cas quelque peu analogue à celui que présente le troisième tome du *Capital* de Marx. A plusieurs reprises, M. Böhm-Bawerk y renverse sa propre théorie, tout en la conservant et tout en ayant l'air de l'expliquer. Profitant des critiques que sa théorie a soulevées ces dernières années, il fait des concessions énormes dont certaines contredisent le fond même de sa théorie, mais ces concessions ne l'empêchent pas de conserver ses formules originaires dans toute leur naïveté.

Ainsi, en examinant les évaluations de la marchandise par les aspirants-acheteurs, M. Böhm-Bawerk reprend le cas du « pardessus d'hiver volé » (voir plus haut, p. 81). « Si nous avons la certitude, reconnaît-il, de pouvoir acheter à tout instant, au prix de 40 florins, un nouveau pardessus à la place du premier, nous n'évaluons ce pardessus qu'à 40 florins ou d'après l'*utilité-limite* qu'a pour nous le prix d'achat de 40 florins qu'il faut dépenser » (1).

Naturellement, M. Böhm-Bawerk ne va pas jusqu'à rechercher ce que chaque tailleur lui proposera en lui expliquant pourquoi un pardessus d'hiver est coté 40 florins : prix de marché du drap, salaires du coupeur et des ouvriers tailleurs, loyer du magasin, impôts, etc. ; mais la valeur objective du pardessus mesurée d'après l'*utilité-limite* pour le consommateur n'en est pas moins remplacée en fait par la valeur objective mesurée par le prix d'achat que demande le tailleur, c'est-à-dire le producteur-vendeur.

Plus encore : lorsque, dans un chapitre nouveau, M. Böhm-Bawerk donne le « résumé » de sa théorie de la valeur, il admet :

a) Que l'évaluation d'après l'*utilité-limite immédiate* (*unmit-*

_____

(1) *Loc. cit.*, p. 397.

Cornélissen   9

telbarer Grenznutzen) ne règne, *en général* et *d'une façon durable*, que pour « tels biens qu'on ne peut pas multiplier à volonté, donc pour les soi-disant biens de monopole ou de rareté (*Monopol-oder Seltenheitsgüter*) ; puis, en ce qui concerne les autres biens, leur valeur n'est déterminée par leur *utilité-limite* que *momentanément* et « lorsque l'offre de la production ne se trouve pas en relation étroite avec la demande momentanée ni, par suite, la valeur avec le coût de production » (1).

b) En ce qui concerne la masse des biens qu'on peut multiplier ou remplacer à volonté, M. Böhm-Bawerk estime qu'ils sont évalués d'après leur « coût de production », à condition que leur remplacement éventuel ne rencontre pas d'obstacles. L'évaluation de ces biens se fait de manière que le coût de production soit « marqué » par la valeur des biens qu'il faut sacrifier pour les remplacer, — valeur qui, par des facteurs intermédiaires plus ou moins nombreux, se base à son tour — selon l'économiste autrichien — sur une *utilité-limite*.

c) D'après ce type général, s'accompliraient également « les évaluations des biens qu'on peut remplacer à volonté, par la voie de l'achat ou de l'échange, à un prix qui reste inférieur à leur *utilité-limite* immédiate ». « Ce qui se vend dans chaque magasin à 10 florins, ajoute l'auteur, est très rationnellement évalué par nous d'après ce « coût d'achat », même si l'*utilité-limite* immédiate que le bien en question aurait pour notre ménage, dépasse de beaucoup ce prix » (2). M. Böhm-Bawerk fait remarquer de nouveau qu'en dernière instance, on trouve derrière ce coût d'achat une *utilité-limite* : celle qu'a pour nous le prix d'achat qu'il nous faut débourser avec nos moyens limités. Il oublie, cependant, que cette *utilité-limite*, celle que nous attribuons à l'argent qu'il faut débourser, n'a rien à faire avec la question de savoir si, dans un magasin, l'objet dont parle

(1) BÖHM-BAWERK, *loc. cit.*, chap. I, IX, *Zusammenfassung*, p. 308.
(2) *Loc. cit.*, p. 309.

M. Böhm-Bawerk se vend régulièrement 10 florins ou, au contraire, 2 florins, ou encore 12 ou 15 florins. La valeur d'usage attribuée par l'acheteur aux 10 florins exigés, n'a assurément qu'une influence très modeste et très éloignée sur la valeur objective et le prix de vente de l'objet.

Notons encore que, selon M. Böhm-Bawerk lui-même, « une partie extrêmement importante » (ein ausserordentlich grosser Teil) des évaluations pratiques se font, dans la vie sociale si développée de nos jours, selon le type c. Mais cela ne diminuera aucunement l'importance du type a, prétend-il, parce que ce dernier reste toujours et de façon active « à l'arrière-plan » (im Hintergrunde) des types b et c. On croirait entendre Marx ! Car, nous verrons que le maître classique du socialisme prétend également que sa loi de la valeur-de-travail se trouve toujours à « l'arrière-plan » du prix de marché effectif des marchandises.

Cependant, nous demandons ce qui reste ainsi, dans la vie sociale actuelle, de la théorie fondamentale qui réduit toute valeur objective à de pures évaluations d'utilité de la part des producteurs et des consommateurs, ou même des consommateurs seuls !

Les représentants de la doctrine utilitaire ne nient point, on l'a vu, qu'il existe quelque chose comme une loi du coût-de-production. Plus loin dans son livre, M. Böhm-Bawerk reconnaît encore « que le prix de marché des marchandises que l'on peut reproduire à volonté tend à égaler à la longue le coût de leur production » (1). Cette loi, cependant, n'occupe que fort peu ces économistes dans leurs recherches sur la valeur objective, et ils n'attribuent qu'une action secondaire au coût de production des biens (2). « La première condition, pense M. Böhm-Bawerk, est que les biens produits soient utiles, et la

(1) Böhm-Bawerk, loc. cit., chap. II, iv, p. 411.
(2) Cf. Böhm-Bawerk, loc. cit., tome 1, deuxième édit., Innsbruck, 1900, chap. XII, 2, B. (critique de Marx), p. 528, où la dépense de travail est considérée comme « une cause seconde et particulière » (particuläre Zwischenursache).

seconde qu'ils soient *rares* et restent *rares* relativement aux besoins. » Voilà, pour lui comme pour les économistes *utilitaristes* en général, les « motifs réellement décisifs » (*die wahrhaft regierenden Bestimmgründe*) de la valeur. Que ces conditions aient en réalité cette importance, — quoique « modestement » placées en arrière de la loi du coût de la production et que ce coût même ne décide pas en premier lieu, — M. Böhm-Bawerk croit pouvoir le démontrer par la « preuve contraire » suivante :

Tant que l'on fait des frais, dit-il, pour la production de choses proportionnellement utiles et rares, tant que le coût est ainsi en harmonie avec l'utilité et la rareté des biens, il se trouve de même en harmonie avec la valeur et paraît gouverner celle-ci. Dès que, cependant, l'on fait des frais pour des choses qui ne sont pas assez utiles ou assez rares, par exemple pour produire des horloges qui ne marchent pas, ou du bois dans une contrée naturellement très boisée, ou encore pour fabriquer en nombre excessif de bonnes montres, la valeur ne couvre plus les frais et on voit disparaître jusqu'à l'apparence d'une liaison causale entre les circonstances de la production des biens et la valeur de ceux-ci (1).

---

(1) Voir *loc. cit.*, tome I, chap. VII (*Die Productivitätstheorien*) 2, p. 161. La « preuve contraire » que M. Böhm-Bawerk donne ici est comparable, au point de vue logique, au raisonnement suivant : X est connu comme chanteur. Ce talent paraît dépendre de sa belle voix, de son instruction musicale, etc. Détrompez-vous : Ces qualités lui appartiennent sous une seule condition, modestement placée, il est vrai, à l'arrière-plan, mais qui détermine néanmoins d'une façon décisive les capacités de chanteur de X. En effet, il faut d'abord que M. X soit un *homme vivant*. Cela se démontre jusqu'à l'évidence par la preuve contraire suivante : supposons que ce M. X ne soit pas vivant ; en ce cas plus de bon chanteur, et l'on voit disparaître jusqu'à l'apparence d'une liaison causale entre le talent de X d'une part et, de l'autre, sa belle voix et son instruction musicale.

Le fait d'être un homme *vivant* est en effet une condition nécessaire à tout homme pour qu'il fasse entendre sa voix. L'on voudra bien m'accorder, cependant, qu'il y a des causes plus directes de sa renommée comme ténor ou comme baryton.

Il est facile de comprendre, après une pareille exposition, pourquoi M. Böhm-Bawerk, tout comme les autres représentants de la théorie utilitaire, néglige l'analyse scientifique du coût de production ; aussi existe-t-il la plus grande confusion à cet égard parmi ces économistes.

Dans l'école autrichienne de Menger-Böhm, on examine, tout au plus, si la *loi du coût-de-production* doit être considérée comme contraire à celle de *l'utilité-limite*. On a tâché de mettre d'accord, aussi bien que possible, les deux théories. Cette tentative — bien qu'elle n'ait pas toujours abouti, comme chez Stanley Jevons (1), aux contradictions les plus formelles — devait nécessairement échouer, après qu'on eût opposé catégoriquement une théorie à l'autre.

Lorsqu'on regarde de près la théorie utilitaire, — aussi bien dans l'école autrichienne que dans les écoles française et

---

(1) W. STANLEY JEVONS commence l'introduction de sa *Theory of Political Economy* par cette assertion : « De longues réflexions et recherches m'ont amené à l'opinion quelque peu nouvelle que *la valeur dépend entièrement de l'utilité.* » — « Les opinions courantes, dit-il, font du travail, plutôt que de l'utilité, l'origine de la valeur », mais Jevons s'oppose de prime abord à ces théories.

Pourtant, le lecteur qui a eu la patience et la persévérance de lire tout ce livre, abondant en formules et en calculs sur la *total utility*, le *final degree of utility* et la *ratio of exchange* qui en est déduit, se trouvera à la page 164 (3e édition, cf. trad. fr. p. 243) subitement placé devant la phrase suivante bien propre à l'étonner au premier abord : « Cependant, bien que le travail ne soit jamais la cause de la valeur, dans une grande proportion des cas, il en est la circonstance déterminante. » Il sera frappé d'une stupéfaction complète en lisant à la page 186 (trad. fr. p. 267), le commencement du chapitre intitulé : *Relation of the Theories of Labour and Exchange* : « Ce qui pourra servir à donner au lecteur de la confiance dans les théories précédentes, c'est qu'il trouvera qu'elles mènent directement à la loi bien connue et formulée dans le langage ordinaire des économistes, à savoir : que la valeur est proportionnelle au coût de production. »

Cela sonne comme la condamnation en forme, prononcée par l'auteur, de ses propres théories ! Dans son œuvre, en effet, Jevons oscille toujours entre « l'utilité », parfois remplacée par la « rareté » *(scarcity)*, et le coût de la production, sans pouvoir formuler définitivement et catégoriquement ce qui détermine, au marché, la valeur et les prix.

anglaise, — on aboutit, en définitive, à la théorie surannée de l'offre et de la demande. Dans l'œuvre de M. Böhm-Bawerk, par exemple, nous lisons après l'exposition entière de la théorie du *Grenznutzen* : « *Le prix du marché se fixe dans la même zone où l'offre et la demande s'équilibrent en quantité.* » C'est bien, dit l'auteur, la formule de l'offre et la demande si connue depuis Mill ; mais lorsqu'on sait commenter cette formule « d'une façon bien déterminée », elle est « tout aussi juste » que celle du *Grenznutzen* (1). Dans la deuxième édition de son livre, l'économiste autrichien avait même ajouté qu'il y a « un cas très spécial » pour lequel « la deuxième formule de notre loi des prix est la plus exacte ». Bien que presque toujours la zone dans laquelle l'offre et la demande s'égalent et la zone circonscrite par les évaluations des couples-limites, coïncident entièrement, il peut arriver cependant, dans certaines circonstances, que l'équilibre de l'offre et la demande ne se fassent pas dans la dernière zone tout entière mais seulement dans une partie restreinte de celle-ci. Or, dans ce cas, le prix se fixe toujours dans cette zone plus étroite (2).

Et nous voilà renvoyés ainsi, par l'œuvre qui représente le plus haut développement de la doctrine utilitaire, à la théorie primitive si vague et si incertaine de l'offre et de la demande. Cependant, après tout un siècle de développement de la science économique, on pouvait être éclairé sur la portée de cette théorie ; elle ne nous explique qu'un phénomène : la valeur d'échange des marchandises subit l'influence de leur valeur d'usage, lorsque celle-ci augmente ou diminue avec le rapport existant au marché entre la quantité offerte et la quantité demandée de ces marchandises. Mais l'offre et la demande sont incapables de nous fournir toutes les causes qui déterminent le niveau atteint au marché par la valeur objective et le prix.

Le manque de toute base réelle, en ce qui concerne la valeur

(1) Voir Böhm-Bawerk, *loc. cit.*, tome II, livre III, chap. II, II, p. 391.
(2) *Loc. cit.*, deuxième édition, Innsbruck, 1902. p. 226.

objective des biens, est ainsi le défaut essentiel de la théorie utilitaire, qui se caractérise en outre par un renversement bizarre et naïf des rapports d'échange réels (1).

Le marché moderne, — et c'est là le phénomène auquel les économistes *utilitaristes* n'ont pas donné assez d'attention dans leur théorie de la valeur, — est le lieu où les évaluations subjectives d'acheteurs et de vendeurs se résolvent en rapports objectifs et forcés de production et d'échange.

Le caractère essentiel de ces rapports objectifs ne consiste pas, comme le suppose par exemple M. Böhm-Bawerk (2), dans le simple phénomène qu'au lieu de répondre immédiatement aux besoins subjectifs, ils répondent à *l'argent*, comme intermédiaire ; au contraire, ce caractère consiste en ceci qu'à la place des besoins et désirs personnels de chaque consommateur en particulier, entrent en jeu *les besoins et désirs généraux et sociaux* qui correspondent à la collectivité de tous les consommateurs d'un article dans une contrée quelconque. Ces besoins et désirs expriment la demande effective et totale en face de laquelle s'élève l'offre totale.

Les évaluations personnelles comme certaines pratiques du commerce : la ruse, la force de persuasion, la spéculation, etc., n'y tiennent place que dans les limites résultant des rapports objectifs que présente le marché.

Sur ce point, l'organisation moderne de presque toutes les grandes industries rend encore particulièrement faible la position qu'occupe, dans la science économique, la théorie utilitaire.

Rappelons-nous que tous les économistes *utilitaristes* admettent l'existence au marché de la libre concurrence des producteurs et des consommateurs, — concurrence autant dans l'intérieur des deux groupes qu'entre eux. C'est seulement sous la

---

(1) Très caractéristique à ce point de vue est la description que M. Böhm-Bawerk a donnée du marché du fer, compris d'après sa théorie. Voir Böhm-Bawerk, tome II, livre III, chap. II, iv, pages 413-425.

(2) *Loc. cit.*, pages 415-416.

condition de l'existence de cette concurrence libre que leur exposé des évaluations subjectives d'utilité peut avoir une raison d'être. Or, dans tous les pays de production capitaliste moderne et dans les industries les plus différentes, les producteurs ont formé, depuis environ un quart de siècle, toutes sortes de coalitions : cartels et trusts, dont le but est précisément d'écarter la concurrence. Loin de se disputer partout la clientèle — comme le suppose encore la doctrine utilitariste — ils s'entendent de plus en plus entre eux pour pouvoir agir sur le marché d'un commun accord. Dans plusieurs sphères, les consommateurs commencent à se conduire de façon analogue en s'unissant dans des coopératives de consommation.

Ainsi, la théorie utilitaire, avec son exposé naïf et arbitraire des conditions de l'achat et de la vente, se trouvera dans quelques années tellement éloignée de la vie réelle qu'elle sera écartée en fait de la science économique. Elle le sera du moins sous sa forme actuelle et avec l'importance fondamentale qu'elle attribue aux évaluations personnelles, notamment à celle des consommateurs dont les appréciations sont tellement sacrifiées de nos jours dans la lutte contre les producteurs coalisés.

II. — *La Théorie de la Valeur-de-Travail.*

La Théorie de la valeur-de-travail a mis, à bon droit, au premier plan, pour expliquer l'origine et la grandeur de la valeur objective (valeur d'échange), la détermination du plus ou moins de travail exigé par la production des richesses. A bon droit également, ce travail est considéré par elle d'abord comme une dépense de temps et de force qui, une fois employée à la production d'une certaine richesse, ne saurait être appliquée en même temps à l'acquisition d'une autre ; — en deuxième lieu, comme un sacrifice de liberté ; ce qui, tout ensemble, fait que l'homme envisage ce travail comme le *coût né-*

cessaire à la production des richesses qu'il désire. La *théorie de la valeur-de-travail* a donc fort bien marqué dans la civilisation humaine une tendance naturelle qui s'exprime essentiellement par l'échange des marchandises, la tendance à estimer la valeur objective des biens, non pas d'après les besoins qu'ils satisfont, mais d'après le coût de production qu'ils exigent.

Seulement, la *Théorie de la valeur-de-travail* a trop négligé tout autre facteur que le travail, et notamment la différence qui existe entre les richesses au point de vue de l'*utilité* ; elle n'a donc pas assez remarqué l'influence exercée par la valeur d'usage, influence qui, agissant comme une deuxième tendance, modifie incessamment la valeur objective des richesses. En identifiant les moyens nécessaires pour obtenir les résultats finals (les richesses propres à la consommation humaine) avec ces résultats mêmes, elle a tout simplement considéré la valeur d'échange des biens comme égale à leur *coût de production*, dans lequel on a fini par trouver le *travail socialement néces-saire* à leur production (ou à leur reproduction). Pour cette der-nière analyse, nous pensons particulièrement aux théories de Karl Marx.

Il va sans dire que les théoriciens de la valeur-de-travail n'omettent pas entièrement, dans leur exposé, l'utilité et la valeur d'usage éventuelles des biens. Ils sont loin d'admettre que le seul fait d'avoir coûté du travail au cours de la produc-tion — et d'en devoir coûter pareillement au cours de la repro-duction — suffise pour conférer de la valeur aux biens. Au contraire, ils avancent, comme une condition *sine qua non*, que les denrées, portées au marché, *doivent* avoir une valeur d'usage. « Enfin, dit Marx, aucun objet ne peut être une valeur s'il n'est un objet d'usage. S'il est inutile, le travail qu'il ren-ferme est dépensé inutilement, ne compte pas comme travail, et conséquemment ne crée pas de valeur » (1).

(1) KARL MARX, *Das Kapital*, tome I, chap. I, p. 8 ; cf. trad. Roy , p. 16, col. 1.

Rodbertus, de son côté, en exposant la théorie que les produits s'échangent au marché proportionnellement au travail qu'a coûté leur production, ne considère cette valeur d'échange que comme « la valeur d'échange naturelle et par conséquent juste » (*wie der natürliche so auch der gerechte Tauschwerth*), dont « la valeur d'échange réelle » peut différer, restant, tantôt au-dessus, tantôt au-dessous d'elle, mais en gravitant toujours vers ce point (1).

Cependant, — et voilà le côté faible de la théorie de la valeur-de-travail et son défaut capital, — ni Rodbertus, ni Marx, n'ont suffisamment tenu compte de la valeur d'usage et de l'utilité éventuelle des richesses humaines et n'ont reconnu cette deuxième tendance fondamentale qui fait que les biens peuvent être objectivement estimés comme égaux et traités en équivalents au marché des denrées, d'après un autre principe que celui du travail nécessaire à leur production. Tous deux ont refusé catégoriquement de tenir compte de cet autre principe.

« *Economiquement*, dit par exemple Rodbertus, tout produit qui nous parvient en qualité de richesse par le canal du travail, passe uniquement au compte du *travail humain*, et cela pour la raison qu'il est la seule force originale et aussi la seule *dépense originale* avec laquelle compte *l'économie humaine*. C'est pour cette raison que là où le travail est plus secondé qu'ailleurs par la nature, le *travail* est seulement *plus productif*, considéré d'un point de vue économique ; mais on ne saurait mettre une partie du produit du travail sur le compte des forces naturelles » (2).

Karl Marx n'est pas moins catégorique : en principe, il ne reconnaît de valeur qu'aux biens qui sont le produit du travail humain. « Une valeur d'usage, ou un article quelconque, n'a

(1) RODBERTUS-JAGETZOW, *Zur Beleuchtung der Socialen Frage*, Berlin, 1875, p. 107.

(2) RODBERTUS, *Zur Erklärung und Abhülfe der heutigen Creditnoth des Grundbesitzes*, 2ᵉ édition, Berlin, 1893, 2ᵉ partie, note à la p. 174.

de valeur qu'autant que du travail humain est matérialisé en
lui » (1). Aux purs dons de la nature (comme le sol, les prairies naturelles, les bois sauvages) il n'attribue pas la moindre
valeur, si utiles et même si nécessaires que soient ces richesses
pour les hommes et si recherchées qu'elles soient à cause de
leur rareté.

Dans le troisième tome du *Capital*, Marx part de cette proposition : « La chute d'eau, comme la terre en général, comme
toute force naturelle, n'a pas de valeur, parce qu'elle ne représente pas de travail matérialisé en elle : et par suite elle n'a
pas non plus un prix, car le prix, normalement, n'est que la
valeur exprimée en monnaie. Là où il n'y a pas de valeur, il n'y
a, *eo ipso*, rien à exprimer en monnaie. Le prix, ici, n'est autre
chose que la rente capitalisée » (2).

Il est évident que, par cette hypothèse, nous nous trouvons
devant une erreur fondamentale qui met la théorie de la valeur-de-travail en contradiction directe avec notre vie sociale
réelle.

La réalité montre : à Rodbertus, que — « dépense originale » ou non — le travail humain n'est pas, assurément, le
seul facteur avec lequel compte « l'économie humaine » ; à Marx,

---

(1) KARL MARX, *Das Kapital*, t. I, chap. I, p. 5 ; cf. trad. franç., p. 15,
col. 1.

(2) KARL MARX, *Das Kapital*, tome III, *deuxième partie*, ch. XXXVIII,
p. 188 ; cf. trad. franç., p. 230. Voir de même *loc. cit.*, ch. XXXVII, p. 173,
trad. franç., p. 213, où Marx veut voir « maintenir » le principe « que
le prix des choses, qui, par elles-mêmes, n'ont pas de valeur, c'est-à-dire
qui ne sont pas le produit du travail, comme le sol, ou qui, du moins, ne
sauraient être reproduites par le travail, comme les antiquités, les œuvres
d'art d'un maître donné, etc., peut être déterminé par des combinaisons
très accidentelles ». Les « combinaisons très accidentelles » dont Marx
parle ici, caractérisent à merveille l'embarras *accidentel* dans lequel il
devait se trouver à chaque instant par l'application conséquente de son
hypothèse.

Que l'on compare de même RODBERTUS : « Les *biens fonds*, au contraire,
ne sont pas encore eux-mêmes des produits, et n'ont point, par suite, une
valeur par eux-mêmes, indépendamment du revenu. » (*Creditnoth*, 1e partie, p. 6.)

que souvent des richesses qui ne coûtent pas de travail ou très
peu de travail sont estimées au marché à la même valeur que
d'autres richesses qui en représentent beaucoup. Au marché à
fourrage, on ne s'occupe pas de savoir si le foin provient d'une
« prairie naturelle » ou d'un pré cultivé ; et de même au marché au bois, on ne s'occupe pas de savoir si le bois apporté a
été coupé dans un bois sauvage ou dans un parc de luxe. Il y
a un proverbe qui dit qu'au marché l'argent ne sent jamais
mauvais : or, toutes les marchandises y sentent également bon,
pourvu qu'elles soient recherchées. Ici apparaît l'influence que
la valeur d'usage exerce sur la valeur d'échange ; c'est une influence continuelle et dont on ne saurait faire abstraction un
seul instant dans la science économique, sans se perdre avec
ses théories dans le bleu.

De prime abord, il doit nous paraître parfaitement naturel que
des marchandises représentant des quantités inégales de travail
humain puissent être traitées comme équivalentes. Car, en définitive, comme nous le disions plus haut, ce sont les résultats du
travail, les produits prêts à être consommés, qui se comparent
et s'échangent au marché, et non pas les moyens qui les ont
créés. Si, d'autre part, ce sont les frais de production qui, au
marché, forment l'élément prédominant de la valeur pour la
plupart des articles de consommation journalière, il est tout
naturel que là où la nature a libéralement prêté son concours à
l'homme, de manière à lui faire obtenir, avec les mêmes frais,
une plus grande valeur d'usage qu'ailleurs, cette dernière devra
nécessairement se traduire de même en une plus grande valeur
d'échange. Il n'importe si, dans les deux cas, les frais de production s'expriment de façon primitive en travail ou bien en
argent.

La production d'un tonneau du plus ordinaire petit vin exigeant toujours des frais de production, ceux-ci devront être
payés par le consommateur, tant que le vin possède assez de
valeur d'usage pour être recherché. Si, d'autre part, un tonneau
de bon vin de Champagne ou du Rhin exigeait seulement les

mêmes frais que le tonneau de petit vin, la valeur d'échange du meilleur cru serait néanmoins bien supérieure à la simple somme des frais de production qui, sous ce rapport, l'identifiaient au vin ordinaire (1).

De même, le défrichement et la culture, ou bien la simple mise en exploitation d'une terre peu fertile ou mal située, exigeant nécessairement un certain coût de travail ou de capital, il est naturel que les terres fertiles et bien situées puissent donner, avec le même coût, des produits tout à fait différents, représentant également des valeurs d'échange différentes. La nature épargne ici à l'homme le travail qu'il devrait dépenser ailleurs. Marx n'a pas envisagé cette vérité si simple pourtant. Ce phénomène est d'autant plus curieux que toute la théorie de la rente foncière de Ricardo-Marx (voir ce que Marx dit sur la *rente différentielle*) se base précisément sur le fait, qu'avec la même quantité de capital et de travail et sur la même surface de sol, on peut obtenir différentes quantités de blé, qui, vendues au

---

(1) M. Böhm-Bawerk a choisi ce phénomène si naturel pour illustrer la théorie fausse, que ce ne sont pas les frais de production qui donnent leur valeur aux produits, mais que c'est tout le contraire. « Personne ne croira, dit-il, que le vin de Tokay a une haute valeur parce que les vignobles de Tokay en ont une ; mais, au contraire, ces vignobles possèdent une haute valeur parce que la valeur de leurs produits est considérable. » (*Kapital und Kapitalzins*, tome II, livre III, chap. I, vii, p. 299.)

Il nous semble que le lecteur perspicace devra immédiatement s'élever contre une telle logique, en ne cherchant dans le raisonnement de M. Böhm-Bawerk qu'un jeu de mots, peu propre à nous séduire, malgré sa forme séduisante. Car, s'il est vrai que le vin de Tokay n'a pas une haute valeur parce que les vignobles de Tokay en ont une, il est non moins vrai que cette haute valeur dérive pourtant — *en dernière instance*, pour parler comme M. Böhm-Bawerk — des vignobles, c'est-à-dire des forces naturelles exceptionnelles qui soutiennent à Tokay le travail humain. Dans les théories de M. Böhm-Bawerk, la haute valeur du vin de Tokay, pour autant qu'elle dérive des agents naturels, manque de base; ces agents ne sont pas considérés comme une source primitive de valeur, pas plus que le travail humain. On a vu que les évaluations personnelles du marchand de chevaux ne sont pas rapportées à leurs causes dernières dans l'exposé qu'en donne cet auteur. C'est le même phénomène qui se présente ici.

même prix, donnent au producteur des résultats inégaux. Marx n'a pas su éviter la contradiction qui règne, sur ce point, dans la théorie de Ricardo ; bien au contraire, il l'a empruntée au maître classique sans la moindre hésitation.

Démontrons maintenant, avant tout, que l'explication donnée par la théorie de la valeur-de-travail pour justifier l'hypothèse du travail créateur unique de la valeur, est évidemment défectueuse.

Rodbertus, en alléguant que le travail, là où il est exceptionnellement soutenu par la nature, est « plus productif » sans que, au point de vue économique, on puisse mettre une partie de son produit sur le compte des forces naturelles, s'est basé sur le raisonnement suivant :

« Même au degré de la moindre productivité des forces de la nature, dit-il,... les forces naturelles donnent déjà leur collaboration. Et comment donc discernerait-on combien, aux divers degrés, il faudrait mettre sur le compte des forces naturelles et combien sur celui du travail ? » (1).

Cependant, peut-on se fonder raisonnablement sur de tels motifs pour justifier l'hypothèse que nous discutons ici ? Avec autant de raison nous pourrions observer que, pour l'acquisition de tout bien, économique ou non-économique, même pour celle de l'air que nous respirons ou de l'eau que nous puisons à la source, nous avons besoin d'un certain travail. « La sueur humaine et le travail humain procurent à l'homme les moyens de satisfaire à ses besoins », dit Hegel. Même l'acquisition de biens non-économiques, de biens dénués communément de valeur d'échange parce qu'abondants et librement accessibles, exige

_____

(1) « *Denn auch auf der wenigst productiven Stufe der in wirth-schaftlicher Action befindlichen Naturkräfte, von der aufwärts sich also überhaupt erst die « natürliche Productivität » differentiirt, wirken ja schon die natürlichen Kräfte mit. Und wie soll auch nur unterschieden werden, was auf diesen verschiedenen Stufen auf die natürlichen Kräfte und was auf die Arbeit kommt ?* » (RODBERTUS, *Creditnoth*, note à la p. 174.)

encore un certain travail. On n'ira pas en conclure que le travail est sans importance pour la détermination de la valeur, et pourtant Rodbertus a conclu, de ce que les forces naturelles sont parfois considérées comme négligeables dans certaines exploitations, à l'hypothèse générale qu'elles sont indifférentes dans la détermination de la valeur. En dépit de notre observation sur le travail dépensé pour acquérir des biens sans valeur échangeable, nous reconnaissons que, pour les biens économiques qui ne sont pas librement accessibles, le travail peut se présenter comme un créateur de valeur d'échange : si faible que soit le travail dans certains cas, nous reconnaissons qu'il existe une tendance qui conduit les hommes à évaluer la valeur objective (valeur d'échange) de nombreuses catégories de marchandises d'après leur coût de production.

La deuxième objection de Rodbertus ne prouve rien contre le fait que la collaboration exceptionnelle des agents naturels peut en effet avoir pour résultat une plus haute valeur d'échange. Là où les facteurs des deux catégories collaborent à la création de la valeur objective, il devient difficile de discerner, comme le fait remarquer l'auteur, « combien il faudrait mettre sur le compte des forces naturelles et combien sur celui du travail », mais il est évident qu'il serait inexact, dans le cas supposé, de mettre toute la valeur objective au compte d'une seule catégorie de facteurs.

Karl Marx traite la question à la légère. Chez lui, il n'est pas question, à proprement parler, d'arguments pour justifier l'hypothèse. Il fait « abstraction », tout simplement, de la valeur d'usage des richesses, en abordant la question de l'analyse de leur valeur d'échange, au commencement de son livre sur le *Capital.* Il le fait sous le prétexte suivant, dont la légitimité était précisément à prouver : « Mais d'un autre côté, dit-il, il est évident que ce qui caractérise le rapport d'échange des marchandises, c'est précisément qu'on fait abstraction de leur valeur d'usage. » (1). Il fait suivre cette phrase de la justification sui-

(1) *Andererseits aber ist es grade die Abstraktion von ihren Gebrauchs-*

vante : « Dans l'échange, dit-il, une valeur d'usage vaut précisément autant que toute autre, pourvu qu'elle se trouve en proportion convenable. » Cette idée de Marx, qui devient, grâce à la restriction, d'une évidence un peu naïve, ne saurait guère être acceptée comme une preuve de sa thèse et serait même plus propre à nous démontrer que, dans l'échange, on ne fait *nullement* « abstraction » de la valeur d'usage particulière des marchandises, — du moins, de la « proportion » dans laquelle elle se présente au marché.

Ayant fait abstraction de cette valeur, Marx donne un exposé de l'échange que nous jugeons assez caractéristique et assez intéressant pour être tenus de le suivre de près. Nous l'estimons d'autant plus important qu'il est à la base de tout le système du représentant le plus autorisé de la théorie de la valeur-de-travail.

Marx met deux marchandises (froment et fer), en certaines quantités, l'une en face de l'autre, et dit : « Quel que soit leur rapport d'échange, il peut toujours être représenté par une équation dans laquelle une quantité donnée de froment est réputée égale à une quantité quelconque de fer, par exemple : 1 quart de froment = a quintaux de fer. »

« Que signifie cette équation ? » continue-t-il. « C'est que, dans deux objets différents, dans 1 quart de froment et dans a quintaux de fer, il existe quelque chose de commun de la même grandeur... »

« Ce quelque chose de commun ne peut être une propriété naturelle quelconque, géométrique, physique, chimique, etc., des marchandises. Leurs qualités naturelles n'entrent en considération qu'autant qu'elles leur donnent une utilité qui en fait des valeurs d'usage. » Vient ici l'abstraction de la valeur d'usage des richesses et la phrase que nous avons citée plus haut ; et, par

werthen, was das Austauschverhältnis der Waaren augenscheinlich charakterisirt. (KARL MARX, *Das Kapital*, tome I, *loc. cit.*, p. 4 ; cf. trad. Roy, p. 14, col. 2.)

celte exposition dialectique, Marx aboutit aisément à la conclusion suivante :

« Si on fait abstraction de la valeur d'usage des marchandises
il ne leur reste plus qu'une qualité, celle d'être des produits du
travail. » (1).

En premier lieu, nous faisons remarquer que la conclusion de
Marx, savoir : que l'égalité de valeur de 1 quart de froment et de *a*
quintaux de fer signifierait qu'il existe dans ces deux biens « quelque chose de commun de la même grandeur » (*ein Gemeinsames
von derselben Grösse*), nous faisons remarquer, disons-nous,
que cette conclusion n'est pas du tout certaine. Le signe =, dont
Marx se sert ici, peut exprimer une égalité quelconque, sans
qu'on puisse dire que le froment et le fer en question contiennent quelque grandeur commune. Cela arrive en réalité au
marché. Lorsque 1 quart de froment y est réputé égal aujour-
d'hui à *a* quintaux de fer, demain peut-être à *b* quintaux, la
seule conclusion possible, c'est que les deux marchandises *se
maintiennent comme équivalentes selon des proportions qui
diffèrent d'un jour à l'autre*, mais on ne saurait assurer qu'il
soit survenu un changement dans le « quelque chose de commun » qu'elles contiennent, notamment dans le travail socialement nécessaire à leur production ou à leur reproduction,
comme le veut Marx. Sa conclusion est arbitraire, parce que,
au marché, il pourrait également survenir, par exemple, un
changement de rapports entre l'offre totale et la demande totale
et effective des marchandises. En tout cas, il est évident que de
l'égalité que Marx nous a mise sous les yeux, il ne s'ensuit
pas nécessairement l'existence de quelque chose de commun de
la même grandeur dans les deux marchandises comparées.

Il faut ensuite observer que ce n'est pas sur le marché que
Marx aurait pu trouver les éléments lui permettant d'interpré-
ter son équation et de découvrir ce qui se cache derrière
l'échange. Il aurait dû nous transporter à l'usine, à la mine,
aux champs, non pas là où *s'échangent* les richesses, mais où

_____

(1) KARL MARX, *loc. cit.*, pages 3 et 4 ; cf. trad. Roy, p. 14, col. 1 et 2.

elles sont *produites*. Car, le « quelque chose de commun », qui existerait dans les deux marchandises, le quart de froment et les *a* quintaux de fer, Marx le cherche dans le travail humain qui est « matérialisé » en elles ; mais, c'est là leur *valeur de production* et non pas leur *valeur d'échange !*

Il est vrai que la valeur de production ou bien la quantité de travail humain appliqué aux marchandises, ne se réalise qu'au marché, puisque c'est là que se font les *prix courants* ; cependant, cela n'autorise pas Marx à ne compter au marché qu'avec le travail humain dépensé. En procédant ainsi, il fait « abstraction », non seulement de la valeur d'usage particulière des richesses, *mais également de tout le marché.* Il invente une « valeur d'échange » des biens, séparée de « l'échange » même. C'est là une chose inintelligible et la vraie raison pour laquelle ni la théorie de la valeur de Marx, non plus que celle de Rodbertus qui la précédait et que l'économie classique de Ricardo, n'ont pu révéler tout le mystère de la détermination de la valeur et de la fixation du prix des marchandises.

Marx désirant examiner particulièrement et séparément le travail humain qui est matérialisé dans différentes richesses, pouvait se dispenser de les jeter d'abord dans le proccessus de l'échange : il aurait dû analyser leur *valeur de production* et non pas leur *valeur d'échange.* Ce n'est pas, comme Marx le suppose, à des biens qui sont déjà jetés dans l'échange, mais exclusivement à ceux qui se trouvent encore dans la sphère de la production, et dont on examine la valeur de production, que s'appliquent ses paroles : « Ce n'est plus, par exemple, une table ou une maison, ou du fil, ou un autre objet utile quelconque. Toutes ses propriétés sensibles sont effacées. Ce n'est pas non plus le produit du travail du menuisier, du maçon, du fileur, de n'importe quel travail productif déterminé. Avec le caractère utile des produits du travail disparaît aussi le caractère utile des diverses sortes de travail qui y sont contenues, elles ne se différencient plus l'une de l'autre... » (1).

(1) KARL MARX, *loc. cit.*, p. 4 ; cf. trad. fr., p. 14, col. 2.

Au moment où les marchandises sont portées au marché, leurs « propriétés sensibles » et leurs « caractères utiles » commencent à se rétablir et à exercer une influence essentielle sur l'échange même.

Tout le raisonnement relevé ici et par lequel Marx parvient à l'abstraction des caractères utiles des biens dans le processus de l'échange, nous paraît donc un grand sophisme et témoigne en effet de ce qu'un critique de Marx, M. Böhm-Bawerk, a appelé : « de la mauvaise logique et de la légèreté dans les conclusions » (1).

(1) Nous faisons remarquer qu'après K. Knies, c'est surtout M. Böhm-Bawerk qui a clairement exposé l'abracadabrante dialectique de Marx en la réduisant à sa vraie valeur. A cause de l'importance des arguments apportés par Knies et par Böhm-Bawerk, j'en reproduis ici les principaux. D'abord ceux de Böhm-Bawerk :

« Si Marx, sur le point décisif, n'avait pas restreint ses recherches aux produits du travail, mais examiné aussi ce qu'il y a de commun dans les dons de la nature ayant une valeur d'échange, alors il aurait été évident que le travail ne peut pas être cette chose commune...

« Cependant, regardons-y d'un peu plus près. Avec le tour d'adresse que nous venons de décrire, Marx n'avait encore obtenu que ceci, que le travail était admis simplement à jouer un rôle. Par la restriction artificielle du cercle, le travail n'était devenu qu'une seule des propriétés « communes » dans ce cercle étroit. Mais à côté de lui, il pouvait encore exister d'autres propriétés que les denrées pussent avoir en commun. Comment sont-elles mises de côté, ces autres causes coopérantes ? Cela s'est fait par deux autres propositions dans le raisonnement, propositions dont chacune ne contient que quelques mots, mais avec eux une faute logique des plus graves.

« Dans la première proposition, Marx exclut toutes les « propriétés naturelles quelconques, géométriques, physiques, chimiques, etc. » (suit ici la citation que le lecteur connaît, relative à « l'abstraction » de la valeur d'usage.)

« On se demande ce que Marx aurait dit, lui-même, de l'argumentation suivante : Dans un théâtre d'opéra trois chanteurs excellents — un ténor, une basse et un baryton — ont chacun un salaire de 20,000 florins : on demande quelle est la circonstance commune, en vertu de laquelle ces artistes sont traités sur le même pied ? Et je réponds : Dans la question des honoraires une bonne voix vaut autant qu'une autre, une bonne voix de ténor vaut autant qu'une bonne voix de basse ou de baryton, pourvu seulement qu'elles se trouvent en proportion convenable ; par conséquent, « il est évident » que l'on fait abstraction, dans la question des hono-

Il m'a toujours paru que Marx s'était trouvé ici sous l'action néfaste de son maître Hegel, dont la philosophie a eu, en géné-

raires, de la bonne voix et que celle-ci ne peut donc pas être la cause commune des hauts honoraires. Il est clair que cette argumentation est fausse, mais il est non moins clair que la conclusion de Marx, sur laquelle la nôtre est copiée exactement, ne pèse pas un grain de plus. Toutes deux ont le même défaut. Elles confondent l'abstraction d'une *particularité en général* avec l'abstraction des *modalités spéciales* sous lesquelles cette particularité se présente. Ce qui, dans notre exemple, est indifférent pour la question des honoraires, n'est, évidemment, que la modalité spéciale sous laquelle se présente la bonne voix : soit comme ténor, basse, ou baryton ; mais nullement la bonne voix en général. De même fait-on abstraction, pour les rapports d'échange des marchandises, de la modalité spéciale sous laquelle peut se présenter la valeur d'usage des marchandises, — qu'elles servent à la nourriture, à l'habitation, à l'habillement, etc., — mais nullement de la valeur d'usage en général. Que l'on ne fasse pas abstraction de la dernière, Marx aurait pu le déduire du simple fait qu'il ne peut exister une valeur d'échange quand il n'y a pas de valeur d'usage, — fait que Marx lui-même, à maintes reprises, est obligé de reconnaître.

« La seconde proposition du raisonnement est encore plus condamnable : « Si on fait abstraction de la valeur d'usage des marchandises, dit Marx tex- « tuellement, il ne leur reste plus qu'une qualité, celle d'être des produits « du travail. » Vraiment? Pas plus d'une seule qualité? Est-ce que les biens, possédant une valeur d'échange, n'ont pas aussi en commun cette *autre qualité*, d'être *rares* relativement aux besoins? Ou bien d'être l'objet de l'offre et de la demande? Ou bien cette autre d'être appropriés? Ou encore cette autre d'être des produits de la nature? Et nul ne nous a dit mieux que Marx lui-même que les richesses sont aussi bien les produits de la nature que du travail...

« Pourquoi, demandé-je, le principe de la valeur ne pourrait-il pas aussi bien se trouver dans une de *ces* qualités communes, que dans la qualité d'être des produits de travail? Notons bien que Marx n'a pas apporté le moindre argument positif en faveur de l'exclusivité à accorder à cette dernière qualité ; son seul argument, qui est négatif, se réduit à ceci, que la valeur d'usage, si heureusement mise de côté par la voie de l'abstraction, *n'est pas* le principe de la valeur d'échange. Pourtant, cet argument négatif ne serait-il pas également probant pour toutes les autres qualités communes que Marx n'a pas vues? » (Böhm-Bawerk, *loc. cit.*, tome I, chap. xii, 2 B., pages 517-520.)

En ce qui concerne Knies, qui a le premier mis en évidence la fausse logique de Marx sur ce point particulier, nous nous contentons de donner deux courtes citations :

« Celui qui, comme le fait Marx, a reconnu expressément qu'il ne peut

ral, une si mauvaise influence sur le travail scientifique de Marx.

Hegel, lui-même, n'a jamais pu parvenir à distinguer les différentes formes de la valeur. Déduisant d'abord la *valeur* des *besoins humains*, il a commencé à voir ensuite autre chose encore au fond de la valeur : le *travail* qui a produit les biens. Mais il n'a pas vu qu'il avait affaire dans ces deux cas à des formes de valeur différentes.

Pour se convaincre de cette vérité on n'a qu'à comparer les §§ 63 et 196 de sa *Philosophie du Droit*.

En exposant que la valeur d'une chose dépend des besoins qu'elle satisfait, — Hegel nous dit qu'on fait « abstraction » ici des qualités spéciales en n'envisageant que la quantité générale. Le besoin particulier que satisfait une chose, est en

---

exister une valeur d'échange sans « valeur d'usage » et que, pour produire des valeurs d'échange, il faut produire des valeurs d'usage pour d'autres, des valeurs d'usage sociales, doit bien formuler naturellement la *différence* entre la valeur d'usage et la valeur d'échange, mais il se contredit lui-même en prétendant que la substance de la valeur d'échange est *indépendante* de l'existence des marchandises comme valeurs d'usage.

« Celui qui, comme Marx, reconnaît que la valeur d'usage du bois sauvage, de l'herbe dans les prairies naturelles, du sol vierge existe *sans* la collaboration du travail humain, n'a plus la liberté de prétendre que le travail humain est la base décisive et exclusive de la *valeur d'échange*. Dans le cadre de la démonstration de Marx, on ne saurait trouver aucune raison pour laquelle, — aussi bien que l'équation : 1 quart de froment = *a* quintaux de bois produits par le travail humain, — on ne pourrait pas poser cette autre équation : 1 quart de froment = *a* quintaux de bois poussant naturellement dans la forêt = *b* arpents de terres vierges = *c* arpents de prairies naturelles... Nous arriverons cependant en tout cas à tirer de ces équations cette conclusion qu'il est impossible que deux quantités de travail servent de base pour l'égalité dans l'échange. Ce n'est donc pas davantage un quantum de travail qui est mesuré par ces équations. » (KARL KNIES, *Das Geld*, 2ᵉ édit., chap. IV, pages 156-157.)

Pour expliquer les égalités de la valeur d'échange, il ne faut pas dire, comme Marx, que l'on fait « abstraction de la valeur d'usage », mais seulement que l'on fait abstraction des *différences* qui existent dans les déterminations particulières de la valeur d'usage ; on ne leur substitue pas une qualité étrangère, mais on les ramène à leur qualité commune. » (*Loc. cit.*, p. 160.)

même temps *besoin en général* et c'est en raison de cette généralité qu'il trouve son expression dans la *valeur*. « Cette *généralité*, dont la simple détermination, explique-t-il, ressort de la particularité de la chose, de sorte qu'il est fait abstraction en même temps de cette qualité spécifique, est la *valeur* de la chose, dans laquelle sa vraie substantialité est *déterminée* et devenue objet de notre connaissance. » (1).

Notons bien, pourtant, que Hegel parle toujours de la *valeur d'usage* des choses et ne traite que beaucoup plus tard du travail. Marx, au contraire, tâche de nous convaincre, avec la même méthode dialectique et presque dans les mêmes termes que son maître, qu'il est fait abstraction, dans *l'échange*, non seulement de l'*utilité spécifique* des marchandises, mais encore de leur *valeur d'usage en général* (2). Marx formule ici une théorie dont la fausseté est frappante.

C'est là un défaut fondamental dans la théorie de la valeur marxiste. Marx, avons-nous dit, n'a jamais compris la nature de la valeur d'usage. Il a reconnu, il est vrai, que les valeurs d'usage forment la *matière de la richesse*, mais il les a toujours traitées comme de simples « supports matériels de la valeur d'échange » [*die stofflichen Träger des Tausch-werths* (3)], à peu près comme s'il avait traité l'individu Marx comme le simple « support matériel d'un système économique ». Il n'a pas suffisamment prêté son attention à l'influence que les supports matériels de la valeur d'échange exercent sur elle. Ce n'est que par cette voie qu'il a pu créer sa *théorie de la valeur-de-travail*, prétendant que des quantités égales de travail humain ont la même valeur d'échange, lorsqu'elles sont simplement reconnues en général par la société comme travail « utile ».

(1) HEGEL, *Philosophie des Rechts*, § 63.
(2) Cf. le texte exact de Marx cité plus haut, pages 143-144.
(3) KARL MARX, *Das Kapital*, tome I, chap. I, p. 3 ; cf. trad. fr., p. 14, col. 1.

Dans le troisième tome du *Capital* dont, à plusieurs égards, la connaissance est nécessaire pour juger le système économique de Karl Marx, il n'est encore question qu'en passant de la valeur d'usage des richesses. Marx la traite encore comme la condition indispensable pour l'existence de la valeur ; — mais une condition à laquelle il n'est plus prêté attention après la constatation de la nécessité de son existence. Nulle part dans l'œuvre de Marx on ne rencontre une analyse consciencieuse de la valeur d'usage et des principes par lesquels elle se détermine (1).

En définitive, la moderne théorie de la valeur-de-travail a omis entièrement de donner la moindre preuve de son hypothèse fondamentale d'après laquelle le travail humain seul est créateur de la valeur d'échange ; — Marx n'a pas cherché à la justifier ; Rodbertus l'a essayé ; mais cette tentative doit être considérée comme ayant échoué.

Il n'en pouvait guère être autrement, puisque la vie sociale

----

(1) « Car, condition indispensable reste la valeur d'usage. » (*Das Kapital*, tome III, 2ᵉ partie, chap. XXXVII, p. 175.)

« Mais c'est là simplement la même loi qui se montre déjà dans la marchandise isolée, à savoir : que sa valeur d'usage est la condition de sa valeur d'échange et par conséquent de sa valeur. » (*Ibidem*, p. 176 ; cf. trad. fr., p. 216.)

« Ainsi la valeur d'usage est généralement le soutien de la valeur d'échange, mais non pas sa cause. » (*Loc. cit.*, ch. XXXVIII, p. 187 ; cf. trad. fr., p. 229.)

Dans les deux premiers passages (texte allemand, p. 175 et p. 176, la traduction rend infidèlement l'original) Marx oppose « la valeur d'usage de puissance sociale » (*Gebrauchswerth auf gesellschaftlicher Potenz*) ou « le besoin social » à la « valeur d'usage dans la marchandise isolée » ; il nous fait aussi remarquer, il est vrai, que la première dépend de ce que la marchandise « est adéquate aux besoins sociaux, quantitativement déterminés pour chaque espèce spéciale de produits » ; — mais cette observation a pour seul but de nous apprendre qu'autrement l'excédent dans une branche quelconque d'industrie devient entièrement « inutile », de même que la marchandise isolée cesse de posséder une valeur d'échange, lorsqu'elle ne satisfait pas un besoin quelconque. Voilà tout ce qu'il y a sur l'analyse de la valeur d'usage (individuelle ou sociale) dans le troisième tome du *Capital*.

réelle démontre à chaque instant, par des faits incontestables, que des richesses produites par des quantités inégales de travail et des frais de production inégaux (et qui ne sauraient être autrement), peuvent atteindre néanmoins une même valeur d'échange en tant qu'elles présentent les mêmes qualités utiles.

Rodbertus a encore formulé son hypothèse dans les termes suivants : « Tous les autres biens (hors ceux qui ont coûté du travail), si nécessaires, ou si utiles qu'ils soient à l'homme, sont des *biens naturels* qui ne regardent nullement l'économie... »

« ... L'homme peut être reconnaissant de ce que la nature a créé d'avance en fait de biens économiques, parce que cela lui a épargné beaucoup de travail ; mais l'économie ne s'occupe d'eux qu'autant que le travail à complété l'œuvre de la nature. » (1).

C'est sous cette forme, fort accentuée du reste, que la théorie de la valeur-de-travail nous paraît être le plus évidemment en contradiction avec les rapports réels.

A bon droit, M. Böhm-Bawerk a fait remarquer, en discutant ce passage de Rodbertus, qu'un « morceau d'or massif », trouvé par un propriétaire dans son champ, ou bien « une mine d'argent qu'il a découverte par hasard dans sa terre »; exemples dont on pourrait aisément augmenter le nombre, regardent assurément l'économie (2).

Nous avons à ajouter quelque chose à cette critique, et nous y reviendrons pour juger la théorie de la valeur-de-travail. C'est précisément parce que l'aide donnée par la nature au travail humain regarde particulièrement la science économique et nous tous en tant que producteurs et consommateurs, — que l'humanité ne tolérera pas indéfiniment un

(1) Rodbertus, *Zur Beleuchtung der Socialen Frage*, tome I, p. 69.
(2) Böhm-Bawerk, *Kapital und Kapitalzins*, tome I, chap. xii, 2, A, p. 456.

ordre social dans lequel les sources naturelles de son existence sont considérées autrement que comme une propriété
commune, mise en exploitation au profit commun.

C'est là un problème social d'autant plus important, que,
parmi ces sources d'existence, il n'y a pas seulement les matières premières que la nature a mises à la disposition des
hommes, par exemple une « mine d'argent » nouvellement découverte sur la terre d'un propriétaire ; il faut compter encore
les richesses qui sont rendues accessibles à la génération
actuelle par le travail d'un long passé, œuvre de travailleurs
eux-mêmes disparus, mais dont le plus faible et le plus misé-
rable de notre génération peut encore se prétendre l'héri-
tier.

Les mines en pleine exploitation, les moyens de transports,
chemins, canaux, ponts, — moyens sans le service desquels la
production serait rendue moins facile ou même impossible dans
son développement actuel, — montrent, dans leur ensemble,
combien l'étroite théorie de la valeur-de-travail a tort de ne
considérer que le *travail présent* comme créateur de nouvelles
valeurs.

En ce qui concerne une partie de ces moyens de production :
les matières premières et secondaires et les moyens de travai
(usines, constructions, machines, outils, etc.), la théorie de la
valeur-de-travail admet qu'ils donnent aux produits autant de
valeur que l'usure leur en fait perdre. Mais ils ne transfèrent
jamais plus de valeur aux nouveaux produits, à ce que prétend
cette théorie, qu'ils n'en représentent eux-mêmes ; ils peuvent
en somme leur transmettre, entièrement ou en partie, leur
propre valeur, mais ils ne créent pas de valeur *nouvelle*. Il est
important — et c'est là une question dont nous aurons à nous
occuper de près dans un chapitre suivant — de démontrer
combien peu la théorie de la valeur-de-travail a suivi encore,
sur ce point particulier, la vie réelle.

Nous ne sommes pas au bout : nous avons à considérer une
autre catégorie de facteurs qui collaborent à la création de la

valeur, à savoir : certaines *forces naturelles* dont l'application à la production des richesses représente des siècles entiers de civilisation croissante avec toutes leurs inventions et découvertes accaparées successivement par les entrepreneurs capitalistes dans leur intérêt particulier.

Marx a recours à tous les subterfuges de la dialectique pour admettre les fruits matériels de la collaboration de ces forces et de ces inventions et découvertes, tout en niant que les produits y gagnent en valeur. Ainsi il établit une différence entre la durée de la production (*Produktionszeit*) et le processus de la production (*Produktionsprocess*), d'une part et, de l'autre, la durée du travail (*Arbeitszeit*) et le processus du travail (*Arbeitsprocess*) (1). Et avec une sophistique parfaite, Marx proclame que « les interruptions dans la durée du travail par lesquelles l'objet travaillé doit passer pendant le processus de la production, ne créent ni valeur ni plus-value (*bilden weder Werth noch Mehrwerth*) mais elles viennent en aide au produit (*fördern das Produkt*) ; elles constituent une partie de sa vie, un processus qu'il doit parcourir. » (2).

La vie pratique ne tient naturellement aucun compte des distinctions métaphysiques que nous venons de relever. Au marché, pour la réalisation de la valeur objective des marchandises, un procédé appliqué pour « venir en aide » aux produits et en améliorer la qualité — qu'il consiste dans l'emploi de travail

---

(1) « Mais le processus de la production peut, à son tour, donner lieu à des interruptions du processus du travail, interruptions durant lesquelles l'objet travaillé subit des transformations physiques sans l'aide du travail humain. Dans ce cas le processus de la production et, par conséquent, le fonctionnement des moyens de production, continue, bien que le processus du travail et, par conséquent, le fonctionnement des moyens de production en tant que moyens de travail, soit interrompu. Tel est le cas du grain qui est semé, du vin qui se trouve en fermentation dans la cave, de certains produits obtenus par des procédés chimiques (le cuir, par exemple). La durée de la production est ici plus grande que celle du travail. » (KARL MARX, *Das Kapital*, tome II, chap. V, p. 98; cf. trad. franç, p. 114.)

(2) *Loc. cit.*, p. 99 ; cf. trad. franç., p. 115.

humain ou qu'il soit par exemple un procédé chimique — vaut autant qu'un autre, pourvu que les résultats se valent. Et la doctrine de Marx sur ce point serait encore inexplicable, si nous ne nous rappelions pas qu'il confond constamment la *valeur d'échange* avec la *valeur de production* des marchandises.

Ce n'est que dans l'analyse spéciale de la valeur d'échange que nous pourrons examiner attentivement l'influence qu'exercent les forces naturelles et leur application scientifique sur la valeur objective. Mais nous pouvons poser déjà le principe fondamental de notre échange moderne comme il suit :

Supposons qu'un article de consommation puisse être produit des quatre manières suivantes :

a) A la main avec des outils primitifs ;

b) Par la petite industrie avec application de vapeur, ou d'un moteur à pétrole, gaz, benzine, etc. ;

c) Par la grande industrie avec vapeur ou électricité comme force motrice :

d) Occasionnellement avec application immédiate et simple d'une force naturelle, comme la chute d'une cascade.

Si — l'usure des outils, des machines, etc., prise en considération — le coût de la production s'élève par unité (mètre, hectolitre, etc.) de l'article en question à des taux que l'on pourra désigner successivement par $4x$, $3x$, $2x$, et x, il faut, tout d'abord, savoir si la quantité des produits de la première catégorie (a) est encore nécessaire à la totalité des besoins humains, c'est-à-dire à *la demande totale et effective* ; dans ce cas les quantités des trois autres catégories (b, c, d), pourront obtenir le même prix-courant que les quantités de la première : quantités du même article, mais qui sont produites dans les conditions les moins favorables.

Il paraît certain que les fabricants de l'article examiné, ayant produit dans les conditions les plus favorables, par exemple, avec des coûts de production désignés ci-dessus par $2x$ ou x, peuvent livrer leurs marchandises à des prix plus modérés que ceux que doivent proposer leurs concurrents ; comme nous le verrons dans le courant de cet ouvrage, ils peuvent faire baisser les prix-courant de l'article en question, tout en faisant encore des profits considérables. Mais, il n'en reste pas moins évident que la *valeur d'échange* de leurs marchandises exprime tout de même autre chose, non seulement que la quantité de travail individuellement dépensée au cours de la production, mais encore que la quantité de travail socialement nécessaire à la production. Cette dernière quantité, en effet, se rapporte aux conditions de la production et non pas à celles du marché (Voir notre chapitre sur la valeur de production sociale).

Ce n'est que dans le troisième tome de son *Capital* que Karl Marx a développé ces principes fondamentaux de l'échange moderne pour les produits agricoles ; aussi sa théorie de la rente foncière, comme toute la théorie de l'échange développée dans ce troisième tome, est-elle en contradiction singulière mais définitive avec la théorie de la valeur-de-travail que contient le premier.

Dans le cours du présent volume, de même que dans notre troisième, traitant plus particulièrement du profit d'entreprise, nous aurons à nous occuper encore de plus près de cette contradiction. Elle consiste, mentionnée brièvement, en ceci que la théorie de la valeur développée dans le premier tome du *Capital* fait en principe du « capital variable », dépensé en salaires, la seule source de profit, tandis que, dans le troisième tome, la grandeur du profit dépend du montant du capital entier — capital dit « variable » et capital dit « constant ».

Après tout, nous ne pouvons que nous étonner de ce que l'étroite théorie de la valeur-de-travail de Rodbertus et de Karl Marx n'ait pas été combattue plus décidément du côté communiste ; et l'on se demande avec une stupéfaction réelle comment le premier tome du *Capital* de Marx a pu être considéré, parfois, comme la Bible du mouvement socialiste-communiste. Puisque ce n'est pas le *travail humain* seul, mais aussi les *agents naturels* (matières premières et secondaires et forces naturelles), dont l'action commune crée en somme les richesses, nous avons le motif le plus décisif pour condamner l'ordre capitaliste de la société, qui ne saurait être défendu que par un appel à son droit d'existence historique. Or, les mêmes considérations qui pourraient ainsi servir à sa défense, montrent en même temps que, la civilisation se perfectionnant progressivement et les conceptions du droit se développant toujours parmi les peuples modernes, l'avenir prochain ne saurait appartenir qu'à un ordre social et juridique dans lequel la *propriété commune* des moyens de production et de consommation occupera une place toujours plus importante dans la vie sociale des hommes.

Relevons encore le fait que, dans la production des richesses, les dépenses de matières naturelles et de forces naturelles doivent aussi bien être considérées comme « coût de production » que les dépenses de travail. C'est là une vérité fort mal comprise.

La théorie de la valeur-de-travail — et nous pensons particulièrement ici aux argumentations de Rodbertus — conçoit le travail dépensé comme étant le coût de production, pour la raison que le travail appliqué à la production d'un certain article de consommation ne peut pas, à la fois, être appliqué à celle d'un autre. Ce travail est donc à considérer comme un sacrifice d'efforts et de liberté individuelle du travailleur. Seulement, par rapport aux dons de la nature, ceux-ci n'étant pas inépuisables, les mêmes considérations se reproduisent, et ce n'est pas seulement relativement au travail humain, mais auss à ces dons de la nature que nous avons à compter avec des sacrifices.

Les agents naturels avec l'aide desquels se créent les richesses, ne nous sont accessibles, pour la plus grande partie, qu'en quantités limitées, tandis que ceux qu'on peut considérer comme inépuisables, tels que l'air ou l'eau, ont cessé précisément d'appartenir aux biens économiques pouvant posséder une valeur d'échange et obtenir un prix.

Or, là où les richesses naturelles sont en quantités limitées,

tout producteur prend incessamment, par le fait de la production même, des éléments à un trésor commun, — éléments ne
pouvant pas servir à la fois à quelque autre production ou à
une autre consommation directe. Ceci est d'autant plus important que les richesses en question sont moins abondantes et
pour cette raison plus recherchées.

Le sol qui est occupé par A dans un but de production, ne
saurait être choisi, dans un même but utile, par B ; les mines
de charbon épuisées par notre génération actuelle et les forêts
déboisées par elle, ne peuvent plus servir aux générations futures.

Aussi, les produits agricoles, blés, etc., que la terre donne par
une culture rationnelle, les quantités de houille ou de bois
extraites des mines ou des forêts, ne peuvent-ils être considérés comme des richesses sur lesquelles les producteurs
puissent faire valoir seuls un droit de propriété, résultant du
seul fait qu'ils se sont servis des éléments naturels disponibles.

Le travail humain qui s'applique à la production du blé, de
la houille, du bois, ne saurait être identifié avec ces produits
mêmes, malgré la tendance connue, qui se révèle, au marché
des marchandises, par la coïncidence de la valeur d'échange
de nombre d'articles de consommation avec leur valeur de production.

Pour toute production il y a lieu de parler d'un « accaparement » de certains agents naturels par les producteurs et, en
dernière analyse, par les consommateurs (1).

La revendication formulée par Rodbertus, que le travailleur

(1) Nous nous joignons entièrement aux observations suivantes que,
dans son livre : *Kapital und Kapitalzins* (tome I, ch. xii, 2, A. p. 404),
M. Böhm-Bawerk a faites sur cette thèse : « Nous économisons la force
originale du travail, comme le dit Rodbertus à bon droit, « parce que ce
travail, limité par le temps et la force, se consume en même temps qu'il
se dépense, et parce qu'il est, enfin, une spoliation de notre liberté. »
Cependant, ce ne sont là que des motifs incidents et ce n'est pas encore
le dernier motif pour notre conduite de bon économe. En définitive, nous
économisons le travail limité et fatigant parce que, par une administra-

doit avoir le produit total de son travail, ou sa valeur sans aucune déduction, n'est pas plus soutenable de ce point de vue
communiste et d'après « l'Idée pure de la Justice » (*die reine
Rechtsidee*) à laquelle il se réfère, que ne l'est l'ordre juridique
capitaliste de nos temps modernes. Cette revendication est aussi
peu logique qu'inapplicable dans la vie sociale compliquée de
nos jours, où c'est seulement par exception que l'ouvrier fabrique tout seul un objet entier et où même, d'ordinaire, le
produit total du travail de chaque travailleur, en particulier,
n'est pas calculable.

Ensuite, le système collectiviste de Karl Marx, qui résulte
rationnellement de sa théorie de la valeur, n'est pas plus soutenable que l'autre.

Dans un chapitre fort connu, à la fin du premier tome de son
Capital, chapitre intitulé : « Tendance historique de l'accumulation capitaliste », Marx considère « l'appropriation capitaliste »
comme « la première négation de la propriété privée individuelle fondée sur le travail individuel ». Mais il n'a pas caractérisé cette propriété privée comme constituant, à son tour, la
négation de la propriété communiste primitive se soutenant sur
le travail et la consommation en commun.

Marx a donné, dans ce passage, toute son attention à l'expropriation par le capitaliste moderne de ce qu'il appelle les « pro-

tion peu économe à son égard, nous aurions à subir une perte de bien-
être. Précisément le même motif nous amène à économiser également
toute autre chose utile, dont nous ne saurions être privés ou que nous
ne saurions perdre sans subir de même une perte de jouissance, étant
donné que cette chose n'existe sous nos mains qu'en quantité limitée. Il
en sera ainsi, soit que cette chose s'appelle force originale ou non, et
qu'elle ait coûté, ou non, de la force originale travail. » Les conséquences communistes qui déroulent rigoureusement de ces prémisses,
vis-à-vis des « couches naturelles de houille » et de tous les autres dons
de la nature dont nous parle l'auteur à cet endroit, ces conclusions,
M. Böhm-Bawerk n'a pas su les tirer. Nous avons pris la liberté de les tirer
pour lui, car nous sommes d'avis que ce n'est pas aux entrepreneurs capitalistes à prendre individuellement la responsabilité de l'exploitation
raisonnable des trésors communs de l'humanité.

ducteurs immédiats », propriétaires libres des moyens de travail
qu'ils mettaient eux-mêmes en œuvre, « le paysan, du sol qu'il
cultive, l'artisan, de l'outillage qu'il manie, comme le virtuose
son instrument ». Mais Marx n'a pas prêté la même attention
au fait historique que ces « petits producteurs indépendants »
étaient des « expropriateurs » eux-mêmes, s'étant emparés
chacun d'une partie des richesses naturelles générales, et acca-
parant ainsi, à leur propre profit, une partie de la propriété de
tous. Il n'a pas non plus observé que nulle part dans l'histoire,
sous le régime industriel des petits producteurs indépendants,
le « peuple travailleur », dont Marx nous décrit l'expropriation
successive, n'a été le représentant de toute la population labo-
rieuse restée, au contraire, pour la grande masse, en servitude.
L'aperçu historique que Marx a donné de l'accumulation capitaliste est aussi incorrect et incomplet du point de vue historique, que la conclusion à laquelle il parvient est scientifiquement imparfaite.

Cette conclusion est conçue comme il suit : « Mais la production capitaliste engendre sa propre négation avec la nécessité d'un
phénomène naturel. C'est la négation de la négation. Elle réta-
blit non la propriété privée du travailleur, mais sa propriété
individuelle, fondée sur les acquêts de l'ère capitaliste, sur la
coopération et la possession commune de la terre et des moyens
de production produits par le travail. » [*Diese stellt nicht das
Privateigenthum wieder her, wohl aber das individuelle Eigen-
thum auf Grundlage der Errungenschaft der kapitalistischen
Aera : der Kooperation und des Gemeinbesitzes der Erde und
der durch die Arbeit selbst producirten Produktionsmittel.* (1)]

Ce que Marx qualifie ici de « propriété individuelle, fondée
sur les acquêts de l'ère capitaliste », ne saurait constituer qu'une
situation transitoire dans la civilisation humaine. Ce n'est pas,
en tout cas, la « négation » complète du mode d'appropriation

(1) KARL MARX, *Das Kapital*, t. I, chap. XXIV, p. 790 ; cf. trad. franç.,
p. 342, col. 2.

et de production capitalistes actuel, et de l'ordre juridique moderne fondé sur lui.

Ce qui va se développer avec la nécessité d'un phénomène naturel n'est pas, en définitive, la *propriété individuelle* sur la base de la possession commune des moyens de production, le sol y compris, moyens qui seraient séparés des autres richesses. Ce qui va se développer dans les siècles futurs, c'est la *consommation individuelle* sur la base de la *propriété communiste*. Dans son développement lent mais continu, cette dernière ne saurait établir une séparation nette et catégorique entre le sol et les autres moyens de production, d'une part, et les articles de consommation, de l'autre.

CHAPITRE VIII

LES BASES DE LA VALEUR OBJECTIVE

Après la critique précédente, que nous avons cru devoir exposer aussi amplement que possible, nos conclusions sur la valeur objective sont faciles à établir.

Si l'on demande à la *théorie utilitaire* quelles sont les bases et la grandeur de la valeur objective (valeur d'échange), elle répond que cette valeur dépend de *l'utilité-limite* que possèdent les richesses pour leurs consommateurs, c'est-à-dire de leur application future. La *théorie de la valeur-de-travail*, au contraire, répond que cette valeur dépend du travail sociale-ment indispensable que les richesses représentent, c'est-à-dire, des conditions dans lesquelles elles sont produites.

La vérité entière est que le « coût » de production ou de reproduction des richesses, ainsi que leur aptitude à être utilisées par les consommateurs, contiennent de part et d'autre les facteurs qui décident des quantités dans lesquelles, au marché, elles seront évaluées comme équivalentes.

Nous distinguons dans l'échange des marchandises deux tendances différentes qui, parfois même, s'opposent catégoriquement l'une à l'autre : la tendance de la valeur d'échange à coïncider d'une part avec la valeur de production, d'autre part encore avec la valeur d'usage.

Nous savons que la première de ces tendances se manifeste à nous à chaque pas.

Vu la multiplicité et l'expansibilité indéfiniment grande de nos besoins et de nos désirs, les richesses que nous voudrions posséder sont, pour la plupart, limitées en quantité. Si même la nature nous procurait abondamment les matières premières et si elle se montrait vraiment inépuisable, ce qui n'est vrai que pour de rares cas, l'appropriation des diverses espèces de richesses, ainsi que leur adaptation à l'usage humain, nous coûteraient encore des efforts que nous avons l'habitude de considérer comme le « coût » indispensable de leur acquisition.

Nous ne pouvons pas nous procurer tous les articles de consommation aussi facilement que l'air que nous respirons et, cependant, cet air, comme le disait Hegel, nous avons à le chauffer dans notre poitrine, c'est-à-dire à le gagner par notre effort. La matière est rebelle et ne nous est pas absolument soumise : les matières élémentaires doivent être appropriées, manipulées et transformées généralement, avant de pouvoir être utilisées par l'homme sous une forme quelconque. C'est seulement par le travail que les matières élémentaires obtiennent une valeur d'usage et, avec celle-ci, une valeur d'échange.

La tendance à évaluer les biens d'après leur valeur de production, c'est-à-dire d'après leur coût d'acquisition, devait donc nécessairement naître parmi les hommes. Le travail commé coût d'acquisition est l'élément réel avec lequel l'homme collabore à la création des richesses, et il est évident que, dans la plupart des cas, cet élément aura une influence décisive sur leur échange objectif.

Cependant, bien que le travail soit le seul élément que l'homme puisse apporter dans la création des richesses et que, par suite, — ce travail étant considéré généralement comme un sacrifice de force vitale et de liberté, — les hommes soient enclins à baser la valeur d'échange des richesses sur leur valeur de production, il est non moins clair que la valeur de production et la valeur d'échange ne doivent pas être identifiées, purement et simplement.

En définitive, nous n'attachons une valeur à un article de consommation quelconque que parce que cet article pourra servir à la satisfaction de nos besoins et de nos désirs ; c'est pour cette raison seulement que nous donnerons notre travail pour nous le procurer.—

Si donc deux richesses différentes ou — ce qui est plus évident encore — deux quantités d'une même richesse sont nécessairement produites avec le même coût de travail ou de capital, nous serons seulement enclins à les traiter dans l'échange comme équivalentes, lorsque nous les considérons également comme équivalentes au point de vue de la consommation directe. D'autre part, lorsque deux produits nous semblent posséder la même valeur d'usage, nous éprouverons encore une tendance à les considérer dans l'échange comme équivalents, malgré la différence éventuelle qui pourrait exister dans leur coût de production.

Cette vérité nous a paru évidente lorsque nous avons parlé des vins du Rhin ou de Champagne comparés au vin ordinaire et qui, malgré des frais de production sensiblement égaux, pouvaient avoir une valeur d'échange très différente ; la même idée s'est encore vérifiée dans le cas où deux quantités égales de blé, produites sur des terres de différente fertilité, c'est-à-dire avec une dépense différente de capital et de travail, avaient cependant une valeur d'échange sensiblement égale.

Nous n'aurons donc plus à nous occuper de cette hypothèse de l'école marxiste que *des quantités égales de travail indispensables à la production de différentes richesses créent nécessairement des valeurs égales, pourvu seulement que les choses créées soient « utiles » en un sens quelconque et possèdent une « valeur d'usage » quelconque.* A ce point de vue, la théorie de la valeur-de-travail, poussée à de telles conséquences, est condamnée par les faits de la vie pratique.

Comment et dans quelle proportion collaborent la valeur de

production et la valeur d'usage à la création de la valeur d'échange des richesses, — telle est la question capitale qui se pose tout d'abord.

En cherchant la solution de ce problème, nous constaterons une fois de plus la difficulté de trouver, pour la vie sociale, des formules générales ou des schèmes nettement tracés et applicables à tout cas particulier et à toute quantité spéciale d'une marchandise. Comme tout à l'heure, lors de notre analyse de la valeur subjective, nous devrons donc nous contenter de tracer les grandes lignes d'une théorie de la valeur.

De prime abord, il faut faire observer que rarement le travail humain seul, c'est-à-dire ce que l'on dépense à produire ou à atteindre un bien, suffit à fixer la valeur objective de ce bien, et que la valeur d'échange ne tend jamais exclusivement à coïncider avec la valeur de production sans que la valeur d'usage exerce une influence quelconque.

Nous trouverons bien des produits dont la valeur d'échange se présentera comme dépendant essentiellement du coût de leur production, de sorte qu'en apparence, elle ne semblera fixée que par ce coût ; mais nous verrons, à l'arrière-plan, se maintenir toujours la valeur d'usage. Pour ces catégories de produits, la valeur d'usage indiquera, par exemple, quelles quantités spéciales seront de préférence mises de côté et perdront partiellement ou entièrement leur valeur par suite d'une surabondance relative ; ou, au contraire, quels exemplaires ou quantités spéciales du produit augmenteront de valeur, de préférence à d'autres, dans le cas accidentel d'une provision insuffisante. Même pour les produits les plus simples et les plus uniformes, comme des clous ou des crampons fabriqués mécaniquement, un objet pourra mieux servir à un but déterminé qu'un autre et atteindre, par suite, une plus haute valeur que cet autre. En outre, dans toutes les sphères de la production sans exception, un objet ou une quantité déterminée d'un produit peut toujours avoir une plus haute valeur d'après les besoins momentanés du consommateur, abstraction faite des frais de la production.

La vie journalière montre que la valeur d'échange de certaines marchandises peut même varier tous les jours et à toutes les heures de la journée en s'élevant au-dessus ou en tombant au-dessous du coût de production.

Les fraises apportées le matin au marché peuvent s'élever non seulement à une plus haute valeur d'usage, mais aussi à une plus haute valeur d'échange au fur et à mesure que le soleil s'élève ; lorsque, vers le soir, la chaleur diminue tandis que les fruits commencent lentement à perdre la fraîcheur, alors la valeur d'usage et en même temps la valeur d'échange des fraises baisseront graduellement. Et pourtant, les dernières quantités d'une provision de fraises, transportées par un marchand des quatre saisons jusqu'aux quartiers populaires les plus éloignés d'une ville, peuvent avoir demandé le coût de production et de manutention le plus élevé et le travail le plus pénible.

Il nous serait fort difficile, d'autre part, de trouver des richesses dont les évaluations objectives se fassent, dans l'échange, exclusivement d'après leur valeur d'usage et complètement en dehors de l'influence du coût de production ou de reproduction.

La valeur de certains produits, comme le vin du Rhin ou de Champagne, particulièrement favorisés par la nature, peut s'élever, il est vrai, bien au-dessus du niveau de la valeur que le vin ordinaire atteint difficilement et qui se rapproche sensiblement du coût de production. Ce coût, cependant, ne cesse pas d'être, dans un cas comme dans l'autre, un élément essentiel de la valeur d'échange du produit. Même dans le cas où la production des richesses est extrêmement facilitée par la nature, le coût de production constitue le premier élément déterminant de la valeur d'échange et des prix de marché qui, tout en s'appuyant sur lui, peuvent s'élever, lentement ou par bonds, au-dessus du coût de production.

Lors de notre examen de la valeur subjective, nous avons observé que le coût socialement nécessaire pour produire les richesses, ou éventuellement le travail personnel que le consommateur doit se donner pour les acquérir, peut essentiellement

influer même sur les évaluations personnelles de leur valeur
d'usage. Au marché, cependant, ce n'est pas exclusivement le
consommateur, mais encore et surtout le producteur qui fixe la
valeur et le prix ; le producteur, nous le savons déjà, est poussé,
par son propre intérêt, à interrompre la production d'un article, aussitôt que les frais de la production ne sont plus couverts. Au marché, il est donc impossible de ne pas compter la
valeur de production comme l'élément essentiel qui se fait sentir dans toutes les transactions entre les hommes.

C'est seulement lorsqu'il s'agit de certaines richesses qu'on ne
peut pas reproduire, telles que les chefs-d'œuvre des maîtres
antiques, les vieilles monnaies, ou certains objets historiques,
que la valeur d'usage se présente à nos yeux comme l'élément
prédominant ou même, en apparence, exclusivement déterminant de la valeur d'échange.

Ricardo divisait, comme l'on sait, en deux catégories, les
biens qui, dans leur ensemble, composent les richesses humaines : En premier lieu des richesses telles que « les tableaux
et les statues de prix, les livres et les médailles rares, les vins
d'une qualité exquise qu'on ne peut tirer que de terroirs particuliers, dont il n'y a qu'une quantité très bornée », — choses
dont la valeur ne risque point de baisser par suite d'une plus
grande abondance.

Contrairement à la vérité il considérait la valeur de ces choses
comme ne dépendant que de leur « rareté » et comme « entièrement indépendante de la quantité de travail qui a été nécessaire
à leur production première ».

A côté de cette catégorie de richesses ne contenant qu'une très
petite partie des marchandises que l'on échange journellement,
Ricardo plaçait ensuite le plus grand nombre des richesses :
« ces marchandises dont la quantité peut s'accroître par
l'industrie de l'homme, dont la production est encouragée par
la concurrence, et n'est contrariée par aucune entrave » (1).

(1) Voir RICARDO, *Principles of Political Economy and Taxation*,
chap. 1, sect. 1, édit. 1888, pages 9-10 ; cf. trad. franç., p. 3.

Nous n'avons pas à nous arrêter longtemps ici à la vieille théorie développée par Ricardo concernant la valeur des deux catégories de biens qu'il distingue. Dans notre analyse de la valeur de production, nous examinerons de près sa théorie de la valeur des biens de la deuxième classe. En ce qui regarde les biens de la première, nous faisons remarquer de prime abord que, relativement à quelques-unes des richesses que vise Ricardo, le coût de la production peut incontestablement constituer un élément réel et même important de la valeur d'échange. Que la « rareté » de ces richesses ne soit pas le seul facteur dont dépende leur valeur objective, ce fait résulte déjà de ce que des œuvres également rares n'ont pas toutes la même valeur. —

En effet, si la théorie de Ricardo était exacte, tous les manuscrits ou toutes les estampes dont il reste un exemplaire unique *devraient posséder la même valeur.* Il est évident que le mot de *rareté* n'exprime que très imparfaitement l'idée que Ricardo a voulu exprimer.

Pour le moment, cependant, nous n'avons pas à faire la critique de la définition de Ricardo, mais de sa classification des richesses. Il est évident que le maître classique, en formulant sa théorie de la division des richesses en deux classes, a eu le grand mérite d'avoir cherché le premier à séparer les divers articles de consommation selon l'aspect différent de leur valeur, mais sa théorie est incomplète et peu satisfaisante pour la science économique moderne.

Il y a assurément des catégories de richesses autres que celles que Ricardo a indiquées. On peut même dire qu'une classification des richesses humaines d'après la constitution de leur valeur objective ne saurait jamais être complète. Il n'existe pas de classes de richesses nettement distinctes et dès qu'on cherche à les séparer les unes des autres, on trouve toujours de nouvelles nuances dans leur composition ; les proportions dans lesquelles les éléments composants collaborent diffèrent jusqu'à l'infini, de sorte que nous pouvons distinguer toujours de nouvelles catégories entre lesquelles les transitions sont insensibles.

Les économistes de l'école de Ricardo, bien qu'empruntant d'une façon générale au maître classique la division des richesses en deux catégories, étaient bien obligés de constater l'insuffisance de cette division.

John Stuart Mill comprenait déjà « les produits agricoles » et en général « tous les produits bruts de la terre » (*all the rude produce of the earth*) comme une classe intermédiaire entre les deux catégories distinguées par Ricardo. Ces marchandises peuvent être multipliées à l'infini, moyennant travail et dépense, dit Mill, mais « non pas au prix d'une quantité fixe de travail et de dépense. » (1).

Même après l'intercalation de cette classe intermédiaire, la division ne saurait nous satisfaire. Il en sera ainsi de toute division, d'autant plus que nous avons affaire ici non pas à des grandeurs concrètes et bien limitées, mais à des tendances économiques générales.

Voici le phénomène qui, caractérisé à grands traits, se révèle à nous : La *valeur d'usage* et la *valeur de production* — toutes deux composées de divers éléments, comme nous le savons déjà pour la première — collaborent à la constitution de la valeur d'échange objective des richesses dans les proportions les plus diverses, et, pourrait-on dire, les plus capricieuses.

En tête de la série, pour ce qui regarde l'action de la valeur d'usage, nous trouvons quelques-unes des richesses, que Ricardo a rangées dans la première de ses deux catégories : richesses sur la valeur desquelles certaines particularités spéciales, telles qu'une beauté extraordinaire, un intérêt historique, une grande rareté, etc., exercent une influence prédominante. Ces richesses ne peuvent pas être reproduites ; ou bien, — en admettant qu'elles puissent l'être, — leur coût de production ne formerait qu'une fraction secondaire de la valeur totale qu'elles représentent.

(1) JOHN STUART MILL, *Principles of Political Economy*, livre III, chap. II, § 2, Edit. 1867, p. 270 ; trad. franç., t. I, p. 495.

Les richesses de cette sorte : statues et tableaux antiques, vieilles monnaies et autres objets historiques, obtiennent pour ainsi dire, en outre d'une valeur d'échange semblable à celle d'autres objets de la même espèce, un prix de monopole, dont la grandeur dépend de plusieurs circonstances accessoires, — préférences et caprices personnels, — circonstances qui les soustraient entièrement à nos recherches sur la valeur objective des biens.

Si la théorie de Ricardo sur le rôle exclusif de la « rareté » dans la valeur de ces objets doit être considérée comme incomplète et contraire à la vérité, la correction que lui a fait subir John Stuart Mill ne soutient pas davantage l'examen. D'après Mill, la valeur des choses dont la quantité est absolument limitée, comme les statues et les tableaux antiques, « dépend de l'offre et de la demande », c'est-à-dire du « rapport entre la quantité demandée et la quantité offerte » (*the ratio... between the quantity demanded and the quantity supplied*) (1). Attendu que l'offre est ici invariable, c'est la *demande* seule, — la « demande effective » (*effectual demand*), que nous connaissons par le chapitre traitant de la valeur d'usage sociale, — qui décide de la valeur. Cette théorie, du reste, est parfaitement d'accord avec l'opinion de Ricardo, que la valeur de ces choses « varie avec la fortune, les goûts et les caprices de ceux qui en ont envie » (2).

Cependant, nous connaissons déjà, dans toute sa futilité, la formule suivant laquelle la valeur des articles de consommation dépend « du *rapport* entre l'offre et la demande » ou, selon l'expression de Mill, du fait que « l'offre et la demande, la quantité offerte et la quantité demandée » sont « égalisées » (*made equal*). Supposons qu'à un moment donné la quantité demandée et la quantité offerte soient rendues égales

---

(1) JOHN STUART MILL, *loc. cit.*, livre III, chap. II, § 3, pages 270-271; cf. trad. franç., t. I, pages 496-497.
(2) RICARDO, *loc. cit.*

et que le rapport entre la demande et l'offre soit celui de 1 : 1. Que signifie alors ce rapport particulier?

En réalité, la définition formulée par Stuart Mill *n'indique pas de quel élément se compose la demande en question* ; sa théorie ne donne pas une base réelle à la valeur de ces objets rares.

Cette base, à notre avis, est la *valeur d'usage* et son influence est ici tellement prédominante et met si bien au dernier plan l'action de la valeur de production, qu'il n'y est même plus question, à proprement parler, d'une valeur objective de ces richesses. Nous avons donc à considérer les tableaux et les statues antiques, les objets d'un intérêt historique, etc., comme appartenant entièrement au domaine de la valeur subjective et nous pouvons formuler ce principe général, *que la valeur d'usage (personnelle ou sociale) de ces choses indique en même temps leur valeur d'échange objective.*

Immédiatement après cette catégorie d'articles de consommation nous rencontrons une série d'autres articles que Ricardo, à en juger d'après les exemples qu'il nous donne, a encore classés dans la première de ses catégories : vins rares, plantes précieuses dont la culture exige un sol particulier et des conditions atmosphériques exceptionnelles, chevaux de course bénéficiant de qualités particulièrement heureuses, etc. Le coût de production de ces richesses constitue une partie intégrante de leur valeur d'échange, sans que, pourtant, la valeur d'usage (personnelle ou sociale) cesse d'être l'élément prédominant.

Parmi les produits qui constituent ensemble la totalité des richesses de l'humanité, à l'autre extrémité de la série, se trouvent de vastes catégories de marchandises, en général des articles d'industrie, qui peuvent être multipliés indéfiniment et aux mêmes frais par le travail humain, et dont la production se trouve par là même sous le contrôle complet de l'homme. La plus grande partie des produits de l'agriculture et de l'industrie agricole, les métaux et les autres minéraux servant de matières premières aux diverses industries, n'appartiennent pas à cette catégorie de produits.

Les marchandises que l'on peut reproduire à volonté aux mêmes frais sont celles dont la valeur d'échange manifeste la tendance la plus prononcée à coïncider avec la valeur de production. Nous ne nous préoccupons pas ici de savoir si leur production se fait ou non sous le régime de la libre concurrence, condition considérée comme indispensable par Ricardo et que nous aurons à étudier ultérieurement. Pour toutes ces marchandises la valeur d'usage ne reste pas cependant sans influence. Tout en pouvant être multipliés indéfiniment, ces articles ne sont reproduits — en principe, sinon toujours en fait — qu'en proportion de la demande, étant entendu qu'en régime capitaliste, la « demande effective » ne correspond pas à la totalité des besoins de tous les membres de la société, mais seulement aux besoins de ceux qui disposent d'un certain pouvoir d'achat.

La limite extrême qui borne la production de ce genre d'articles est que la valeur d'usage n'en tombe pas au-dessous du coût de production. Au cas où elle tomberait au-dessous, il est évident que les consommateurs remplaceraient successivement ces articles par d'autres ; les producteurs, ne trouvant plus dans l'échange l'équivalent de leurs frais, cesseraient, par suite, de les fabriquer (1).

(1) Von Thünen, qui, sur ce point particulier, a écrit quelques pages remarquables, choisit un exemple caractéristique pour élucider cette thèse; selon lui, les marchandises pouvant être multipliées indéfiniment et *aux mêmes frais* « ne peuvent pas rester d'une manière durable au-dessus de leur prix de revient, *quelle que soit la distance dont leur valeur d'usage puisse dépasser ce prix.* »

La valeur d'usage d'une charrue, dit-il, surpasse de beaucoup son prix réglé par les frais de production. Mais il y a une limite pourtant à la multiplication des charrues, et à la question qu'il se pose, combien de charrues seront employées dans une ferme, il répond « que l'on en fournira jusqu'à ce que la dernière fournie couvre seulement les frais de sa confection et de son entretien. »

La question posée en général, Von Thünen considère également la fa-

Entre ces vastes catégories de richesses et les catégories plus restreintes que nous avons indiquées auparavant, il s'en trouve toute une série d'autres, montrant toutes sortes de nuances dans l'action des valeurs d'usage et de production sur la valeur d'échange objective. Ces richesses différant entre elles par leur nature, ainsi que par le rapport de leurs quantités avec la demande effective, présentent dans leur ensemble une série d'échantillons des plus diverses influences.

Il faut mentionner ici particulièrement deux catégories spéciales de produits. Premièrement, celle dont nous avons fait mention déjà en passant, — catégorie composée de richesses qui peuvent être multipliées indéfiniment, mais à des *frais de production toujours croissants.*

A cette catégorie appartiennent les produits agricoles et horticoles : blés, fruits, etc., tous les produits en général dans la production desquels la nature joue un rôle important, de sorte que l'homme n'en peut augmenter la quantité qu'en cultivant des terres de moins en moins fertiles ou de moins en moins favorablement situées ou qu'en soumettant les anciennes terres à une culture plus intense et plus coûteuse. Appartiennent encore à cette catégorie, comme l'a déjà remarqué Von Thünen, tous les métaux et minéraux. En effet, tant que l'on ne découvre pas de nouvelles mines et carrières, ce qui fait immédiatement bais-

leur d'usage comme la limite posée à la multiplication des richesses de cette catégorie : « Si peu donc, dit Von Thünen, que la valeur d'usage ou l'utilité des charrues décide généralement de leur prix, c'est par là néanmoins que se pose une limite à leur multiplication. » (*So wenig also auch der Gebrauchswerth oder die Nutzung der Pflüge über den Preis derselben im Allgemeinen entscheidet, so wird dadurch doch die Grenze ihrer Vermehrung festgestellt.* Voir VON THÜNEN, *Der Isolirte Staat* t. II, éd. Rostock, 1842, 1re partie, § 13, p. 134 et § 20, p. 194 ; cf. trad. franç. de Mathieu Wolkoff sous le titre : « *Le salaire naturel et son rapport au taux de l'intérêt* », Paris, 1857, pages 163 et 219-220.) Nous ajoutons qu'il en sera ainsi sous toute forme de la société, — dans une société communiste comme dans la société capitaliste actuelle, avec la différence pourtant, que dans la première entrerait en lice la totalité des besoins de tous les hommes.

ser la valeur d'usage et de production ainsi que les prix de marché des métaux et minéraux, on doit les retirer de couches de
plus en plus profondes, de sorte que les frais de production augmentent toujours.

Pour les richesses appartenant à cette catégorie, c'est le coût
de production qui reste l'élément prédominant, et ici encore il
s'agit du *coût de production social* et non du *coût de production personnel* à tel ou tel producteur. Cette dernière particularité se montrera clairement à nous, dans un chapitre suivant,
comme le *principe régulateur général* de la valeur de production. Il faut faire observer encore que, par rapport aux produits
agricoles ou horticoles, la même valeur de production est représentée, dans les années peu fertiles, par une moindre quantité de blés, de fruits, etc., que dans une année de surabondance
relative. Pour toutes les richesses de cette espèce, la valeur
d'usage influe sur la valeur d'échange dans ce sens qu'elles ne
seront produites normalement, qu'à condition que leur valeur
d'usage soit considérée par les consommateurs comme égalant
au moins leur valeur de production ; les frais de production
augmentant toujours, ces richesses peuvent à la longue cesser
d'être produites, quoique leur valeur d'usage n'ait pas changé.
Suivant ce principe, l'extraction des minéraux sera interrom-
pue successivement, au fur et à mesure que les frais atteindront
et surpasseront la limite tracée à leur valeur d'usage par les
différents groupes de consommateurs, limite qui se reflète naturellement dans l'échange. A ce moment, les différentes catégories de consommateurs commenceront, l'une après l'autre, à
substituer dans l'usage au minéral en question un autre article
satisfaisant plus ou moins convenablement les mêmes besoins.
Il en est de même, en général, des produits agricoles et horticoles, partout où les besoins et les désirs des producteurs et des
consommateurs peuvent se manifester librement de part et
d'autre (1). Ici nous passons sous silence la monopolisation de

(1) « Les frais de production déterminent le prix moyen d'une mar-

certains articles de consommation de première nécessité : nous
nous en occuperons dans les derniers chapitres de ce tome.

En ce qui concerne les richesses de cette catégorie, plus encore que celles de la précédente, la valeur d'usage influe ensuite
sur tout exemplaire particulier ou sur toute quantité séparée ;
elle hausse parfois la valeur d'échange des marchandises lorsqu'elles sont par exemple de qualité supérieure ou lorsqu'elles
nous parviennent dans des conditions particulièrement favorables. Nous avons donné l'exemple des fraises vendues par une
chaude après-midi d'été. La valeur d'usage fait baisser souvent
dans des cas contraires la valeur d'échange au-dessous du niveau indiqué par le coût de la production.

Une autre catégorie de richesses dont nous devons faire une
mention spéciale est celle des produits qui nous viennent de
pays étrangers moins développés socialement : telles sont toutes
les marchandises importées des colonies.

Il est évident que la valeur de production de ces marchandises
reste toujours un élément essentiel pour la fixation de leur valeur de marché. Mais la difficulté est de désigner nettement,
dans ce cas spécial, ce qu'il faut comprendre sous le nom de
valeur de production. En effet, ces marchandises peuvent être
créées dans des conditions de production très primitives, comme
là, par exemple, où la valeur de production se présente encore
comme simple valeur-de-travail : c'est le cas ordinaire aux Indes,
en Chine et au Japon, etc. Les marchandises peuvent même être
produites, sous le régime de l'esclavage plus ou moins dissimulé, par les forçats des colonies, les nègres, les coolies chinois
des grandes plantations.

John Stuart Mill a proposé cette thèse : la valeur d'un article
d'importation ne dépend pas du coût de sa production dans le

---

chandise. » Cette proposition n'est vraie, cependant, qu'à condition que
la valeur d'usage ou l'utilité de la marchandise soit jugée au moins égale
aux frais de sa production. » (Von Thünen, *loc. cit.*, § 13, p. 134 ; cf.
trad. franç., p. 162.)

pays producteur, mais « du coût de production de l'article d'exportation qui a servi à payer l'article importé. » (1).

On voit que c'est tout autre chose que les frais de production de l'article lui-même. A maintes reprises on a objecté à Stuart Mill qu'en réalité il n'a pas exposé une loi unique de la valeur, mais bien une double loi, en donnant une théorie tout à fait spéciale pour ce qu'il a qualifié de « valeurs internationales ».

Aussi s'est-on demandé à bon droit où l'une de ces deux lois cesse d'exercer son influence pour céder la place à l'autre (2).

Stuart Mill lui-même, n'a pas été content de sa propre théorie ; dans la troisième édition de ses « Principes » il dit que sa doctrine de la valeur dans les échanges de nation à nation, « bien que correcte dans les limites où elle est renfermée, ne donne pas encore une théorie complète de cette matière » (3).

Stuart Mill doit avoir senti que sa doctrine ricardienne de la valeur, reposant sur les frais de production, était défectueuse ; cette défectuosité lui est sans doute apparue en ce qui concerne la valeur des marchandises importées des pays étrangers ; mais dans le cadre de sa théorie générale, il n'a pas su réparer ce qui manquait rationnellement à sa doctrine et l'interprétation qu'il a cherchée n'a pu que manifester plus clairement les défauts de l'ensemble.

---

(1) JOHN STUART MILL, *Principles of Political Economy*, livre III, chap. XVIII, § 1, p. 352 ; cf. trad. franç., tome II, p. 116.

(2) Voir par exemple la critique que Macleod fait sur la doctrine de Mill : « Pour bien examiner cette doctrine, nous devons faire une distinction entre les cas, des places éloignées n'étant pas nécessairement des places étrangères, ni des places étrangères des places éloignées : Londres et Melbourne sont des places *éloignées*, mais non des places *étrangères*; Lille et Gand sont des places *étrangères*, mais non des places *éloignées*...

« Or, si cette doctrine est vraie, il faut qu'il y ait un endroit précis entre Southwark et Melbourne où la loi du Coût de la Production se transforme en celle de l'Offre et de la Demande. Où est cet endroit ? Est-il aux entrées de la Manche ? Est-il à l'Equateur ? Est-il au Cap de Bonne-Espérance ? » (H. D. MACLEOD, *The Elements of Economics*, t. I, Londres, 1881, livre I, chap. VI, p. 110.)

(3) *Loc. cit.*, livre III, ch. XVIII, § 6, p. 361 ; cf. trad. franç., tome II, p. 132.

En y regardant de près, nous verrons une fois encore que notre théorie générale de la valeur peut seule résoudre le problème soulevé par les marchandises en circulation dans le commerce international.

La valeur de production de ces marchandises, évidemment, se base en très grande partie — la plus grande généralement — sur le coût exigé par leur production dans le pays d'où elles sont exportées et selon le développement particulier des forces productives dans ce pays.

Quant au pays où les marchandises paraissent au marché, on ne saurait compter généralement avec le développement de leurs forces productives que pour le travail et les frais occasionnés par le transport et la mise en vente de ces marchandises.

Nous pouvons même dire, d'une façon générale, que la possibilité de l'importation de semblables marchandises sur une grande échelle et les avantages que le commerce entre les nations a pu procurer de tout temps, reposent précisément sur le fait que les frais de production de ces marchandises à leur lieu d'origine sont relativement bas. Pour bien s'expliquer, par exemple, les frais de production modérés auxquels reviennent dans nos colonies des quantités colossales de marchandises de toutes sortes, on doit faire entrer en ligne de compte toute la violence et toute l'exploitation à main armée dont, pendant tant de siècles, les Etats colonisateurs se sont rendus coupables vis-à-vis des races moins civilisées des autres continents.

Bien que l'ensemble des frais de production et de circulation joue, pour cette catégorie de richesses, un rôle prédominant dans la fixation de leur valeur d'échange, cependant, dans la constitution de cette dernière, la valeur d'usage ne reste pas sans influence.

Les marchandises appartenant à cette catégorie — telles que le café, le sucre, le thé, etc. — font ordinairement leur apparition au marché à côté de marchandises de la même nature qui sont importées d'autres contrées du monde, comme par

Cornélissen   12

exemple le café de Java à côté du café du Brésil. A côté d'elles
se présentent aussi parfois des succédanés, produits dans les
pays modernes, comme la chicorée et le café artificiel à côté du
véritable café. Toutes ces marchandises, naturellement, peuvent
exiger des frais de production très différents.

Il peut arriver qu'une marchandise quelconque, appartenant
à la catégorie que nous visons ici, pourvoie aux mêmes besoins
et d'une façon aussi satisfaisante qu'une autre de la même
nature ayant exigé des frais de production et de circulation
beaucoup plus élevés ; la première marchandise aurait alors la
même valeur d'usage que la dernière ; de même il peut arriver
que la marchandise en question possède une plus grande valeur
d'usage que certains produits succédanés. Dans le premier cas
il est évident que cette marchandise devra obtenir au marché
la même valeur d'échange — toutes choses égales — que la
marchandise voisine avec laquelle elle rivalise, quoiqu'elle représente moins de valeur de production que cette dernière.
Dans le second cas, elle pourra obtenir rationnellement une
plus haute valeur d'échange que les produits succédanés inférieurs en qualité, même si elle représente la même valeur de
production que ces produits ou une valeur moindre.

Ces faits peuvent expliquer encore le rôle important que
jouent dans la production et le commerce des marchandises
étrangères certains *facteurs politiques*, — tels que les droits de
protection ou les conventions politiques entre différents Etats,
— facteurs qui sont à même de restreindre, ou d'élargir le
marché international de certaines marchandises.

En tous cas, nous avons ici sous les yeux une catégorie très
spéciale de produits dont l'évaluation au marché ne se fait pas,
comme l'a supposé Stuart Mill, d'après les frais de production et
de circulation de l'article donné en échange. La valeur d'usage
de ces produits collabore ici dans des proportions toutes particulières avec la valeur de production à la constitution de leur
valeur d'échange objective et à la fixation de leur prix définitif.

Enfin, une observation s'impose encore, de nature à mettre

en évidence la complexité de la vie sociale. C'est que, communément, les produits dont la quantité ne saurait être augmentée à volonté et indéfiniment nous paraissent être en nombre plus limité qu'ils ne le sont en réalité.

Les articles dont l'élégance et le bon goût constituent une partie importante de la valeur — comme les articles de mode et de luxe dans les industries de l'habillement et de l'ameublement, de l'imprimerie et de la gravure, etc. — appartiennent pour la plupart à ceux que l'on ne peut pas multiplier indéfiniment et à volonté.

Il est évident que la valeur d'un chapeau de femme sorti des mains d'une modiste ne correspond pas uniquement à la quantité de travail dépensé à sa fabrication, ou, si l'on veut, à son « coût de production ». Il se peut même qu'une exécution vive et légère, propre à donner à un article de mode une certaine « fraîcheur », s'accommode mal d'un travail long et appliqué. La modiste qui garnit en une demi-heure un chapeau élégant à l'aide d'un bout de ruban et de quelques fleurs, diminuerait peut-être la valeur de son œuvre en y dépensant plus de temps. Lorsque nous nous occuperons du travail « qualifié », nous aurons l'occasion de donner encore des exemples semblables. Pour le moment, nous avons voulu démontrer seulement qu'on aurait grand tort, pour beaucoup d'articles d'un usage journalier, de considérer leur valeur objective comme exclusivement ou principalement déterminée par le « coût de leur production ». Nous avons donc voulu caractériser par un seul exemple l'importance que représente, pour nombre de richesses, la valeur d'usage.

Du reste, considérons encore les produits dont le coût de production influence le plus la valeur objective : la tendance de leur valeur d'échange à coïncider avec le coût de leur production ne se réalise que partiellement et plutôt pour des périodes de production plus ou moins longues dont on calcule les moyennes qu'à chaque instant et d'une manière permanente ; plutôt aussi pour la production totale d'une nation ou d'une région que pour chaque exemplaire ou chaque quantité séparée de richesse. Nous avons vu les propriétés et qualités des marchandises ainsi que leur surabondance ou leur rareté relatives pousser incessamment leur valeur objective au-dessus ou au-dessous du niveau de leur coût de production. En outre, dans une analyse spéciale, la notion du « coût de production » se présentera à nous sous des formes très diverses.

Avant donc de pouvoir examiner la nature de la valeur d'échange elle-même, nous aurons à analyser premièrement la *valeur de production* des richesses, qui, pour la plus grande partie d'entre elles, est l'élément essentiel de la valeur d'échange.

Cet examen des bases de la valeur objective était nécessaire pour mettre en évidence le grand principe, que la science économique n'a pas reconnu jusqu'à présent ou qu'elle n'a que vaguement senti sans jamais le développer clairement : *la valeur d'échange des richesses se constitue généralement sous la double action de leur valeur d'usage et de leur valeur de production.* L'examen de l'une et l'autre formes de valeur est indispensable si nous voulons comprendre les phénomènes objectifs de l'échange et il en résulte que nous ne saurions faire « abstraction » d'aucune de ces deux formes.

QUATRIÈME PARTIE

La Valeur de Production.

CHAPITRE IX

CONSIDÉRATIONS GÉNÉRALES

La valeur d'usage des biens se présentait à nous comme un rapport direct entre ces biens et leur consommateur (ou leurs consommateurs) indépendamment des circonstances dans lesquelles ils ont été produits ; dans la valeur de production, au contraire, nous découvrons le rapport entre les richesses et la personne du producteur, indépendamment du plaisir ou de l'avantage que ces richesses peuvent procurer dans la consommation.

La valeur d'usage des biens se manifeste dans le processus de la consommation, c'est-à-dire dans la dernière phase de leur existence, lorsqu'ils atteignent leur destination, qui est de satisfaire nos besoins et nos désirs.

La valeur de production, au contraire, nous renvoie à la première phase de l'existence des produits, à la période de leur naissance. Tandis que la valeur d'usage s'attache à la période où les produits sont sortis du marché et ont quitté déjà la sphère de l'échange, leur valeur de production se détermine, dans la période qui précède leur apparition au marché, dans l'atelier, la fabrique, la mine ou sur le champ du laboureur.

Dans notre analyse de la valeur de production, nous avons à faire une distinction essentielle entre la *valeur de production subjective* ou *personnelle* d'un article, et sa *valeur de production objective* ou *sociale*.

Nous retrouverons ces deux formes de valeur, lorsque — au commencement de nos recherches — nous examinerons la *valeur de production* comme simple *valeur-de-travail*, et lorsque, ultérieurement, nous verrons, dans les conditions plus compliquées du marché capitaliste, le coût de travail se transformer en *dépenses de capital* ; dans les deux cas nous aurons à distinguer entre le *coût de production personnel* du producteur éventuel et le *coût de production social* qu'exige un objet. L'écart entre les deux formes pourra s'exprimer souvent par une différence de valeur très sensible.

Le coût de production personnel dépend du travail personnel d'un producteur quelconque ainsi que des circonstances particulières dans lesquelles il était placé. L'influence que ce coût personnel exerce sur la valeur objective, influence que nous examinerons tout d'abord, se base sur la tendance du producteur à évaluer sa marchandise au marché d'après le travail dépensé personnellement par lui ou bien d'après ses dépenses effectives de capital. C'est là ce que « vaut » pour lui, personnellement, sa marchandise, et sa tendance à mesurer la valeur de cette marchandise d'après ses frais personnels, agira même plus fortement au fur et à mesure que ces frais surpasseront davantage ce que nous avons appelé le coût de production social de la marchandise. Or, ce dernier se fonde sur la productivité sociale du travail et sur les changements continuels de celle-ci par rapport aux diverses catégories de produits.

Ce que nous venons de développer ici met suffisamment en évidence les raisons qui nous font diviser les économistes en deux groupes en ce qui concerne la doctrine de la valeur-de-travail : les représentants de la *théorie subjectiviste* se fondent sur le travail éventuel du producteur particulier ; les partisans de la *théorie objectiviste* sur la productivité sociale du travail.

Dans la science économique classique et moderne, les deux théories sont parfois confondues en un système embrouillé, parfois aussi catégoriquement et nettement séparées. La première théorie nous renvoie à Adam Smith, la dernière à Ricardo. Toutes deux, la théorie subjectiviste et la théorie objectiviste, seront exposées ici en passant, moins à cause de leur valeur historique comme théories de la valeur-de-travail, — ce qui pour notre analyse n'aurait qu'une importance secondaire, — que pour une autre raison d'une importance essentielle : c'est que les valeurs de production subjective et objective doivent, l'une et l'autre, être comptées comme des facteurs de la valeur d'échange objective. En définitive, suivant la nature d'une richesse ou la situation momentanée du marché, l'une et l'autre espèce de coût de production pourra se réaliser dans la valeur objective et les prix du marché.

CHAPITRE X

LA VALEUR-DE-TRAVAIL SUBJECTIVE

Adam Smith croyait trouver dans le travail « la mesure réelle » (*the real measure*) de la valeur d'échange.

« Le *prix réel* de chaque chose, ce que chaque chose coûte réellement à celui qui veut se la procurer, c'est la peine et l'embarras qu'il doit s'imposèr pour l'obtenir. Ce que chaque chose vaut réellement pour celui qui l'a acquise et qui désire en disposer ou l'échanger pour quelque autre chose, c'est la peine et l'embarras que la possession de cette chose peut lui épargner et qu'elle peut imposer à d'autres personnes. » (1).

Avec cette définition, nous nous trouvons entièrement dans le domaine de la valeur-de-travail subjective. Il est vrai que Smith lui-même est encore confus dans l'exposition de sa théorie et que, quelques lignes seulement avant la phrase que nous venons de citer, il part d'un tout autre point de vue : la valeur d'une denrée quelconque ne serait pas déterminée par le travail du producteur, mais par la « quantité de travail que cette denrée le met [le possesseur] en état d'acheter ».

Ricardo reproche à Smith l'ambiguité de sa doctrine et remarque qu'après avoir défini « avec tant de précision » la source

(1) ADAM SMITH, *Wealth of Nations*, livre I, ch. v, p. 38 ; cf. trad. Garnier, édition 1881, t. I, p. 35.

primitive de toute valeur d'échange, il crée lui-même une autre mesure de la valeur : « Tantôt, écrit Ricardo, il parle du blé, et tantôt du travail, comme de l'étalon de mesure : non pas de la quantité de travail dépensée pour la production d'une chose, mais de la quantité de travail que cette chose peut acheter ; comme si c'étaient là deux expressions équivalentes »... (1).

La théorie de la valeur de Smith, en effet, manque de précision et renferme des contradictions évidentes. On s'explique ces contradictions par le seul fait que Smith ayant d'abord considéré la valeur comme « mesurée » par le travail que coûte la production des richesses, voyait cependant s'échanger les marchandises à des prix qui, souvent, ne correspondaient pas à leur coût de travail. Il n'est point parvenu à découvrir que la valeur des marchandises telle qu'elle se manifeste dans l'échange (leur *valeur d'échange* comme il l'a définie déjà) et leur valeur telle qu'elle est donnée aux richesses par leur production (leur *valeur de production* selon notre expression), sont deux formes différentes de la valeur. Jusqu'à présent, toutes les écoles des économistes représentant la théorie de la valeur-de-travail, depuis le successeur immédiat de Smith (Ricardo, complétant et corrigeant la théorie du maître) jusqu'à Rodbertus et Karl Marx ont fait, à la suite de Smith, la confusion que nous venons d'indiquer.

Cependant, Smith avait bien indiqué déjà le chemin à suivre pour procéder à l'analyse de la valeur de production considérée comme l'élément essentiel de la valeur d'échange. Le travail dépensé par un producteur quelconque, A, à la production d'une richesse, pourra être la base sur laquelle ce producteur fixera le prix, lorsqu'il désirera échanger la marchandise produite par lui contre d'autres. Mais il faut se demander ensuite si ce coût de production personnel pourra entièrement se réaliser au marché dans le prix définitif du produit. Cela ne dé-

---

(1) Ricardo, *Principles of Political Economy and Taxation*, chap. I, sect. I, p. 11 ; cf. trad. franç., p. 5.

pend pas exclusivement du calcul du producteur, mais aussi de l'acheteur. Le consommateur futur du produit, généralement, rencontrera, ou marché, d'autres producteurs que A, de même que A pourra y rencontrer d'autres personnes qui se présentent comme aspirants-acheteurs de son produit.

Nous retrouvons là cette transformation des évaluations subjectives en valeurs d'échange objectives et forcées, dont nous avons déjà parlé précédemment et qui est un trait vraiment caractéristique du marché moderne.

Au fur et à mesure que les rapports objectifs et forcés influent moins sur la valeur d'échange, c'est-à-dire à mesure que production et consommation sont basées davantage sur l'échange primitif entre vendeurs et acheteurs isolés, le coût individuel de la production d'un producteur particulier pourra s'exercer d'une manière plus complète. Il en résulte que la théorie subjectiviste de la valeur-de-travail nous ramène directement — lorsqu'on la considère comme théorie générale de l'échange — à la période précapitaliste de la production et de la distribution des richesses. Cette période se caractérise par la simplicité des transactions qui ne portent nullement le caractère compliqué que présentent la vie sociale actuelle et le marché mondial moderne.

Tout bien considéré, c'est même la théorie de la valeur-de-travail dans toute son étendue — qu'elle soit objectiviste ou subjectiviste — qui nous ramène à cette période historique de la civilisation. Historiquement, la théorie subjectiviste précède la théorie objectiviste pour certaines catégories de richesses. Voilà tout. Cela se manifestera plus clairement encore à nos yeux, lorsque nous verrons plus tard que, pour la très grande masse des marchandises courantes, le *coût de travail* se transforme, dans l'entreprise capitaliste moderne, en *dépenses de capital*.

Les théories objectivistes de Ricardo et de Marx sur la valeur-de-travail — telles qu'elles sont développées par ce dernier dans le premier tome de son *Capital* — nous ramènent à des conditions historiques déterminées de production et de distribution, conditions dans lesquelles la valeur de production de la plus grande partie des richesses correspondait généralement au travail socialement indispensable qu'elles nécessitaient. Lorsqu'on présente ces conditions (Marx particulièrement) comme correspondant à la grande industrie moderne, au commerce mondial et à l'agriculture exercée industriellement, on commet un anachronisme dont le sens nous apparaîtra plus clairement dans le courant de ce chapitre.

Dans la vie sociale moderne, la théorie de la valeur-de-travail, même dans son plus haut développement, ne nous paraîtra applicable qu'à des catégories particulières de richesses et pour certaines régions, celles qui sont en dehors de la sphère du marché moderne.

Nous devons examiner ici la signification historique de la théorie de la valeur-de-travail comme théorie générale de l'échange. Cela nous mettra à même de faire disparaître quelques erreurs et d'indiquer certaines conceptions fausses qui, jusqu'à nos jours, n'ont causé que trop d'embarras et de confusion dans la science économique.

Adam Smith — qui, grâce à l'influence prépondérante qu'il a exercée sur les économistes venus après lui, est le vrai fondateur de la théorie de la valeur-de-travail — nous renvoie pour la pure application de sa doctrine du travail considéré comme créateur et « mesure réelle » de la valeur, aux temps qui précédèrent l'accumulation des richesses et l'appropriation du sol.

« Dans ce premier état informe de la société, dit Smith, qui précède à la fois l'accumulation des capitaux et l'appropriation du sol, la proportion entre les quantités de travail nécessaires pour acquérir différents objets semble être la seule circonstance qui puisse fournir quelque règle pour l'échange de ces objets entre eux. Par exemple, chez un peuple de chasseurs, s'il en coûte habituellement deux fois plus de peine pour tuer un castor que pour tuer un daim, un castor s'échangera natu-

rellement contre deux daims ou vaudra deux daims. Il est naturel que ce qui est ordinairement le produit de deux jours ou
de deux heures de travail, vaille le double de ce qui est ordinairement le produit d'un jour ou d'une heure de travail. » (1).

Plus catégoriquement que par Smith, cette doctrine est pré-
conisée par Ricardo. Tout en se référant à Smith, Ricardo
affirmait plus nettement que, dans « cet état primitif des sociétés », la valeur d'échange des marchandises dépendait presque
exclusivement de leur valeur-de-travail et était proportionnelle
au travail employé à leur production immédiate et à la fabrication des instruments nécessaires (2).

L'école marxiste comprend, encore de nos jours, la valeur
des richesses d'une manière qui correspond entièrement sur
ce point à la conception classique que nous venons d'exposer.

Dans le troisième tome du *Capital*, nous apprenons que pour
Karl Marx « la loi de la valeur » (c'est-à-dire, pour lui, la loi de
la *valeur-de-travail*) constitue encore dans la société moderne
« la cause cachée » (*die verborgne Ursache*) des prix de marché
et de leurs variations, cause qui exerce son influence à l'insu
(*geheime Regulierung*) des vendeurs et des acheteurs (3).

Nous apprenons en même temps que, d'après lui, la valeur-
de-travail, jusqu'à la naissance du capitalisme, c'est-à-dire,
pour l'Europe occidentale, jusqu'au XVᵉ siècle environ, a régné
à la surface de la vie sociale, réglant immédiatement l'échange
des marchandises :

« Sans parler de la soumission des prix et de leur mouve-

_____

(1) ADAM SMITH, *loc. cit.*, livre I, chap, VI, p. 51 ; cf. trad. franç., tome I,
p. 59.

(2) Voir RICARDO, *loc. cit.*, ch. L, section III, pages 16-18 ; cf. trad.
franç., pages 12-13.

(3) Voir *Das Kapital*, tome III, deuxième partie, chap. L, texte orig.
pages 405 et 404. Cf. *loc. cit.*, chap. LI, p. 417 ; ensuite tome III, première
partie, texte orig. chap. X, p. 156 et chap. XII, p. 188. Cette fois encore
nous ne pouvons pas renvoyer le lecteur à la traduction française, parce
que la plupart de ces passages ont trop perdu à la traduction.

ment à la loi de la valeur, il est donc conforme à la réalité de considérer les valeurs des marchandises non seulement *théoriquement*, mais aussi *historiquement*, comme l'antécédent des prix de production. Cela est vrai pour les cas *où les moyens de production appartiennent à l'ouvrier*, et cela se trouve dans le monde ancien comme dans le monde moderne, chez le paysan cultivant lui-même et possédant son fonds, et chez l'artisan. Cela s'accorde avec l'opinion que nous avons exprimée autrefois, c'est-à-dire que le développement des produits en marchandises résulte de l'échange entre différentes communautés, non de l'échange entre différents membres d'une seule et même communauté. Cela s'applique à l'état primitif comme aux états postérieurs, fondés sur l'esclavage et le servage, et à l'organisation corporative, tant que les moyens de production fixés dans chaque branche de production ne sont pas facilement transportables d'une sphère dans l'autre, et que les différentes sphères se comportent ensemble comme des pays étrangers ou des communautés communistes. » (1).

F. Engels, l'ami de Marx et l'éditeur des parties posthumes de l'œuvre du maître, prétend que si Marx avait pu parvenir à achever le troisième tome du *Capital*, il aurait sans doute beaucoup plus développé ce passage. D'accord avec l'esprit de Marx, Engels a tâché de nous persuader dans un article paru dans la revue *Die Neue Zeit*, que la théorie de la valeur-de-travail *est générale* « autant, toutefois, que le sont des lois économiques », pour « *toute la période de la production simple des marchandises* », c'est-à-dire « jusqu'au moment où la production simple subit une modification par l'apparition de la forme de production capitaliste ». Il dit encore : « La loi de la valeur de Marx a donc, économiquement, une portée générale

(1) MARX, *loc. cit.*, tome III, première partie, texte original, p. 156 ; cf. trad. franç., pages 187-188. La traduction employée ici n'est pas celle du volume des œuvres de Marx ; nous avons suivi de préférence celle qui se trouve dans le *Devenir social* (novembre 1895, pages 716-717) et qui est beaucoup plus exacte.

pour une durée qui s'étend du commencement de l'échange transformant les produits en marchandises au xv° siècle de notre ère. Mais l'échange des marchandises date d'une époque antérieure à toute Histoire écrite et qui remonte, en Egypte, au moins à deux mille cinq cents ans, peut-être cinq mille, à Babylone à quatre mille, peut-être six mille ans avant notre ère. La loi de la valeur a donc régné pendant une période de cinq à sept milliers d'années.» (1).

Ainsi ceux qui représentent le mieux la doctrine de la valeur-de-travail reconnaissent que cette doctrine n'est plus applicable, *dans un sens direct*, aux conditions de production et de distribution du capitalisme moderne ; ils reconnaissent tout au moins qu'elle n'indique pas les règles suivant lesquelles les marchandises s'échangent réellement en équivalents sur le marché actuel.

Nous aurons maintenant à exposer de notre côté que cette théorie n'a pas plus de raison d'être pour la période historique d'une civilisation prétendue primitive, ni pour les périodes pendant lesquelles le travail servile, s'adaptant à la production pour le seul usage domestique, était la base de la société.

Dans ce « premier état informe de la société » auquel nous renvoient Smith et Ricardo, dans « l'état primitif » que vise Marx, sous l'ancienne civilisation d'Egypte ou de Babylone dont nous parle Engels, *l'échange né pouvait pas se fonder rationnellement et en règle générale sur la valeur-de-travail des richesses* pour la simple raison que la production des richesses dans un but d'échange n'était pas encore le mode dominant de la production. Si, exceptionnellement, dans cette période de civilisation, les producteurs — groupements entiers ou membres de groupements — entraient en relations d'échange (par exemple pour remplacer un excédent d'articles fabriqués en trop

(1) *Die Neue Zeit*, 1895-1896, nᵒˢ 1 et 2, pages 11 et 39. Cet article a été traduit dans le *Devenir social* (novembre 1895), sous le titre : « Complément et supplément au IIIᵉ livre du *Capital* ». Voir notamment les pages 717 et 720.

grande abondance par des articles qui leur faisaient défaut),
l'échange s'opérait encore dans des conditions sociales autres
que celles qui caractérisent le marché d'une période où les
différents articles d'utilité fondamentale sont spécialement produits pour l'échange.

Comme l'observe Stuart Mill, c'est seulement « à une époque
comparativement récente » que la concurrence commerciale est
devenue, dans une proportion considérable, le principe régulateur des contrats : « Plus nous nous reportons à des époques
reculées de l'histoire, plus nous voyons toutes les transactions
et tous les engagements placés sous l'influence de coutumes
fixes. » (1). La coutume représente un ensemble d'influences
sociales et historiques, qui se fondent sur d'anciennes conditions
de vie générales ou locales. Même de nos jours et dans l'Europe moderne, nous voyons souvent la coutume l'emporter sur
la concurrence dans les transactions entre les hommes.

Parmi les demi-civilisés, lorsqu'il y a lieu de parler de transactions entre les groupements ou les individus, l'échange ne
s'opère pas en prenant pour base le travail humain incorporé
dans les richesses échangées. De même, à l'heure qu'il est, parmi
certains nègres d'Afrique, l'ivoire et les bestiaux des indigènes
ne s'échangent pas contre les étoffes de coton, l'alcool ou les
colliers en verre des marchands européens sur la base de la valeur de travail que représentent toutes ces marchandises.

Si la science économique était toujours comprise, plus qu'elle
ne l'a été jusqu'à présent, comme une subdivision de la sociologie générale, — les économistes tenant sérieusement compte
des rapports intimes qui lient leur science spéciale aux sciences
sœurs, — de telles théories historiquement fausses, issues d'une
économie abstraite et métaphysique, n'auraient pas pu être
adoptées aussi facilement et sans examen approfondi.

Les recherches scientifiques récentes sur la vie, les mœurs et

(1) STUART MILL, *Principles of Political Economy*, livre II, ch. IV, § 2,
People's Edition, 1867, p. 148 ; cf. trad. franç., tome I, p. 273.

les coutumes de tribus vivant dans des conditions relativement
primitives de chasse, de pêche ou d'élevage, nous fortifient
dans notre opinion. Dans la période de la lutte primitive de
l'homme contre les éléments naturels, le travail, bien que parfois régulier et systématiquement réglé, ne sert pas de mesure.
Le hasard de la chasse, la faveur ou l'hostilité de la nature et
de ses forces inconnues, la lutte contre les maladies des hommes
et des bestiaux, voilà quelques-uns des facteurs les plus décisifs
pour le bien-être des peuples demi-civilisés. Comment pourrait-on parler, à ce stade de civilisation, du travail comme d'un
élément de mesure, puisque, à ce stade, il n'existe pas même
de rapport fixe entre le travail et son produit, ce rapport ne
commençant à s'établir que peu à peu, avec le progrès de la civilisation ?

Certes, des recherches ethnographiques précises devront encore éclaircir bien des problèmes de détail, avant qu'on puisse
établir ici des règles générales. Mais d'ores et déjà les cas ne
manquent pas où l'on peut constater l'absence de tout élément
susceptible de donner au travail le caractère d'une mesure de valeur, même chez des peuples de civilisation précapitaliste relativement avancée.

On a pu constater par endroits que ni la notion nette du
temps, — donc de la *durée* du travail ; ni celle du plus ou
moins de peine ou de fatigue, — c'est-à-dire de l'*intensité* du
travail dépensé ; ni celle de la plus ou moins grande *habileté* du
travailleur, ne sauraient entrer en ligne de compte pour l'évaluation de certains articles de consommation qui sont objet
d'échange (1).

(1) Un cas curieux, par exemple, est fourni par M. Arnold van Gennep
pour les poteries dites « communes », manufacturées dans les villages
kabyles de l'Algérie centrale. Cet ethnographe arrive à la conclusion
suivante : « si l'on voulait une échelle d'évaluations, il faudrait précisément la baser sur des appréciations inverses des nôtres, c'est-à-dire par
abstraction totale de la valeur esthétique. » (A. VAN GENNEP, *Etudes
d'Ethnographie algérienne*, Paris, E. Leroux, 1911, p. 16.)

Non seulement c'est une hypothèse absolument fausse de Smith et de Ricardo de prétendre que, parmi les primitifs, la peine qu'on se donne pour tuer un castor ou un daim devrait s'exprimer en heures de travail, mais celle que propose l'école marxiste pour expliquer l'échange dans les périodes de civilisation primitive est aussi insoutenable que l'autre, puisqu'elle suppose toujours que l'échange au cours de ces périodes est dominé par la valeur-de-travail.

Ce qui se manifeste au premier plan dans l'échange entre les groupements primitifs, ce sont les besoins immédiats des parties échangistes ; c'est plutôt la *valeur d'usage* immédiate que la *valeur-de-travail* qui dirige l'échange.

Cette vérité se constate encore de nos jours à chaque marché conclu chez des peuples demi-civilisés, comme par exemple chez les tribus nègres dont nous parlions tout à l'heure. Elle se présente d'une façon particulièrement claire dans les cas si fréquents où les relations primitives d'échange ou les marchés plus ou moins réguliers se font d'après les traditions du « commerce muet ». En effet, là les parties qui font l'échange ne s'adressent pas la parole et souvent elles ne se rencontrent même pas. La partie qui demande l'échange — des commerçants, par exemple — dépose ses marchandises en un endroit connu. L'autre partie — par exemple, les membres d'une tribu indigène — vient déposer, en face des marchandises offertes, celles qu'elle veut donner en échange. Si les deux parties sont contentes de l'offre faite, l'échange a lieu, chacune des deux parties prenant possession des marchandises offertes par l'autre. Comme en général il s'agit ici de marchandises qui ne se produisent pas dans le groupe de ceux qui les acquièrent, ceux-ci n'en connaissent nullement le coût-de-travail chez ceux qui les offrent et ils ne s'en informent pas. Evidemment, ce coût ne les intéresse pas (1).

(1) « Des traces de ce « commerce muet » se retrouvent dans toutes les régions du globe. Dans sa forme la plus simple, ce sont là des transac-

Le principe général est que l'échange se présente ici comme *un échange de valeurs d'usage*, — valeurs sur l'importance desquelles la détresse et les besoins immédiats exercent une influence prépondérante.

En traitant des marchés conclus chez des peuples demi-civilisés, nous n'entendons parler, naturellement, que des cas où l'échange se fait librement entre les parties ; et nous faisons abstraction de tous ceux où les relations d'échange ont pour base le pillage méthodique et l'oppression sanglante des peuples demi-civilisés par des peuples soi-disant civilisés. On sait que tout le système de la colonisation — ancienne et moderne — repose, en dernier ressort, sur ces formes de violence. Or, le pillage et l'extorsion n'entrent pas dans le cadre de nos recherches.

Ainsi d'un côté, dans la civilisation capitaliste moderne, la théorie de la valeur-de-travail a perdu toute validité, parce que le coût capitaliste des marchandises ne s'évalue pas en heures de travail, mais en dépenses de capital, — fait qui s'élucidera encore amplement dans les chapitres suivants ; et, d'autre part, pour les premières périodes de la civilisation, cette théorie n'est pas plus applicable, parce qu'alors le travail ne se présente pas comme créateur de la valeur avec un caractère assez prépondérant et assez fixe pour qu'il puisse être considéré comme dominant la production et servant de mesure de valeur.

La théorie de la valeur-de-travail, comme théorie générale de l'échange, nous renvoie à une époque de civilisation où les rapports entre le travail et son produit ont obtenu déjà une forme fixe lui permettant de servir de base aux échanges et où ensuite,

---

tions faites dans la voie de l'échange entre personnes qui non seulement ne s'adressent pas la parole, mais qui même ne se voient pas les unes les autres. » (P. J. HAMILTON GRIERSON, *The Silent Trade*, Edinburgh, 1903, II, sect. 26, pages 41-42.)

Le petit livre de Grierson est une véritable merveille de documentation sur le « commerce muet » sous ses différentes formes et chez des peuples de civilisation très différente de l'Antiquité et des temps modernes. Voir surtout les chapitres II, *The Silent Trade and the Primitive Market*, Sect. 26-40, et IV, *Conclusions*, sect. 52-62.

la division du travail est assez développée pour que la production en vue du marché puisse être considérée comme la forme universelle ou, du moins, prédominante de la production. De l'autre côté il est nécessaire que le coût de production se présente généralement comme simple coût de travail et pas encore comme dépense de capital.

La théorie de la valeur-de-travail, comme théorie générale de l'échange, est ainsi bornée à une période où les transactions simples et constantes s'exécutent dans des rapports de production stationnaires qui reposent sur le travail de l'artisan. Dans cette période appelée historiquement pour l'Europe le Moyen Age, le producteur pouvait baser immédiatement la valeur de ses produits et son propre revenu sur le travail et la peine dépensés. Le nombre des métiers séparés pendant cette période de civilisation était encore relativement restreint ; l'exécution des travaux était simple et l'on pouvait supposer que le travail et la peine du producteur pouvaient être pleinement et dûment appréciés par ses co-producteurs dans d'autres domaines de la production.

Une réflexion s'impose : pour déterminer le caractère exact de la période de civilisation dont il est ici question, on dit souvent (voir plus haut, p. 189, la citation de Marx) qu'alors « les moyens de production appartiennent à l'ouvrier ». Cette détermination, cependant, s'accorde aussi peu avec la vérité qu'elle est théoriquement sans valeur. « L'ouvrier », le « producteur immédiat », était probablement aussi peu possesseur de ses moyens de production au Moyen Age, qu'il ne l'est aujourd'hui sous le régime du capitalisme moderne, ou qu'il ne l'était au temps de l'esclavage antique. Pour prétendre le contraire, non seulement on devrait se figurer que les valets de ferme dans l'agriculture médiévale, exercée patriarcalement en règle générale, étaient en possession du sol et de leurs instruments de travail, mais on devrait encore admettre que le compagnon de métier était en possession de l'atelier et de la boutique de son maître, des matières premières et d'un outillage complet. Si nous ne voulons donc

pas, comme le fait Marx, limiter la société médiévale au petit
paysan indépendant et au maître-artisan dans les villes, nous
ne pourrons pas maintenir la détermination dont il est question
ici. Cette détermination, du reste, a d'autant moins d'importance
que, pour connaître l'époque où régnait la valeur-de-travail,
nous n'avons besoin de vérifier qu'une seule condition : que les
divers articles de consommation se rencontrent de prime abord
au marché comme des *produits de travail* ; or, cette condition,
on doit la considérer comme étant séparée de la question de savoir entre quelles mains se trouvent appropriés le sol, les matières premières et les instruments de travail.

Dans la petite commune rurale du Moyen Age, chaque paysan,
sans doute, était au courant de la valeur-de-travail que représentaient, dans une saison donnée, les produits agricoles des
autres paysans ; il savait de même estimer le travail des
quelques rares artisans de son entourage. « Le forgeron, le charron du village, comme le dit Engels, travaillaient sous ses yeux,
de même que le tailleur et le cordonnier, qui, dans ma jeunesse,
allaient, chez nos paysans des bords du Rhin, de maison en maison et transformaient en vêtements et chaussures les matières
premières apportées par les paysans. » (1).

Le petit paysan du Moyen Age était de même capable de juger en connaissance de cause les produits de ses voisins lorsqu'il
allait vendre à la ville voisine les fruits de la terre moissonnés
par lui et par sa famille, — ce mot pris dans un sens large, —
pour y acheter des produits manufacturés dans la ville. Aussi
bien que de la valeur-de-travail de ses propres produits, il pouvait encore juger suffisamment de celle des produits de l'artisan
de la ville. A cette époque, du reste, la différence entre la ville
et la campagne était moindre que dans les siècles ultérieurs.

(1) Voir l'article d'Engels déjà cité, p. 37; trad. fr. p. 717. Nous acceptons pleinement l'exposé qu'il a fait des conditions de travail qui régnaient
dans les communes du Moyen Age, comme nous acceptons son esquisse
excellente des origines du *taux du profit*, d'abord appliqué au capital
commercial et ensuite au capital industriel.

Si l'on suppose qu'à un moment donné, pendant cette période de civilisation, x hectolitres de blé pouvaient être considérés comme ayant la même valeur-de-travail qu'un porc ou que y bêches, la surabondance ou, au contraire, la rareté de toutes ces espèces de produits pouvait bien influer sur la valeur d'échange de chacun d'eux (phénomène que nous envisagerons tout à l'heure), mais il est évident que la valeur-de-travail pouvait constituer néanmoins la base des transactions. De même que les producteurs n'auraient pas échangé volontairement, dans leur ville ou leur village, ce qu'ils estimaient être le produit de deux journées entières de travail contre ce qui leur semblait ne représenter que le produit d'une seule journée, — les paysans et les artisans urbains ne l'auraient pas fait davantage pour leurs produits respectifs : ils ne l'auraient pas fait, du moins, tant qu'ils auraient pu se former un jugement sur le travail dans l'autre sphère de production.

La tendance de la valeur d'échange et des prix de marché à coïncider, dans ces conditions, avec la valeur-de-travail des produits, est évidente.

Il est non moins évident que la valeur-de-travail de certains articles, comme le blé, le bétail, ainsi que certains autres fabriqués ailleurs que dans le voisinage immédiat (l'or et l'argent par exemple), articles de consommation pour lesquels le coût de travail ne s'évaluait pas si facilement à la surface de la vie sociale, ne pouvait s'établir que par de longues expériences et plutôt par le tâtonnement d'après les résultats pratiques que par des calculs théoriques (1). Notons, cependant, que, dans la campagne, et pour toutes les branches de l'agriculture plus que pour le travail réglementé des artisans urbains, la valeur d'usage des produits devait rester un facteur essentiellement important à côté de la valeur-de-travail représentée par eux. Aussi les transactions y étaient-elles, plus que dans les villes, régies par ces

(1) Voir quelques observations faites à ce sujet par Engels dans l'article déjà cité.

coutumes dont parle John Stuart Mill, coutumes féodales qui se conservèrent encore pendant plusieurs siècles.

Si, pendant cette période précapitaliste, le petit maître-artisan pouvait commander le travail d'un nombre restreint de compagnons et d'apprentis, la circonstance pourtant que, dans la ville, il avait à *vivre selon son état de maître* et qu'il lui fallait donc tirer tout l'avantage possible du travail de ses ouvriers, le forçait à faire des efforts pour vendre ses produits à leur valeur-de-travail entière. Ce n'est qu'en agissant ainsi qu'il pouvait se maintenir dans un état plus ou moins privilégié. Du reste, sa conduite lui était facilitée par cette circonstance que le nombre de ses concurrents était restreint, et que, d'autre part, les statuts corporatifs et municipaux étaient rédigés en vue de l'aider.

Il faut examiner de près ces statuts, que l'on trouve partout dans les villes du Moyen Age ; ils prouvent que, même à cette période historique intermédiaire, la règle de la valeur-de-travail ne pouvait pas régner souverainement.

Le nivellement général des prix sur la base de la valeur-de-travail des marchandises était fortement et sans cesse contrarié, dans le métier de l'artisan urbain, par les monopoles des corporations et les statuts et règlements dont nous faisions mention ; dans les professions agricoles, par les rapports féodaux de la production et la servitude plus ou moins complète qui pesait encore sur les campagnards.

Pour que les prix des marchandises pussent être mis naturellement au niveau de la valeur-de-travail qu'elles représentaient, il aurait fallu une liberté et une indépendance de l'échange, qui, dans les villes comme dans la campagne, auraient contrasté essentiellement avec la vie sociale du Moyen Age.

Partout où disparaissaient les rapports féodaux et la production pour le seul usage domestique au point que l'échange libre aurait pu naître entre producteurs indépendants, le travail, dans les différents métiers, commençait à être réglé peu à peu et jusqu'aux derniers détails, de sorte que la production et le commerce étaient entièrement placés sous le contrôle immédiat des magistrats locaux.

M. A. de Calonne nous décrit, comme il suit, les conditions de la production, au xiiie siècle, dans deux des plus puissants métiers de la ville d'Amiens, organisés, du reste, comme tous les autres dans les villes médiévales : « Rien de plus instructif que la lecture des statuts des tisserands et pareurs de draps. Avec quelle minutie les moindres détails de la main-d'œuvre sont réglés. Quelles précautions dans le choix de la matière première et dans la teinture des étoffes. A quelle active surveillance sont soumises les pièces qui sortent de l'atelier, avant d'être marquées, par les eswars de la corporation, du sceau qui en garantira l'aunage et la qualité...

« ... Il en ressort avec non moins d'évidence qu'un ouvrier tisserand ou waidier, parvenu à la maîtrise, ne pouvait s'élever à la fortune ni par le moyen d'une production plus rapide, ni en ajoutant au gain journalier réalisé dans l'atelier, des bénéfices tirés d'un négoce quelconque, ni en multipliant les heures de travail, puisqu'il lui était interdit d'ouvrer après le coucher du soleil, ni en unissant ses efforts à ceux d'un compagnon, ni en inventant une méthode perfectionnée. » (1).

Quant au commerce, nous donnerons, comme exemple de la réglementation du prix de certains articles de consommation générale, ce qui se passait dans deux grandes villes du nord de l'Europe, Amiens et Utrecht :

« La taxe officielle (à Amiens) telle qu'elle résulte d'épreuves consciencieuses, sans cesse renouvelées sous les yeux de deux magistrats, est la base de tous les règlements qui concernent l'alimentation. L'échevinage calcule le bénéfice raisonnable et amplement rémunérateur que le fournisseur a le droit d'exiger, et il décide que le pain du riche et le pain du pauvre, que la

---

(1) A. DE CALONNE, *Histoire de la ville d'Amiens*, tome I, Amiens, 1899, livre II, chap. iv (*Amiens au XIIIe siècle*), pages 206 et 212. L'auteur donne dans les notes de son livre les articles de ces statuts prohibitifs.

viande seront vendus tel ou tel prix. Le gibier et la volaille n'échappent pas à la taxe. » (1).

Le « ridinghe » (fixation des prix) du pain déterminait les prix du pain dans la ville d'Utrecht jusqu'aux moindres détails selon les prix éventuels du froment, du seigle et de l'orge.

1. « Quand le froment se vend à IV escalins, le pain d'un penninc (pièce monnayée) pèsera XIV 1/2 vierdonc. Quand il se vend à IV 1/2 esc., le pain d'un penninc pèsera XIII vierdonc..... Quand il se vend à X esc., le pain d'un penninc pèsera VI vierdonc et I loet.

2. « Quand le seigle se vend à III esc., le pain d'un penninc pèsera XXXV vierdonc... Quand il se vend à X esc., le pain d'un penninc pèsera XII vierdonc.

3. « Le pain d'orge pèsera comme le pain de seigle. » (2).

Bien que les prix de marché montrent, durant le Moyen Age, une tendance remarquable à s'établir suivant la valeur-de-travail des marchandises, bien que cette tendance se retrouve au fond de tous les phénomènes économiques de ce temps, et qu'elle se manifeste dans les documents officiels dont nous venons de parler, elle est en même temps entravée partiellement mais continuellement par d'autres influences. Pendant cette période de la production précapitaliste, la valeur-de-travail était un premier élément de la détermination des prix, mais non pas le seul, et les prix variaient suivant les circonstances, — en sorte que, pas plus alors que durant l'ère capitaliste, la *valeur de production* et la *valeur d'échange* ne peuvent être identifiées complètement ; elles se présentent comme deux formes différentes

---

(1) A. DE CALONNE, *loc. cit.*, chap. VII (*La vie municipale au XVe siècle*), pages 336-337. Cf. dans les notes les prescriptions spéciales concernant le pain (ordonnance d'août 1426), la viande (19 janvier 1421), le gibier et la volaille (1464).

(2) Dr S. MULLER Fz., archiviste d'Utrecht, *De middeleeuwsche rechtsbronnen der stad Utrecht* (Sources du droit de la ville d'Utrecht au Moyen Age), tome I, La Haye, 1883, LXXIII, p. 31.

de la valeur que nous ne saurions trop soigneusement séparer.
Pendant toute la période du Moyen Age, nous voyons le magistrat, dans les différentes villes, veiller scrupuleusement à ce
que les accapareurs ne gardent pas secrètement les marchandises, — comme cela arrivait fréquemment pour les vivres, —
jusqu'à ce que la détresse, menaçant de se transformer en famine, eût suffisamment fait hausser les prix.

Les magistrats prenaient parfois des mesures draconiennes
contre ces opérations. Tantôt l'échevinage d'une ville ordonnait
que chaque père de famille disposant d'une fortune déterminée
possédât chez lui, à certains jours de l'année, une quantité fixée
de froment ; tantôt il défendait qu'on vendît dans l'intérieur
des maisons les blés apportés en ville. Mais avant tout, il s'occu-
pait de maintenir, par les procédés que nous connaissons, les
prix des aliments essentiels. Dans la ville de Leyde, au xive siècle,
les blés devaient être étalés dans la rue ; le prix fixé au marché du samedi restait en vigueur pour toute la semaine suivante ; quiconque exportait ses blés un autre jour de la semaine
pour obtenir le samedi suivant un prix plus élevé, encourait la
confiscation de sa marchandise ; la vente des blés à terme était
défendue au delà d'une durée de six semaines (1).

La fixation des prix, particulièrement des aliments de première nécessité, n'avait pas pour but, naturellement, d'incom-
moder le commerce, mais seulement d'éviter la famine, dans
un temps où les moyens primitifs de transport et de communication en augmentaient beaucoup le danger.

Mais, comme nous le disions, ces règlements des magistrats
médiévaux concernant l'alimentation prouvent suffisamment
qu'au marché du Moyen Age, comme à celui du xxe siècle,
la valeur d'échange et les prix des denrées ne correspondaient
pas directement à leur valeur de production, — ce qui, du
reste, aurait été moins possible encore à cette époque que dans

(1) Voir Dr P. J. Blok, *Eene Hollandsche stad in de Middeleeuwen*
(Une ville hollandaise au Moyen Age), *Histoire de la ville de Leyde*, La
Haye, 1883, pages 320-321.

nos temps modernes, où, par le développement du commerce
national et international, l'offre totale et la demande totale et
effective de toutes sortes d'articles de consommation s'égalisent
beaucoup plus facilement et beaucoup plus vite qu'autrefois.

A cette époque, plus encore que dans nos temps modernes, la
surabondance, ou inversement la rareté, des marchandises
pouvait essentiellement influer sur leur valeur d'échange et avec
cela sur l'expression en monnaie de cette valeur, en les poussant
toutes deux au-dessous ou au-dessus du niveau indiqué par le
coût de la production. Les magistrats du Moyen Age pouvaient
veiller à ce que les fluctuations du marché ne menassent pas à
la famine; mais ils ne pouvaient pas empêcher ce phénomène
social de se produire, ni l'enserrer suffisamment dans leurs règlements.

La valeur-de-travail qui, au Moyen Age, se manifestait à la surface des transactions entre acheteurs et vendeurs, n'était-elle
qu'individuelle? Cela dépendait déjà, à cette époque, des métiers eux-mêmes.

La valeur-de-travail, assurément, était valeur-de-travail individuelle partout où il n'y avait pas, à proprement parler, de
concurrence entre les producteurs d'une même espèce de produits. Dans le cas contraire, cependant, il commençait déjà à se
former au Moyen Age une valeur-de-travail sociale pour certaines catégories spéciales d'articles, valeur basée sur la productivité sociale du travail dans le métier particulier et que l'on
commençait naturellement à considérer comme la valeur-de-travail « normale » de l'article en question.

Le maréchal-ferrant, le charpentier-charron, le cordonnier
ou le tailleur du village ne pouvaient que compter leur propre
travail personnel en réparant les instruments agricoles des
paysans ou en raccommodant leurs souliers et leurs vêtements.

Pour l'ouvrage neuf, il en était déjà autrement, puisque le
paysan du Moyen Age pouvait déjà compter à son époque avec
les prix auxquels les produits neufs se vendaient dans la ville
voisine; ces prix ne pouvaient pas se niveler librement, il est vrai,

par suite des monopoles corporatifs et des règlements des autorités communales ; mais ils se fondaient déjà sur une valeur-de-travail plus générale, correspondant plus ou moins à la productivité sociale du travail et posant des limites déterminées aux prétentions personnelles des producteurs particuliers.

En maintes occasions dans nos temps modernes, la valeur-de-travail, et même la valeur-de-travail individuelle, reste encore la base réelle de la valeur d'échange et des prix de marché. Cela arrive dans certains métiers, soit localement (dans les contrées isolées d'un pays), soit généralement (pour des branches spéciales de métier), quand des conditions précapitalistes ont continué à se maintenir dans la production.

Même de nos jours, le forgeron, le savetier, le tailleur, le charron ou le peintre du village comptent encore le produit de leur travail d'après l'entière valeur-de-travail personnelle que celui-ci leur représente. Normalement, c'est cette même valeur personnelle qui se réalisera dans les prix. En raison des conditions de vie modestes et des communications primitives de la campagne (où les conditions sociales rappellent souvent l'ancienne production des articles pour l'usage domestique d'un cercle restreint de familles), ces prix resteront communément beaucoup au-dessous de ceux des articles pareils fabriqués ou réparés dans les villes ; aussi ces derniers prix n'auront-ils que très exceptionnellement à modérer les premiers. D'autre part, il est très exceptionnel aussi que les prix de marché des articles d'industrie fabriqués dans les villes puissent élever à un niveau urbain les prix d'articles similaires confectionnés en pleine campagne.

On aurait tort de se figurer le domaine où règne cette production précapitaliste comme très restreint ; la valeur-de-travail personnelle attribuée à leurs articles par les producteurs particuliers éventuels gouverne plus de métiers et dans chacun d'eux une étendue plus grande que ne peuvent le soupçonner peut-être ceux qui vivent dans quelque centre d'industrie et sont habitués à des communications faciles.

Généralement, dans une ville de province, le petit patron, maître dans son métier particulier et travaillant avec un nombre restreint d'ouvriers, évalue encore le travail que lui ou ses ou- vriers ont dépensé à un article quelconque comme la valeur réelle conférée, par eux, à l'article en question. Communément, c'est cette valeur qui se réalisera encore dans les prix qu'il fixe. Que, sous forme de salaire, il ne rembourse, lui-même, à ses ouvriers, *qu'une partie du produit de leur travail*, cela ne l'empêchera pas, ordinairement, de désirer réaliser dans les prix chaque heure de travail que ses ouvriers ont dépensée à la pro- duction.

Même dans les centres de production capitaliste et de com- merce moderne, il reste toujours des métiers entiers tapis, pour ainsi dire, derrière les grandes industries modernes et pour les- quels la valeur-de-travail — voire même la valeur de travail in- dividuelle — est restée la base des prix. Il en est ainsi, par exemple, dans certains métiers s'appliquant à la réparation et dans divers arts mécaniques.

L'horloger qui répare votre pendule, le jardinier qui entre- tient votre petit carré de terre devant la maison, ou bien le plombier qui met un tuyau neuf dans votre appartement, comp- teront le travail entier qu'ils ont dépensé personnellement. Si les prix que vous fixe ici l'ouvrier en se basant sur ce travail personnel ne vous satisfont pas, vous aurez la liberté, assuré- ment, de chercher un ouvrier dépensant moins de travail ; mais cela n'empêche pas que, pour la réparation des pendules et des montres, comme pour l'entretien des jardins ou pour la pose d'un tuyau de plomb dans un appartement quelconque, il ne peut pas s'établir des prix fixes, des prix « normaux » aussi facilement que pour les produits de la grande industrie moderne.

C'est par ce phénomène particulier qu'on doit s'expliquer pourquoi, dans les centres d'industrie et de communication, les prix de réparation de toutes sortes de vêtements, de meubles et d'articles de ménage, sont presque égaux à ceux que l'on paye pour les articles neufs pareils. Ces derniers se produisent dans de tout autres conditions. Si, dans les deux cas, le coût de la production forme le premier élément déterminant de la valeur d'échange et des prix de marché, la loi du coût de la production, pourtant, s'applique sous des formes différentes pour les articles neufs et pour les réparations.

Il ne faut pas perdre de vue que partout où règne la valeur-de-travail subjective comme base de la valeur d'échange et des prix du marché, nous avons affaire à des *évaluations* simples, primitives et quelque peu grossières fondées sur le travail dépensé, et nullement à une mesure tant soit peu exacte de quantités de travail bien distinguées. Pour la valeur-de-travail subjective, moins encore que pour la valeur-de-travail objective ou sociale dont nous aurons à examiner la nature, le travail dépensé ne peut jamais être considéré comme une mesure sur laquelle s'exprime théoriquement la valeur. Nous aurons l'occasion de le démontrer amplement dans les chapitres suivants.

Lorsque deux articles de consommation, tombant tous les deux dans le domaine de la valeur-de-travail subjective, sont considérés comme équivalents pour la raison que deux producteurs ont dépensé la même quantité de travail à les produire (le même montant de journées, d'heures de travail, etc.), nous aurons à compter, en définitive, avec une *évaluation à la même hauteur* de deux produits différents de travail humain, mais non pas avec une *égalité absolue* de deux quantités de travail. En faisant remarquer qu'à la même époque les mêmes biens ne sont pas nécessairement produits dans les mêmes circonstances de productivité, Rodbertus disait avec une précision extrême : « n travail pourrait comprendre à la même époque des quantités inégales d'un même bien ». D'après ce principe, dit-il, « le travail ne saurait servir de mesure de remplacement (*Surrogatmaasz*) pour la fixation de la valeur à une époque déterminée, pour la même raison qui empêche l'argent de jouer ce rôle à des époques différentes. » (1). Il a parfaitement raison sur ce point ; mais le

(1) Voir Rodbertus, *Zur Erkenntniss unsrer staatswirthschaftlichen Zustände*, III, p. 49.

prétexte qu'il donne et derrière lequel il se cache comme représentant de la doctrine de la valeur-de-travail, ne saurait nullement nous satisfaire : « En ce qui concerne le travail, il faut donc *supposer*, dit-il, qu'à la même époque les choses de la même espèce contiennent la même quantité de travail. » (1). On ne peut pas partir en théorie d'une telle « supposition », pour la simple raison qu'elle est inexacte, et que, en la faisant, nous mettons de côté aussi bien l'action des forces naturelles que les progrès de la technique. Aussi, dans la *pratique* de la vie sociale, la *valeur d'usage* des biens intervient-elle constamment pour corriger encore les évaluations faites d'après leur *valeur-de-travail*.

Le fait qu'il s'agit ici toujours d'évaluations de la valeur, jamais d'une mesure exacte, n'est pourtant pas un obstacle trop sérieux. La valeur, en dernière analyse, est une notion sociale et économique, et non pas une notion mathématique. La signification de ce que nous appelons *valeur*, change ainsi avec la structure économique de la société et parfois, sous la même civilisation, avec le métier, d'après les changements que subissent les rapports de production.

(1) *Loc. cit.*, p. 50.

CHAPITRE XI

LA VALEUR-DE-TRAVAIL SOCIALE

1. — *Durée et Intensité du travail. Force productive technique du travail. La détermination quantitative de la valeur-de-travail sociale.*

Par la valeur-de-travail individuelle nous étions renvoyés à l'artisan plus ou moins isolé, travaillant *en dehors* de la concurrence ; la valeur de production sociale, partout où elle présente encore le caractère primitif de simple valeur-de-travail, nous ramène, au contraire, à la main-d'œuvre sous le régime de la concurrence et, en général, à la petite manufacture.

Nous avons vu qu'au temps des corporations et pour certains articles d'usage général, l'artisan indépendant du village avait déjà à compter avec la concurrence des ouvriers urbains. Au fur et à mesure que l'organisation se développait dans chaque métier, il devait nécessairement s'établir, à côté du nombre indéfini des valeurs de travail individuelles, une valeur-de-travail générale ou sociale exprimant le coût de travail qui, dans une commune ou une région déterminée, était d'ordinaire considéré comme indispensable à la production de tel ou tel article de consommation. La tendance à la création d'une telle forme de valeur devait se montrer plus forte à mesure qu'un article était d'usage plus général et que sa production était plus facile à contrôler.

Dès lors, à côté du coût de production d'un article pour son producteur éventuel apparaissait un coût de production de ce même article évalué selon le développement général des forces productives.

Si la valeur objective (valeur d'échange) et le prix des produits trouvent un élément essentiel de leur constitution dans le travail humain qu'exige leur production, il résulte de ce principe même que toute quantité de travail qu'il plaît à un producteur particulier de dépenser à la production d'une denrée ne se réalise pas nécessairement et absolument dans le prix de marché. Ce coût personnel peut généralement se réaliser entièrement, aussi longtemps que le producteur est sûr de ne pas rencontrer de concurrents, — et même, dans ce dernier cas, la critique des ouvriers d'une autre profession peut souvent exercer sur son travail un contrôle appréciable. Ce phénomène cesse normalement, aussitôt que le travail commence à s'organiser définitivement. Ceci fait, le contrôle prend peu à peu une forme fixe par suite des circonstances dans lesquelles se fait la production ; la concurrence commence à tracer des limites générales dont chaque producteur particulier doit tenir compte.

Au Moyen Age, les conditions ainsi posées à tout producteur, pour que son coût de production personnel pût se présenter comme valeur-de-travail sociale, se manifestaient d'ordinaire comme cristallisées dans les statuts des corporations et dans les règlements concernant le prix des denrées. Cependant, même sans cette sanction plus ou moins officielle et par les seules circonstances dans lesquelles se faisait la production pour chaque branche de métier, de telles conditions générales devaient se poser naturellement.

Lorsque le travail humain, — énergie potentielle transformée par l'organisme humain en mouvement mécanique, — sert à un but productif, modifiant les matières premières et les rendant propres à l'usage de l'homme, il est une force toujours limitée quantitativement, quelle qu'en soit la nature et quel que soit le nom qu'il porte, travail musculaire, travail des nerfs, travail intellectuel, etc.

La quantité de travail appliquée par deux individus, pendant le même temps, à un objet quelconque, dépend de leur état physique et intellectuel, état dépendant lui-même de leurs facultés naturelles, de la nourriture, du repos qu'ils prennent, elle dépend ensuite de leur habileté professionnelle et de leur expérience, etc. *L'intensité* du travail — à laquelle nous pensons ici — varie donc avec la personne du travailleur.

Tout travail humain présuppose non seulement l'action des facultés physiques et intellectuelles du travailleur, mais aussi l'usage de certains instruments, et il est évident que la qualité de ces derniers, ainsi que leur degré d'adaptation à des fonctions spéciales, peut essentiellement influer sur les résultats du travail.

Nous avons ici sous les yeux deux catégories de facteurs que — du point de vue du travailleur — nous pouvons appeler les uns *intérieurs*, les autres *extérieurs*; c'est avec toutes deux que nous aurons à compter en appréciant les résultats du travail humain.

En nous plaçant au point de vue de la production générale, nous comprenons la première série de facteurs, comme déterminant l'*intensité du travail humain*, la deuxième série comme déterminant les *conditions techniques du travail*; par cette dernière expression nous entendons l'action de tous les facteurs extérieurs qui concernent soit l'organisation technique de la production, soit l'amélioration et le perfectionnement des instruments de travail, machines et outils. Les facteurs de la dernière catégorie diffèrent beaucoup selon les époques et selon les métiers, mais ils peuvent être considérés comme connus à un moment donné et dans une branche déterminée de la production.

Nous ne prétendons pas que ces deux expressions, *intensité du travail* et *conditions techniques*, recouvrent entièrement la série des facteurs *intérieurs* et *extérieurs* qui influent sur les résultats du travail.

Cornélissen   14

Nous verrons, par exemple, que le caractère plus ou moins dangereux du travail pour la santé ou la vie de l'ouvrier doit être considéré parfois comme une influence qui ne porte pas, il est vrai, sur l'*intensité du travail*, ni sur ses *conditions techniques*, mais assurément sur sa *valeur d'usage* et sur celle de son produit. Il en est de même de l'intelligence particulière et des aptitudes naturelles du travailleur qui influencent parfois non l'intensité, mais la valeur et l'importance spécifique du travail jugé d'après ses résultats. Ainsi nous distinguerons dans l'œuvre d'un artiste de talent un élément très spécial que l'on ne saurait attribuer à l'*intensité du travail* de l'auteur, mais qui décèlera d'une façon indiscutable la présence d'un ou de plusieurs autres facteurs internes de la *valeur* de cette œuvre d'art.

A la fin de ce chapitre, nous traiterons spécialement du rôle que joue, dans de semblables conditions, la *valeur d'usage* du travail, mais nous désirons faire observer dès à présent, que les facteurs de cette *valeur d'usage* seront partiellement distincts de l'*intensité* et des *conditions techniques* du travail (1).

Enfin, les résultats du travail dépensé à la production des richesses, comme les résultats de l'action de toute autre force, dépendent encore directement de la *durée* de ce travail.

Une question se pose tout d'abord : Comment se détermine la quantité de travail dépensée à la production des richesses ?

La solution de cette question est indispensable à l'analyse du

---

(1) Nous disons *partiellement*, parce qu'en effet les facteurs que nous visons ici et dont l'action peut donner une valeur d'usage spéciale à certains articles peuvent parfois se traduire sous l'une ou l'autre de ces deux formes. Par exemple, le fait que les aliments (beurre, pain, etc.), produits mécaniquement, possèdent souvent de meilleures qualités que les mêmes aliments produits à la main, constitue une cause essentielle de la supériorité du travail appliqué aux premiers aliments sur celui appliqué aux seconds. Ce phénomène s'explique seulement par le développement des *conditions techniques du travail* et telle est également la raison pour laquelle certains produits industriels confectionnés à la machine, sont mieux finis que des produits semblables fabriqués par la main de l'artisan. Et ainsi de suite.

problème qui se pose ensuite : Comment se détermine la valeur
de production sociale des biens, tant que cette valeur garde son
caractère primitif de simple valeur-de-travail ? En d'autres
termes, jusqu'à quel point la valeur de production personnelle
ajoutée par un producteur particulier à un produit quelconque
pourra-t-elle entrer en ligne de compte et à quelle valeur de
production sociale devra-t-elle être estimée égale ?

Les deux questions se posent en même temps dès que la concurrence vient placer les produits du travail de différents producteurs les uns à côté des autres comme des grandeurs com-
mensurables.

La science économique n'a pas eu grand'peine à déterminer
la notion générale de la valeur de production en tant que simple
valeur-de-travail ; déjà l'économie classique l'a fait dépendre de
ce principe : le travail doit être considéré comme l'élément
créateur de la valeur apportée aux richesses par l'homme. Cependant, la confusion et l'incertitude deviennent générales dès qu'il
faut discerner les facteurs qui déterminent quantitativement
cette valeur.

En effet, c'est là une des questions théoriques les plus obscures
de la science économique, question que vient compliquer encore
la diversité du travail humain selon les catégories spéciales de
la production.

Lorsqu'il s'agit de l'expression du coût de travail personnel
en valeur-de-travail sociale, l'on compare fréquemment, dans
chaque branche particulière, des quantités de travail de la
même espèce ; souvent, dans ce cas, nous pouvons essayer immédiatement de distinguer les facteurs qui déterminent et la
quantité de chaque valeur-de-travail et la différence entre les
diverses quantités. Il n'en sera généralement pas ainsi lorsque
nous aurons à comparer le travail dans des sphères différentes
de la production.

Supposons qu'un ouvrier, en travaillant toujours dans les
mêmes conditions et par suite avec les mêmes moyens techniques,
dépense une journée, une heure, etc., de travail à la production

d'un objet, deux journées, deux heures, etc., à la production
d'un autre ; le dernier objet peut être considéré, d'ordinaire,
comme ayant mis en mouvement et absorbé deux fois plus
d'énergie potentielle que le premier, de sorte qu'il représente
deux fois plus de valeur-de-travail. De même, lorsque deux
personnes, A et B, travaillent dans les mêmes conditions et s'oc-
cupent de la fabrication de produits pareils, il peut arriver que
A en confectionne, dans la même unité de temps, une quantité
deux ou trois fois plus grande que B ; alors il faut d'ordinaire
(la qualité de tous les produits étant supposée la même) considérer la valeur-de-travail représentée par les produits de A comme
deux ou trois fois plus grande que celle des produits de B, malgré l'égalité de la durée du travail.

En termes généraux, nous pouvons dire que *la valeur-de-
travail d'un produit varie en raison directe de la durée et de
l'intensité du travail qu'il coûte* (1).

(1) Nous rencontrons ici une des premières et des plus éclatantes
preuves de la confusion qui entoure les idées de la valeur-de-travail et la
détermination de sa quantité. En effet, la théorie de la valeur-de-travail
— nous pensons ici à Rodbertus comme à Marx — considère la quantité
du travail comme mesurée par *sa durée seule*. « La quantité de travail
elle-même, dit MARX, a pour mesure sa durée dans le temps, et le temps
de travail possède à son tour sa mesure dans des parties du temps telles
que l'heure, le jour, etc. » (*Das Kapital*, t. I, chap. I, p. 5; cf. trad.
franç., p. 15, col. 1.)

Avant lui RODBERTUS (*Zur Erkenntniss*, III, p. 51) avait dit de même :
« Comme ce dernier (l'argent) trouve dans son poids sa propre mesure et
constitue par ce procédé les « mesures de la valeur », ainsi fait le travail
avec les subdivisions du temps de travail, » (*so die Arbeit in ihren Zeit-
eintheilungen.*)

Il est évident que nous nous trouvons ici en présence d'une erreur
essentielle, le facteur de la durée du travail ne suffisant pas seul à déterminer la quantité de travail incorporée dans les produits. La grandeur
de toute force — par exemple celle d'un courant d'eau — est connue
par sa *durée* et par son *intensité* ; il en est de même du travail que l'organisme humain applique aux produits.

Rodbertus et Marx ont senti que leur doctrine était en défaut sur ce
point, mais ils n'ont pu réparer catégoriquement leur erreur qui était
solidaire de toute leur théorie de la valeur-de-travail. Marx, suivant
l'exemple d'Adam Smith, considère le travail qualifié (que la langue an-

Quand il s'agit de certains produits déterminés du travail physique, nous pouvons parfois fixer empiriquement l'intensité du travail en notant la quantité de produits fabriquée dans une unité de temps donnée. L'intensité du travail des scieurs de bois ou des paveurs peut s'exprimer ainsi plus ou moins exactement par la quantité de bois scié ou de pierres alignées par chacun d'eux dans l'espace d'une heure. La détermination de l'inten sité du travail, cependant, nous causera beaucoup plus d'embarras dès que nous aurons à examiner le travail intellectuel, travail dans l'art, la science, etc., et il en sera de même lorsque nous désirerons mesurer d'une manière rigoureuse et exacte l'intensité du travail physique.

La valeur-de-travail des produits est influencée en raison inverse par les conditions techniques du travail, de sorte qu'une quantité déterminée de produits représente une moindre valeur-de-travail à mesure que les circonstances extérieures et techniques permettent de la produire dans un moindre espace de temps, l'intensité du travail restant invariable. En d'autres termes : l'intensité du travail ne variant pas, la production d'un article coûtera moins de temps, au fur et à mesure que les conditions techniques du travail seront plus développées (1). Selon

glaise appelle *skilled labour*) comme un travail « supérieur » correspondant à une quantité plus grande de « travail simple », — question dont nous nous occuperons amplement tout à l'heure. Par cette conception il a lui-même reconnu qu'on ne peut pas mesurer une quantité de travail par sa durée seule. Rodbertus, de son côté, fait remarquer dans l'ouvrage déjà cité (I, p. 30) que le travail « diffère en intensité dans les diverses productions » ; mais cela « ne nous empêche pas » (*sic*) ajoute-t-il, de supposer « en théorie » (*in der Idee*) que le travail de la journée est égal dans les différents cas ; nous pouvons aussi, dit-il, le diviser partout de la même manière, bien qu'en réalité il soit d'une durée inégale dans les diverses branches de métier. Il n'y a pas à discuter cette supposition « en théorie » d'un fait inexact en réalité. Elle trahit la faiblesse de la théorie et l'embarras qu'elle cause à l'auteur.

(1) En désignant, sous le nom de *conditions techniques*, les seuls facteurs extérieurs, nous nous séparons de la théorie de la valeur-de-travail, telle que Karl Marx l'a formulée. Marx, qui n'a pas séparé les facteurs en deux catégories, a mêlé ensemble des facteurs *intérieurs* et *extérieurs*,

la tendance exposée plus haut, un article ayant subi l'influence de ce développement tendra à être considéré comme équivalant, dans l'échange objectif, à une quantité moindre de tous les produits pour lesquels les conditions techniques du travail n'ont pas changé. Cela nous ramène à la thèse suivante, développée par Rodbertus, que le travail, tout comme l'argent, ne saurait être nommé une *mesure* proprement dite de la valeur, attendu qu'on n'a pas encore l'expression de la valeur d'une marchandise lorsqu'on sait seulement qu'elle vaut *n* argent ou *n* travail : « On devrait se demander d'abord, combien *n* argent ou *n* travail valent eux-mêmes exprimés en toutes sortes d'autres marchandises. » (1).

Dans la vie journalière, l'influence exercée par les conditions techniques sur la valeur de production de certains articles d'usage général, est exprimée par des locutions comme la suivante : « Tel article n'a plus une grande valeur, on le produit trop facilement avec les nouvelles machines ».

sous le terme général de « force productive du travail ». Cf. *Das Kapital*, t. I, ch. 1, p. 7 ; trad. franç, p. 15, col. 2 : « Le quantum de valeur d'une marchandise resterait constant si le temps nécessaire à sa production restait aussi constant. Mais ce dernier varie avec chaque modification de la force productive du travail, qui de son côté dépend de circonstances diverses, entre autres de l'habileté moyenne des travailleurs ; du développement de la science et du degré de son application technologique ; des combinaisons sociales de la production ; de l'étendue et de l'efficacité des moyens de production et de conditions purement naturelles. La même quantité de travail est représentée, par exemple, par 8 boisseaux de froment, si la saison est favorable, par 4 boisseaux seulement, dans le cas contraire »... Etc. A bon droit M. Leo von Buch (dans sa petite étude intitulée : *Intensität der Arbeit, Wert und Preis der Waren*, Leipzig, 1896, VIII, p. 151), a fait remarquer que, logiquement, des prémisses de Marx devrait sortir la conclusion suivante : « Le quantum de la valeur d'une marchandise est en raison directe de la durée et en raison inverse de la force productive du travail réalisé en elle ». Or, la conclusion de Marx est ainsi conçue : « Le quantum de valeur d'une marchandise varie donc en raison directe du *quantum* de travail et en raison inverse de la force productive du travail qui se réalise en elle. » Il est évident que Marx confond ici deux notions différentes : le « *quantum* du travail » et le « *quantum* du temps de travail. » (Voir Von Buch, *loc. cit.*, et cf. notre note à la page précédente).

(1) Rodbertus, *Zur Erkenntniss*, II, 1, p. 33.

Qu'on nous permette une petite digression au sujet du développement des forces productives techniques. Il résulte de ce que nous avons dit que ce développement, bien que généralement considéré comme un progrès de la civilisation, ne mérite pas toujours et sans réserves cette qualification, étant donnés les rapports capitalistes de la société moderne. Beaucoup d'articles d'usage journalier, tels que clous, aiguilles, épingles, crayons, plumes, etc., seraient, assurément, mieux appréciés par les consommateurs s'ils étaient moins faciles à produire en quantités énormes. L'écolier qui casse son crayon ou brise sa plume neuve nous dira : « J'en ai tant pour un sou ». Il exprime ainsi, d'une manière un peu insolente, le peu de valeur qu'il attribue à ces utiles objets. Notons bien qu'il s'agit ici non seulement de la *valeur de production*, et, par suite, de la *valeur d'échange*, mais aussi de la *valeur d'usage* de tous ces articles et que c'est en effet la valeur sous toutes ses formes qui est influencée par le développement des forces productives techniques. Une seule plume d'acier, un seul crayon, une vingtaine d'allumettes suffisent aussi bien aux besoins journaliers d'un seul consommateur qu'une grosse de plumes ou de crayons ou qu'une boîte entière d'allumettes. L'excédent des articles de cette espèce fabriqués en masses énormes n'est que trop souvent gaspillé, comme cela se produit pour les biens non-économiques, l'eau potable, par exemple.

Une grande quantité de travail humain est ainsi dépensée inutilement à la production de semblables richesses et cela a lieu souvent dans des branches d'industrie qui exigent un travail pénible ou malsain, telles que la fabrication des allumettes ; cette somme de travail aurait été beaucoup mieux dépensée, sans nul doute, au développement intellectuel et moral des travailleurs. Nous avons tout lieu de supposer que, si les ouvriers réglaient et dirigeaient, par leurs organisations, la production et la distribution des richesses, on prendrait des mesures rationnelles pour éviter le gaspillage du travail humain. Tout cela a d'autant plus

d'importance qu'il est question ici précisément d'articles d'usage
général produits en quantités considérables.

Pour en revenir à la détermination de la valeur de production,
nous nous demandons si, après avoir défini les facteurs généraux dont l'action décide de cette forme de valeur, nous sommes
à même d'en fixer la quantité. Si nous supposons connus le
temps de travail qu'un producteur particulier a dépensé à un article quelconque et la valeur de production subjective que cet article représente, avons-nous le moyen de les réduire théoriquement
en temps de travail social et en valeur de production objective ?

Un court examen suffira pour nous convaincre de l'impossibilité de cette réduction. Ce n'est que pour un seul des facteurs
qui décident ensemble de la valeur-de-travail, pour *la durée
du travail*, que nous possédons dans la division usuelle du
temps (en années, jours, heures, minutes et secondes) les unités
nécessaires et suffisantes à une comparaison sérieuse et à une
réduction exacte.

En admettant que l'influence des *forces productives techniques*
puisse être mesurée pour tout produit spécial, ce qui n'a pas
lieu, comme nous le verrons encore amplement, il est néanmoins certain que l'*intensité du travail* ne peut pas être mesurée directement. Sans même examiner dès maintenant le travail dépensé dans des métiers très différents où nous avons
manifestement affaire à des grandeurs complètement incommensurables, si nous considérons chaque marchandise en particulier et chaque branche isolée de production, nous nous
heurtons encore à une réelle impossibilité de mesurer directement l'intensité du travail ou de la réduire rationnellement à
une intensité moyenne du travail humain. Pour pouvoir mesurer *directement* cette intensité, les instruments, dynamo-
mètres ou ergomètres, adaptés à chaque genre de travail spécial, nous font défaut. Ces instruments peuvent enregistrer
quelques formes très simples du travail musculaire, mais, pour
un genre de travail plus complexe, par exemple pour le travail
intellectuel, il n'en existe pas.

La comparaison, par la voie de la statistique, des produits que les ouvriers d'un même métier fabriquent dans un temps donné, ne saurait nous amener à des résultats exacts que pour certaines espèces de travail physique, comme le travail des paveurs ou des scieurs de bois. En outre, pour que ces calculs pussent nous permettre de déterminer *indirectement* l'intensité du travail et par suite la valeur de production sociale, nous serions obligés d'enregistrer les résultats du travail de tous les ouvriers dans une même branche d'industrie, ou de rechercher, par toute autre méthode offrant des garanties suffisantes d'exactitude, l'intensité moyenne du travail humain dans l'industrie en question ; ce procédé nous apparaît comme aussi impraticable que l'usage d'instruments spéciaux (1).

Il faut donc renoncer à mesurer l'intensité du travail humain, directement ou indirectement, quels que soient les avantages promis par ce procédé — s'il pouvait réussir. Nous avons d'autant moins à nous y attarder, que l'intensité du travail est en

_____

(1) Une tentative pour mesurer l'intensité du travail a été faite par M. Leo von Buch dans sa brochure précitée. En exposant les mêmes difficultés que nous venons d'examiner, il pense pourtant que « *nolens volens*, nous avons à inventer autre chose ». Il veut donc comparer l'intensité du travail à *l'intensité limite optima du travail*, laquelle, dit-il, est à considérer comme unité. Il entend par cette expression « le résultat du travail d'un ouvrier obtenant le produit plein et entier de son travail et ne travaillant pas plus de 8 heures par jour ». L'intensité du travail par heure d'un tel ouvrier est prise par lui comme unité. Nous nous éloignerions trop de notre but si nous voulions critiquer longuement cette proposition. Faisons simplement remarquer que la tentative de M. Buch nous paraît avoir *complètement échoué* et qu'il ne saurait en être autrement, attendu qu'en principe l'intensité du travail de l'ouvrier, *dans les conditions posées par M. Von Buch*, diffère avec la nature du travail et le métier auquel il appartient, et même avec la personne du travailleur. Il n'y a pas plus de raison d'accepter ici l'unité proposée par M. Von Buch que de choisir comme mesure générale l'intensité du travail d'un ouvrier dont la taille est de 1m 70 ou l'âge de 40 ans.

Cependant, si la mesure « inventée » par M. Von Buch manque de raison d'être, l'auteur a le mérite d'avoir très bien vu, à son tour, que la notion du « simple travail moyen » de Karl Marx est dépourvue de sens.

somme un seul des facteurs qui décident de la quantité du travail appliqué aux produits. Nous savons que la valeur de production des biens résulte de l'action compliquée de trois
facteurs différents, que l'on ne saurait rationnellement séparer
dans la pratique. Tout particulièrement nous avons mis en lumière, à ce point de vue, le troisième facteur : *les forces productives techniques* qui collaborent au travail et dont l'action, en
effet, se croise incessamment avec celle des deux autres facteurs.

Dans la vie pratique, les difficultés que présente la détermination de la quantité de travail sont résolues par la voie d'une
estimation empirique et grossière des produits : on apprécie
ainsi les résultats du travail, les produits, au lieu du travail lui-
même, en embrassant d'un seul regard *la durée* et *l'intensité* du
travail, ainsi que les *conditions techniques* dans lesquelles il s'est
accompli. Nous avons fait observer que seuls les produits de
certaines catégories de travail physique peuvent être ainsi estimés avec quelque exactitude. Ce qui rend cette estimation
plus grossière et plus inexacte encore, même pour les produits d'une seule branche de métier, c'est le fait que la valeur
de production des biens dépend étroitement de la masse et des
qualités des instruments de travail ; l'usure de ces derniers est
un élément essentiel, qui entre sans altération, comme nous le
verrons encore, dans la valeur de production des biens et dont
l'action ne saurait être négligée.

Examinons maintenant l'estimation des quantités de travail
telle qu'elle se fait dans la vie pratique. Supposons pour cela
que, dans une branche de métier où la valeur de production
présente encore le caractère de simple valeur-de-travail, un
certain produit (N) — un ouvrage de tabletterie par exemple
— soit fabriqué par un ouvrier déterminé, travaillant isolément,
en 70 heures, ce temps exprimant alors la valeur de production
personnelle ; que le même article soit produit en 60 heures dans
un atelier où un certain nombre d'ouvriers collaborent à sa fabrication et où se pratique la division du travail — nous imagi-

nons par exemple que cinq ouvriers de même capacité que le premier puissent confectionner ensemble l'article en 12 heures —; enfin qu'avec l'emploi des moyens techniques les plus modernes et les plus perfectionnés, l'article soit fait en 50 heures. Dès lors, 50 *heures de travail* (travail dans des conditions données) seront considérées, communément, comme représentant la quantité de travail socialement nécessaire à la confection de l'article en question (1).

Il faut admettre, cependant, que les conditions techniques dans lesquelles s'accomplit la production dans le dernier de ces trois cas sont accessibles à tous les producteurs. C'est ainsi que le comprennent les producteurs eux-mêmes. A ce sujet, il faut observer que les conditions techniques les plus favorables pourraient être attribuées à la collaboration d'influences particulières tombant sous le monopole d'un seul producteur ou de quelques producteurs privilégiés : Il en peut être ainsi, par exemple, quand une roue hydraulique est appliquée comme force motrice. Dans ce dernier cas, 50 heures de travail ne représenteraient pas la quantité de travail socialement nécessaire à la fabrication de l'article que nous venons d'indiquer. Si, au contraire, les forces productives techniques sont à la portée de tous les producteurs, chacun d'eux tendra à s'adapter aux conditions extérieures les plus favorables, pour ne pas dépenser un travail inutile ; il voudra « se mettre au courant des progrès du métier ».

Nous pouvons donc poser ici la règle suivante : *Dans une branche de métier où la valeur de production se présente comme simple valeur-de-travail, la quantité de travail socialement nécessaire à la production d'un article est représentée par la quantité de travail individuellement nécessaire dans les*

(1) Ce qui est appelé par RICARDO : « la quantité relative de travail nécessaire pour produire la marchandise » (*the relative quantity of labour which is necessary for its production*) ; par KARL MARX : « le *quantum* de travail socialement nécessaire » (*das Quantum gesellschaftlich nothwendiger Arbeit*).

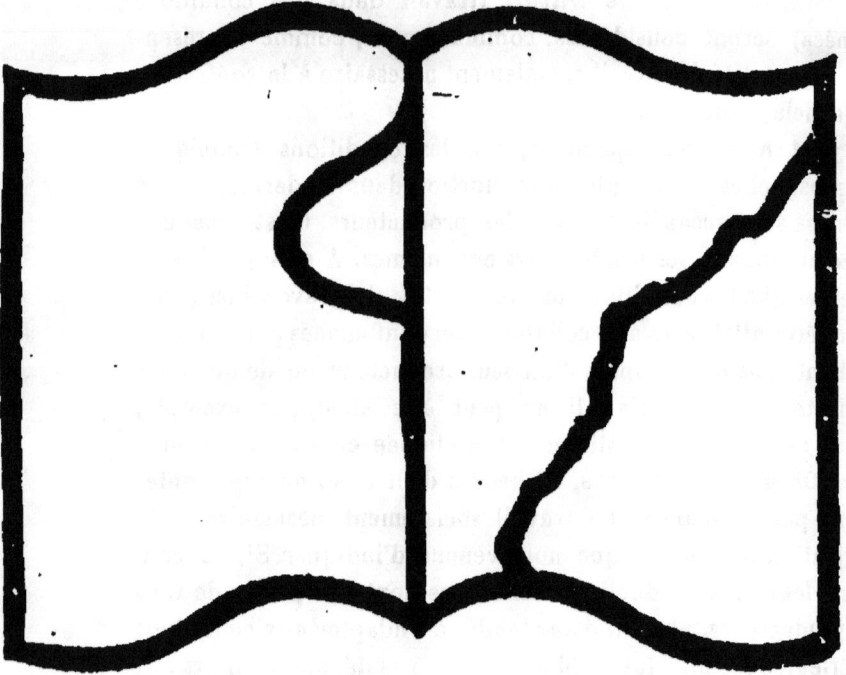

Texte détérioré — reliure défectueuse

NF Z 43-120-11

somme un seul des facteurs qui décident de la quantité du travail appliqué aux produits. Nous savons que la valeur de production des biens résulte de l'action compliquée de trois
facteurs différents, que l'on ne saurait rationnellement séparer
dans la pratique. Tout particulièrement nous avons mis en lumière, à ce point de vue, le troisième facteur : *les forces productives techniques* qui collaborent au travail et dont l'action, en
effet, se croise incessamment avec celle des deux autres facteurs.

Dans la vie pratique, les difficultés que présente la détermination de la quantité de travail sont résolues par la voie d'une
estimation empirique et grossière des produits : on apprécie
ainsi les résultats du travail, les produits, au lieu du travail lui-
même, en embrassant d'un seul regard *la durée* et *l'intensité* du
travail, ainsi que les *conditions techniques* dans lesquelles il s'est
accompli. Nous avons fait observer que seuls les produits de
certaines catégories de travail physique peuvent être ainsi estimés avec quelque exactitude. Ce qui rend cette estimation
plus grossière et plus inexacte encore, même pour les produits d'une seule branche de métier, c'est le fait que la valeur
de production des biens dépend étroitement de la masse et des
qualités des instruments de travail ; l'usure de ces derniers est
un élément essentiel, qui entre sans altération, comme nous le
verrons encore, dans la valeur de production des biens et dont
l'action ne saurait être négligée.

Examinons maintenant l'estimation des quantités de travail
telle qu'elle se fait dans la vie pratique. Supposons pour cela
que, dans une branche de métier où la valeur de production
présente encore le caractère de simple valeur-de-travail, un
certain produit (N) — un ouvrage de tabletterie par exemple
— soit fabriqué par un ouvrier déterminé, travaillant isolément,
en 70 heures, ce temps exprimant alors la valeur de production
personnelle ; que le même article soit produit en 60 heures dans
un atelier où un certain nombre d'ouvriers collaborent à sa fabrication et où se pratique la division du travail — nous imagi-

nons par exemple que cinq ouvriers de même capacité que le premier puissent confectionner ensemble l'article en 12 heures — ; enfin qu'avec l'emploi des moyens techniques les plus modernes et les plus perfectionnés, l'article soit fait en 50 heures. Dès lors, 50 *heures de travail* (travail dans des conditions données) seront considérées, communément, comme représentant la quantité de travail socialement nécessaire à la confection de l'article en question (1).

Il faut admettre, cependant, que les conditions techniques dans lesquelles s'accomplit la production dans le dernier de ces trois cas sont accessibles à tous les producteurs. C'est ainsi que le comprennent les producteurs eux-mêmes. A ce sujet, il faut observer que les conditions techniques les plus favorables pourraient être attribuées à la collaboration d'influences particulières tombant sous le monopole d'un seul producteur ou de quelques producteurs privilégiés : Il en peut être ainsi, par exemple, quand une roue hydraulique est appliquée comme force motrice. Dans ce dernier cas, 50 heures de travail ne représenteraient pas la quantité de travail socialement nécessaire à la fabrication de l'article que nous venons d'indiquer. Si, au contraire, les forces productives techniques sont à la portée de tous les producteurs, chacun d'eux tendra à s'adapter aux conditions extérieures les plus favorables, pour ne pas dépenser un travail inutile ; il voudra « se mettre au courant des progrès du métier ».

Nous pouvons donc poser ici la règle suivante : *Dans une branche de métier où la valeur de production se présente comme simple valeur-de-travail, la quantité de travail socialement nécessaire à la production d'un article est représentée par la quantité de travail individuellement nécessaire dans les*

---

(1) Ce qui est appelé par RICARDO : « la quantité relative de travail nécessaire pour produire la marchandise » (*the relative quantity of labour which is necessary for its production*) ; par KARL MARX : « le *quantum* de travail socialement nécessaire » (*das Quantum gesellschaftlich nothwendiger Arbeit*).

*conditions techniques les plus favorables, pourvu, seulement,
que ces conditions soient accessibles à tous.*

Faisons remarquer que dans les trois évaluations différentes
— 70, 60 et 50 heures — du coût de travail personnel s'exprime
l'action commune des trois facteurs distingués plus haut :
durée et *intensité du travail* et aussi *forces productives techniques.* —

Supposons maintenant que certains ouvriers de capacité plus
que moyenne ou travaillant dans les conditions techniques les
plus favorables avec une intensité plus qu'ordinaire, dépensent
40 heures de travail à la fabrication de l'article N. Admettons
que 5 ouvriers le confectionnent en 8 heures. Leur travail, étant
le travail d'ouvriers de capacité plus que moyenne, jouira d'une
sorte de monopole *par rapport à l'intensité,* — tout comme
l'application de la roue hydraulique *par rapport aux conditions techniques* du travail. *La valeur de production sociale* de
l'article N, dans le dernier cas, continuera toujours à s'exprimer
en 50 heures de travail. En d'autres termes, 40 heures de travail
d'un tel ouvrier comptent dans la vie pratique comme 50 heures
de travail, dont l'intensité et la productivité technique servent
de base à la comparaison générale.

Ces 50 heures de travail sont des heures de travail *concret* et
nullement abstrait ; ce sont 50 heures d'un ouvrier de capacité
déterminée, travaillant avec une intensité déterminée et dans
les conditions techniques les plus favorables parmi celles que
l'on peut considérer comme accessibles à tous ; il est donc
question d'une certaine catégorie bien spéciale de travail dont
les 50 heures comptent, dans les conditions actuelles de la
production, comme les heures de travail socialement nécessaires
à la fabrication de l'article N. De même, le travail du premier
ouvrier dont il a été question est du travail concret : travail d'un
ouvrier de capacité moyenne, exerçant son métier avec des
outils primitifs et travaillant, en conséquence de son isolement,
dans les conditions techniques les plus défavorables. Ce dernier
travail, tout en se prolongeant pendant une durée de 70 heures,

n'est compté pourtant que pour 50 heures de travail socialement nécessaire à la production de l'article N.

Il faut supposer que l'usure des moyens de travail, immeubles,
outils, etc., est la même pour tous les cas présumés, ou, du
moins, qu'on ne tient pas compte, en pratique, des différences
d'usure. S'il en était autrement, si l'usure des instruments de travail était plus sensible dans le troisième et le quatrième cas
— les instruments étant là plus précieux — que dans les deux
premiers, la valeur de production sociale qui serait transmise
chaque fois au produit pendant une unité de temps quelconque
(une heure par exemple) serait influencée par cette différence.
Dans un des chapitres suivants nous reparlerons de l'usure des
instruments de travail ; nous verrons que, tout comme la valeur
de production des matières premières et secondaires, elle entre
entièrement dans la valeur de production des produits prêts à
être consommés.

Tout d'abord nous faisons remarquer que l'évaluation grossière
et peu exacte dont nous venons de parler, évaluation faite empiriquement et pour ainsi dire à tâtons dans la vie pratique, est
bien propre à démontrer que la valeur-de-travail nous ramène à
la période précapitaliste de la civilisation. En effet, il est évident,
au point de vue technique, que cette valeur, comme forme générale
de la valeur de production, est naturellement bornée aux siècles
du travail d'artisans organisés. Les difficultés que présentait,
dans cette période, la détermination empirique de la valeur-de-
travail sont mises en lumière, avec une clarté remarquable, par
les documents historiques des corporations et par les réglementations des échevins du Moyen Age. Par le développement des
forces productives techniques, le régime de la *valeur-de-travail*
devait nécessairement se transformer peu à peu, dans les diverses branches de métier, en ce que nous avons appelé le régime de *la valeur de production capitaliste*, — régime sous
lequel l'entrepreneur capitaliste peut spécifier minutieusement
dans ses livres ses dépenses en salaires, matières premières et
secondaires, ainsi que les frais d'amortissement du matériel.

Dans l'exemple donné plus haut, 50 heures de travail représentent la quantité de travail socialement nécessaire, du fait
que les conditions dans lesquelles l'article N est produit peuvent
être considérées comme indiquant les limites générales du développement de l'industrie pour le métier en question. Tout
autre est la question de savoir si, au marché, cette quantité de
travail se réalisera d'une façon correspondant nettement à ce
coût de production socialement nécessaire ; en d'autres termes,
si la valeur d'échange du produit N coïncidera exactement
avec sa valeur de travail social. Cela, nous le savons, ne dépend
exclusivement ni des producteurs seuls, ni des conditions dans
lesquelles ils ont dû produire. Dans le chapitre traitant de la
valeur d'échange, nous verrons de plus près que cela dépend
encore, en grande partie, des conditions de l'échange, — conditions qui précisément nous permettent de voir en quoi la valeur d'échange et le prix de marché des denrées se distinguent
de la valeur de production, qui n'en est qu'un élément important. C'est seulement dans le cas particulier où les quantités de
l'article N, fabriquées dans les conditions techniques les plus
avantageuses (conditions accessibles à tous), suffisent complètement au marché pour couvrir la demande totale et effective
sans la surpasser sensiblement, que la valeur de production sociale de l'article N se réalisera purement et simplement dans la
valeur d'échange et le prix du marché.

De tout ce qui précède ressort nettem   notre conception
de la valeur-de-travail sociale : Cette valeur résulte en effet de
l'évaluation, à un même point de vue objectif, de quantités très
différentes de travail personnellement nécessaire et de leur
comparaison avec une d'entre elles considérée comme mesure
des autres.

Répétons, en nous résumant, que la valeur-de-travail sociale
ne suppose nullement la réduction du travail personnel des
producteurs particuliers à ce que l'on appelle « du travail humain abstrait », ou bien, par exemple, au « simple travail moyen » (*einfache Durchschnittsarbeit*) de Karl Marx. Le « travail

humain abstrait » (*abstrakt menschliche Arbeit*) de l'école marxiste est une notion qui n'a pas de sens réel, une entité métaphysique.

En réalité, il n'existe que du travail concret : il n'y a que des quantités de travail d'une intensité déterminée, exécuté pendant une période déterminée et dans des conditions techniques déterminées ; ensuite les différentes quantités de travail, comparées entre elles d'après les produits qu'elles procurent, sont estimées égales suivant les principes généraux que nous avons développés dans ce chapitre.

II. — *La valeur-de-travail sociale dans des branches différentes de métier. Influence de la valeur d'usage du travail.*

Même dans les limites d'un seul métier, nous avons dû envisager la valeur-de-travail des produits comme impossible à mesurer avec exactitude, — soit directement, par l'évaluation de la grandeur des facteurs décisifs, soit indirectement, au moyen de la statistique, par la réduction de tout travail à du *travail humain moyen.*

Nous avons été condamnés à une grossière évaluation empirique, telle qu'elle se fait dans la vie journalière par la comparaison non de différentes quantités de travail, mais de leurs produits.

D'autre part, nous avons pu remarquer que c'étaient généralement des produits parfaitement pareils ou, du moins, des produits de même espèce qui, dans un même métier, étaient ainsi soumis à notre jugement. L'évaluation empirique des produits y avait du moins une base fixe sur laquelle elle pouvait encore s'appuyer avec quelque sécurité. Aussi avons-nous pu remarquer que parfois — lorsqu'il était question de certaines espèces

de travail manuel — l'intensité et, avec elle, la quantité du travail était mesurable avec une exactitude relativement grande,
si nous voulions comparer les quantités visibles et palpables d'un produit, fabriquées dans une unité déterminée de
temps.

Evidemment, ce critérium n'est pas toujours applicable,
même si nous voulons nous borner à comparer différentes
quantités de travail de la même espèce, exercé dans le même
métier.

Le chapeau de dame confectionné en quelques minutes par
une modiste habile et paré avec un goût exquis d'un simple
ruban peut posséder non seulement plus de valeur d'échange
(voir plus haut, p. 179), mais aussi plus de valeur de production
que le chapeau qui a coûté plusieurs heures de travail à une
modiste moins habile ou à une apprentie.

Le travail de l'excellente modiste et celui de l'apprentie
sont tous deux du travail de modes ; il est impossible néanmoins d'évaluer la quantité de travail de l'une par rapport à
celui de l'autre. Il ne s'agit plus ici d'un travail musculaire
analogue à ceux qui nous ont servi d'exemples tout à l'heure ;
nous n'avons plus devant nous des quantités différentes de
produits absolument pareils, comme des tas de pavés ou des
piles de bois. Et cependant nous déclarons sans hésitation,
que le travail de la modiste habile est supérieur à celui de
l'apprentie. L'observation de semblables phénomènes a déjà
amené les économistes de l'école classique à formuler cette idée
juste, qu'en considérant le travail comme la source de toute
valeur, on ne saurait fermer les yeux sur les différences qualifi-
catives du travail. C'est déjà l'opinion de Smith (1). Ricardo de

---

(1) « Il peut y avoir plus de travail dans une heure d'ouvrage pénible
que dans deux heures de besogne aisée, ou dans une heure d'application
à un métier qui a coûté dix années de travail à apprendre, que dans un
mois d'application d'un genre ordinaire et à laquelle tout le monde est
propre. » ADAM SMITH, *Wealth of Nations*, livre I, chap. v, p. 39 ; trad.
franc., tome I, p. 36.

son côté déclarait que la valeur de chaque espèce de travail est « bientôt fixée » et qu'elle l'est « avec assez de précision pour satisfaire à toutes les nécessités de la pratique ». « Elle dépend beaucoup, ajoutait-il, de la dextérité comparative du travailleur, et de l'intensité du travail accompli. » (1).

La théorie moderne de la valeur-de-travail participe encore nettement de l'opinion de l'école classique à ce propos. Karl Marx a formulé son opinion dans les termes suivants : « Le travail complexe (*skilled labour*, travail qualifié) n'est qu'une *puissance* du travail simple, ou plutôt n'est que le travail simple *multiplié*, de sorte qu'une quantité donnée de travail complexe correspond à une quantité plus grande de travail simple. » (2).

C'est fort commode, mais dès qu'il s'agit de savoir à *combien* de travail dit « simple » correspond une quantité déterminée de travail dit « complexe », cette formule nous laisse dans l'embarras, même s'il est question de deux quantités de travail du même métier.

Ricardo, en nous assurant que, dans l'échange, la valeur de chaque espèce de travail est *bientôt fixée* et qu'elle l'est avec assez de précision pour satisfaire aux nécessités de la pratique, a fait bon marché d'un des plus délicats problèmes de la science économique, problème dont la difficulté n'a pas échappé à l'attention de ses contemporains. Adam Smith parlait ici d'une « grosse équité » (*that sort of rough equality*) qui, tout en étant estimée suffisante pour « le train des affaires communes de la vie », n'est pourtant pas fort exacte (3).

Si la justesse de cette dernière assertion paraît déjà souvent évidente lorsqu'il s'agit du travail de différents ouvriers exerçant le même métier, — la maîtresse modiste et l'apprentie modiste par exemple, — la comparaison du travail et de ses produits soulève de nouvelles difficultés lorsqu'il est question de métiers différents.

(1) RICARDO, *Principles*, chap. I, section II, p. 15 ; cf. trad. franç., p. 10.
(2) KARL MARX, *Das Kapital*, tome I, p. 11 ; cf. trad. Roy, p. 17, col. I.
(3) ADAM SMITH, *loc. cit.*

Cornélissen   15

En passant, nous avons déjà fixé l'attention sur une circonstance extérieure très importante n'appartenant pas, il est vrai, aux facteurs décisifs de la *qualité* du travail, mais pouvant influer cependant d'une façon considérable sur la valeur-de-travail de ses produits. Ce sont *les risques d'accidents, de maladie ou de mort*, que court le travailleur et qui sont beaucoup plus grands pour une catégorie de travail que pour une autre. On sait que, lors de la construction de la tour Eiffel, on comptait, dans l'évaluation grossière des salaires des ouvriers, avec le caractère particulièrement dangereux du travail dans les parties hautes de la tour. Une différence de quelques mètres de plus au-dessus du sol se traduisait par une différence dans l'évaluation pratique du travail. Le nombre des vies humaines qu'a coûté la construction de la tour de 300 mètres a prouvé que cette différence d'évaluation était du moins très fondée, bien que nous ne puissions pas la considérer comme une indication exacte des différences de valeur. Des quantités égales de travail égal étaient ici évaluées différemment, lorsque le travail était fait à des hauteurs différentes et entraînait, par suite, des risques différents pour la vie du travailleur. Dans le cas choisi, le travail d'un ouvrier était comparé à celui d'un autre dans un même métier, ou bien, si le métier différait et si l'on comparait, par exemple, le travail des mécaniciens à celui des maçons ou des terrassiers, c'était, dans tous les cas, ce qu'on appelle du travail manuel.

Comment comparerons-nous, cependant, une heure de travail du savant, du journaliste ou de l'artiste à une heure de travail du mécanicien ou du maçon ? Non seulement la possibilité d'appliquer une mesure plus ou moins *exacte* cesse d'exister ici, mais il faut même considérer ces grandeurs comme *incommensurables*. Vouloir comparer et mesurer l'un par l'autre l'effort intellectuel d'un chimiste et l'effort musculaire d'un forgeron est une impossibilité que rien ne saurait résoudre ; il est non moins impossible de comparer un travail à l'autre par l'évaluation de leurs produits respectifs ; ici non plus, nous n'avons pas de terme de comparaison.

La théorie ultérieure de la valeur-de-travail ne s'est pas mieux dégagée de cette difficulté que l'économie classique. La réduction proposée par Marx d'une quantité de travail qualifié « travail d'un poids spécifique supérieur » (*Arbeit von höherem specifischen Gewicht*) à un *multiplex* de « travail simple » est scientifiquement impossible (1). Il est vrai que, sous le régime du salariat, la vie sociale a souvent recours, pour récompenser le travail, à un système bien fait pour contenter ceux qui désirent motiver et justifier la réduction dont nous venons de parler; mais une telle réduction reste toujours arbitraire et ne saurait être invoquée dans la science économique. Lorsque nous étudions la valeur-de-travail des produits, c'est la *valeur-de-travail réellement existante* que nous devons analyser et non la rémunération du travail sous le système coercitif du salariat moderne. Combien de fois la vie journalière ne fait-elle pas la preuve de ses évaluations injustes ! Nous verrons qu'elle place parfois le travail complètement inutile ou même nuisible bien au-dessus du travail le plus nécessaire et le plus utile à l'humanité. Ses décisions ne sauraient s'imposer à la science à titre de calculs exacts ou même approximativement justes : aussi ne reposent-elles, en réalité, que sur le droit du plus fort.

Marx — et il a de bonnes raisons pour cela — n'entre pas plus profondément dans la question et s'abstient de décrire en détail l'opération par laquelle le travail qualifié se réduit en soi-disant « travail simple ». « Les proportions diverses, dit-il, suivant lesquelles différentes espèces de travail sont réduites au travail simple comme à leur unité de mesure, s'établissent par

---

(1) Karl Knies a eu parfaitement raison de s'opposer à cette théorie de Marx dans les termes suivants : «... Aussi fictive doit nous paraître la supposition qu'une valeur d'usage réelle, qui est le produit d'un travail « complexe », pourrait aussi bien avoir été créée par un *multiplex* de travail « simple ». En réalité, un élève n'accomplit pas plus le chef-d'œuvre du maître dans un *multiplex* du temps dépensé par celui-ci qu'un édifice superbe n'est un *multiplex* de baraques. » (KNIES, *Das Geld*, 2e édit., chap. IV, p. 156.)

un *processus* social à l'insu des producteurs, et leur apparaissent, en conséquence, comme données par la tradition. » (1).

Lorsque, enfin, il lui faut motiver tant soit peu cette singulière méthode de réduction, il prétend que dans ce travail complexe, se présentant vis-à-vis du travail simple comme travail « d'un poids spécifique supérieur », se manifeste une force de travail « qui coûte des frais plus élevés d'éducation » et dont « la production coûte plus de temps de travail » (2).

On sait, du reste, qu'Adam Smith exprimait déjà un avis semblable (3).

De prime abord, nous faisons observer, et cette observation nous arrêtera encore dans la suite de ce chapitre, que ce qu'il en coûte pour former l'ouvrier et sa force productive ne correspond pas nécessairement à la valeur des produits qu'il fabrique. Si, par hasard, l'éducation d'un barbouilleur médiocre a coûté plus que celle d'un peintre né artiste « par la grâce du Génie », — l'étude étant plus pénible pour le premier que pour le second, — on aurait tort cependant d'en inférer que l'œuvre de l'homme médiocre soit supérieure à celle du véritable artiste.

En outre, admettons qu'une force productive ayant exigé des

---

(1) KARL MARX, *Das Kapital*, tome I, chap. I, p. 11 ; cf. trad. franç., p. 17, col. 2.

(2) *Loc. cit.*, chap. V, p. 178 ; cf. trad. Roy, p. 84, col. 1. Dans la traduction, ce passage est beaucoup moins clair et moins catégorique que dans le texte original. A titre de comparaison nous faisons donc suivre ce dernier : « *Die Arbeit, die als höhere, komplicirtere Arbeit gegenüber der gesellschaftlichen Durchschnittsarbeit gilt, ist die Aeusserung einer Arbeitskraft, worin höhere Bildungskosten eingehn, deren Produktion mehr Arbeitszeit kostet und die daher einen höheren Werth hat als die einfache Arbeitskraft. Ist der Werth dieser Kraft höher, so äussert sie sich aber auch in höherer Arbeit und vergegenständlicht sich daher, in denselben Zeiträumen, in verhältnissmässig höheren Werthen.* »

(3) « Il est rare que de pareils talents s'acquièrent autrement que par une longue application, et la valeur supérieure de leur produit n'est souvent qu'une compensation raisonnable du temps et du travail qu'on doit mettre à les acquérir. » (ADAM SMITH, *Wealth of Nations*, livre I, ch. VI, p. 52 ; cf. trad. franç., tome I, p. 60.)

« frais plus élevés d'éducation » (*höhere Bildungskosten*, voir
la note précédente en texte allemand) se présente, en effet, dans
la société actuelle comme créatrice de travail « d'un poids spécifique supérieur » ; notre problème ne se trouve nullement résolu par là. En dernière analyse, la théorie de la valeur-de-
travail nous renvoie toujours, comme *preuve* de son hypothèse
de la réduction du travail complexe au travail simple, à la pratique de notre société capitaliste en affirmant que là, du moins,
la réduction a réellement lieu (1).

Au lieu d'*éclaircir* les phénomènes sociaux, cette théorie, développée spécialement dans la doctrine de Marx, accepte tels
qu'ils sont ces phénomènes. Au lieu de les analyser et de les
soumettre à une critique rigoureuse, toutes les fois qu'ils ne correspondent pas à la logique sociale et sont susceptibles d'être
modifiés ou détruits par le développement progressif de notre
civilisation, la théorie marxiste de la valeur-de-travail s'incline
ici devant les faits, fondant ainsi sur les iniquités sociales existantes une théorie scientifiquement insoutenable. Dans sa doctrine de la réduction du travail complexe, qualifié, au « travail
simple » et dans les motifs sur lesquels il base cette doctrine,
Karl Marx n'a pas su s'élever au-dessus de la théorie classique
de Smith. Ayant besoin de cette réduction pour la construction
de son système, il l'a empruntée à l'école classique avec tous
ses défauts.

Il est vrai que l'on pourrait plaider cette circonstance atténuante : Marx s'était proposé d'analyser, dans son *Capital*, la
constitution et le développement de la *production capitaliste*. A
l'endroit même que nous venons de critiquer, il a fait remarquer dans une note que « la distinction entre le travail supérieur

(1) « Si des économistes comme il faut se sont récriés contre cette
« assertion arbitraire », n'est ce pas le cas de dire, selon le proverbe allemand, que les arbres les empêchent de voir la forêt ! Ce qu'ils accusent
d'être un artifice d'analyse, est tout bonnement un procédé qui se pratique
tous les jours dans tous les coins du monde. » (*Le Capital*, tome I, trad.
franç., p. 84, col. 2. Ce passage ne se trouve pas dans le texte original.)

et le travail simple (*skilled and unskilled labour*) repose en
partie sur de pures illusions, ou du moins sur des différences
qui ont cessé d'être réelles et ne continuent à vivre que par une
convention traditionnelle ; et en partie aussi sur la condition
inférieure de certaines couches de la classe ouvrière, qui leur
permet moins qu'à d'autres de revendiquer la valeur de leur
force de travail. » (1). Je prétends pourtant que cette observation de Marx ne répare pas sa faute d'avoir développé ici une
théorie scientifiquement fausse, en se basant sur ces mêmes rapports de violence et d'exploitation sociale dont il a si bien lui-
même exposé l'origine historique.

Tandis que, dans le système de Karl Marx, la réduction du
travail qualifié à un *multiplex* de « travail simple » nous est
apparue comme illogique et insoutenable, elle est, au contraire,
parfaitement à sa place dans l'économie officielle des classes
dirigeantes, telle qu'elle se présente pour défendre l'ordre social
existant. L'identification de la « *valeur-de-travail* » *du produit*
avec *la valeur de production de l'ouvrier* et *de sa force de
travail*, est précisément un trait caractéristique du régime de
production capitaliste (2).

Ainsi, pour l'apologiste de l'ordre social existant, l'énigme
devant laquelle nous nous trouvions placés tout à l'heure est facile à résoudre. L'effort d'esprit du chimiste et l'effort musculaire
du forgeron se présentaient à nos yeux comme des grandeurs
incommensurables et les produits de leur travail comme des
substances hétérogènes, de sorte que la quantité de l'un de ces
produits ne pouvait pas s'exprimer par une certaine quantité de
l'autre. Dans l'un et l'autre cas, cependant, nous avons affaire à
une dépense cérébrale, nerveuse, musculaire de l'homme, dé-

---

(1) KARL MARX, *loc. cit.*, note à la page 178 ; cf. trad. franç., p. 84, col 2.
(2) « Il ne faut pas confondre, naturellement, le « travail rémunéré » (*Kos-
tenarbeit*) et le « coût du travail » (*Arbeitskosten*). La dernière expression signifie a totalité des *salaires* qu'un produit a coûtés à *l'entrepreneur*, la première est la somme du travail même. » (RODBERTUS, *Sociale
Frage*, tome 1, note à la page 68.)

pense qui doit être rétablie par une absorption de nourriture et d'oxygène. N'oublions pas que, pour certains économistes, parmi lesquels se trouve Marx, « la valeur de la force de travail équivaut à la valeur des moyens de subsistance nécessaires à l'entretien de son possesseur » (1).

C'est donc là le point d'égalité, le « quelque chose de commun », que l'on ne cherche plus cependant, comme il l'aurait fallu, dans les produits mêmes, mais chez les producteurs (2).

Ce qu'il y a de commun entre les services de trait du cheval et les œufs de la poule, c'est que les deux animaux absorbent de l'avoine. De même, l'élément commun existant entre le produit de travail du chimiste et celui du forgeron, c'est le fait que tous deux mangent du pain ; la différence commence avec la viande. La conclusion est facile à tirer : Monseigneur l'archevêque et le piqueur de l'Élysée, logés dans un palais, couvrent leur table de bécassines et de saumons, tandis que le simple journalier se nourrit de pommes de terre et habite un taudis : il en ressort, pour l'apologiste de la société actuelle, que les produits du travail du pauvre diable sont aux produits du travail de Monseigneur comme les pommes de terre sont au saumon.

Le malheur est que les prémisses sont fausses ! Même dans la société capitaliste, la valeur incorporée dans les produits par le

----

(1) Marx, *loc. cit.*, ch. iv, p. 148; cf. trad. fr., p. 73, col. 1.

(2) « Si l'on fait abstraction (!) de toute affectation particulière donnée à l'activité productrice, et par conséquent du caractère utile du travail, il ne reste à cette activité d'autre propriété que d'être une dépense de force de travail humaine. La couture et le tissage, quoique étant des activités productrices qualitativement différentes, sont l'une et l'autre des dépenses de force cérébrale, musculaire, nerveuse, manuelle, etc., et, dans ce sens, sont toutes deux du travail humain. Ce sont seulement (!) deux manières différentes de dépenser de la force de travail humaine. Assurément cette force de travail doit être développée à un degré plus ou moins considérable, selon qu'elle est dépensée sous telle ou telle forme. Mais toujours la valeur de la marchandise représente purement et simplement du travail humain, rien d'autre qu'une dépense de travail humain. » (Karl Marx, *Das Kapital*, tome I, chap. i, p. 11 ; cf. trad. franç, p. 17, col. 1.)

travail humain ne se résout pas dans les frais de la production du travailleur et de sa force de travail. Nous avons déjà constaté ce fait en comparant le produit du travail de l'artiste à celui du barbouilleur. Plus encore : Dépensez les mêmes sommes pour l'entretien matériel, le développement intellectuel et l'éducation technique de vingt individus différents ; vous obtiendrez vingt résultats différents. La société capitaliste elle-même, malgré l'à-peu-près de ses évaluations, juge de vingt façons différentes le produit de leur travail. Reste le cas où la violence intervient et décide de la valeur, comme l'épée de Constantin le Grand décida des « vérités » de la religion chrétienne.

Sous le régime capitaliste, on s'explique, il est vrai, par les frais de production de l'avoine, les frais de production des œufs des poules, comme ceux des services de trait du cheval ; de même on s'explique les frais des services humains par les frais d'entretien de l'ouvrier. Cela n'empêche pas que, dans la science économique, nous ayons à distinguer nettement entre ces deux notions : d'une part, la valeur-de-travail d'un produit, s'exprimant dans la quantité de travail que ce produit représente et dans la valeur spécifique de ce travail ; d'autre part, la valeur de production du travailleur, s'exprimant, en dernière analyse, dans la quantité des vivres, vêtements, etc., que le travailleur reçoit pour son entretien.

Nous voici donc au cœur de la question : Les différentes quantités de travail d'espèces hétérogènes appliquées aux produits de différents métiers ne peuvent pas être mesurées l'une par l'autre. Aussi doivent-elles être considérées, pour des branches de métier très différentes — celles du travail musculaire et celles du travail purement intellectuel, par exemple — comme des grandeurs incommensurables. La substitution à ces grandeurs incommensurables des frais d'entretien des travailleurs qui créent les produits en question, caractérise précisément les iniquités sociales. Nous avons vu cette substitution entraîner nécessairement des évaluations fausses que la science économique de nos jours ne peut pas accepter.

Cette substitution, enfin, est pour nous une nouvelle explication du problème historique, déjà effleuré : pourquoi la *valeur-de-travail* primitive a-t-elle dû se transformer en *valeur de production capitaliste* avec le développement des forces productives et la naissance de la bourgeoisie capitaliste comme classe dirigeante de la société ? Sous la pression de la vie capitaliste, en effet, c'est la concurrence qui résout la difficulté de réduire le « travail complexe » au prétendu « travail humain simple », et de déterminer *quel travail comptera, à la fin, comme « travail simple ».* De l'évaluation primitive, quoiqu'au fond rationnelle encore, de la valeur du travail d'après sa durée et son intensité, ou bien d'après son produit, — évaluation qui nous ramène aux temps des corporations médiévales, — est sorti, non pas un système scientifique de calculs compliqués, du reste inapplicable, mais une solution des difficultés économiques par la voie de la violence. Il suffit aujourd'hui, en dernière analyse, pour résoudre ce problème théorique de l'économie, de savoir dans quelles mains se trouvent les moyens de contrainte sociale.

Cette décision, cependant, n'est maintenue que par l'impuissance et la pauvreté des masses ouvrières qui, dans la lutte de la concurrence, *doivent trop souvent vendre leur travail à tout prix*, pour répondre aux premières nécessités de la vie. Partout où la décision de la force n'intervient pas dans la vie sociale, comme dans l'exemple du barbouilleur et de l'artiste, la tentative de remplacer la *valeur-de-travail du produit* par la *valeur de production du travailleur* doit évidemment échouer.

Nous avons à pousser plus loin encore notre analyse et à examiner de plus près une nouvelle erreur essentielle des doctrines modernes de la valeur-de-travail ; cette erreur a empêché que beaucoup de fautes des économistes classiques pussent être mises en lumière. C'est encore contre une confusion introduite par les théories de Karl Marx que nous aurons à diriger notre critique.

Marx et son école partent de l'hypothèse que le travail, bien qu'il soit la substance créatrice exclusive et générale de la valeur, ne possède pas de valeur par lui-même (1).

Cette hypothèse, du reste, procède rigoureusement de sa thèse fondamentale que nous avons critiquée plus haut : les biens qui ont une valeur sont seulement ceux qui ont été produits par le travail. Aussi fausse que cette thèse est encore la proposition qui en découle.

Le travail possède certainement de la valeur, et même de la valeur sous les trois formes que nous connaissons : *valeur d'usage, valeur de production, valeur d'échange.*

Nous savons que les purs dons de la nature peuvent avoir de la valeur, bien qu'ils n'en présentent pas toujours les trois formes. La chaleur du soleil, par exemple, fait hausser en hiver la valeur d'usage et en même temps le loyer des chambres situées au midi ; les hôteliers suisses ou niçois savent bien exploiter cette valeur des rayons solaires (2).

A l'état potentiel, sous forme de bois ou de charbon, la chaleur peut donner une valeur spéciale aux terres dans lesquelles elle se trouve accumulée. Nous savons que cette valeur ne peut pas être identifiée tout simplement avec les dépenses en travail et en capital nécessaires pour abattre la forêt ou pour exploiter la mine. De même l'énergie potentielle humaine, la force de travail de l'ouvrier possède une valeur spéciale que l'on ne saurait davantage identifier purement et simplement avec le coût nécessaire à son entretien et à sa reproduction.

Dans le deuxième tome de notre ouvrage, nous aurons l'occasion de revenir encore sur cette thèse de Marx, que l'ouvrier vend, *non son travail*, mais sa *force de travail*. Dans l'histoire

---

(1) « Ce qui sur le marché fait directement vis-à-vis au capitaliste, ce n'est pas le travail, mais le travailleur. Ce que celui-ci vend, c'est sa force de travail... Le travail est la substance et la mesure immanente des valeurs, mais il n'a lui-même aucune valeur. » (KARL MARX, *Das Kapital*, tome I, ch. xvii, p. 548 ; cf. trad. franç., p. 232, col. 1.)

(2) Mentionnons encore la haute valeur possédée, dans les pays de vignobles, par les terres exposées au midi.

des organisations ouvrières et de leurs luttes contre les entrepreneurs, nous trouverons la preuve du contraire : les ouvriers, tout au moins, n'entendent pas vendre leur *force de travail*, mais simplement leur *travail*; ils ont même tâché de vendre un nombre toujours décroissant d'heures de travail contre les mêmes salaires ou même contre des salaires croissants. D'autre part, nous verrons l'entrepreneur capitaliste ou ses représentants veiller attentivement à ce que ses ouvriers ne lui volent pas une minute du temps convenu ou s'opposer à ce que, pendant cet espace de temps, ils donnent une intensité de travail insuffisante. Si, par hasard, l'entrepreneur tient encore compte de la *force de travail* de ses ouvriers, lorsque l'un d'entre eux, par exemple, est momentanément dans l'impossibilité d'exécuter le travail convenu, c'est évidemment un acte de générosité et d'humanité de sa part, à moins qu'il ne cède à la crainte de l'organisation ouvrière. En effet, il ne se croira pas obligé à le faire en tant que capitaliste. Comme entrepreneur capitaliste, la force de travail, ainsi que la santé et la vie de son personnel, peuvent lui être indifférentes aussi longtemps qu'il trouve assez d'ouvriers à embaucher. Il exige et peut exiger, selon son contrat, du *travail réel*. En tant qu'entrepreneur capitaliste il s'en tient à son « billet », — comme le Shylock de Shakespeare. Le cas où le capitaliste, par égoïsme bien compris, peut prendre à cœur le bien-être de son personnel et le bon soin de leur force de travail n'est qu'un cas exceptionnel dans la société actuelle.

Pour le moment c'est le travail humain et non la force de travail que nous avons à analyser. Contrairement aux doctrines de l'école marxiste, c'est bien le travail humain qui se présente à nous comme une marchandise (1). Par son aptitude à pro-

(1) M. L. v. BORTKIEWICZ, après avoir rappelé que Marx parle, lui-même, dans sa *Misère de la Philosophie*, du « travail » comme marchandise et que cette même terminologie se retrouve encore par-ci par-là dans le *Capital* (p. e. *Das Kapital*, tome I, p. 361 ; trad. Roy, p. 156, col. 1), fait remarquer que l'expression tant aimée par Marx de « travail non payé » (*unbezahlte Arbeit*) serait inadmissible, si, en réalité, l'ouvrier ven-

duire de la *valeur* et des *marchandises* il a revêtu lui-même le
caractère de valeur et de marchandise, de même que, par son
aptitude à se transformer en *capital* (au sens étroit du mot),
une somme d'argent est elle-même capital (« capital potentiel »,
comme le dit fort bien Karl Marx).

D'autre part, si le travail humain, analogue en cela aux purs
dons de la nature, peut posséder de la valeur, il se distingue
d'eux par une différence caractéristique. Les purs dons de la nature possèdent, dans certaines circonstances, de la *valeur d'usage*;
par suite, après avoir été appropriés par quelqu'un, ils peuvent,
dans la société actuelle, procurer aussi une *valeur d'échange* à
certains biens, — nous en avons fourni divers exemples. Mais
les purs dons de la nature, précisément parce qu'ils ne sont pas
produits par l'homme mais se mettent gratuitement à son service, ne possèdent pas de *valeur de production.* Par là ils se
distinguent du travail, qui est lié à la personne du travailleur et
par suite à son entretien matériel et à son éducation intellectuelle et technique. C'est cette *valeur de production du travail,*
si l'on veut, qui se résout dans *la valeur de production de la
force de travail,* c'est-à-dire dans la somme des moyens de subsis-

---

dait, non son travail, mais sa force de travail. (Voir *Archiv für Sozial-
wissenschaft und Sozialpolitik*, Band XXV, Heft 2 — septembre 1907 —
pages 482-483.)

M. Bortkiewicz a raison. Si Marx se place au point de vue juridique
d'après lequel « l'ouvrier libre » n'a rien à reprocher à l'entrepreneur capitaliste quant aux conditions de l'échange, s'il prétend que le capitaliste
paye à l'ouvrier sa marchandise, force de travail, juste le prix qu'elle vaut
au marché, — alors il n'y a plus de « travail non-payé », quand même l'ouvrier travaillerait 15 ou 20 heures par jour. Tout est payé, parce que la
« force de travail » est « payée ». Pour parler la langue de Marx : « il y
a échange d'équivalents, la marchandise est payée à sa valeur » (*Es werden Equivalente ausgetauscht, die Waare wird zu ihrem Werthe be-
zahlt.* Voir MARX, *loc. cit.*, chap. IV, § 3, *Kauf und Verkauf der Arbeitskraft*, pages 143 et 154; cf. trad. fr., pages 71 et 75.)

On voit que les sophismes juridiques de Marx ne servent ici qu'à em-
brouiller les questions, fait que Marx a dû sentir lui-même. Cf. sur ce
dernier point : *Das Kapital, loc. cit.*, chap. XVI, p. 545; trad. franç.,
p. 230.

tance nécessaire au travailleur. Mais le travail a encore sa valeur d'usage spéciale et ici, pour le travail comme pour toute autre marchandise, c'est cette valeur d'usage qui intervient dans l'échange et distingue nettement la valeur d'échange du travail de sa valeur de production.

C'est encore par l'influence de la valeur d'usage du travail que s'expliquent certains phénomènes économiques demandant ici quelque éclaircissement. C'est l'influence de la valeur d'usage spéciale qui procure au travail de l'artiste ou de la grande modiste son caractère de *travail supérieur* et qui donne à ses produits une valeur d'échange considérable. Les produits inférieurs, vendus à bas prix, peuvent exiger des frais de production identiques ou même plus élevés.

Pour la marchandise travail, comme pour toute autre marchandise, la doctrine de la valeur-de-travail, telle qu'elle est formulée par Marx, pèche par la base ; ici plus qu'ailleurs, par la nature du sujet, se montre d'une façon sensible l'inexactitude de son hypothèse fondamentale, selon laquelle ont seules de la valeur les richesses qui ont coûté du travail, et seulement en tant qu'elles en ont coûté.

Nous connaissons déjà la valeur d'usage des biens sous son double caractère de *valeur d'usage personnelle* et de *valeur d'usage sociale* ; nous retrouvons ce double caractère en ce qui a trait au travail, comme en ce qui a trait à toute autre marchandise.

Dans notre exemple des œuvres d'art et des articles de modes de qualités différentes, c'est la valeur d'usage personnelle du travail que l'acheteur aura à apprécier. Il s'agit ici de la satisfaction des besoins et des désirs purement personnels de certains amateurs ou clients. Lorsque cependant l'œuvre d'un artiste se distingue tellement de celle de ses confrères qu'elle est achetée pour un musée et devient, pour ainsi dire, un patrimoine public, nous pouvons considérer que le travail de l'artiste, en même temps que son œuvre, a présenté une valeur d'usage sociale toute particulière, dépendant encore, en premier lieu, des propriétés intrinsèques de ce travail, mais se manifestant comme un rapport nouveau entre le produit de ce travail et l'homme.

Pour la très grande partie des articles de consommation journalière, la valeur d'usage sociale — aussi bien celle du travail que celle de son produit — n'entre en jeu qu'en tant que les besoins et les désirs personnels d'un consommateur particulier sont une partie de l'ensemble des besoins et désirs humains. Mais, dans cette mesure, l'action de la valeur d'usage sociale du travail est *générale* et s'applique incessamment.

Ordinairement, la seule question est de savoir laquelle des deux — *valeur d'usage personnelle* ou *valeur d'usage sociale du travail* — est mise au premier plan ; de la réponse dépend pour beaucoup notre jugement et sur le travail et sur son produit.

On considère généralement la mort comme un malheur pour la personne qu'elle frappe ; au point de vue objectif, cependant, il serait plutôt malheureux que les hommes vécussent éternellement. Il peut arriver, de même, qu'un travail quelconque possède une valeur d'usage essentiellement élevée pour un certain individu ou pour un petit cercle de personnes, tandis qu'au point de vue objectif et social, le même travail doit être considéré comme entièrement inutile, voire même nuisible.

Le travail du valet de pied possède probablement une valeur d'usage fort élevée pour son maître, qu'il soit prince ou haut fonctionnaire d'une république. Néanmoins, son travail, jugé d'après sa valeur d'usage sociale, peut paraître inutile à l'un d'entre nous, nuisible à l'autre, à cause de l'exemple d'oisiveté que donne ce travailleur comme à cause du coût de son entretien. Ici et dans les cas semblables, comme nous l'avons fait remarquer ailleurs, il y aura autant d'opinions que de juges.

Cela n'empêche pas que l'on peut poser, en cette matière, quelques principes fondamentaux : Sans contredit, nous devons attribuer *la valeur d'usage sociale la plus élevée aux espèces de travail qui répondent aux premières nécessités matérielles des hommes, et rendent possibles nos relations, notre vie en société.*

En partant du principe : *d'abord le nécessaire, ensuite l'utile, enfin l'agréable*, nous pouvons assurément discuter encore sur les différentes catégories de travail humain et sur la place à attribuer à chacune d'elles ; mais nous pourrions nous entendre, du moins, sur les grandes lignes à suivre dans nos évaluations.

Sans doute, il s'agit ici d'un examen sociologique très important, qui touche d'ailleurs par plus d'un point à la science économique, mais qui est des plus difficiles et des plus ingrats. C'est une raison de plus pour apporter notre part d'éloges à l'esprit pratique d'Adam Smith que nous avons vu, plus d'une fois déjà, se distinguer heureusement, dans ses recherches scientifiques, des économistes qui sont venus après lui.

C'est une preuve de la supériorité de son esprit et de la largeur de sa conception de la vie sociale, que d'avoir introduit dans la science économique la différence entre le travail « productif » et le travail « improductif ». Faisons une réserve : La définition qu'il a donnée de ces deux catégories est encore imparfaite et défectueuse : aussi lui a-t-on reproché à bon droit de considérer comme improductif tout travail qui ne contribue pas *directement* à la production d'un bien matériel et échangeable (1).

(1) C'est le grief formulé, par exemple, contre Smith par Mac Culloch. Cf. la note 118 de cet économiste sur l'œuvre de Smith (*Wealth of Nations*, Edit. Mac Culloch, pages 780-781). Du reste, Mac Culloch, lui-même, était trop au service des classes dirigeantes de son époque pour pouvoir partager la conception large de Smith et découvrir l'idée juste sous la forme défectueuse. Le raisonnement de Mac Culloch aboutit à reconnaître comme productif tout travail, qui peut soutenir la concurrence dans les conditions sociales actuelles. A côté du travail des fabricants, commerçants et banquiers, il loue encore comme « éminemment productif » (*supereminently productive*) le travail de tous les agents de la force publique : Armée et Flotte, Police et Justice et tout travail, en général, qui concourt à « la sûreté de la propriété ». Cf. ensuite la critique de Germain Garnier, et d'Ad. Blanqui sur les distinctions de Smith (*Richesse des Nations*, livre II, ch. III, trad. franç., tome I, édit. 1881, pages 397-401). Très intéressante surtout est la discussion large de Blanqui. Il nous avertit qu'en rectifiant l'erreur commise par Smith, il faut prendre garde de tomber dans la même faute que lui et de pousser la rigueur de la dé-

En effet, le travail qui augmente *indirectement* le bien-être matériel, intellectuel ou moral des hommes, doit être compté aussi comme travail productif. A titre d'exemple, citons le travail employé à l'instruction et à l'éducation de la jeunesse, au soin des malades, à la conservation des bibliothèques, etc. Pour le reste, le principe posé par Smith doit être d'autant plus approuvé aujourd'hui que la science économique moderne se considère de plus en plus comme une branche de la science sociologique générale. Reconnaissons en passant qu'il fallait au temps de Smith du courage et de l'indépendance pour ranger ouvertement les souverains, les officiers, les hauts dignitaires de l'Etat parmi les travailleurs « improductifs ».

Il me semble que, de nos jours, nous devons aller plus loin que Smith en distinguant, en principe, à côté du *travail productif*, non seulement le *travail improductif*, mais encore le *travail socialement nuisible et dangereux*.

Lorsqu'on occupe des forçats à creuser des fossés qu'ils auront à combler ensuite, on ne saurait nier qu'il s'agit là d'un travail simplement « improductif » en ce sens qu'il ne crée pas de nouvelle valeur. La qualification de Smith s'applique donc parfaitement à ce cas. Ceux, pourtant, qui font métier d'empoisonner leurs semblables par la fabrication de l'absinthe ou de l'opium, ou par la falsification des matières alimentaires, font un travail auquel ne convient plus la simple épithète d' « improductif ».

L'armée et la flotte, — lorsqu'elles sont employées à sauvegarder les classes dirigeantes de la société contre « l'ennemi du

monstration jusqu'à d'insignifiantes subtilités : « Parce que le docteur Smith, dit-il, a reconnu (lisez méconnu, — voir l'édition de 1843) le caractère productif de certains travaux, il ne faut pas voir partout des producteurs, et la distinction du fondateur de l'*Economie politique*, pour être trop absolue, n'en est pas moins vraie en partie. La science ne doit donner le nom de travaux productifs qu'à ceux qui ont pour objet de satisfaire des besoins réels et légitimes, soit matériels, soit immatériels. »

dedans » ou qu'elles offrent à un gouvernement l'occasion
d'échapper par la guerre extérieure aux difficultés de l'intérieur
— peuvent représenter une quantité considérable de travail non
seulement improductif, mais encore essentiellement nuisible et
dangereux. Elles peuvent ainsi constituer un obstacle empê-
chant la société entière d'évoluer vers une forme supérieure de
civilisation.

La valeur d'usage spéciale du travail exerce naturellement
une influence importante sur la valeur-de-travail des produits
quant à sa réalisation au marché. Ce phénomène, pourtant,
vient compliquer encore le problème de la valeur-de-travail que
nous étudions. On peut le remarquer déjà pour le travail au sein
de chaque métier pris en particulier ; mais la difficulté augmente si l'on examine différentes branches de la production. Ici,
nous avons déjà rencontré des produits dont la nature différait
tellement que nous avons dû les considérer comme absolument
hétérogènes, et les quantités de travail dont ils étaient les produits comme des grandeurs incommensurables.

Pour résumer notre analyse de la valeur-de-travail des produits, nous constatons que diverses quantités de travail humain,
différant par la nature du travail et par sa valeur d'usage, ne
sauraient être évaluées exactement l'une par l'autre. La difficulté augmente encore par le fait que ces quantités de travail
hétérogène sont exécutées par des ouvriers inégaux en forces
physiques et intellectuelles et en habileté professionnelle.
Nous n'avons pas le moyen d'exprimer rationnellement la quantité du travail de l'ingénieur, de l'architecte ou du médecin en
travail de maçon ou de terrassier ; dans le même métier, dans
le même atelier, il nous est encore impossible de mesurer exactement les résultats du travail du forgeron par celui de son
apprenti, ou les résultats du travail du maçon par celui du
manœuvre. C'est exceptionnellement qu'un travail peut être
mesuré par un autre. Nous trouverons une foule d'exemples
à l'appui de notre exposé lorsque nous examinerons plus tard
une entreprise moderne de grande industrie avec le travail de

Cornélissen   16

son directeur, des ingénieurs, des comptables, des contre-maîtres et des ouvriers de toutes catégories. C'est là un des arguments les plus significatifs apportés par les communistes contre le salariat moderne et contre la taxation arbitraire de la valeur du travail faite sous ce régime.

CHAPITRE XII

OBSERVATIONS COMPLÉMENTAIRES SUR LA VALEUR DE PRODUCTION SOCIALE

Coût de production et de reproduction. Valeur de production des matières premières. Usure matérielle et usure économique des moyens de travail.

A nos considérations sur la valeur-de-travail sociale des produits se lient quelques observations d'un caractère général. Elles concernent la valeur de production sous toutes ses formes et nous devrons encore en tenir compte lorsque nous analyserons la valeur de production sous sa forme capitaliste développée ; mais nous préférons les formuler dès maintenant parce que, sans elles, notre étude de la valeur-de-travail resterait inachevée.

Nos recherches sur la valeur-de-travail sociale des produits nous ont fait trouver comme base de cette valeur la quantité de travail personnellement nécessaire à leur production et appliquée dans les conditions techniques les plus favorables, pourvu que ces conditions soient accessibles à tous.

Immédiatement se pose la conséquence suivante : Supposons, dans la production d'un article quelconque, une invention, un perfectionnement, ou une révolution technique, comme l'his-

toire du travail en compte à tout instant, dans chaque branche
de métier. Le premier effet de ce changement sera la réduction
du temps nécessaire à la production de cet article.

Supposons le temps réduit de moitié. D'ordinaire, ce ne sera
pas seulement le produit nouvellement fabriqué qui verra diminuer dans la même mesure sa valeur de production, mais encore *toutes les quantités du produit fabriquées dans les anciennes
conditions techniques du travail.*

Naturellement, on suppose dans ce cas que le nouveau procédé de fabrication est rendu public et également praticable à
tous les producteurs. Au cas où la nouvelle invention ou le perfectionnement des moyens de travail resteraient provisoirement
le secret ou la propriété d'un ou de plusieurs fabricants, le nouveau procédé peut être considéré comme un monopole ; de
même, l'application de la force motrice d'une roue hydraulique
et l'intensité exceptionnelle du travail de certains ouvriers particulièrement doués se sont présentées tout à l'heure à nos yeux
comme des monopoles. Dans ce dernier cas, c'est seulement le
profit du producteur privilégié qui augmente ; la valeur-de-
travail sociale reste invariable jusqu'à ce que la nouvelle méthode de fabrication se soit généralisée.

Fort remarquables, à ce point de vue, sont les mesures coer-
citives prises par les autorités médiévales, qui, dans leur réglementation du travail des corporations, veillaient scrupuleusement à ce que nul maître artisan ne gagnât plus que ses
confrères en augmentant la productivité de son travail par des
perfectionnements techniques ou par tout autre moyen. Vers
l'an 1400, il n'était pas permis au maître foulon, dans la ville de
Leyde, d'employer d'autres matières premières que celles qui
lui étaient prescrites, ou de fouler plus d'une pièce de drap tous
les deux jours ; la longueur de chaque pièce était obligatoire-
ment de 32 aunes ; toutes ces prescriptions paraissaient encore
insuffisantes, puisque l'on fixait encore le nombre des fils à employer dans le tissage (1). Ce qui, d'une part, garantissait la

_____

(1) Les plus anciens règlements des drapiers de Leyde remontent à

qualité du produit, empêchait, d'autre part, les progrès techniques de l'industrie.

Il résulte de ces observations générales qu'en principe ce n'est pas *le coût de production*, mais plutôt *le coût de reproduction* que nous pouvons considérer comme le facteur constitutif de la valeur de production d'une marchandise. Il s'agit ici d'un principe s'appliquant avec autant de rigueur à la valeur de production capitaliste développée, qu'à la simple valeur-de-travail. Ce principe se retrouve dans la notion même du coût de production ; aussi est-il généralement reconnu par les représentants de la théorie de la valeur-de-travail.

Le principe que nous venons de développer ne s'applique pas sans réserves, pas plus qu'il ne s'applique de façon égale à toute catégorie de biens. Plusieurs biens économiques ne peuvent pas être reproduits et doivent précisément à ce fait une partie considérable de leur valeur d'échange, bien que le coût de production reste un élément essentiel de cette valeur. Tel est le cas, par exemple, pour les objets rares de différentes espèces. Certains vins estimés retirent de leur âge un élément essentiel de valeur ; si l'on voulait les reproduire au sens exact du mot, on aurait à reproduire cet âge, — sinon, on fabriquerait de tout autres produits d'une *moindre valeur*.

Comme principe général, cependant, principe s'appliquant à la très grande majorité des articles de consommation journalière, nous devons admettre que la valeur de production est estimée d'après *le coût de la reproduction*.

1363. Comme partout, cependant, le magistrat les remaniait continuellement. Cf. la citation à la page 190. Elle nous a appris que les maîtres tisserands ou *iegidiers* d'Amiens ne pouvaient pas davantage augmenter leur gain par l'invention d'une méthode perfectionnée ou par le moyen d'une production plus intensive. Les mêmes observations s'appliquent aux villes de Flandre. Voir par exemple F. Funck-Brentano, *Philippe le Bel en Flandre*, Paris, 1896, II, pages 51 et suiv. Le nivellement des conditions de vie dans chaque métier sur la base d'une valeur-de-travail sociale réglée par les autorités, voilà le trait caractéristique qui distingue les rapports de production dans les villes du Moyen Age.

En ce qui concerne la simple valeur-de-travail, ce principe s'exprime ainsi : *La valeur de production est estimée d'après la quantité du travail socialement nécessaire au moment où le produit apparaît au marché, c'est-à-dire au moment où sa valeur de production va se réaliser dans la valeur d'échange et le prix de marché.*

C'est dans le même sens que nous verrons s'appliquer ce principe à la valeur de production capitaliste développée, et cela, non seulement par rapport aux produits qui peuvent être augmentés indéfiniment et à volonté par l'industrie humaine, mais encore aux produits de l'agriculture et des industries agricoles ainsi qu'aux matières premières que nous procurent les industries extractives ; pourtant, en ce qui concerne les produits agricoles et les matières premières, nous savons que la productivité du travail ne dépend que partiellement de l'homme même.

Une observation particulière se présente ici : Supposons que, dans le laps de temps compris entre la production d'une marchandise et son apparition au marché, la quantité de travail indispensable à la production de cette marchandise reste la même, mais que son producteur trouve au marché *un autre produit* fabriqué avec un coût de production moindre, — c'est-à-dire, pour le cas spécial de la valeur-de-travail, par une dépense moindre de travail, — et que ce deuxième produit corresponde aussi bien ou même mieux que le premier aux mêmes besoins et désirs humains. Il est évident que, dans ce cas, il arrivera de deux choses l'une : ou le premier produit ne sera plus demandé et deviendra une non-valeur ; ou bien, la demande, tout en s'affaiblissant, continuera. L'alternative sera résolue par plusieurs circonstances particulières : la mode, les préférences des consommateurs pour le produit nouveau venu, ou, d'autre part, leur misonéisme, la réclame plus ou moins habile, etc. En résumé, le premier produit ne réalisera généralement pas une valeur de production supérieure à celle du dernier qui satisfait les mêmes besoins ou désirs. Lorsque, par exemple, le nouveau produit n'exige que la moitié du travail nécessaire à la fabrication du premier, on peut s'attendre à voir la moitié seulement de la valeur de production sociale représentée par le premier produit se réaliser dorénavant dans sa valeur d'échange et son prix de marché. A parler net, pour ces derniers, on devra compter avec un niveau qui n'est plus celui de la valeur de production sociale originelle, mais qui ne s'élève qu'à la moitié de celle-ci.

Ici, le produit dont il est question, n'est pas privé partiellement du poids de sa valeur de production par un produit parfaitement pareil et possédant les mêmes propriétés intrinsèques, mais par un produit d'une autre espèce, capable de satisfaire les mêmes besoins et désirs humains.

Dans nos recherches sur la valeur de production en général et la valeur-de-travail en particulier, nous avons parlé, jusqu'à présent, en termes généraux du coût nécessaire de la production ou du travail socialement nécessaire à la production, sans faire de distinction, pour chaque produit en particulier, entre le travail directement appliqué au produit, et le travail que l'on peut considérer comme transmis au produit par l'intermédiaire des moyens de production.

Les *moyens de production*, comme l'on sait, comprennent d'une part les *matières premières* et *matières secondaires*, d'autre part les *moyens de travail : immeubles, outillage*, etc. C'est à leur égard que nous avons à faire quelques observations importantes sur la constitution de la valeur de production. Ces observations s'appliquent de nouveau à la *valeur de production en général* et non exclusivement à *la valeur-de-travail*.

Les artisans qui ont fabriqué l'ouvrage de tabletterie dont nous avons examiné la valeur-de-travail sociale, ont donné à ce produit une valeur de production correspondant au travail dépensé : ce travail peut être considéré comme entrant purement et entièrement dans le produit, sous la réserve déjà faite que c'est généralement la valeur-de-travail sociale qui compte ici dans l'échange et non la valeur-de-travail personnelle.

L'ouvrage de tabletterie, cependant, représente autre chose en-

core que le travail que nous venons d'y retrouver. Il contient en
outre d'abord la matière première, bois ou ivoire, qui généralement est livrée par d'autres ouvriers et qui, en tout cas, passe
entièrement et avec toute sa valeur de production dans le nouveau produit. Elle ne subit une transformation dans le processus
de la production que pour reparaître, sous une nouvelle forme,
dans le produit final. Nous n'avons à analyser pour le moment
que *la valeur de production* et notre problème est autre que
celui des ouvriers tabletiers qui ont à juger chaque plaque de
bois ou d'ivoire d'après l'usage qu'ils en peuvent faire. Notre
tâche est donc assez simple. Au travail de ces ouvriers nous
avons à ajouter le travail nécessaire à la production et la livraison de la matière première. Nous supposons que, dans la branche
de métier qui s'occupe de la fabrication de la matière première,
le coût de la production se réduise encore à une dépense de travail.

Dans l'industrie choisie par nous, il n'est pas question, à proprement parler, de matières secondaires ; celles-ci ne comptent
guère. Si nos ouvriers étaient des fondeurs de cuivre ou de bronze
et leur œuvre un objet de fonderie artistique, il en serait autrement. A côté de leur matière première (cuivre ou bronze) ils
auraient encore à compter avec les matières secondaires, combustibles et autres, employées dans leur industrie. Les matières
secondaires se distinguent des matières premières en ce qu'elles
n'apparaissent pas dans le produit final, mais sont consumées,
dans le processus de la production, sans laisser trace de leur
existence. Cependant, en principe, ces derniers matériaux ne
sont pas moins nécessaires à la constitution du produit que les
matières premières ; comme ces dernières, ils doivent être considérés comme entrant dans la valeur du produit avec leur entière valeur de production.

Tel n'est pas le cas pour ce que l'on désigne sous le terme de
moyens de travail. L'immeuble où l'artisan exerce son métier
peut continuer à exister aussi longtemps que l'ouvrier exerce sa
profession, quel que soit le nombre des pièces livrées par lui. De

même ses outils durent plus longtemps que chaque processus particulier de production. Mais immeuble et outils subissent des altérations. Tous ces moyens de travail s'usent plus ou moins vite. Aussi faut-il réparer de temps en temps l'immeuble et maintenir en bon état les instruments de travail.

Rappelons-nous maintenant que notre ouvrage de tabletterie représentait une valeur-de-travail sociale de 50 heures. Il faut tenir compte ensuite de la quantité de travail dépensée à la fabrication des matières premières et secondaires. Admettons qu'elle soit de 13 heures. Supposons enfin que l'usage des moyens de travail représente 50 jours de travail par an : 25 jours nécessaires, par exemple, pour compenser l'usure matérielle des moyens de travail mis à la longue hors d'usage, et 25 autres jours représentant le temps nécessité par les réparations continuelles et l'entretien des outils, le nettoyage de l'atelier, etc. A ce titre, la valeur de production sociale de l'objet en question devra être augmentée d'une fraction de ces 50 jours de travail correspondant à la durée de sa fabrication.

Aussi longtemps que le métier continue à être exercé par l'artisan et que la valeur de production se présente encore à nos yeux comme simple valeur-de-travail, l'ouvrier traitera souvent l'usure de son outillage en quantité négligeable ; tout au plus la comptera-t-il approximativement dans les prix qu'il demande. Il en sera tout autrement dès que nous verrons se transformer peu à peu la petite manufacture en petite industrie, industrie moyenne et grande industrie. Là, les moyens de travail, bâtiments, machines, outils, etc., commencent à jouer un rôle toujours plus important ; l'entrepreneur y est naturellement porté à compter sérieusement avec la valeur de production transmise au produit par chacun de ces moyens de travail, et il la spécifie soigneusement dans ses prix de revient.

L'entrepreneur moderne enregistre dans ses livres une somme annuelle pour la détérioration de ses machines ; il met de même au compte des dépenses une somme afférente à l'usage — sinon au loyer — de ses locaux. Même dans ce stade de développement de l'industrie, on ne tiendra pas un compte exact, pour la détérioration des instruments de travail, de la durée de leur emploi, depuis le jour de leur mise en service jusqu'au moment où ils se trouvent hors d'usage. Pourtant, du côté des entrepreneurs, les calculs ont beaucoup gagné en précision avec les années. C'est précisément cette possibilité de compter plus facilement et plus exactement l'usure, les frais d'entretien, etc. des moyens de production que nous avons déjà envisagée comme essentiellement favorable à la transformation de la valeur-de-travail primitive en valeur de production capitaliste (1).

Tout compte fait, l'ouvrage de tabletterie pourrait représenter ainsi une valeur-de-travail sociale non de 50 heures, mais de 65 heures ; par exemple, 50 heures pour le travail direct de la fabrication, 13 heures représentant la valeur de production des matières premières et secondaires, et enfin 2 heures pour l'entretien des moyens de travail, l'usure des outils, etc.

Ainsi, nous voyons que les moyens de travail n'entrent pas entièrement dans chaque exemplaire du produit à la fabrication duquel ils ont servi, à l'inverse des matières premières et généralement aussi des matières secondaires. Ils s'absorbent dans le produit total d'une période entière de production, — une année par exemple, — de sorte que le coût qui correspond à leur usage

---

(1) Les autorités des villes au Moyen Age, dans leurs règlements des métiers, ne tenaient pas seulement compte des matières premières et de la main-d'œuvre, mais encore des *instruments de travail*. Pour en donner la preuve, nous nous référerons encore une fois au métier des drapiers dans la ville de Leyde. Il était expressément défendu, dans cette ville, de carder la laine ; on la peignait pour ne pas trop casser le poil du drap. Les outils au moyen desquels se faisait cette opération secondaire étaient scrupuleusement déterminés (Voir le Dr P. J. BLOCK, *loc. cit.*, p. 197). « La disposition et la grandeur des métiers, le nombre des fils, sont fixés d'une manière précise. » (F. FUNCK-BRENTANO, *Philippe le Bel en Flandre*, p. 53.)

Ici encore c'est plus particulièrement à la bonne fabrication du produit que les autorités médiévales voulaient veiller. Il est évident, d'autre part, que leurs prescriptions sur les outils étaient un obstacle important au développement technique.

ne peut s'appliquer que par fraction à chacun des objets fabriqués pendant cette période.

Il est évident que, pour l'une et l'autre espèce de moyens de production, on ne saurait parler d'une transmission de la valeur de production au produit final qu'autant qu'ils possèdent eux-mêmes cette valeur. Les matières premières ou secondaires qui sont gratuitement à la disposition du producteur n'entrent pas dans la *valeur de production personnelle* ; celles qui sont librement accessibles à tous n'entrent pas davantage dans la *valeur de production sociale des produits*. Les unes et les autres sont comme les forces naturelles qui prêtent gratuitement leur concours dans le processus de la production. Le sable ou le bois sauvage de la forêt peuvent ne coûter au producteur que le travail nécessaire à les recueillir, les transporter et les appliquer à à une destination spéciale ; pour le reste, ils peuvent ne pas lui coûter davantage que la lumière du soleil ou l'eau de pluie. Il en est autrement, si ces dons de la nature ne se trouvent que par exception à la libre disposition du producteur et se présentent ainsi comme un monopole. La force d'un courant d'eau dans une contrée industrielle peut nous servir d'exemple. Dans le cas du monopole, c'est seulement la *valeur de production personnelle* et non la *valeur de production sociale* qui reste invariable. Il est donc très compréhensible que la petite manufacture ait déjà tenu compte, dans la fondation des établissements, de la proximité plus ou moins grande des matières premières comme de toute autre condition permettant d'économiser les moyens de production. La fondation d'ateliers de sculpteurs sur bois dans les contrées boisées de la Suisse, de la Thuringe et de la Forêt-Noire, de sabotiers, vanniers, nattiers, briquetiers au bord des rivières, s'explique par la même cause pour la période de la petite manufacture.

La grande industrie moderne comporte naturellement, à ce point de vue, bien d'autres exigences que la petite manufacture ; mais ces circonstances accessoires de la production conservent leur influence. L'établissement des hauts fourneaux, des

fonderies et des grandes forges de nos jours dans le voisinage
des mines de charbon et des gisements de minerai, est un phénomène du même ordre.

A aucune de ces deux époques il n'est question d'une nécessité rigoureuse ; on peut économiser par d'autres voies — surtout dans la grande industrie — que la production et le transport des matières premières et secondaires. La Suisse, la Suède
et la Norvège, par exemple, doivent principalement l'existence
de leur moyenne et grande industrie à la technique moderne qui
transforme la force motrice des chutes d'eau en électricité, c'est-
à-dire, à une économie des moyens de travail.

D'une façon générale, les principes que nous venons de développer au sujet des moyens de production de différents ordres
sont d'un intérêt essentiel à tout degré de développement du travail humain. Car aux matières premières et secondaires d'une part,
aux moyens de travail de l'autre, s'applique encore ce que nous
avons dit relativement au travail : c'est non la *valeur de production personnelle*, mais la *valeur de production sociale* qui, généralement, entre dans le produit ; de plus, ce n'est pas ordinairement le *coût de la production* d'un produit, mais plutôt le *coût
de sa reproduction* qui compte comme valeur de production sociale. Ce qui est en jeu, selon ce dernier principe, c'est la valeur
de production sociale possédée par le produit prêt à la consommation au moment où *il est apporté au marché*.

Examinons de plus près encore l'application de ces principes
importants : Le tabletier voulant se permettre le luxe de tendre
son atelier de tapisseries, ne saurait rationnellement compter
l'usure de celles-ci dans la détérioration de ses moyens de travail. La valeur de production sociale transmise avec le temps au
produit s'étend bien à l'atelier et aux instruments de travail,
mais non à la décoration des locaux. Quoique les frais dépensés à cette décoration se rangent parmi les frais personnels de
fabrication des objets de tabletterie, ils ne comptent point dans
la valeur de production sociale de ces produits.

Aussi longtemps que le métier reste encore entre les mains de l'artisan, la valeur de production se présentant sous la forme primitive de valeur-de-travail, de semblables dépenses jouent ordinairement un rôle peu important. Il en est autrement dans la petite industrie, et plus encore dans l'industrie moyenne et la grande industrie de nos jours. Ici tous les frais de production de cette espèce exercent une influence plus ou moins importante, à tel point, qu'un excès de dépenses sur ce chapitre peut décider bien souvent de l'avenir d'une entreprise.

Les machines coûteuses qu'emploie souvent la grande industrie moderne perdent sensiblement de leur valeur avec le temps, non seulement par suite d'usure matérielle, mais aussi par le simple fait de leur âge. Un entrepreneur, dans la grande industrie moderne, doit se tenir au courant du développement de son industrie et se préoccuper des inventions nouvelles de la mécanique, en tant que celles-ci peuvent lui permettre de réaliser des économies. S'il oubliait ce principe, sa machinerie, pour ainsi dire, se survivrait à elle-même. Par opposition à l'usure *matérielle*, c'est ce qu'on peut appeler l'usure *économique* des moyens de production.

Dans certaines branches de la grande industrie, on reconnaît ainsi la nécessité du remplacement total de toute la machinerie (usée ou non usée) au bout de quelques années de service. Les compagnies d'assurance contre l'incendie comptent avec cette nécessité et font payer en conséquence de hautes primes aux industriels travaillant dans les branches en question.

Ici la valeur de production sociale des instruments de travail et leur *absorption dans un espace déterminé de temps* jouent un rôle essentiel, et ceci s'applique non seulement à tout entrepreneur en particulier, mais même à l'industrie nationale ou internationale.

D'autre part, la question de savoir ce qui compte comme valeur de production dans un sens général et social a une influence beaucoup plus importante pour la grande industrie que pour la petite manufacture et le travail de l'artisan isolé. Si la tapisserie ornant l'atelier du tabletier n'apporte pas un tort irréparable aux affaires de l'artisan, un trop grand déploiement de luxe dans une entreprise de grande industrie pourrait plus facilement mener l'entrepreneur à sa ruine. Ici les limites sociales posées dans chaque branche d'industrie, indépendamment de la personne de l'entrepreneur, ont un intérêt beaucoup plus direct ; une méprise à l'égard des moyens de travail y est d'une portée bien plus grande ; il est difficile de remédier à l'excès de dépenses apporté dans la construction d'un vaste immeuble, tandis que l'artisan a bientôt fait d'enlever ou de vendre quelques objets imprudemment achetés.

Puis, dans la petite, moyenne et grande industrie, l'économie relative aux matières premières et secondaires joue un rôle non moins important assurément que dans la petite manufacture. Dans un établissement de grande industrie moderne bien dirigé, chaque objet, le plus petit même, doit avoir sa place et ne pas rester inutilisé. Un entrepreneur de capacités commerciales supérieures attribuait principalement la prospérité de sa fabrique de carrosserie à la bonne administration, au système d'économie pratiqué par la direction : pas un bout de ficelle dans son entreprise n'était gaspillé et tout, jusqu'aux copeaux de bois et aux vieilles boîtes de fer blanc, trouvait toujours son emploi.

Plus encore que l'économie des matières secondaires, c'est celle des matières premières qui exerce ici une influence essentielle, parce que celles-ci s'emploient en quantités plus considérables : « Si une seule livre de coton suffit pour faire une livre de filés, fait remarquer Marx, on ne doit employer qu'une livre de coton pour la confection d'une livre de filés. » (1).

Pour chaque établissement de grande industrie se trouve ici exprimé en quelques lignes un principe général de la plus grande importance pour le bon succès de l'entreprise.

Nous faisons expressément remarquer que toutes ces observa-

(1) KARL MARX, *Das Kapital*, t. I, ch. v, p. 168 ; cf. trad. franç., p. 80, col. 2.

tions sur les matières premières et secondaires, sur les moyens de travail et sur leur influence dans la création de la valeur, s'appliquent uniquement à la *valeur de production* que ces éléments ajoutent au produit et non à la *valeur d'échange*.

C'est une erreur importante de la théorie moderne de la valeur-de-travail, — erreur que l'on retrouve également chez Rodbertus et chez Marx, — de supposer que la « valeur » des moyens de production (c'est-à-dire selon cette doctrine, la quantité de travail représentée par ces moyens, ou ce que nous appelons leur valeur de production) entre telle quelle dans la valeur d'échange des produits, au fur et à mesure qu'elle est consommée dans le processus de la production.

La confusion est manifeste : si la part de valeur d'échange des produits que l'on peut mettre au compte de l'usage des moyens de production ne peut pas être fixée exactement, néanmoins on ne saurait l'identifier purement et simplement avec le travail représenté par ces moyens de production dans la proportion de leur usure. Le service que le matériel de production rend dans la création de la valeur d'échange objective et la valeur de production représentée par la part consommée de ce matériel sont deux choses différentes qu'il ne faut pas confondre.

Il est à peine utile de répéter qu'en dernière analyse, nous nous retrouvons ici encore en présence de cette hypothèse si souvent critiquée que, dans l'échange, les biens produits par le travail humain possèdent seuls une valeur et que leur valeur correspond nécessairement à la quantité de ce travail.

Dans notre discussion de cette hypothèse, nous avons fait remarquer que les dons de la nature qui se trouvent gratuitement au service de l'homme et ne possèdent aucune valeur de production ne peuvent pas être mis à l'écart en vertu de leur gratuité, lorsqu'on estime la *valeur d'échange* des produits. Nous nous opposerons donc catégoriquement aussi à l'identification des services que rendent les matières premières et secondaires et les machines et autres instruments de travail avec la valeur de production qu'ils représentent. Cette identification est aussi insoutenable pratiquement que théoriquement.

Dans un chapitre traitant de la valeur des *biens complémentaires* nous exposerons le principe général suivant : *Lorsque différents facteurs ont collaboré à la création d'un bien économique, on ne peut pas mettre au compte d'un seul de ces facteurs le produit de l'action commune. En diminuant la valeur totale d'un produit de la valeur que certains facteurs représentent isolément, pour attribuer ensuite la différence à l'action d'un seul facteur conservé, on oublie que les biens complémentaires doivent être jugés dans leur ensemble.*

D'après ce principe, si l'on veut déterminer la part qui revient au concours des moyens de production dans la création des richesses et dans la constitution de leur valeur, on ne peut pas remplacer ce concours par le coût de la production ou de la reproduction des moyens en question. C'est du moins impossible en ce qui concerne la *valeur d'échange* des richesses, quoiqu'en disent les théoriciens de la valeur-de-travail. Cette substitution ne s'applique en réalité qu'à la *valeur de production* des richesses.

Karl Marx s'est laissé entraîner à poser l'hypothèse suivante : « Les moyens de production ne peuvent... jamais ajouter au produit plus de valeur qu'ils n'en possèdent eux-mêmes indépendamment du processus de travail auquel ils servent. Quelle que soit l'utilité d'une matière première, d'une machine, d'un moyen de production, s'il coûte 150 livres sterling, soit cinq cents journées de travail, il n'ajoute jamais plus de 150 livres sterling au produit total qu'il contribue à former. » (1).

Cette hypothèse est aussi inexacte lorsqu'on veut l'appliquer à la *valeur d'échange* des biens qu'elle est correcte pour leur *valeur de production.* Aussi caractérise-t-elle une fois de plus la confusion entre ces deux formes de valeur, confusion que l'on retrouve continuellement dans les œuvres de Marx.

(1) Voir KARL MARX, *Das Kapital*, t. I, ch. VI, p. 187 ; cf. trad. franç., p. 88, col. 1. RODBERTUS, de son côté, a moins approfondi cette matière. Voir cependant : *Sociale Frage*, pages 69-70.

Si, cependant, nous devons rejeter ici les théories présentées par la doctrine moderne de la valeur-de-travail en tant qu'elles s'appliquent à la valeur d'échange, nous n'acceptons pas davantage celles que sa rivale, la doctrine utilitaire, expose au sujet des moyens de production.

La doctrine utilitaire moderne, d'après ses représentants les plus autorisés et d'accord avec sa théorie générale, considère la valeur des machines et de tous les « biens productifs », comme dépendant de l'*utilité–limite* du produit final prêt à la consommation et comme ne s'appuyant pas, par suite, sur le coût de production de ces biens mêmes (1).

(1) Très curieux est l'exposé que donne M. Böhm-Bawerk de cette hypothèse. Cf. *Kapital und Kapitalzins*, tome II, livre III, chap. ɪ, ᴠɪɪ, pages 288 et suiv.

Supposons, dit-il, qu'un article de consommation A provienne d'un groupe de biens productifs du deuxième ordre (G²); celui-ci, à son tour, d'un groupe du troisième ordre (G₃), dérivant lui-même d'un groupe du quatrième ordre (G₁). Et ainsi de suite. A titre d'exemple et pour éclairer cette division empruntée à Menger, il prend comme article de consommation le *pain*; comme groupe productif du deuxième ordre, la *farine*, le *four* et le *travail du boulanger* collaborant à la production du pain; comme groupe productif du troisième ordre, le *blé*, le *moulin*, les *matériaux pour construire le four*, etc., servant tous ensemble à la production des biens du deuxième ordre; enfin la *terre* qui procure le blé, la *charrue*, le *travail du laboureur*, les *matériaux nécessaires pour bâtir un moulin*, etc., seront des biens productifs du quatrième ordre. M. Böhm-Bawerk pose ensuite les deux principes fondamentaux suivants :

« *Premièrement* : attendu que, de tous les groupes productifs intermédiaires qui passent successivement l'un dans l'autre, dépend la même utilité, la valeur de tous doit être en principe la même. »

« *Secondement* : la quantité de cette valeur commune correspond pour tous ces groupes, en dernière analyse, à la quantité de l'*utilité-limite* de leur produit final prêt à la consommation. » (*Loc. cit.*, p. 291.)

D'après cette théorie, la valeur du *travail du laboureur* ainsi que celle de *ses moyens de production* dépend de la valeur du *blé* qu'il produit; cette dernière valeur à son tour, ainsi que la valeur du *moulin*, des *matériaux pour la construction du four du boulanger*, etc., dépend de la valeur de la *farine*, du *four* et du *travail du boulanger*, et enfin ces dernières valeurs dépendent encore de la *valeur du pain*. Ici l'école autrichienne s'arrête. Pourquoi? *Est-ce que le pain ne produit pas*

Cornélissen   17

Cette dernière doctrine ne commet donc pas l'erreur faite par la théorie de la valeur-de-travail ; elle ne confond pas la valeur de production ajoutée par les instruments de travail, etc., aux produits finaux, avec la partie de la valeur d'échange de ces derniers qu'on devra attribuer à la collaboration des moyens de production. Son erreur est autre : C'est de confondre *la valeur d'échange des biens productifs : le travail, le sol, les outils, etc., avec les services qu'ils rendent dans la production et dans la création de la valeur sous toutes ses formes.*

Elle considère la valeur d'échange d'une charrue (pour reprendre une fois encore l'exemple choisi par Von Thünen) comme s'appuyant, en dernière analyse, non sur le coût de production de cet objet même, mais sur l'*utilité-limite* qu'aura finalement pour les consommateurs le pain, lorsque, dans quelque temps, la charrue aura servi entre les mains du laboureur à la production de blé.

La vie sociale réelle donne un démenti formel à cette théorie, ce qui est assez naturel. Le fabricant de charrues évalue tous ses instruments aratoires à un même niveau objectif pour tous les objets pareils ; il ne peut pas compter pour la fixation de leur valeur avec l'*utilité-limite* qu'un kilo de pain aura prochainement — dans une année, deux années, etc. — pour les consommateurs successifs.

---

de nouveau de la force de travail et du travail, comme le travail produit du blé, de la farine, du pain ? Nous prenons la liberté de continuer la chaîne de déductions de M. Böhm-Bawerk : la valeur du *pain* « dépend » de la valeur de la force de travail et du travail produits par le pain, travail des laboureurs, artisans, ouvriers de fabriques, etc. ; la valeur de ce *travail* dépend ensuite de la valeur du blé, des légumes, des articles d'industrie, etc., qu'il produira dans l'avenir. Et ainsi de suite.

Ce raisonnement, se mouvant ainsi dans un cercle, d'ailleurs incomplet dans la théorie de M. Böhm-Bawerk, se réduit à l'idée suivante : La valeur des « biens productifs » d'aujourd'hui dépend de la valeur des « biens productifs » de demain.

Cette formule ne nous apprend rien sur le *quantum* de l'une et de l'autre valeur. Reste à se demander ce qui subsiste de cette théorie lorsqu'on l'éprouve au contact de la vie réelle.

L'acheteur, de son côté, ne voudra pas payer une charrue plus cher que son voisin pour la raison qu'il attend de son objet des services exceptionnellement utiles. De même nous avons vu déjà que l'orfèvre évaluera un objet d'or « au poids de l'or » sans se préoccuper de l'*utilité-limite* que cet objet a eue pour la personne qui le lui offre ou qu'il aura probablement dans l'avenir pour un acheteur quelconque. Entre les articles de consommation productive (matières premières, machines, outils, etc.), et les articles de consommation directe comme un objet d'or, il n'y a pas de différence à ce sujet (1).

Les idées présentées par les théoriciens de la valeur-de-travail relativement aux moyens de production et à leur concours dans la création de nouvelles valeurs, repose sur la confusion entre la *valeur d'échange* et la *valeur de production* ; celle que nous trouvons à cet égard chez les représentants de la doctrine utilitaire repose, en dernière analyse, sur la confusion de la *valeur d'échange* et de la *valeur d'usage*.

(1) Dans la dernière édition de sa *Théorie positive du capital*, M. Böhm-Bawerk s'efforce à prouver, par des exemples pratiques, que la valeur des biens productifs *dépend* de celle des articles prêts à la consommation directe et *jamais de l'inverse*. (*Kapital und Kapitalzins*, tome II, 2ᵉ partie, *Exkurs*, VIII, pages 251 et suiv. Voir surtout la déclaration catégorique, à la p. 255.)

Comme toujours, l'économiste autrichien ne regarde qu'un seul côté de la médaille, et il oublie notamment toutes les exigences de la grande industrie capitaliste moderne. Il cherche des exemples très particuliers à l'appui de sa thèse, e. a. tels où l'intervention de l'État influe sur les prix des articles prêts à la consommation et où cette influence réagit sur la valeur des biens productifs : terres, fabriques, etc. (Voir *loc. cit.*, pages 260-261.) Cependant, M. Böhm-Bawerk persiste à ne pas voir d'autres phénomènes, pourtant de caractère général, qui se trouvent immédiatement devant lui. Il ne voit pas, par exemple, que dans de vastes industries de transformation, les prix sont directement basés, par les fabricants coalisés, sur ceux des matières premières, avec une marge suffisante, entre les deux séries de prix, pour leur garantir un profit.

CHAPITRE XIII

LA VALEUR DE PRODUCTION CAPITALISTE

I. — *Frais de production capitalistes par opposition aux frais de travail primitifs.*

Dans le petit maître-artisan du Moyen Âge, travaillant avec un nombre restreint d'apprentis et de compagnons, nous avons le précurseur de l'entrepreneur capitaliste moderne. Mais l'activité du maître-artisan était généralement soumise à des règles sévères, qui lui interdisaient de s'élever beaucoup, dans son métier, au-dessus de ses confrères. Fréquemment les ordonnances municipales décidaient de son gain, comme du salaire de ses compagnons et de ses apprentis.

Dans cette période précapitaliste de la civilisation, cependant, il y avait certains métiers tombant plus ou moins en dehors de la réglementation et présentant déjà, à son premier degré, la forme capitaliste de la production. C'étaient surtout des branches de métier dans lesquelles le capital placé en immeubles, matières premières et outillage, atteignait nécessairement des proportions telles que les petits maîtres-artisans ne pouvaient généralement pas y prétendre. Leur capital était d'autant plus insuffisant que le nivellement des conditions d'existence et de production concourait à les réduire à l'impuissance.

Ces métiers n'appartenaient pas au domaine de l'agriculture, ni même à une des nombreuses sphères de la petite manufacture. Pendant plusieurs siècles encore ce ne sera pas de ce côté qu'il faudra attendre la rupture de la loi de la production précapitaliste. En ce qui concerne l'agriculture, même jusqu'à nos jours elle est, en grande partie, restée basée en Europe sur la main-d'œuvre de l'ouvrier travaillant avec des outils simples. Il est vrai que la production de plusieurs articles d'usage général passait peu à peu de l'industrie artisane à la manufacture petite ou moyenne, de l'atelier étroit de l'ouvrier, artiste dans son métier, au grand atelier où régnait la division du travail, — cet atelier qu'Adam Smith nous a décrit avec tant de talent et de minutie. Ce passage de l'une à l'autre forme de production représentait une évolution de plusieurs siècles. Entre le petit maître-artisan médiéval et l'industriel moderne se trouve, dans toutes les grandes sphères de production, un intervalle d'au moins cinq cents ans.

Ce que nous appelons le régime capitaliste, se présente d'abord dans le commerce. Le commerce, et plus particulièrement encore le commerce maritime, portait déjà au Moyen Age la richesse et la prospérité dans maintes contrées bien situées de l'Europe ; mais les conditions dans lesquelles il s'exer-çait surpassaient souvent les forces d'un seul homme, quelque riche qu'il fût pour son temps. Il fallait construire et entretenir en bon état des magasins et entrepôts de marchandises, des moyens de transport de toute nature. Pour le commerce mari-time la possession de vaisseaux était rendue particulièrement coûteuse et hasardeuse par la piraterie organisée en mer et su ͬ les grèves. Ce commerce se rangeait donc parmi ceux qui exi-geaient la dépense d'un capital relativement considérable en moyens de production. Aussi voyons-nous le commerçant occu-per déjà au Moyen Age une position sociale très particulière qui devait le distinguer bientôt, en tant que possesseur de capital et exploiteur de travail, du paysan et de l'artisan ou du petit maître de métier. En outre, dans cette branche commerciale nous voyons apparaître assez tôt le grand capital associé, par-

tout où plusieurs commerçants s'unissent pour équiper à frais
communs un ou plusieurs vaisseaux, ou même toute une flotte,
et supporter ensemble les risques de l'entreprise. Au Moyen
Age nous voyons naître ce grand-capital dans les unions de
commerçants des puissantes villes marchandes de l'Italie, bientôt aussi dans la confédération hanséatique de plusieurs villes
d'Allemagne et du Nord. Après la découverte des routes mari-
times vers l'Amérique, les Indes et l'Australie, quelques siècles
plus tard, ces unions se multiplient dans les Compagnies
commerciales et coloniales de différents Etats d'Europe.

Dans l'industrie se produisait peu à peu un phénomène semblable partout où l'exécution d'un métier exigeait également
des dépenses relativement importantes en capital fixe. C'était le
cas pour l'extraction des substances minérales : or, argent, fer,
pierres. En général, cependant, nous le répétons, ce développement s'accomplissait beaucoup plus lentement pour l'industrie
que pour le commerce. C'est seulement après l'application technique de la vapeur aux métiers de différentes espèces, pendant
la dernière moitié du XVIIIe siècle, qu'a pu naître pour l'industrie
une période de révolution semblable à celle que le commerce
maritime avait parcourue quelques siècles auparavant.

Cette révolution devait évidemment balayer, dans plusieurs
branches de production, les débris des réglementations médiévales concernant le travail et briser les entraves mises par celles-
ci aux jeunes industries naissantes (1).

La vieille loi de la valeur était brisée du même coup ; à mieux
dire, la *valeur-de-travail* qui avait régné comme loi générale
de la valeur de production, était transformée en *valeur de pro-*

_____

(1) Si l'on cherche, pour une période contemporaine, un exemple écla-
tant de la brusque transformation du métier de l'artisan en industrie et
grande industrie capitaliste par la nécessité de grandes dépenses en capital fixe, il suffit d'observer le développement industriel de la Suisse, de
la Suède, de la Norvège. Ces pays, en effet, ont été des pays de la petite
manufacture par excellence, jusqu'au jour récent où les progrès de la
science ont permis à l'homme d'utiliser la force motrice des torrents et
des cascades à la production de l'électricité.

duction capitaliste, dont l'action se généralisait bientôt dans les diverses branches de l'industrie. Regardons de près comment cette évolution s'est accomplie :

Ce qui distingue tout d'abord la production capitaliste de la production primitive entre les mains de l'artisan, c'est que pour l'entrepreneur capitaliste le coût de la production ne se réduit pas à des dépenses en travail, mais à des dépenses en capital. « Le coût capitaliste des marchandises, dit Marx, se mesure d'après la dépense en *capital* » (1). Chaque sacrifice fait par l'entrepreneur capitaliste pour fabriquer une marchandise quelconque, s'exprime pour lui en une dépense d'argent et c'est la somme de toutes ses dépenses qui compose pour lui *le prix de revient* de son article ; ce sont ces dépenses que nous désignerons dans la suite par le terme de *frais de production*.

Le principe constaté déjà par nous, qu'une richesse est le fruit commun de tous les facteurs ayant collaboré à sa production, — agents naturels et travail humain, — prend dans l'esprit de l'entrepreneur capitaliste la forme suivante : pour lui le *profit d'entreprise*, ou en d'autres termes le *surproduit* (2) procuré par son entreprise, est le fruit de *son capital entier*. Il n'attribuera pas ce profit exclusivement à la partie consommée de son capital, pas plus qu'à la partie employée pour payer ses ouvriers. Comme entrepreneur capitaliste, il lui importe peu de savoir si une fraction quelconque de son capital entier a été employée à l'achat de matières premières ou secondaires, à l'acquisition de machines et autres instruments de travail, ou encore si elle a été dépensée en salaires. Il se préoccupe de maintenir chacune de ces dépenses partielles dans une proportion convenable par

---

(1) *Das Kapital*, tome III, première partie, ch. ɪ, p. 2 ; cf. trad. franç., p 3.

(2) Cette notion du *surproduit* ne doit pas être confondue avec la notion marxiste de la *plus-value*. Comme nous verrons dans le troisième tome de cet ouvrage, Marx commet l'erreur de comprendre la *plus-value* comme le produit exclusif de ce qu'il appelle le *capital variable*, c'est-à-dire de la partie du capital dépensée en salaires.

rapport à sa dépense totale, le reste lui est indifférent. A cet égard, une partie de son capital lui paraît aussi productive qu'une autre. Il ne faut pas en chercher la cause, avec la doctrine marxiste, dans la vue « bornée » du capitaliste en présence des mystères de la production moderne ; elle se trouve naturellement dans les circonstances qui caractérisent cette production.

La doctrine marxiste ne voit dans l'entrepreneur capitaliste que l'*exploiteur* de la force de travail d'autrui. Les économistes officiels, de leur côté, nous le présentent de préférence comme un simple « ouvrier intellectuel ». En réalité, — et nous y reviendrons plus longuement dans notre troisième volume en traitant des diverses sources du profit, — l'entrepreneur capitaliste est plus que cela : il est aussi *accapareur* d'agents naturels, matières premières, etc., et, dans la mesure où il peut faire hausser les prix de ses produits en influant sur leur rareté au marché par rapport à la demande totale et effective, il peut être encore un *spéculateur*, qui joue sur les besoins de ses semblables. Et ainsi de suite.

Pour le moment nous n'avons à analyser le profit d'entreprise que dans la mesure nécessaire pour nous expliquer les raisons qui amènent l'entrepreneur capitaliste à considérer une partie de son capital total comme aussi productive qu'une autre. Il agit dans la pratique selon la théorie que nous avons déjà exposée et d'après laquelle l'origine du produit d'un ensemble de facteurs associés ne peut être séparée de cet ensemble même. Dans la pratique, toutes les parties d'un capital collaborent entre les mains de l'entrepreneur capitaliste à la création d'une valeur nouvelle, aussi bien celles qui sont placées dans le sol ou dans les matières premières et secondaires que celles qui ont fourni les instruments de travail ou payé les salaires des ouvriers.

Examinons un peu en quoi consiste la situation différente de l'entrepreneur capitaliste comparée à celle de l'artisan indépendant ou du petit maître de métier au Moyen Age. Ces derniers, nous l'avons vu, étaient obligés de se réserver dans les prix de marché toute la valeur-de-travail de leurs produits. Les statuts de leurs corporations, du reste, ne leur auraient pas permis de vendre leurs articles au-dessous de cette valeur. Le nivellement des conditions d'existence des habitants d'une ville sur la base d'une valeur-de-travail sociale réglée par le magistrat, — voilà précisément le trait caractéristique que nous avons discerné dans cette période historique.

Il en est tout autrement pour l'entrepreneur capitaliste, et la différence entre lui et le maître-artisan du Moyen Age est même plus catégorique au fur et à mesure que son entreprise est plus développée au point de vue capitaliste. L'entrepreneur moderne ayant à son service quelques dizaines et même quelques centaines ou quelques milliers d'ouvriers, échappe à la nécessité de vendre ses produits à leur entière valeur-de-travail ; son entreprise est sujette à de tout autres règles. Contrairement au petit maître-artisan, il pourra réaliser un profit, tout en vendant ses marchandises au-dessous de leur valeur-de-travail, et il pourra le faire pour la simple raison déjà, que son exploitation s'étend à un nombre plus grand d'ouvriers. Il réalisera même toujours un profit plus ou moins important, tant qu'il vendra encore ses marchandises au-dessus de ses propres *frais de production*. Ces frais de production constituent donc pour lui un *minimum*, au-dessous duquel il ne rentrerait pas dans ses dépenses. La différence que nous venons d'observer ici entre l'entrepreneur capitaliste et le maître-artisan du Moyen Age est d'autant plus importante que le premier — précisément parce que son entreprise est fondée sur une échelle bien plus vaste — pourra s'assurer des avantages étendus en tant qu'*accapareur d'agents naturels, inventeur, spéculateur*, etc. Dans des proportions larges il pourra accaparer à son profit des matières premières et secondaires et mettre à son service les forces naturelles nouvellement connues dont la découverte est l'œuvre de la civilisation générale ; il peut accroître son gain, plus facilement et dans des dimensions tout autres que son ancêtre, en spéculant sur les besoins momentanés des consommateurs de ses produits.

Au temps des corporations, les statuts et les règlements des magistrats urbains avaient pour but, avant tout, d'affermir les maîtres de métier dans leur situation privilégiée ; aujourd'hui, les gouvernants viennent aimablement à l'aide de leurs compères et leur permettent volontiers de mettre la main sur les dons de la nature — tout d'abord les matières premières — qu'ils n'ont pas plus le droit d'accaparer que qui que ce soit. Pour si violente que soit encore souvent la concurrence entre les capitalistes modernes, ils ont toujours su à merveille se coaliser ensemble contre les autres classes de la société. Nous verrons quelles limites la production capitaliste elle-même trace aux appétits de l'entrepreneur moderne ; mais nous voulons faire remarquer dès à présent que l'importance surtout de deux sources de profit, l'accaparement d'agents naturels et la spéculation, ne doit pas être négligée. Lorsqu'à la fin de ce tome nous traiterons de l'influence exercée par les trusts et les monopoles sur le marché moderne, nous devrons reconnaître combien ces deux sources peuvent apporter de bien-être matériel à ceux qui travaillent à s'enrichir aux dépens d'autrui. Evidemment, on ne saurait mettre d'ordinaire sur le compte de l'exploitation immédiate des ouvriers qu'une partie seulement de tout le *surproduit* dont bénéficie le capitaliste moderne.

Pour l'entrepreneur capitaliste, contrairement à l'artisan indépendant et au petit maître de métier pré-capitaliste, — et c'est la courte conclusion de tout ce que nous venons d'exposer, — il ne s'agit plus de vendre les marchandises sur la base du *travail* appliqué à leur fabrication, mais sur la base de leurs *frais de production*.

Sous le nom de *frais de production*, ce terme pris au sens capitaliste, nous comprenons l'ensemble de toutes les dépenses que le producteur doit nécessairement débourser pour produire une marchandise.

Les frais de production se composent de :

A. — L'usure du *capital fixe* (bâtiments, machines, outils, etc.).

B. — Les avances de *capital circulant* pour : 1° achat des

matières premières et secondaires ; 2° compensation de la rente, de l'intérêt, des primes d'assurance, etc. ; 3° payement des salaires.

Cette définition, cependant, a encore besoin de quelques éclaircissements. Il peut paraître simple au premier coup d'œil de formuler ce que sont les frais de production ; mais il est souvent difficile dans la pratique de décider ce qui, dans une entreprise capitaliste, devra logiquement être considéré comme tels.

Dans les années 1891 et 1892, le *Department of Labor* à Washington, présidé par le statisticien Carroll D. Wright, publia trois grands volumes contenant une enquête très détaillée et très sérieuse sur les frais de production dans quelques branches principales de l'industrie. Pour nos recherches cette enquête est d'une importance pratique essentielle et dans les pages suivantes nous aurons l'occasion de nous référer souvent aux résultats de cet ouvrage que l'on a qualifié de « triomphe de la statistique ».

Pour la première partie de leur enquête, — concernant les industries du fer, de l'acier, du charbon et du coke, du minerai de fer et de la pierre calcaire, — les agents du *Department of Labor* des Etats-Unis n'ont pas étudié moins de 618 établissements industriels ; pour la deuxième partie, — concernant les industries textiles et l'industrie du verre, — non moins de 278 établissements dans les diverses régions de l'Amérique du Nord, de l'Angleterre et de l'Europe continentale. En outre, ces agents ont eu l'occasion toute particulière, que seule peut procurer une enquête officielle entreprise sur une échelle aussi gigantesque, de vérifier leurs données statistiques à l'aide des livres de compte et listes de salaires des différents entrepreneurs. Or, c'est précisément l'ampleur et le sérieux de cet effort de statistique, qui ont pu démontrer la difficulté de déterminer nettement ce que sont les frais de production, et ceci non seulement pour toute une industrie en bloc, mais souvent aussi pour un seul établissement capitaliste.

Les difficultés se rapportent spécialement aux dépenses de la

catégorie qui, dans notre définition, correspond au titre B,
2° (compensation de la rente, de l'intérêt, des primes d'assurance, etc.), mais aussi à d'autres dépenses. Quelques-unes des
observations techniques qui se trouvent dans le rapport du Département du Travail sont d'une importance immédiate pour
l'analyse que nous poursuivons ici.

Pour arriver à la détermination du coût de la production, dit
l'introduction du rapport, on a *exclu* « toutes les dépenses faites
pour payer l'intérêt, les assurances, la dépréciation du matériel
et (partout où elles existent) les redevances à payer aux propriétaires du sol » ; on a exclu de même les « dépenses pour le transport des produits jusqu'au lieu de leur livraison franco ». On a
estimé suffisant, pour le but proposé, de ne comprendre dans le
coût de production que des éléments « *universels, positifs et
absolument essentiels* », c'est-à-dire « des éléments du coût
communs à tous les producteurs et devant être supportés pour
la mise au jour du produit complet » (1).

La plupart des difficultés que présente le relevé des éléments
exclus, tout en étant des obstacles à l'établissement d'une statistique comparative digne de confiance, peuvent être laissées de
côté pour notre analyse théorique. Pour nous, les éléments exclus par le rapport américain peuvent donc, en réalité, entrer
dans le coût de la production, selon la branche particulière de
l'industrie ou l'établissement que nous examinons.

L'*intérêt*, comme le fait remarquer le rapport américain, ne
peut guère être compris comme un élément des frais de production à cause de la variation du montant de l'intérêt d'un établissement à l'autre.

Beaucoup d'établissements, en outre, ne comptent pas avec
l'intérêt à payer, parce qu'ils sont libres de toutes charges ou
bien qu'ils réservent pendant un temps suffisant une somme
annuelle à l'amortissement du premier capital ; cela fait, l'inté-

(1) *Sixth Annual Report of the Commissioner of Labor*, Washington,
1891, introduction, p. 8.

rêt ne figure donc plus dans l'inventaire ou dans les comptes de l'entreprise. « L'homme qui paye un large intérêt doit se contenter d'un profit moindre. S'il emprunte son capital, il fait diminuer la marge de son profit. » (1).

Considéré ainsi, l'intérêt entre donc dans les bénéfices, mais ne fait pas partie des frais de production des marchandises. Et le rapport américain éclaircit cette théorie par l'exemple caractéristique suivant : « Certains fabricants dans différentes industries ajoutent, par exemple, 6 0/0 de l'immeuble et du matériel entier, aux frais de production en répartissant le montant sur la production totale de l'année. Lorsque, dans un tel cas, les marchandises se vendent à ce coût, le fabricant prétend qu'il n'a pas fait de profit, tandis qu'en réalité il en a fait 6 0/0 et ces 6 0/0 constituent une compensation de l'intérêt qu'il aurait obtenu de son capital s'il l'avait engagé dans une autre direction. » (2). Caractéristique est également le fait suivant que relève ce rapport : « La plupart des fabricants de fer et d'acier de l'Europe et tous ceux chez qui les recherches se sont étendues en Amérique, se sont trouvés considérer leur établissement comme libre de charges dès l'origine, et ils ont formulé ainsi leur avis : la seule influence que la valeur de l'immeuble et du matériel peut avoir sur le coût de la production, s'exprime en dépenses pour réparations et non pas en un intérêt ajouté aux éléments positifs des frais. » (3).

La *dépréciation du matériel* qui a justement attiré l'attention de tant d'auteurs désirant évaluer les frais de production d'une marchandise, constitue un obstacle réel aux recherches statistiques. Le Département du Travail à Washington n'a pas eu seulement des motifs théoriques pour ne pas la ranger parmi les éléments *positifs* et *universels* des frais de production ; il a été influencé dans la pratique par l'opinion de plusieurs fabricants. A propos de la dépréciation, on ne saurait formuler de

(1) *Sixth Annual Report*, *loc. cit.*, p. 9.
(2) *Ibid*.
(3) *Loc. cit.*, pages 9 et 10.

règles fixes généralement applicables ; la première difficulté est
la diversité des industries et des procédés de fabrication, mais
il y a également à compter avec plusieurs influences secondaires. La question de la dépréciation de l'immeuble et du matériel ne peut pas être séparée de celle de leur entretien et l'on
peut même considérer en théorie que la compensation de l'une
équivaut aux dépenses de l'autre. Ce qui rend ici les recherches
particulièrement difficiles dans la pratique, c'est que les directeurs des établissements industriels montrent souvent une tendance naturelle à compter la dépréciation du matériel proportionnellement au profit réalisé, plutôt que selon sa véritable
importance ; dans ce cas, le montant ainsi calculé sera haut dans
les années de grands bénéfices, et inversement. Par cette méthode, les frais de production pourraient être considérés
comme directement proportionnels à la prospérité de l'établissement.

En outre, même pour ceux qui prennent une part immédiate
à la direction d'une entreprise industrielle ou commerciale, il
est excessivement difficile de distinguer rigoureusement, dans
les comptes de leur entreprise, entre les dépenses qui sont nécessaires aux agrandissements et celles qui doivent assurer la
conservation de l'immeuble et du matériel. Pour celui qui reste
en dehors de l'organisation intérieure d'un établissement, il est
généralement impossible de faire cette distinction. En règle générale pourtant, — voilà comment le Département du Travail a
résolu ce problème, — *les réparations doivent être comprises
parmi les frais de production, tandis que les agrandissements
ou les frais dépensés à l'accroissement de la productivité d'un
établissement doivent être considérés comme une augmentation
du capital* (1).

En ce qui concerne les machines, la détérioration dépend,
nous le savons, de tant de circonstances, — les unes se rapportant à la machine même, les autres à son usage, — qu'il est im-

(1) Voir *Sixth Annual Report*, loc. cit, p. 11.

possible d'établir ici un taux de dépréciation juste et uniforme que l'on puisse considérer comme entrant entièrement dans les frais de production. « Parfois, nous fait remarquer par exemple le rapport américain, une machine peut continuer dans son ensemble à servir, tandis que des parties importantes peuvent devenir hors d'usage. » (1). Même dans des usines bien dirigées, la méthode employée pour établir un taux déterminé de détérioration des machines diffère grandement. Le Département du Travail a estimé que le meilleur moyen d'éviter ici toutes les difficultés était encore de comprendre les réparations comme frais de production.

Dans l'enquête américaine, l'*assurance*, à son tour, n'a pas été rangée parmi les éléments *positifs* et *universels* proprement dits des frais de production. Il est vrai que beaucoup d'entrepreneurs préfèrent supporter eux-mêmes leurs risques, tandis que d'autres les transfèrent aux compagnies d'assurances. En tout cas, ces frais sont réellement, comme le dit le rapport américain, « d'une grandeur variable et souvent inconnue » (2). Mais cette difficulté, une fois encore, atteste la possibilité de dresser une statistique comparative rigoureuse plutôt qu'elle n'affecte les conditions de notre analyse théorique. En général, c'est selon l'industrie et l'entreprise particulière étudiées que nous jugerons si, et jusqu'à quelle hauteur, la prime de l'assurance doit être considérée comme entrant dans les frais généraux exigés par la production d'une marchandise.

Il en est de même des *redevances dues aux propriétaires du sol*, telles qu'elles sont d'usage dans l'exploitation des mines de charbon et de fer, des carrières, etc., et lorsque les travaux sont entrepris par d'autres que les propriétaires. Ces redevances, assurément, ne sauraient être considérées comme des *frais positifs* et *universels* attendu que, variant avec les situations locales, elles doivent encore correspondre nécessairement à la somme que l'exploiteur comptera comme intérêt de son capital,

(1) Voir *Sixth Annual Report, loc. cit.*, p. 11.
(2) *Loc. cit.*, p. 13.

s'il était lui-même le propriétaire du sol. Si, cependant, ces droits ne peuvent être compris rationnellement dans une statistique comparative, parmi les éléments constitutifs, positifs et universels des frais de production, il est non moins sûr qu'ils se présentent comme des dépenses propres à influencer les prix de vente des produits ou le profit.

Enfin, les *frais de transport des marchandises* depuis l'établissement industriel jusqu'au lieu de la livraison franco, doivent-ils être comptés parmi les éléments positifs des frais de production? On pourrait prétendre que ces frais font partie des dépenses nécessaires à la *vente*, et non, à proprement parler, à la *production* des articles de chaque industrie. Pour une statistique comparative où il faut déterminer d'avance ce que l'on comprendra sous le terme de « frais de production », les difficultés sur ce point se multiplient encore. Les produits de nombre d'établissements sont livrés « franco en fabrique » ; d'autres à des distances et des points tellement différents, que l'on ne peut plus trouver de base fixe pour des calculs comparatifs à ce sujet. Pour notre analyse théorique, pourtant, nous avons sans contredit à compter avec ces frais de transport. N'oublions pas que nous devons considérer la valeur de production des marchandises comme un élément réel et parfois prédominant dans la constitution de leur valeur d'échange et leur prix de marché. Nous avons donc à compter avec *tous* les frais qu'exige le transport et la circulation de ces marchandises, jusqu'au moment où elles passent dans les mains des consommateurs. Pour notre but, nous ne saurions donc oublier aucun des frais nécessités par les marchandises depuis le moment où elles sortent de la fabrique jusqu'au moment où la valeur se réalise dans les prix de marché. Nous reviendrons tout à l'heure aux frais de transport et de circulation pour examiner particulièrement jusqu'à quel point ils entrent dans le coût de la production avec lequel nous devrons compter au marché.

Tout ce que nous venons de remarquer montre combien il est difficile, même pour une seule entreprise industrielle, de déterminer nettement ce que sont les frais de production d'une marchandise ; les difficultés augmentent encore dès que l'on veut comparer ces frais pour différents établissements fabriquant des produits semblables.

Dans la statistique faite par le Département du Travail américain, — malgré tous les obstacles avec lesquels il était nécessaire de compter, — on a dressé, aussi complètement que possible, des tableaux montrant particulièrement l'influence que *l'intérêt, l'assurance* et *la dépréciation du matériel* exercent sur les frais de production. Une comparaison rapide suffit à faire voir que la somme totale de ces frais additionnels n'est ordinairement qu'une partie peu importante comparée aux frais principaux. Pour une tonne de fonte ou de rails d'acier, ou encore pour chaque mètre de drap, de toile ou de soie, ces frais ne peuvent que très légèrement augmenter les prix de vente. Évidemment, l'influence de ces frais additionnels varie avec la nature de ces marchandises. En ce qui concerne les frais de transport, nous trouvons dans les mêmes rapports du Département du Travail à Washington des tableaux statistiques spéciaux et précieux. Ces derniers frais diffèrent cependant avec les distances comme avec la nature des moyens de transport par terre ou par mer ; les tableaux spéciaux indiquent donc, pour la période en question, les frais de transport des marchandises de différents centres de production à divers marchés du monde.

Examinons maintenant quelques exemples particuliers, propres à éclaircir ces notions générales sur les frais de production.

Plutôt que de nous figurer quelque entrepreneur fictif faisant dans son entreprise des dépenses fictives : x francs pour matières premières, y francs pour matières secondaires, z francs pour salaires, et ainsi de suite, — nous choisirons des cas déterminés, comme nous en trouvons des centaines dans la statistique américaine.

Nous prendrons trois établissements — A, B et C — fabriquant tous les trois *de la fonte de fer* ; l'échelle de la production caractérise le premier comme une entreprise de petite industrie,

Cornélissen   18

le deuxième comme une d'industrie moyenne et le troisième comme une entreprise de grande industrie. Dans le rapport du *Department of Labor* l'établissement A figure au n° 40, B au n° 42, C au n° 16 (1).

Pour l'établissement A, situé dans l'Europe continentale, la période de l'examen va du 1er au 31 mars 1890 ; pour les établissements B et C, tous deux situés dans le district septentrional des Etats-Unis, successivement du 1er juin 1888 au 31 mai 1889 et du 1er janvier 1889 au 31 décembre 1889. Les frais de production comprennent donc pour le premier des trois établissements l'espace d'un mois, pour les autres d'une année entière. Les articles produits sont pour l'établissement A « *Spiegeleisen* », pour B « *Foundery n° 1* », pour C de l'*acier Bessemer*.

L'établissement A a fabriqué au total, pendant la période indiquée, 1,067 tonnes de fonte (la tonne de 2,240 livres anglaises, — « *pounds avoirdupois* ») ce qui représente 34 tonnes par jour et par fourneau (1 fourneau) ; l'établissement B 29,390 tonnes, ou 81 tonnes par jour et par fourneau (1 fourneau) ; C, enfin, 72,884 tonnes, ou 178 tonnes par jour et par fourneau (2 fourneaux).

Suivent ici les frais de production pour chaque établissement :

Tableau général des frais de production pour les périodes indiquées

Etablissements	Matériaux	Salaires	Appointements des employés	Dépenses supplémentaires et réparations	Impôts	Total en dollars
	dollars	dollars	dollars	dollars	dollars	
A	15,172	767	63	52	31	16,085
B	315,144	58,272	7,000	18,342	686	399,444
C	976,584	104,953	10,000	18,221	4,000	1113,758 (2)

(1) *Sixth Annual Report*, pages 35 et suiv. Sur la demande des entrepreneurs le Département a omis les noms des différents établissements examinés en les remplaçant par des numéros.

(2) *Sixth Annual Report*, p. 51.

Les établissements en question ont noté en outre les frais « additionnels » suivants :

Etablissements	Assurances	Intérêt du capital	Dépréciation du matériel	Total des frais additionnels
	dollars	dollars	dollars	dollars
A	5	—	78	83
B	382	18,321	11,756	30,459
C	1,200	—	30,000	31,200 (1)

Pour une tonne de fonte de fer de 2,240 livres, les frais de production se répartissaient comme il suit :

Frais de production compris dans une tonne de fonte de fer

Etablissements	Matériaux					
	Minerai	Cendres, ferrailles, etc.	Pierre calcaire	Cokes	Charbon	Total
	dollars	dollars.	dollars	dollars	dollars	dollars
A	8.403	—	0.568	5.248	—	14.219
B	3,620	—	517	4.997	a) 1 529	10.723
C	9.412	0.052	346	3.589	—	13.399

Etablissements	Salaires	Appointements des employés	Dépenses supplémentaires et réparations	Impôts	Total des frais de production
	dollars	dollars	dollars	dollars	dollars
A	0.719	0.059	0.049	0.029	15.075
B	1 983	238	624	023	13.591
C	1.440	137	250	055	15.281 (2)

(1) *Loc. cit.*, p. 58. — a) *Anthracite*.
(2) *Loc. cit.*, p. 53.

Les frais de production d'une tonne de fonte de fer étaient
donc de 15.075 dollars pour l'établissement A, de 13.591 dollars
pour B, de 15.281 dollars pour C.

Les établissements ont noté les frais « additionnels » suivants
par tonne de fonte de 2,240 livres anglaises :

Frais additionnels par tonne de fonte de fer

Etablissements	Assurance	Intérêt du capital	Dépréciation du matériel	Total
	dollars	dollars	dollars	dollars
A	0.005	—	0.073	0.078
B	013	0.623	400	1.036
B	016	—	412	428 (1)

En examinant de près les éléments qui constituent ici les frais
de production, nous apercevons tout d'abord les deux catégories
de frais que nous avons déjà distinguées antérieurement en *capital circulant* et *capital fixe*, le premier entrant entièrement, le
dernier partiellement dans le produit total annuel d'une entreprise où dans chaque unité de la marchandise, par exemple
dans chaque tonne de fonte de fer. Nous savons qu'en général
les matières premières et secondaires ainsi que le travail directement appliqué à chaque produit appartiennent à la première
catégorie de frais ; les moyens de travail (bâtiments, machines
et outils, etc.) à la dernière.

Dans les tableaux que nous venons de donner, les dépenses
en capital circulant, faites pour l'achat des différents matériaux
(minerai, pierre calcaire, cokes, etc.), et pour le payement des
salaires des ouvriers et des employés dépassent de beaucoup,
dans leur ensemble, celles qui sont faites pour contrebalancer la
perte de capital fixe.

Cela s'applique à la production totale de l'entreprise pendant

(1) *Loc. cit.*, p. 60.

une période déterminée et de même aux frais de production que représente chaque tonne de fonte de fer.

Le plus petit des établissements dont nous venons d'exposer les frais de production est en même temps un des moindres parmi les 118 établissements de fonte de fer que le Département du Travail de Washington a pu examiner. On peut penser néanmoins que son exploitation nécessite encore un capital considérable par rapport aux moyens qui étaient à la disposition du petit maître-artisan. En effet, pour produire 34 tonnes de fonte de fer par jour, il faut dépenser 15,000 dollars par mois pour matériaux et 800 dollars pour salaires d'ouvriers et d'employés, ce qui suppose un capital assez important en bâtiments, machines et outillages, etc.

Il est vrai que, pour chaque tonne de fonte, les dépenses en capital fixe ne figurent qu'avec un chiffre relativement très modeste : c'est qu'en effet, pour chaque unité de marchandise et dans une période donnée, c'est seulement la dépréciation des immeubles, l'usure des machines, etc., qui entrent rationnellement en ligne de compte. Mais la mise de fonds pour les immeubles, machines, etc., doit être faite *en totalité* ; le capital fixe que nécessite la fondation de l'établissement doit être disponible dans son entier, avant qu'on puisse produire une seule tonne de fonte dans les conditions capitalistes de la production et à des prix de vente capitalistes.

Il est difficile de supposer que l'entrepreneur capitaliste avance ce capital fixe par prédilection naturelle pour la production de la fonte de fer, ou parce que le fer lui est plus nécessaire qu'à ses concitoyens. Son but immédiat, en tant qu'entrepreneur capitaliste, est la réalisation de la valeur d'échange de son produit au marché du fer, et ce qu'il désire se réserver personnellement par la réalisation de cette valeur est l'excédent du prix de ses marchandises sur ses propres dépenses.

En prenant les simples frais de production des marchandises comme base des calculs faits par le producteur au marché moderne, nous ne sommes donc pas au bout de nos recherches ; si nous voulons nous placer au point de vue de l'entrepreneur moderne, nous avons encore à compter immédiatement avec le profit qu'il exige, — ce profit calculé en dehors de *toutes les dépenses* en capital fixe et circulant, en dehors aussi des dépenses additionnelles telles que l'intérêt du capital, l'assurance ou les impôts. L'entrepreneur capitaliste demande un *profit net*.

Evidemment, il n'est pas certain qu'un entrepreneur quelconque pourra réaliser toujours ce profit net dans la concurrence avec ses rivaux. Il peut arriver que ses marchandises restent invendues ou doivent être liquidées à des prix trop bas pour qu'il obtienne un profit quelconque. Dans ce cas d'autres entrepreneurs l'ont supplanté. Mais il est incontestable que la *classe capitaliste tout entière* et que l'ensemble des entrepreneurs capitalistes dans une seule branche d'industrie (la fonderie de fer par exemple) réaliseront normalement un profit. Si, occasionnellement et temporairement, le profit commençait à manquer, ils restreindraient ou arrêteraient peu à peu la production. Et ils attendraient que les besoins croissants des consommateurs aient haussé les prix de marché de la fonte de fer, de façon à leur assurer de nouveau un profit net dans leur industrie.

En somme, l'élément entier que les producteurs voudront faire entrer rationnellement dans la valeur d'échange et le prix de marché de leurs produits, ne comprend pas seulement les frais de production purs et simples de ces produits, mais les *frais de production* + *le profit de l'entrepreneur capitaliste*. Cela s'applique à toute espèce de marchandises, même aux catégories de produits d'usage journalier, pour lesquels nous avons vu la valeur d'échange et les prix de marché montrer une tendance prononcée à coïncider avec la valeur de production. *Avec le développement du régime capitaliste, la valeur de production prend la forme de frais de production* + *profit d'entreprise.*

Comment fixer la grandeur de ce profit ? Nous nous trouvons ici en face d'un nouveau problème.

Il est sûr — nous l'avons remarqué déjà — que le prix de revient trace seulement *la limite minima* qui s'impose du côté du producteur au prix de vente des marchandises. Cependant, y a-t-il encore d'autres limites imposées au prix de marché et par suite au profit réel que fait l'entrepreneur ?

Nous avons vu que l'entrepreneur capitaliste, entrant en concurrence avec le maître de métier précapitaliste, peut encore réaliser un profit, tout en vendant ses produits au-dessous de leur valeur-de-travail ; seulement il doit les vendre au-dessus du prix de revient.

Bientôt il y eut même là, sous le régime de la concurrence libre et effrénée, une occasion offerte à l'entrepreneur capitaliste de chasser ses rivaux du marché en fixant des prix de vente inférieurs aux leurs et d'étendre ainsi son entreprise par la vente régulière de ses produits. En produisant sur une échelle toujours plus vaste, il devenait de mieux en mieux à même de l'emporter dans la lutte de la concurrence.

S'ensuit-il que, du côté de l'entrepreneur capitaliste, un *maximum* s'impose aux prix de vente des marchandises et par suite au profit ? Et ce *maximum* est-il dans la *valeur-de-travail* des marchandises ? En effet, tel peut avoir été le cas au commencement de la période capitaliste et l'on peut même considérer que généralement il en sera encore ainsi partout où le travail primitif de l'artisan indépendant ou du maître de métier n'aura été que très récemment mis hors de combat par l'industrie capitaliste, — c'est-à-dire partout où il ne s'agit encore que d'une première brèche à la loi primitive de la valeur-de-travail. Cependant, là où la production capitaliste atteint son plein développement, on peut admettre que cette *limite maxima* est déjà *effacée depuis quelques siècles*, de sorte que le souvenir même en est disparu dans l'esprit des producteurs et des acheteurs. Il en est ainsi, répétons-le, non parce que le profit nous apparaît « sous une forme mystificatrice », comme le prétend la doctrine dialectique de Karl Marx (1), mais par suite d'une évolution historique de

(1) « Le profit, tel qu'il nous apparaît de prime abord, est donc la même

plusieurs siècles, dans l'espace desquels la production de la très grande partie des marchandises est parvenue *à se détacher complètement de la loi primitive de la valeur-de-travail.*

Au début, lorsque la production capitaliste commence à s'emparer d'une branche de métier quelconque, l'entrepreneur capitaliste se trouve d'ordinaire en présence de limites très étendues entre lesquelles il peut se réserver un profit. Pendant cette période d'éclosion, en effet, il a sous les yeux, en bas le propre prix de revient, en haut la valeur-de-travail primitive, la dernière étant encore de rigueur pour la très grande partie de ses concurrents. Entre ces limites il a la main libre dans la production nouvelle. Tout y est encore en fermentation ; la production capitaliste n'a pas encore pris une forme fixe, bien qu'elle ait fait déjà une brèche au régime de la valeur-de-travail primitive.

Dans cette phase transitoire de la production, les profits des entrepreneurs capitalistes sont d'ordinaire excessivement élevés. Les prix de marché subissent journellement des chocs, pour baisser de plus en plus, dans des intervalles relativement courts, au fur et à mesure que la nouvelle production se généralise. L'usage de la « Jeannette » (*Spinning-jenny*), le métier à filer, a entraîné une véritable révolution économique dans une branche entière de la production.

Il ressort de ce que nous venons de dire qu'au début de la production capitaliste le profit différait beaucoup selon les entrepreneurs. De même le profit divisé par le capital total (le *taux du profit*) était fort différent à cette époque, non seulement dans les diverses sphères de la production comparées l'une à l'autre, mais encore dans chaque sphère en particulier.

Ceci est d'autant plus compréhensible que nous connaissons déjà les frais de production comme une grandeur fort variable,

chose que la plus-value, mais sous une forme mystificatrice qui résulte nécessairement du mode de production capitaliste. » (KARL MARX, *Das Kapital*, t. III, première partie, chap. I, p. 11 ; cf. trad. fr., p. 11.)

surtout au début de la production capitaliste, pour les divers
entrepreneurs d'une même branche de production. Notons encore que les salaires, partie très spéciale des frais de production,
pourront augmenter quelque peu dans une branche nouvellement transformée et atteignant une période de prospérité soudaine ; mais ils ne dépasseront pas beaucoup, généralement,
le niveau des salaires payés dans les autres branches. Une différence durable dans le degré d'exploitation des ouvriers, qui re-
poserait sur un motif autre que la différence de dextérité des
ouvriers, serait contraire au principe de la libre exploitation du
travail. Bien que la quantité de travail nécessaire à la fabrication d'une marchandise ait pu sensiblement diminuer avec la
nouvelle méthode de production, nous devons admettre, néanmoins, que les salaires sont restés plus constants et ne se sont que
relativement peu élevés au-dessus du niveau qu'ils atteignaient
sous l'ancien mode de production. L'influence de ce phénomène
a été particulièrement importante partout où le bouleversement
d'une branche de production était accompagné d'un bouleversement parallèle dans les industries des matières premières et
secondaires. C'est, en effet, ce qui s'est passé généralement
dans la période de révolution économique que nous présentent
la dernière partie du xviiie et le commencement du xixe siècle.
Aussi trouvons-nous là une des causes principales de la latitude
laissée à l'entrepreneur dans la première phase d'exploitation
capitaliste, en ce qui concerne la réalisation de son profit industriel ou commercial.

La valeur d'échange des marchandises ne se réalise qu'au
marché et par la fixation des prix de vente. Quels que soient
les frais dépensés à la production d'une marchandise, elle
ne vaut au marché ni plus ni moins qu'une autre, si celle-
ci possède les mêmes caractères physiques, chimiques, etc.,
et correspond aux mêmes besoins et désirs humains. Dès que
l'article provenant du domicile de l'artisan ou de l'atelier
du petit patron ne se distingue en rien de celui qui sort d'un
établissement moderne de grande industrie, chaque exemplaire

ou chaque quantité égale de l'une et de l'autre représentera au marché la même valeur.

La production et la distribution capitalistes nivellent en premier lieu les prix de marché des marchandises et non les profits des entrepreneurs. Au contraire, le profit d'entreprise n'étant autre chose que l'excédent du prix de vente sur le prix de revient, — ce dernier comprenant toutes les dépenses faites par l'entrepreneur, — le profit a pu varier d'autant plus que, dans la première période du capitalisme, les frais de production étaient plus différents. Ce n'est que dans le cours des années et à mesure que la production capitaliste commence à s'emparer successivement de toutes les branches principales de la production, que nous voyons naître, à côté de cette tendance originelle, une deuxième tendance, caractérisant essentiellement le capitalisme moderne sous le régime de la libre concurrence ; c'est la tendance à niveler aussi le taux du profit des entrepreneurs.

Avant de pouvoir rechercher ici les principes qui caractérisent, à ce point de vue, la production capitaliste moderne, nous avons à retourner encore à l'analyse des frais de production pour en soumettre un élément particulier, — les frais de circulation, — à une étude spéciale. Nous devons exposer nos idées à ce sujet à cause de la divergence d'opinions qu'il entraîne et de la confusion qui l'entoure.

La doctrine marxiste a posé en principe que seul le travail dépensé directement à la production des richesses doit être considéré comme créant de la valeur, tandis que le travail appliqué aux richesses dans la sphère de leur circulation ne sert qu'à rendre possible la transformation du capital de la forme monétaire en forme de marchandise, et inversement.

Nous ne pouvons pas suivre la doctrine marxiste sur ce terrain dans tous ses détails (1), mais nous lui opposons tout d'abord ce

_____

(1) Voir surtout, pour la théorie de MARX sur les frais de circulation, le deuxième tome du *Capital*, chap. I-IV, pages 26-30 (trad. fr. pages 31-

principe général : nous ne pouvons, sous aucune forme de so-

37) et ensuite *ibidem* tout le sixième chapitre, pages 105-129 ; trad. franç., pages 122-148.

Je renvoie particulièrement le lecteur qui voudrait se rendre compte de la confusion régnant chez Marx au sujet des frais de circulation, à la page 29 du deuxième tome (trad. franç., pages 35-36) où l'auteur enrôle dans le « processus de la production » tout le travail de « l'industrie des transports et communications » (*Kommunikationsindustrie*), — aussi bien celui du transport de lettres, télégrammes, etc., que celui de « l'industrie des transports proprement dits » (*eigentliche Transportindustrie*) se rapportant aux voyageurs et aux marchandises. Marx n'a pu contester la productivité de ces deux catégories de travail. C'est là la raison de cette classification singulière. Ensuite, je renvoie aux pages 98 et suiv. du chap. v (trad. franç. pages 113-114) où l'auteur développe la différence entre la durée de la production (*Produktionszeit*) et celle du travail (*Arbeitszeit*) dont nous avons déjà parlé plus haut à la page 154. Marx comprend ici dans la période de production des moyens de production (*die Produktionszeit der Produktionsmittel*) non seulement « l'interruption périodique » du processus de travail, — la nuit, par exemple, — pour les machines, etc., mais aussi le temps pendant lequel les matières premières et accessoires appartiennent à la « provision », dont le capitaliste doit disposer, afin de pouvoir continuer la production pendant des périodes plus ou moins longues ; le temps pendant lequel cette provision de matières premières, etc., est engagée dans la production (sa *Produktionszeit*) ne coïncide donc pas, dit Marx, avec celui durant lequel elle fonctionne (sa *Funktionszeit*). Comparez, cependant, avec ce même passage, la page 115 (trad. fr., p. 133), d'après laquelle ces mêmes matières premières et accessoires, lorsqu'elles se trouvent en provision dans le magasin d'un marchand et que les frais de circulation qu'elles nécessitent « résultent uniquement... de la forme sociale déterminée de la production », comme dit Marx ingénument, causent des frais qui ne représentent pas de valeur. Ce sont alors des *faux frais*, tout comme ceux que nécessite « le temps consacré à la vente-achat » (*Kauf-und Verkaufszeit*), dont Marx parle aux pages 105-109 (trad. franç., p. 123-125) ou encore la « comptabilité » (pages 110-111 ; trad. franç., pages 127-129). Voir pour la formule générale chez Marx, *loc. cit.*, p. 126, trad. franç., p. 146. Tout cela n'empêche pas Marx de voir qu'il n'y a pas de différence pour la production et pour la création de valeur entre les provisions qui se trouvent dans les mains de leur producteur et celles qui restent emmagasinées chez un commerçant en gros. Marx dit (p. 124, cf. trad. fr., p. 143) : « Pour la marchandise elle-même, — qu'on la considère, soit comme marchandise isolée, soit comme partie intégrante du capital social, — cela ne change rien à la chose que les frais de formation du stock retombent sur son producteur, ou sur une série de commerçants de A. à Z. »

ciété, tracer une séparation nette et fondamentale, en ce qui concerne la création de la valeur, entre les frais de la production proprement dite et les frais de la circulation des biens. Et si, sous le régime capitaliste, nous devons considérer la production des marchandises, au sens strict du mot, comme présentant un élément constitutif de la valeur d'échange de ces marchandises, nous n'avons aucune raison de refuser la même propriété à la circulation des marchandises et aux frais qu'elle coûte. En avançant ceci, nous prétendons en même temps que, sous n'importe quelle forme de société, le capital industriel et le capital engagé dans la circulation (transport, emmagasinage, etc.) des biens sont aussi productifs l'un que l'autre, et que, sur la base de la production capitaliste, il en est de même du capital commercial.

Dans la société capitaliste il n'y a pas de différence fondamentale, au point de vue qui nous occupe, entre les diverses fonctions de l'entrepreneur, comme fabricant, entrepreneur de transports, ou commerçant.

Un produit transporté au lieu de sa destination est un autre produit en ce qui concerne sa valeur ; il sera autre encore, au même point de vue, lorsqu'il sera livré au marché dans les mains du consommateur. Dans les deux cas, le travail nécessaire pour transporter ce produit d'un lieu à un autre ou d'une personne à une autre, est un élément constitutif de ce que nous avons appelé en termes généraux sa valeur de production et par suite aussi de sa valeur d'échange. Du reste, tout cela ressort déjà du principe amplement exposé par nous que la valeur suppose toujours un rapport d'une richesse à un homme ou à une collectivité d'hommes et que les richesses ne peuvent réaliser aucune valeur lorsque, par des circonstances extérieures, elles échappent à ce rapport avec l'homme pris en tant que consommateur. Le bois fendu qui repose encore sur les pentes de la Norvège, ou encore le riz et les épiceries fines récoltées dans les îles des Indes orientales, n'auraient pas la moindre valeur pour les populations d'Europe, s'ils ne pouvaient nous être apportés et circuler parmi nous de main en main.

Tout autre naturellement est la question de savoir si les frais dépensés par l'entrepreneur de transports et le commerçant dans la sphère de la circulation pourront entièrement se réaliser au marché ; c'est-à-dire si, dans la valeur d'échange et le prix de marché, entreront, en définitive, tous les frais en travail ou en capital de ces intermédiaires. Cette question assurément exige un examen spécial. L'entrepreneur de transports et le commerçant ne dépensent aux marchandises que leurs frais personnels en travail ou en capital, tandis qu'au marché capitaliste et sous le régime de la concurrence, ce sont les frais de production sociaux dans leur ensemble — y compris les frais de circulation — qui se réalisent généralement dans les prix. N'oublions pas, cependant, que nous avons dû faire déjà la même réserve à propos des frais de la production au sens strict du mot, de sorte que, sur ce point encore, il n'y a pas de différence fondamentale entre le travail de production immédiat, d'une part, et le travail de transport et de commerce, de l'autre.

Dans toutes nos observations sur ce sujet, nous devons tenir compte de ceci : les frais de production sociaux dans leur ensemble — y compris les frais de transport et de commerce — ne sont soumis qu'à une évaluation grossière faite par la vie pratique au moment où il s'agit de leur réalisation dans les prix de marché des marchandises.

Nous devons reconnaître ensuite que, sous le mode de production et de distribution capitaliste, on compte nécessairement avec un montant considérable de frais, qui se réalisent au marché dans les prix de vente, mais qui disparaîtraient sans doute, jusqu'à un certain point, sous un mode de production et de distribution plus rationnel et plus développé, et qui seraient considérés alors comme des « faux frais ». Le marché capitaliste laisse seulement irréalisés les frais de production, transport ou commerce qui, dans leur ensemble, feraient hausser le prix d'un produit au-dessus d'un certain coût auquel, au point de vue capitaliste, la satisfaction de la demande totale est possible. C'est là le principe général que nous

aurons à développer encore dans notre chapitre sur la valeur
d'échange.

Remarquons bien, cependant, que, sous n'importe quelle forme
sociale, dans une société communiste éventuelle comme dans
la société actuelle, reste toujours nécessaire un certain travail
pour apporter les produits du lieu de leur origine au lieu de
leur distribution ; il faut de même du travail pour livrer les
produits à leurs consommateurs immédiats. Toute espèce de
travail appartenant à ces deux catégories, ainsi que tout travail
qui en ressort directement ou indirectement : emballage, assor-
timent, étalage, conservation dans les entrepôts et les magasins,
comptabilité, etc., doit être considéré en principe comme du
travail productif au même titre que le travail de la production
proprement dite.

Le fait que le transport des marchandises du producteur au
consommateur nécessite, dans notre société capitaliste, un gaspillage considérable de force humaine, ne caractérise donc pas
en principe tout le travail qui est fait dans la sphère de la circulation comme un travail improductif.

Éclaircissons notre opinion par un exemple concret : Le progrès de la civilisation pourra successivement attirer dans la
sphère de la production et de la consommation communistes
plusieurs produits d'usage général que notre génération actuelle
s'approprie encore d'après le système capitaliste. Si, dans l'avenir, par exemple, les communes, régions et nations règlent la
production et la consommation de leur blé, de leur farine et
de leur pain d'une manière communiste, comme cela a lieu de
nos jours dans certaines communes pour la consommation de
l'eau potable, il est sûr qu'une quantité énorme de travail humain pourra être économisée. Cette économie est même une des
premières raisons — abstraction faite encore des motifs moraux
— qui placent la production et la consommation communistes
de semblables produits dans la ligne du développement de la
civilisation. Le grand nombre de petites boulangeries que
compte ordinairement chaque commune pourra faire place un

jour à quelques grandes boulangeries locales bien organisées, possédant un nombre suffisant de dépôts de distribution ; de la régularisation directe de la consommation de blé et de farine entre les communes résulterait ensuite une limitation très sensible des entrepôts et des magasins de blés et par là une diminution considérable des frais de transport, d'emmagasinage, etc.

Tout cela n'empêche pas que, même sous le système communiste de production et de distribution le plus économe et le plus rationnel, il y aurait encore des frais correspondant au transport des blés par terre et par mer, ainsi que des frais nécessités par l'approvisionnement sous toutes les formes et par la livraison de la farine et du pain au détail. De même, les frais de comptabilité, les frais d'inventaire, etc., bien que réduits aussi à un *minimum*, existeraient toujours.

Quoiqu'on fasse, il est impossible d'éviter absolument le coût de transport et de livraison que nécessite chaque article d'usage humain.

Le travail de transport et de livraison des marchandises s'est détaché, sous le système capitaliste, du travail de la production immédiate. Une industrie particulière des transports a pris naissance et le commerce s'est constitué en profession spéciale. Nous devons reconnaître que cette séparation nette de la production, du transport et du commerce a été l'organisation la plus rationnelle du travail social sous la forme de production capitaliste. Le développement des transports et du commerce en professions distinctes a permis au producteur immédiat de chaque marchandise de se consacrer entièrement à la production, sans être interrompu incessamment dans son travail par les nécessités de la vente de ses produits.

Il est indéniable que le système capitaliste, par suite d'une division supérieure du travail, représente de sensibles économies par rapport aux périodes antérieures de la civilisation ; de même nous pouvons penser que les progrès pourront encore réaliser des économies énormes de travail humain dans toute la production et la distribution des richesses.

De tout cela il ressort avec évidence que les frais de transport et de mise en vente doivent être ajoutés aux frais de production au sens étroit du mot ; il suffira d'ajouter à ce total les profits d'entreprise, pour avoir le total des frais que le vendeur doit tâcher de réaliser dans le prix de marché.

Dans la période précapitaliste, lorsque le paysan et l'artisan apportaient encore au marché les produits de leur propre travail, les frais de transport et de mise en vente s'exprimaient comme frais de travail direct et simple ; sous le mode de production capitaliste, ils se présentent comme des dépenses de capital, en dehors de celles qu'exige la production proprement dite (1).

Dans les exemples donnés plus haut, nous aurons donc à compléter les frais de production de la fonte de fer par les frais que causent le transport de ce produit et sa livraison à l'acheteur.

La fonte de fer n'est pas un produit prêt à la consommation directe : elle joue ultérieurement le rôle de matière première. Pour le fondeur de fer, le minerai, le charbon, le coke, la pierre calcaire sont ce qu'est la fonte de fer elle-même pour le grand industriel qui la travaillera. Ce fondeur doit compter les frais de transport et de livraison du minerai, du charbon, etc., comme des éléments essentiels dans les frais généraux de la production de la fonte. Ici encore, ces frais de transport et de livraison différeront beaucoup, même pour des établissements voisins, et nul fabricant de fer, assurément, ne saurait les négliger (2).

Dans les frais que le fondeur de fer note au compte du mine-

(1) « En estimant, par exemple, la valeur d'échange des bas — disait encore RICARDO, — nous verrons qu'elle dépend de la quantité totale de travail nécessaire pour les fabriquer et les porter au marché. » (*Principles*, ch. 1, section III, p. 17 ; cf. trad. franç., p. 13.)

(2) « Le coût de la production est donc influencé par les frais de transport que cause l'ensemble des matériaux comme le minerai, le charbon, le coke, etc. Les frais de transport du minerai, par exemple, diffèrent même entre deux établissements situés l'un à côté de l'autre et faisant venir leur minerai de la même mine. » (*Sixth Annual Report*, Introduction, p. 14.)

rai, du charbon, du coke, de la pierre calcaire, etc., sont donc inclus les frais directs du transport de ces matériaux. Il en est de même, lorsque le fabricant de fer ne fait pas ce transport lui-même ou ne le fait pas faire sous sa direction, du profit des entrepreneurs de transports (compagnies de chemin de fer ou de navigation, entrepreneurs de charroi, etc.). De même, dans les dépenses avancées pour achat de fonte de fer par l'industriel qui fait travailler la fonte, sont compris non seulement les frais de production et le profit du fabricant de fonte de fer, mais aussi les frais et le profit de l'entrepreneur qui s'est chargé du transport de la fonte. Il en est ainsi dans toutes les phases de la métallurgie, de sorte qu'enfin le commerçant qui livre des machines ou le quincaillier qui vend des clous, des bêches et des ciseaux ou tous autres produits de fer et d'acier, doivent tâcher de réaliser dans les prix de vente de tous ces produits l'ensemble de tous les frais de production et de circulation en même temps que leur propre profit et celui de leurs fournisseurs.

Pour nous qui nous proposons de rechercher, dans notre analyse théorique, la valeur de production que représente par exemple une tonne de fonte de fer, cette valeur est la somme des éléments suivants : a) les divers frais de production du fabricant de cet article ; b) le profit de ce fabricant ; c) les frais nécessaires au transport, à l'emmagasinage (frais d'entrepôt), etc. Et voilà la fonte de fer arrivée au marché.

Les frais d'entrepôt et d'emmagasinage qui rendent possible la livraison régulière d'une marchandise demandent encore un examen particulier.

Nous savons que, pour tous les éléments constitutifs des frais, il faut tenir compte de ce principe général, que ce ne sont pas les frais personnellement indispensables, mais seulement les frais socialement indispensables qui entrent d'ordinaire en considération pour la détermination de la valeur d'échange et du prix de marché définitif. En ce qui concerne les frais d'entrepôt et d'emmagasinage, nous devons particulièrement prêter attention à ce principe.

Cornélissen   19

Une marchandise pourra rester en magasin chez un commerçant pendant plusieurs mois, sans que la valeur en acquière aucune augmentation, la qualité de la marchandise restant la même. Il est même possible que la valeur diminue sensiblement dans ce cas, l'emmagasinage pouvant entraîner une diminution réelle de la qualité de la marchandise.

D'autre part, la mise en entrepôt ou en magasin peut figurer comme un élément constitutif réel de la valeur, lorsqu'elle a été indispensable, soit pour le transport et la livraison proprement dits, soit pour la formation d'une provision nécessaire (1).

Pour le transport international, par exemple, la mise en entrepôt d'une marchandise pendant une durée moyenne devra être considérée d'ordinaire comme inévitable et elle entre ainsi comme un élément constitutif dans la valeur de production de cette marchandise. Le travail nécessaire pour la construction et l'entretien des grands entrepôts et magasins des ports de mer, le travail exigé par l'embarquement et le débarquement des marchandises, le travail de surveillance, etc., sont donc du travail productif au même titre que le travail de production directe de ces marchandises. L'une et l'autre espèces de travail sont des éléments constitutifs de la valeur de production et, par suite, de la valeur d'échange et du prix de marché des marchandises.

Il est non moins évident que l'emmagasinage et la mise en provision d'une marchandise constituent en tout cas un élément dans la constitution de sa valeur d'échange, lorsqu'ils servent à améliorer la qualité de la marchandise et à augmenter par suite sa valeur d'usage. Tel peut être le cas pour certains spiritueux

---

(1) « C'est seulement en tant que le stock de marchandises est la condition même de la circulation des marchandises et représente une forme nécessairement produite par cette circulation (texte original : *Bedingung der Waarencirkulation, und selbst eine in der Waarencirkulation nothwendig entstandene Form*), c'est seulement en tant que cette apparente stagnation est donc une forme du mouvement lui-même, — tout comme la constitution d'une réserve monétaire est la condition de la circulation de l'argent, — qu'elle est une chose normale. » (KARL MARX, *Das Kapital*, tome II, ch. VI, p. 125 ; cf. trad. franç., p. 143.)

et particulièrement pour les vins ; leur emmagasinage, en tant qu'il contribue à leur amélioration, est compté aux consommateurs dans les prix de vente.

En résumé, les frais définitifs de la production et de la circulation, formant avec le profit d'entreprise l'élément constitutif le plus essentiel de la valeur d'échange pour la très grande partie des marchandises, correspondent à la somme de toutes les dépenses faites depuis le moment où les matières premières et secondaires sont empruntées à la nature jusqu'à l'instant où la marchandise, prête à être consommée, apparaît au marché et passe dans les mains du consommateur.

Faisons abstraction de quelques produits exceptionnels, comme ceux qui se trouvent seulement en certains points du monde et pour lesquels la valeur d'usage joue un rôle spécial ; nous pouvons dire alors que la très grande partie des articles d'usage journalier ne se vendent que dans une sphère plus ou moins limitée en dehors de laquelle ils ne peuvent plus être livrés aux consommateurs. Cette limite franchie, leur prix de revient s'élève tellement pour les producteurs, par suite des frais de transport et de mise en vente, que ces articles ne peuvent plus supporter la concurrence au marché (1).

On peut s'expliquer par le même phénomène pourquoi certaines entreprises, produisant dans des conditions relativement défavorables, peuvent néanmoins continuer la lutte de la concurrence : c'est que leur emplacement privilégié par rapport aux centres de commerce leur permet de réparer par l'économie de leurs frais de transport et de mise en vente ce qu'elles perdent en frais de production au sens étroit du mot.

---

(1) C'est pourquoi Von Thünen a dit déjà : « La valeur du grain sur le domaine diminue, à mesure qu'augmente la distance qui sépare ce dernier du marché.

« Plus le domaine est éloigné du marché, plus les frais de transport du grain sont élevés, par conséquent, plus sa valeur sur le domaine est petite. » (J. H. VON THÜNEN, *Der Isolirte Staat*, tom. I, sect. I, § V b p. 36 ; cf. trad. franç. de *Jules Laverrière*, pages 30-31.)

« Pour mettre en lumière, dit le rapport américain que nous avons cité à maintes reprises, l'influence pratique des tarifs de transport relativement aux rails d'acier, nous pouvons mentionner la déclaration du directeur d'une des plus grandes aciéries des Etats-Unis. Il a déclaré que la différence en frais de production des rails d'acier à Chicago, par exemple, et en Angleterre, ne surpasse pas 3.50 dollars ou 4 dollars par tonne et que le tarif de transport (5 dollars par tonne) de New-York à Chicago offrait ainsi une large protection à sa société » (1).

Il est évident que le phénomène contraire peut se présenter également. Nous avons vu, par exemple, qu'en Suisse, malgré les difficultés du transport (puisqu'il doit se faire entièrement par chemin de fer), l'industrie nationale peut très bien entrer en lutte avec celle des pays voisins, grâce aux conditions excessivement favorables de la production, notamment à la force motrice que la nature y fournit en abondance.

II. — *Les frais de production sous la forme capitaliste développée avec le régime de la libre concurrence. Le taux moyen du profit.*

Nous avons déjà prêté attention à la révolution accomplie par le capitalisme dans la production et la distribution des richesses, partout où il a pris pied. Lorsque nous retournons à nos entrepreneurs capitalistes, fabricants de fonte de fer, nous ne trouvons plus trace, dans leur sphère de production, de la notion précapitaliste de la « valeur-de-travail ».

Au lieu de la quantité même du travail immédiat, — travail musculaire des forgerons, chauffeurs, fondeurs, journaliers, travail intellectuel des gens de bureau, ingénieurs, etc., — nous

(1) *Sixth Annual Report*, p. 269.

trouvons ici des dépenses de main-d'œuvre telles qu'elles s'expriment en salaires et appointements.

Au lieu de la quantité de travail immédiat dépensé par d'autres producteurs à la fabrication de matières premières et secondaires, se présentent à nos yeux les prix de marché de tous les matériaux, comprenant leurs frais de production et de circulation augmentés du profit d'entreprise que leurs fabricants ont su réaliser. Dans le cas spécial où l'entrepreneur capitaliste produit lui-même une partie des matières premières ou secondaires, il sera enclin à ne plus compter les propres frais de production représentés par ces matériaux, mais leur prix de marché, et à calculer son profit de la même façon que s'il avait dû acheter tous les matériaux au marché. Pour une partie de ces dépenses, il jouira ainsi d'un double gain et c'est là, en effet, un procédé fort connu des grands entrepreneurs industriels. Cette fabrication leur permet souvent de se procurer un *profit supplémentaire*, ou de mettre leurs marchandises en vente à des prix moins élevés que ceux de leurs concurrents (1).

Enfin l'usure des bâtiments, machines, outils, etc., ne s'exprime pas en heures de travail nécessaires à la conservation du matériel de production ; pas davantage en une quote-part de la quantité totale de travail immédiat exigée par leur construction ; elle s'exprime en frais de réparation se réduisant encore en frais de production et profits ; ou bien, — et cela revient au même en dernière analyse, — elle s'exprime en une fraction du capital total, notée par l'entrepreneur pour l'usure de son matériel de production.

(1) « Un fabricant de fonte de fer peut être aussi le producteur du minerai, du coke, du charbon et de la pierre calcaire qu'il emploie ; il peut encore-être le producteur de quelques-uns de ces matériaux et acheter les autres. Lorsqu'il les achète, il est autorisé à compter, comme un élément légitime de ses frais, ce qu'il doit payer au marché pour les matériaux ; et il arrive parfois qu'un industriel, fabriquant son propre minerai ou ses autres matériaux, considère comme parfaitement légitime, en faisant le compte de ses frais, d'y faire entrer ces produits aux prix de marché qu'il aurait eu à payer pour eux, s'il avait dû les acheter. Cette observation expliquera souvent les différences dans les frais attri-

En passant, nous avons déjà parlé d'une erreur commise à ce sujet par la doctrine moderne de la valeur-de-travail, telle qu'elle est développée, par exemple, dans le troisième tome du *Capital* de Marx. Cette doctrine a précisément méconnu l'évolution historique que nous venons de constater et a voulu maintenir la loi de la valeur-de-travail primitive *en plein développement du mode capitaliste de production et de distribution*. Marx s'est appliqué en particulier à démontrer que la valeur primitive est encore cachée « derrière » le coût de production capitaliste des marchandises et « domine » toujours les prix de marché de celles-ci (1).

Certes, malgré de semblables assertions, les meilleurs représentants de la doctrine moderne de la valeur-de-travail ont reconnu *en principe* que les prix des marchandises, tels qu'ils se fixent sur le marché capitaliste, se sont détachés de la valeur-de-travail primitive. Ils étaient obligés de le reconnaître pour pouvoir expliquer le phénomène du *taux du profit moyen*, — trait caractéristique du mode de production et de distribution capitaliste dans une certaine phase de son développement. Nous nous occuperons ici de la même question, en tant qu'elle touche à l'analyse de la valeur d'échange sous le capitalisme développé et le régime de la concurrence libre et générale.

Dans les pages précédentes, nous avons vu que la production capitaliste est caractérisée à son origine par le nivellement tendantiel des prix de marché, abstraction faite des différences de

bués aux différents matériaux. » (*Sixth Annual Report*, introd., pages 13-14.)

(1) « En outre, quel que soit le procédé d'après lequel les prix des marchandises aient pu être déterminés et réglés au début les uns par rapport aux autres, leur mouvement est dominé par la loi de la valeur. » (*Das Kapital*, tome III, première partie, chap. x, p. 156; cf. trad. fr., p. 187.) « Mais ce que la concurrence ne montre pas, c'est la détermination des valeurs, laquelle domine le mouvement de la production ; ce sont les valeurs qui, derrière les prix de production, les déterminent en dernière instance. » (*Loc. cit.*, chap. XII-III, p. 188; cf. trad. fr., p. 224.) Cf. encore les autres passages du troisième tome du *Capital* auxquels nous avons renvoyé à la page 188 de cet ouvrage.

frais de production. Par ce phénomène, nous avons pu nous
expliquer la latitude laissée aux profits des entrepreneurs dans
la première phase de développement du capitalisme. Non seulement, pendant toute cette période, les profits sont excessivement
élevés, mais le profit et le taux du profit sont aussi très divers ;
et cela selon les différentes branches de la production et, dans
chaque branche, selon les différents établissements.

Cependant, sous le régime de la production capitaliste, les diverses sphères de production ne sont pas d'ordinaire nettement
séparées et cela est même d'autant plus vrai que la concurrence
est plus libre et plus générale. Les capitaux peuvent facilement
passer d'une sphère de production dans une autre ou se retirer
tout à fait, selon les chances de profit. En outre, les matières
premières et secondaires et le matériel de travail d'une branche
d'industrie sont toujours les produits finaux d'une autre branche :
ce fait a d'autant plus d'importance que tous ces produits, les uns
comme les autres, s'achètent et se vendent au marché capitaliste.
Le travail enfin s'achète aussi, dans les diverses branches de la
production, à des conditions plus ou moins uniformes. Il faut
donc que la tendance au nivellement des prix de marché, telle
qu'elle se manifeste dans les produits d'une même branche, soit
bientôt suivie d'une tendance au nivellement des profits, —
d'abord dans les mêmes branches, ensuite dans différentes
branches de l'industrie, du commerce et des transports. En
d'autres termes, ce deuxième nivellement tend à enfermer plus
ou moins dans les mêmes limites les profits des entrepreneurs
des diverses branches.

Voilà le phénomène économique qu'a pu éclaircir plus ou
moins la doctrine moderne de la valeur-de-travail, telle que Rodbertus et Karl Marx l'ont exposée ; n'oublions pas que leur
théorie nous ramène au milieu, ou tout au plus au troisième
quart du XIXᵉ siècle.

Rodbertus dit à propos de la formation d'un taux égal du
profit : « Dans les métiers où ce taux du profit montre des
profits plus élevés, la concurrence amènera une augmentation de

placement de capitaux dans ces métiers-là, déterminant ainsi
une tendance générale à l'égalisation des profits. Par suite, personne ne placera du capital dans une entreprise où il ne peut
attendre un profit correspondant à ce taux » (1).

Marx, de son côté, a développé en détail sa doctrine à ce
sujet dans une partie spéciale du troisième tome de son *Capital*,
traitant de la « transformation du profit en profit moyen ».

Rodbertus et Marx ont tous deux séparé en fait les prix de
marché des marchandises de leur valeur-de-travail, bien que le
premier ait laissé voir par là les contradictions internes de sa
théorie et que le dernier se soit réservé le droit de nous présenter
toujours l'ancienne loi de la valeur dressée comme un spectre à
l'arrière-plan de la vie sociale moderne, en souvenir du premier
tome de son *Capital*.

Sous le régime de la concurrence capitaliste libre et générale,
les entrepreneurs, pour engager leurs capitaux dans une branche
de production quelconque, demandent un profit au moins égal
au profit moyen obtenu dans cette branche ; dans le cas où ils ne
pourraient pas obtenir ce profit, ils chercheront un emploi plus
favorable pour leurs capitaux. Le régime de la concurrence capitaliste montre ainsi une tendance à favoriser, dans chaque
sphère de production, la constitution d'un taux uniforme du
profit, et cette tendance est d'autant plus puissante que la concurrence est plus libre et plus générale.

---

(1) RODBERTUS, *Sociale Frage*, p. 108. Cf. *ibidem*, pages 29-30 où Rodbertus parle de la division de la valeur du produit entre les propriétaires
fonciers et les capitalistes (ou leurs représentants, les entrepreneurs), —
déduction faite du salaire et du désintéressement du capital. Du reste, il
s'agit ici, dans la doctrine moderne de la valeur-de-travail, d'une continua-
tion de la théorie déjà exposée à ce propos par l'économie classique. « Ce
désir incessant, disait déjà Ricardo, qu'a tout capitaliste, d'abandonner
un placement moins lucratif pour un autre qui le soit davantage, a une
forte tendance à établir l'égalité dans le taux de tous les profits, ou à en
fixer les proportions de telle sorte que les intéressés puissent estimer
compenser tout avantage que l'un d'eux aurait ou paraîtrait avoir sur
l'autre. » (RICARDO, *Principles of Political Economy and Taxation*,
chap. IV, p. 47 ; cf. trad. fr., p. 56.)

En dernière analyse, la formule générale :

Frais de production et de circulation + profit de l'entrepreneur,

prend pour cette raison, dans diverses sphères de la production, la forme tendantielle suivante :

Frais sociaux de production et de circulation + profit moyen.

Le *profit moyen*, compté proportionnellement au capital total employé dans une sphère de production, donne, pour cette sphère, *le taux moyen du profit.* De même, on peut parler de profit moyen et de taux moyen du profit pour tout le capital social employé dans différentes sphères de production prises ensemble ; il est clair, cependant, que les limites *maxima* et *minima* diffèrent plus encore dans ce dernier cas que dans le premier.

Si un entrepreneur peut offrir ses marchandises dans des conditions de production et de circulation particulièrement favorables, tant mieux pour lui : son profit sera supérieur au profit moyen de sa branche d'industrie dans la proportion où ses frais personnels seront inférieurs aux frais moyens de production et de circulation. Si un autre entrepreneur doit compter au contraire avec des charges exceptionnellement lourdes dans la production, le transport ou la vente de ses marchandises, il devra probablement se contenter d'un profit moins que moyen, s'il arrive toutefois à réaliser un profit. Voilà les conséquences de ce que nous venons d'exposer.

L'entrepreneur capitaliste — nous l'avons vu dans le chapitre précédent — calcule son profit sur l'ensemble du capital engagé ; le profit exprimé proportionnellement au capital — *le taux du profit* — se rapporte également, par suite, à ce capital entier, sans égard aux éléments dont il se compose.

Il nous reste encore une observation particulière à formuler : En parlant de profit et de taux du profit, nous avons supposé que *le temps de rotation* des divers capitaux est égal, c'est-à-dire que le même temps s'écoule toujours entre le moment où le capital est déboursé pour la production d'un article et le moment où, le produit étant vendu, la somme dépensée rentre, augmentée du profit, dans la caisse de l'entrepreneur.

En réalité, cependant, le temps de rotation diffère beaucoup selon les industries. Dans le troisième tome de notre ouvrage, nous aurons à revenir sur l'influence essentielle exercée par la différence dans le temps de rotation ; c'est de là que dépend en partie le chiffre des capitaux nécessaires dans les diverses branches de la production, pour qu'on puisse faire, pendant une période déterminée — une année par exemple — des transactions à un montant donné. Il est évident qu'on a besoin d'un capital beaucoup plus considérable pour fabriquer et vendre ses produits et atteindre un certain chiffre d'affaires dans l'industrie des machines à vapeur ou du matériel de chemins de fer que dans celle des chaussures ou des articles de Paris. Ces dernières marchandises passent plus facilement de main en main. Elles se vendent bien plus rapidement et la durée pendant laquelle les produits restent dans la sphère de la production et de la circulation, — c'est-à-dire le temps de rotation du capital, — est en moyenne beaucoup plus courte dans les dernières industries que dans les premières.

Le capital engagé dans la production des chaussures ou des articles de Paris revient plus rapidement, par petites sommes, dans les mains de l'entrepreneur que le capital engagé dans la production des machines à vapeur ou du matériel de chemins de fer. Après être rentré, augmenté du profit, le premier capital peut être rejeté dans le processus de la production, avant que l'autre capital ait terminé sa première rotation.

En résumé, dans une sphère de production à longue rotation, on a besoin d'un capital plus considérable que dans une sphère à courte rotation, pour atteindre, dans le même temps, un même chiffre d'affaires.

Il en résulte que les entrepreneurs engagés dans les sphères de longue rotation demanderont un profit proportionnellement supérieur à celui qui est d'ordinaire obtenu dans les sphères de courte rotation.

En ce qui concerne le nivellement tendantiel des profits dans chaque branche de production et dans les différentes branches en général, il faut donc tenir compte de ce que les profits doivent être considérés proportionnellement à la durée de la production et de la circulation.

Le fait que nous venons de relever explique la valeur de production relativement considérable de tous les articles dont le temps de rotation est nécessairement long, — tels les vins qui doivent rester en bouteilles pendant de longues années pour obtenir un bouquet spécial. Aussi des articles de cette catégorie auront-ils généralement une valeur d'échange et un prix de marché proportionnels à cette valeur de production et très supérieurs, par suite, à ceux de produits semblables dont le temps de rotation a été relativement court, — des vins nouveaux, par exemple. Cette différence est indépendante des dépenses faites pour salaires, outillage, etc., qui peuvent avoir été les mêmes dans un cas que dans l'autre. Dans le premier cas, l'entrepreneur compte son profit proportionnellement au capital déboursé, sur une période beaucoup plus longue que dans le dernier cas, ses produits exigeant beaucoup plus de temps pour leur production et leur circulation.

Les difficultés qui s'élèvent dès que nous tenons sérieusement compte de la rotation des capitaux pour l'évaluation des profits, sont aisées à résoudre si nous comparons les profits en proportion du capital total pour une période déterminée — par exemple une année. Supposons que deux entrepreneurs gagnent tous deux 15 0/0 par an de leur capital dépensé ; dans ce cas, peu importe si l'un d'eux a engagé son capital dans la production des machines d'imprimerie ou des vins vieux, l'autre, dans la production des chaussures ou des articles de Paris ou dans le commerce des vins nouveaux. En formulant cette proposition, nous faisons abstraction, naturellement, de certaines particularités, telles que les agréments plus ou moins grands d'une industrie, les risques de l'entrepreneur et d'autres facteurs secondaires que nous supposons tous égaux. En principe, la différence sera seulement la suivante : le capital du second entrepreneur, par ses sorties et rentrées successives, accomplit plus d'une rotation — deux ou trois par exemple — dans le même temps où le capital du premier entrepreneur en accomplit une. Le profit obtenu sur chaque exemplaire ou sur chaque unité d'une marchandise — par exemple sur chaque bouteille de vin — étant le quotient du profit total et du nombre des exemplaires ou des unités de la marchandise, il en résulte que, dans les sphères de production où le temps de rotation est nécessairement court, le profit ainsi calculé représente une quote-part relativement plus petite du capital employé que dans les sphères de production où le temps de rotation est nécessairement long.

Lorsque le temps de rotation est d'une année, la *valeur de production sociale* de chaque exemplaire ou de chaque unité d'une marchandise s'exprime, d'après cette théorie, pour un producteur quelconque au moyen de la formule suivante :

Frais sociaux de production et de circulation ⊹ *Profit annuel moyen de la branche en question*, divisés par la *Quantité des marchandises produites*.

Il faut remarquer qu'il ne s'agit dans toute cette exposition que d'une tendance générale au nivellement des profits dans chaque branche en particulier et ensuite, à un degré moindre, entre les diverses branches en général. Cette tendance — nous l'avons déjà expressément constaté — est due au passage libre et facile des capitaux d'une sphère de production dans une autre, et sa force est en raison directe de cette facilité.

Le profit et le taux du profit sont loin d'avoir pris, comme le supposait Marx, la forme d'un « taux général du profit » dépendant « non seulement du taux moyen du profit dans chaque branche de production, mais aussi de la répartition du capital total entre les différentes branches » (1). Chaque entrepreneur capitaliste est plus éloigné encore de recevoir, comme le préten-

(1) KARL MARX, *Das Kapital*, tome III, première partie, chap. IX, p. 148; cf. trad. franç., p. 178.

dait l'économiste allemand, le profit qui lui tombe en partage proportionnellement à « sa participation au capital total de la société » et à « l'ensemble de la plus-value ou du profit créés par ce capital » (1).

La conclusion à laquelle parvient Marx, en ce qui concerne le profit moyen, est la suivante : « Les capitalistes sont donc, relativement au profit, dans la situation des actionnaires d'une société par actions où la participation aux bénéfices a lieu proportionnellement au nombre des actions, et où par conséquent les divers capitalistes ne diffèrent entre eux que par le chiffre du capital placé par chacun d'eux dans l'entreprise, par leur participation proportionnelle à cette entreprise, par le nombre de leurs actions » (2).

Formulée dans ces termes, la conclusion à laquelle arrive Marx est absolument dépourvue de sens, si nous voulons l'appliquer à la production capitaliste sous le régime de la libre concurrence. En effet, nous ne saurions oublier que, sous ce régime, les avantages particuliers de la production ou de la circulation sont en définitive exploités personnellement par les entrepreneurs et que, d'autre part, les mauvaises chances et les pertes sont également subies personnellement par eux.

En ce qui regarde les frais de production, l'enquête entreprise par le Département du Travail à Washington en 1888-1890 conduisait encore, pour une branche d'industrie hautement capitaliste comme l'est l'industrie du fer, au résultat suivant :

« Lorsque nous regardons les tableaux généraux I-XI, comprenant des centaines d'établissements, rien n'est plus évident que le fait qu'il n'existe pas, jusqu'à présent, une détermination scientifique des dépenses nécessaires, en travail, en administration ou en différentes espèces de frais généraux, à la production de ces matériaux. » Suivant le Département du Travail, il en résultait « que, considérée d'un point de vue commercial, la pro-

_____

(1) *Loc. cit.*, pages 136-137 ; cf. trad. fr., p. 165.
(2) *Loc. cit.*, p. 137 ; cf. trad. fr., p. 165.

duction du fer est encore faite, jusqu'à un certain degré du moins, d'une manière grossière, empirique et inégale ». Il était clair, et c'est une nouvelle conséquence formulée par le rapport, « qu'on ne saurait fixer justement une somme déterminée comme représentant généralement et pour une localité quelconque les frais du travail direct ou de tout autre élément pris en considération » (1).

Le phénomène admis par Marx, que les différents entrepreneurs capitalistes se trouvent dans la situation « d'actionnaires d'une société par actions » (*Aktionäre einer Aktiengesellschaft*) « distribuant tel bénéfice pour cent », ne se réalise qu'au cas où les entrepreneurs particuliers sont transformés de fait, sinon de nom, en actionnaires d'une société.

Ceci est le cas, nous le verrons encore, pour les trusts modernes. Il en est de même dans les cartels les plus développés où un « Bureau de vente » (*Verkaufsstelle*) achète en son propre nom toute la production des fabriques associées pour la revendre à ses risques et périls. Dans ces cartels, l'industriel ne reçoit pas le prix effectivement obtenu au marché par ses produits, mais un prix fixe, déterminé par l'ensemble des adhérents, et son profit se détermine en fait par le *profit moyen*, obtenu par le cartel pour l'ensemble des ventes d'un exercice entier.

Bref, pour que la thèse marxiste soit juste, il faut qu'il n'existe plus de contact personnel entre les entrepreneurs associés et leur clientèle.

Et comment pourrait-il en être autrement? Supposons qu'en vérité l'entrepreneur capitaliste isolé ne reçoive pas, au-dessus du prix de revient de sa marchandise, son propre profit (différence entre le prix de revient, qui est personnel, et le prix de marché, qui est général) ni même — nous suivons toujours l'opinion de Marx — le profit moyen dans la branche de production à laquelle appartient cet entrepreneur; supposons qu'au contraire « tout capital placé reçoit, chaque année (ou telle

(1) *Sixth Annual Report*, pages 87-88.

autre période donnée) la part de bénéfice qui lui revient, pour cette période, au prorata de la fraction du capital total que ce capital particulier représente » (1). La conséquence, c'est que l'addition de ce profit uniforme à des frais de production fort différents amènerait nécessairement des prix de marché non moins variables suivant la personne du producteur éventuel (2).

Cette conséquence cependant est en contradiction évidente avec la première tendance que nous avons remarquée de prime abord sur le marché capitaliste, tendance au nivellement du prix de marché des marchandises égales. N'oublions pas que cette première tendance est primordiale et qu'elle régnait longtemps avant qu'il pût être question, en deuxième lieu, d'une tendance plus ou moins sensible au nivellement des profits.

Le phénomène proposé est même en contradiction avec le principe fondamental de tout échange, lorsqu'il y a une certaine liberté d'action chez les acheteurs et chez les vendeurs, et même de l'échange sous sa forme la plus primitive. Nous connaissons déjà ce principe fondamental qui se formule ainsi : des produits étant de même nature et correspondant aux mêmes besoins ou désirs humains, sont considérés au marché comme équivalents, et il en est ainsi aussi longtemps que le rapport de l'offre et de la demande est le même pour tous ces produits.

Au point de vue historique, il est de même facile d'expliquer pourquoi, sous le régime de la libre concurrence capitaliste, la tendance au nivellement des profits ne s'est manifestée après sa naissance que très imparfaitement et se limite encore à certaines branches spéciales de l'industrie où la production revêt un caractère plus ou moins uniforme.

---

(1) MARX, loc. cit.

(2) « Si son prix de revient est spécifique, le profit qui s'y ajoute est indépendant de la nature spéciale de l'industrie dans laquelle il est engendré : il est un simple tant pour cent du capital avancé. » (KARL MARX, Das Kapital, loc. cit., p. 137 ; cf. trad. fr., p. 166.)

Nous avons vu qu'une tendance semblable s'est produite au Moyen Age, — tendance au nivellement des bénéfices que donnait la maîtrise dans les différents métiers d'une même ville ; ce nivellement tendanciel de la situation sociale du maître de métier se basait, nous le savons, sur la valeur-de-travail sociale de ses produits.

Au point de vue historique, nous n'avons pas à nous étonner de ce qu'une tendance semblable apparaisse également de nos jours sous le mode capitaliste de production et de distribution, basée cette fois sur la valeur de production capitaliste (*frais de production et de circulation* + *profit*).

Mais, il y a une différence essentielle : Dans la période pré-capitaliste, c'étaient les statuts des corporations qui devaient maintenir le gain du maître artisan à un niveau social uniforme dans tout le métier ; ces statuts ont accompli leur tâche en réglementant minutieusement le travail et ses conditions. En outre, les autorités médiévales intervenaient avec des règlements spéciaux non moins rigoureux, partout où les maîtres d'un métier paraissaient s'enrichir aux dépens de ceux d'un autre. Et pourtant, même sous le régime de la production et de la distribution si peu développées du Moyen Age, cette œuvre de nivellement ne pouvait s'accomplir qu'incomplètement ; la tendance dont nous parlons était souvent entravée ; nous savons même que des branches de métier entières, telles que le commerce, pouvaient échapper à la réglementation générale et obtenir une organisation particulière.

Or, dans la production capitaliste, en tant qu'elle se développe sous le régime de la concurrence libre, un nivellement semblable à celui que nous venons de relever devrait s'accomplir par le libre déplacement des capitaux. Considérons-en les conditions d'un peu plus près.

Nous ne pouvons pas nier qu'il existe un nivellement tendanciel des bénéfices procurés par les différentes entreprises capitalistes et qu'il exerce une certaine influence dans la vie sociale moderne. Si nous observons les marchés des grandes villes, disait déjà Ricardo, nous verrons avec quelle régularité ils sont pourvus, dans la quantité requise, de toutes sortes de denrées nationales et étrangères. « On doit donc convenir, ajoutait-il, que le principe qui proportionne le capital à chaque branche d'industrie, dans l'exacte quantité que cette branche requiert, est plus actif qu'on ne le suppose en général » (1).

Nous pouvons constater, il est vrai, un déplacement continuel de capitaux suivant les besoins des diverses sphères de production : incessamment, des capitaux se retirent d'une sphère pour affluer dans une autre, où momentanément le capital est plus recherché et où les profits sont plus élevés que dans les sphères de production surchargées de capital.

Ce déplacement cependant est entravé de tous côtés ; il se fait par sauts et par bonds, faisant le vide dans une sphère pour causer une surcharge de capital dans une autre, ou bien momentanément, pour une contrée quelconque, dans plusieurs sphères de production à la fois, — que l'on se rappelle encore les crises subies par les industries de divers pays en 1901 et en 1907-1909.

En outre, il existe des branches entières de l'industrie, du commerce et des transports qui, localement ou bien généralement, ne sont pas assez accessibles pour que les capitaux déposés dans d'autres branches puissent facilement les atteindre ; nous avons ici en vue les branches plus ou moins monopolisées. Enfin, la tendance au nivellement des profits n'agit pas isolément et séparément. Comme nous l'exposerons dans le troisième tome de cet ouvrage, il y a d'autres tendances qui influent sur la formation des profits, et qui entravent incessamment celle que nous venons d'examiner.

Pour le nivellement final et complet des profits dans les différentes sphères de la production et de la distribution, la libre concurrence des entrepreneurs particuliers, qui a été, pendant

_____

(1) RICARDO, *Principles of Political Economy and Taxation*, ch. IV, p. 48 ; cf. trad. franç., p. 57.

presque tout le xixᵉ siècle, un trait essentiel et caractéristique de la production capitaliste, s'est montrée insuffisante. Pour compléter ce nivellement, deux chemins sont ouverts : en premier lieu, la réglementation gouvernementale, autoritaire, dans les branches principales de l'industrie et des communications ; c'est là un système de capitalisme étatique, communal ou départemental, dans lequel le gouvernement domine immédiatement la production et les conditions du travail. Remplaçant ainsi, les uns après les autres, les entrepreneurs d'une branche quelconque, l'Etat pourra contraindre ceux qui restent à accepter les conditions de production qui existent dans les établissements gouvernementaux.

En deuxième lieu, il peut y avoir une organisation de la production et de la distribution dans laquelle les grands entrepreneurs exécutent, par leur propre initiative et par l'entente amiable, ce qui est fait ailleurs par l'Etat. Nous avons déjà vu naître une semblable organisation, au Moyen Age et au commencement de l'ère capitaliste, pour certaines grandes compagnies de navigation maritime. De nos jours, par les cartels et les trusts modernes, nous voyons de même se réaliser lentement cette deuxième forme d'organisation et de centralisation, — si bien que la vie sociale, au commencement du xxᵉ siècle, présente, l'une à côté de l'autre, les deux formes de centralisation : d'une part, le capitalisme d'Etat, et de l'autre la monopolisation des industries par les grands capitalistes particuliers.

Nous pourrions encore mentionner à part, comme une forme spéciale d'organisation et de centralisation, les coopératives des ouvriers et des petits paysans ; mais ces dernières entreprises prennent par trop vite, dans leur développement, le caractère d'associations capitalistes et même de cartels-capitalistes. Nous reviendrons là-dessus dans un tome suivant de cet ouvrage.

Il faut que, dans les branches principales de l'industrie, du commerce et ensuite de l'agriculture, s'achève plus encore ce nivellement des conditions de la production sous les deux formes, il faut même qu'il atteigne son plein développement, avant que puisse croître une organisation plus libre de la production et de la distribution des richesses reposant sur l'entente libre des producteurs organisés et des consommateurs également organisés, et s'accomplissant comme une réaction générale contre la tyrannie étatiste et monopolisatrice des temps modernes.

Rappelons-nous encore l'organisation et la règlementation de la production au Moyen Age. C'est seulement après que cette organisation fut devenue un obstacle réel au développement des forces productives de la société et au progrès de la civilisation, que la libre concurrence capitaliste put rompre avec l'ancien régime. Il en est de même de l'état économique et social actuel : Il faut que les différends entre nationalités et toutes les autres influences politiques et sociales qui empêchent encore le nivellement de la vie économique, aient le temps de disparaître sous l'influence de la civilisation générale.

Dans le courant de notre analyse, nous avons fait remarquer que la valeur-de-travail précapitaliste s'efface complètement dès que la production a revêtu une forme nettement capitaliste. Cette constatation doit nous arrêter encore un moment pour terminer notre étude sur la valeur de production.

Sous le régime capitaliste, nous avons vu la valeur de production des richesses s'exprimer sous la formule : *frais de production (au sens général, y compris les frais de circulation) + profit*, les premiers se développant en *frais de production sociaux*, le dernier en *profit moyen tendantiel*. La cause n'en est pas que les marchandises se vendraient au marché capitaliste, suivant la composition organique des capitaux, au-dessus ou bien au-dessous d'une certaine valeur théorique, — la valeur-de-travail. C'est là, nous le savons, l'hypothèse de Karl Marx (1) qui croit

---

(1) Les détails de l'exposé de cette hypothèse nous occuperont encore lors de notre critique de la doctrine marxiste dans notre troisième volume, traitant plus particulièrement du profit d'entreprise.

que cette valeur continue encore son action sous le régime capitaliste, à l'arrière-plan de la production et de la distribution des
richesses. Mais nous avons vu qu'en réalité la cause du phénomène constaté s'explique par le fait que la valeur de production
des richesses a parcouru elle-même, dans le courant des siècles,
une évolution historique. La valeur de production qui, pour la très
grande partie des richesses, constitue chez les peuples modernes
un élément essentiel et souvent prédominant pour la création
de la valeur d'échange, a complètement changé de nature pendant les siècles écoulés. Cela doit d'autant moins nous étonner
que nous savons combien la notion de la « valeur » des richesses
peut changer de siècle en siècle avec la structure économique
de la société et avec le développement de ses forces productives.

Dans la société moderne, il n'est plus question d'une « déviation » qu'auraient subie les prix de marché en s'écartant seulement çà et là du niveau de la valeur-de-travail.

Contrairement à la thèse de Marx et de son école, nous avons
vu que *c'est la valeur de production elle-même qui a changé de
caractère* (1).

---

(1) La vente telle qu'elle se fait, pour la grande majorité des marchandises, sur le marché capitaliste libre, vente dominée par *les frais de production* + *le profil moyen*, est tout autre chose que la vente suivant le
temps de travail socialement nécessaire. Les disciples de Marx n'ont pu
nier ce fait en présence des critiques sévères que devait naturellement
accueillir la publication du troisième tome du *Capital*. Ils ont choisi cependant la seule issue qui se présentait pour sauver la théorie du maître.
Ils ont interprété tous les phénomènes qui se passent au marché capitaliste moderne et qui la contredisent comme des « déviations » de « la loi
de la valeur » (das *Werthgesetz*).

Que l'on voie, par exemple, ce que dit Conrad Schmidt, l'un des plus
intelligents parmi les disciples de Marx, dans un article publié par le
Vorwärts (supplément au numéro du 10 avril 1897). La marche régulière des transactions au marché capitaliste est considérée par lui comme
« *une déviation des prix des marchandises hors de leur valeur, c'est-à-dire
hors du temps de travail qu'elles contiennent* ». Il parle, lui aussi, d'une
« *brèche à la loi de la valeur* » (eine *Durchbrechung des Werthgesetzes*).

On a pu parler encore rationnellement d'une *déviation* des prix de marché hors du niveau de la valeur-de-travail, aussi longtemps que ce niveau a été sensible en réalité, c'est-à-dire dans la première période d'épanouissement de la production capitaliste. Par rapport à cette période, on pourrait prétendre que la vieille loi de la valeur de production est seulement « ébréchée ». Mais ce qui, dans la première phase du capitalisme, était encore une exception à la règle générale de la vie économique des peuples est devenu peu à peu, par le développement de la vie sociale sous le régime capitaliste, la règle générale.

CINQUIÈME PARTIE

La valeur d'échange.

CHAPITRE XIV

CONSIDÉRATIONS GÉNÉRALES SUR LA NATURE DE LA VALEUR D'ÉCHANGE ET DU PRIX DES MARCHANDISES

Nous avons reconnu, dès le commencement de nos recherches sur la nature de la valeur, qu'elle exprime toujours et nécessairement un rapport entre les biens et l'homme, mais que le caractère de ce rapport diffère avec la forme de valeur.

Pour la valeur d'usage, il s'agissait du rapport entre les biens et le consommateur immédiat ; pour la valeur de production, du rapport avec le producteur. De la combinaison de ces deux rapports naît la valeur d'échange et le rapport exprimé par cette dernière se révèlera comme un rapport entre les richesses et les personnes du producteur et du consommateur, ou bien entre les richesses et la collectivité des producteurs d'une part et des consommateurs de l'autre, dans une même branche de production et de consommation.

Nous sommes parvenus maintenant à l'analyse de cette dernière forme de la valeur, la *valeur d'échange*.

Au moment où nous pénétrons dans ce nouveau domaine, les richesses ont quitté la sphère de la production, où elles ont été transformées et rendues propres à l'usage humain, soit pour se présenter déjà à la consommation immédiate, soit pour être soumises à un nouveau processus de production. En tous cas, elles n'ont pas encore pénétré dans la sphère de cette consommation immédiate ou bien productive.

Ayant quitté la sphère de la production, les richesses sont aptes à représenter et de la *valeur de production* et de la *valeur d'usage*. Ces deux formes, cependant, restent à réaliser et c'est cette réalisation qui s'accomplit dans l'échange, — phase intermédiaire entre la production et la consommation. C'est dans cette phase intermédiaire que les richesses se présentent à nous comme *des marchandises*.

La nécessité de cette réalisation provient de la nature des richesses et de l'organisation sociale du travail. Sous le système actuel de spécialisation des industries et de division du travail, la valeur d'usage que possèdent les richesses est généralement de la valeur d'usage pour d'autres personnes que les producteurs immédiats ; si même les producteurs se résolvent à produire à leurs frais et à rendre les richesses propres à l'usage humain, c'est généralement à cause de la valeur d'usage que leurs marchandises peuvent avoir pour d'autres que pour eux.

Dans la période précapitaliste de l'échange en nature, un producteur A se décidait à céder ses produits à l'aspirant consommateur B, sous la condition que celui-ci pourrait lui offrir en échange d'autres richesses ayant également pour lui, A, une valeur d'usage immédiate. Peu importe de savoir, dans ce cas, si A et B étaient des individus ou des collectivités.

Avec le développement actuel du commerce et des moyens de communication, cette ancienne condition a perdu sa raison d'être et, au marché moderne, une seule question se pose : l'aspirant consommateur B peut-il offrir au producteur A une autre marchandise (de l'or ou de l'argent, par exemple) possédant pour ce dernier une valeur d'usage *indirecte*, en ce sens qu'il pourra, de son côté, l'*échanger*, *au moment voulu, contre toute espèce d'articles de consommation* ?

Dans la vie sociale moderne, le *producteur* et le *consomma-teur* se rencontrent donc en qualité de *vendeur* et d'*acheteur*, soit d'articles de consommation directe, soit de matériaux des-tinés à une nouvelle production (consommation productive). Ordinairement s'interposent entre le producteur et le consom-mateur des intermédiaires, — *courtiers*, *commerçants*, *bouti-quiers*, etc., — qui s'offrent à faciliter les transactions entre les deux parties.

Il faut cependant, avant tout, que les deux contractants — producteur et consommateur, vendeur et acheteur — puissent se rencontrer. S'ils ne se rencontrent pas et si, par suite, un article reste invendu, tant pis pour le producteur. Car, puisque son produit ne possède généralement de la valeur d'usage que pour d'autres personnes et n'a aucune valeur pour lui-même, il est évident que les frais de production (dépenses en travail ou en capital) seront d'ordinaire considérés par lui comme perdus. Même si un tel article invendu conserve quelque valeur pour l'usage personnel du producteur, cette valeur doit être consi-dérée comme absolument distincte et de la *valeur de production* que ce même article représente pour lui, et de la nouvelle valeur que l'article aurait dû prendre dans l'échange, la *valeur d'échange*.

Le lieu où producteur et consommateur — ou bien leurs représentants — se rencontrent et où se font leurs transactions, est le *marché des marchandises*.

J'entends sous le nom de *marché* toute rencontre dans la-quelle les marchandises passent des mains du vendeur dans celles de l'acheteur. J'entends donc sous ce nom aussi bien les lieux et circonstances dans lesquels certaines marchandises spéciales obtiennent des prix de monopole que ceux où les prix des marchandises offertes peuvent facilement être nivelés par ce qu'on appelle la concurrence plus ou moins libre.

Dans notre examen général, nous parlerons donc d'un marché pour une marchandise telle que l'argent, dont la production et le commerce sont concentrés et monopolisés et pour laquelle le

marché de Londres règle le prix mondial; et le même nom
s'appliquera aux enchères du café au Havre, à New-York, à
Londres, à Amsterdam, ou à Hambourg, — marchés au sens
capitaliste du mot. Enfin, nous donnerons également le nom de
« marché » aux plus modestes transactions faites dans une
petite ville de province sur les légumes, les œufs, le beurre et
les menus objets, livrés aux consommateurs immédiats (1).

Par nature, la valeur d'échange se présente comme distincte
et séparée dans son origine et dans son caractère des deux autres
formes de valeur que nous avons examinées jusqu'à présent.
Cette nouvelle forme de valeur, malgré sa dépendance à l'égard
des deux autres, exige une étude spéciale et une analyse toute
particulière.

Tandis que les deux autres formes de la valeur exprimaient
toujours un rapport des biens à un seul des deux groupes que
nous distinguons incessamment dans la vie économique, la
valeur d'échange se présente au contraire comme un rapport
des biens aux deux parties, producteurs et consommateurs, en
même temps.

La notion de la valeur d'échange des marchandises, considé-

---

(1) Nous prenons donc cette notion de « marché » dans un sens un peu
plus large que plusieurs économistes. Nous rejetons par exemple catégoriquement les deux conditions que STANLEY JEVONS exige pour qu'il y
ait marché : «.. Il faut que la concurrence soit parfaitement libre, de
sorte que chacun puisse faire des échanges avec toute autre personne en
vue du moindre avantage apparent. Il faut qu'il n'y ait pas de collusions
pour accaparer et garder des approvisionnements afin de constituer des
taux d'échange anormaux. » (*The Theory of Political Economy*, ch. IV,
p. 86; cf. trad. franç., p. 153.) Si nous voulons seulement considérer
comme marchés les cas où règne sans conteste la « concurrence libre » et
d'où sont exclues les « collusions », nous serions enclins à nous demander sérieusement, si, dans notre temps de coalitions et de monopoles,
de « collusions » de toutes sortes entre grands fabricants et commerçants, nous pourrions encore rencontrer quelque part de véritables
marchés. Il nous semble que l'économiste a pour tâche de prendre le
marché tel qu'il est, quitte à rechercher par une analyse spéciale quelle
influence les coalitions et complots de toute espèce exercent sur les prix
de ce marché.

rée en dehors de la personne du producteur et des frais que celui-ci dépense à leur production, est une notion aussi absurde que
celle de la valeur d'échange de ces mêmes marchandises considérée comme indépendante de la personne du consommateur et
des services que celui-ci pourra tirer de leur usage.

Qui est-ce qui, en définitive, donne aux produits leur valeur
d'échange? A cette question, une doctrine économique a répondu : c'est le producteur, celui qui les a créés par son travail,
celui qui leur a donné leurs propriétés. Une autre doctrine, non
moins autorisée, a répondu au contraire : non, c'est le consommateur, celui qui, par sa demande, consacre leur utilité, celui
qui décide de leur destination (1).

Il est évident que ces deux doctrines économiques n'ont aperçu
que chacune la moitié de la vérité et que, en réalité, les deux
groupes, producteur et consommateur, entrent l'un et l'autre
en jeu dans la constitution de la valeur d'échange.

Notons bien ce que nous entendons sous le nom de *valeur
d'échange* dont nous avons déjà défini la notion dès le début de
ce livre : *La valeur d'échange des marchandises est leur rapport
entre elles, relativement aux quantités dans lesquelles, au marché, elles sont considérées comme équivalentes et proportionnellement auxquelles elles sont échangées.* Lorsque nous voulons
nous tenir à cette conception de la valeur d'échange des produits, il nous est impossible de faire abstraction, dans l'étude
de l'origine et de la nature de cette valeur, soit des frais néces-

---

(1) Voir par exemple MACLEOD sur la théorie de Smith et de Ricardo :
« Tous les deux s'adressent au travail du producteur comme conférant la
valeur ; tandis qu'il est indubitablement certain que la DEMANDE du consommateur est la seule origine et la seule cause de la valeur. Smith dit
que c'est le travail appliqué par le producteur à un article qui lui donne
de la valeur ; tandis qu'il est parfaitement certain que les choses n'ont
pas de la valeur parce qu'on a appliqué du travail à leur production,
mais qu'on a dépensé beaucoup de travail à les produire, parce que le
public aime beaucoup à les avoir et attache un prix élevé à leur possession ; et c'est ainsi qu'ils ont une haute valeur. » (*The Elements of Economics*, London, 1886, t. II, 1re partie, p. 26-27.)

saires à la production de ces produits (leur *valeur de production*), soit des services spéciaux qu'ils peuvent rendre dans la consommation (leur *valeur d'usage*). Au contraire, c'est par ces deux éléments que nous devons nous expliquer et l'origine et le quantum de la valeur d'échange.

Le rapport des marchandises entre elles devrait occasionner au marché autant d'égalités que nous pouvons y placer de fois deux marchandises l'une en face de l'autre. Sur un marché, où m marchandises sont représentées en quantités déterminées et où l'on pourrait donc exprimer la valeur d'échange de chacune d'entre elles dans son rapport à $m-1$ autres marchandises, il serait possible de formuler $m (m-1)$ équations. Pour exprimer tous les rapports possibles, on devait les formuler tous, tant que, dans une période primitive de la civilisation humaine, les hommes échangeaient encore leurs produits en nature ; mais nous n'en avons plus besoin depuis qu'une marchandise déterminée — l'or ou l'argent ou toute autre *monnaie* — est devenue *marchandise numéraire générale* (1). Ainsi s'opère régulièrement l'échange tel que le suppose la société actuelle et les valeurs d'échange de toutes les autres marchandises s'expriment aujourd'hui régulièrement au moyen de cette marchandise particulière.

Au lieu des $m (m-1)$ équations entre les marchandises de toutes les espèces qui peuvent se présenter sur un marché, pla-

---

(1) Nous ne nous arrêterons pas à exposer comment des produits de différentes espèces (*bétail, sel, tabac, maïs, riz, dattes, noix de coco,* etc.) ont pu servir comme *marchandise numéraire générale* à différentes époques et chez différents peuples, ni à expliquer l'origine de la *monnaie métallique* (or, argent, cuivre) et le développement de son usage comme intermédiaire d'échange. Un tel exposé historique, relevant d'une branche de science déjà bien vaste, dépasserait le cadre de notre ouvrage. Nous ne faisons remarquer qu'en passant les deux fonctions différentes que peut avoir cette marchandise intermédiaire ; elle peut se présenter immédiatement comme une *monnaie* servant à acheter réellement les autres marchandises ; elle peut fonctionner seulement comme *numéraire* exprimant les rapports de valeur entre les marchandises, sans que celles-ci soient échangées en fait contre la marchandise-monnaie.

cées chaque fois par paire, l'une en face de l'autre, nous rencontrons maintenant $m-1$ prix, étant $m-1$ expressions différentes du rapport de valeur de chacune des marchandises à une d'entre elles qui est la *marchandise numéraire.*

Nous appelons donc *prix* d'une marchandise sa *valeur d'échange* exprimée dans la marchandise qui figure au marché comme *marchandise numéraire générale*, en d'autres termes sa valeur d'échange exprimée en *monnaie*; naturellement, la marchandise numéraire, elle-même, ne peut pas avoir un prix.

L'or, l'argent, etc., sont considérés eux-mêmes comme des marchandises pouvant se présenter au marché comme intermédiaires propres à effectuer l'échange des marchandises; il est évident que c'est seulement parce qu'ils représentent eux-mêmes une valeur réelle et parce qu'ils peuvent maintenir ce caractère vis-à-vis de toute autre marchandise. Ceci apparaît avec évidence au marché des métaux précieux.

Nous n'avons pas à tenir compte pour le moment du service que la marchandise-monnaie rend comme *numéraire* et de son remplacement par des *chèques*, des *traites*, des *warrants*, etc.; nous n'avons pas à nous occuper davantage ici de la distinction entre la monnaie métallique et la monnaie fiduciaire; ni de toutes les considérations qui s'attachent naturellement à l'émission de différentes sortes de monnaie : papier-monnaie, monnaie d'appoint en cuivre, nickel ou argent, et ainsi de suite. Tout cela constitue le sujet de recherches spéciales.

Pour notre examen de la valeur d'échange des richesses, il suffit de faire remarquer que, quelle que soit la forme sous laquelle, au marché, la marchandise-monnaie se présente à nos yeux, — ce n'est pas la quantité de la monnaie comme telle qui a de l'importance pour les producteurs et les consommateurs, pour les vendeurs et les acheteurs, mais c'est la quantité des articles prêts à la consommation que, des deux côtés, on peut se procurer en échange de la marchandise-monnaie. En définitive, ce sont des articles prêts à la consommation (immédiate ou productive) qui s'échangent entre eux dans la vie sociale : les produits de l'industrie s'échangent contre les produits de l'agriculture et de l'élevage, les produits d'un pays contre ceux d'un autre. La marchandise-monnaie, dans ces échanges, figure seulement comme intermédiaire.

La notion du *prix*, entendu comme valeur d'échange exprimée en marchandise-monnaie, est au nombre de celles, fort peu nombreuses du reste, sur lesquelles les économistes des différentes écoles s'entendent plus ou moins (1).

Une analyse plus précise fait voir que les deux notions de *valeur d'échange* et de *prix* ne se recouvrent pas, mais plutôt qu'elles se complètent : tandis que la valeur d'échange d'une

---

(1) Dans l'école marxiste une grande obscurité entoure les notions de *valeur* et de *prix* ; il faut en chercher la cause dans la confusion déjà signalée entre les *valeurs de production et d'échange*. Que l'on voie, par exemple, la page, dans le premier tome du *Capital*, ch. III, § 1, p. 73 (trad. franç, p. 43, col. 1), où Marx examine les motifs de « l'écart » et de la « différence quantitative » entre « le prix d'une marchandise et sa grandeur de valeur » (*die Möglichkeit quantitativer Inkongruenz zwischen Preis und Werthgrösse*) et où il trouve que la possibilité de cette différence « gît dans la forme-prix elle-même ». Il faut rapprocher, cependant, des passages semblables où le « prix » et la « grandeur de valeur » sont opposés l'un à l'autre, d'autres passages où l'auteur développe la loi économique qui régit les rapports quantitatifs de l'échange entre les produits et où il fait abstraction des circonstances extérieures qui viennent troubler la règle intime. Dans ce cas, le *prix n'est autre chose pour Marx que la valeur d'échange*. C'est ainsi qu'il a formulé, par exemple, la définition suivante : « L'expression de valeur d'une marchandise en or : x marchandise A = y marchandise monnaie, est sa forme monnaie ou son prix. » (*Loc. cit.*, p. 65 ; trad. fr., p. 39, col. 2.) Cette dernière conception du prix revient aussi chez Marx, à maintes reprises, dans le troisième tome du *Capital* où l'auteur fait remarquer par exemple (deuxième partie, ch. XXXVIII, p. 188 ; cf. trad. franç., p. 230) que le prix n'est que « la valeur exprimée en monnaie ». Cf. ensuite ce que Marx dit dans la note 37, à la page 143 (trad. franç., page 70) du premier tome de son *Capital* sur la réduction des prix au « prix moyen » comme à « leur règle interne, » (*zum Durchschnittspreis als ihrer inneren Regel*. Cette « règle interne » est pour lui réalisée par le travail dans chaque marchandise, c'est-à-dire, — selon la doctrine marxiste, — par sa valeur. Cf. encore la page 72 (trad. franç., p. 42), du même tome où l'on trouve : « Le prix est le nom monétaire du travail matérialisé dans la marchandise ».

marchandise exprime son aptitude à équivaloir, au marché, à une quantité déterminée d'autres marchandises (au nombre desquelles la monnaie, or ou argent), son prix, au contraire, est précisément cette quantité équivalente d'autres marchandises (et en particulier de monnaie, or ou argent).

Les lois, pourtant, qui régissent la valeur d'échange et le prix, agissent parallèlement et coïncident même en général (1).

Nous avons pourtant à faire à ce sujet quelques observations particulières, qui sont indispensables pour faire connaître la nature de la *valeur d'échange* et du *prix*.

Attendu que le prix d'une marchandise est l'expression de sa valeur d'échange en une marchandise spéciale, — la marchandise-monnaie, — tous les changements en valeur d'échange que subit la matière monnaie elle-même, indépendamment des diverses marchandises dont la valeur s'exprime en monnaie, affectent seulement le *prix*, mais non la *valeur d'échange* de ces autres marchandises. La valeur d'échange d'une marchandise restant invariable, il est donc possible que son prix augmente ou diminue en raison inverse de la valeur d'échange de la matière monnaie, de sorte que la même valeur d'échange peut s'exprimer, à des moments différents, en des prix différents (2).

Le phénomène que nous venons de constater résulte de ce que la valeur d'échange des marchandises s'exprime toujours sous

---

(1) « Mais les lois de l'un et de l'autre coïncident. Car, tandis que la loi des prix des marchandises nous explique qu'une marchandise obtient, de fait, un certain prix et pourquoi elle l'obtient, la même loi nous explique naturellement aussi que cette marchandise est capable d'obtenir un certain prix et pourquoi elle en est capable. La loi des prix contient en elle la loi de la valeur d'échange. » (Böhm-Bawerk, *Kapital und Kapitalzins*, tome II, livre III, ch. I, ı, p. 217.)

« On mesure les marchandises d'après le poids d'argent ou d'or donné pour les acquérir, et puisqu'on accepte ce poids d'argent ou d'or contre toutes les marchandises, il faut, *les circonstances étant les mêmes*, que la mesure des marchandises d'après le poids d'argent et d'or qu'elles représentent se rencontre précisément toujours avec la mesure de leur valeur. » (Rodbertus, *Zur Erkenntniss*, ıı, 3, p. 47.)

(2) Voir plus haut p. 110 (note).

la forme d'une comparaison de ces marchandises avec une marchandise déterminée qui est elle-même sujette à des altérations de valeur (valeur dans tous les sens du mot). Nous nous sommes arrêtés déjà en passant à ce fait, lorsque nous avons fait remarquer, avec Rodbertus, que l'expression de la valeur d'une marchandise en n argent ou n travail ne donne pas encore une détermination exacte de cette valeur, à moins qu'on ne sache combien valent n argent ou $\bar{n}$ travail par rapport à toutes les autres marchandises. En s'appuyant sur ce fait, Karl Knies a fait observer que l'expression de la valeur des marchandises en or ou en argent est beaucoup moins fixe que, par exemple, l'expression de la longueur d'un objet en mètres, — mesure déterminée et fixée une fois pour toutes (1).

Pour nous qui avons déjà, au commencement de cet ouvrage, envisagé le caractère complexe de la valeur sous chacune de ses formes, c'est une raison de plus pour expliquer qu'il ne peut exister une mesure exacte de la valeur comme il existe une mesure des longueurs et des surfaces, etc., et qu'il s'agit toujours, dans l'estimation de la valeur d'échange, d'une simple *indication*.

Nous faisons remarquer ensuite que, pour le prix des marchandises, il faut répéter l'observation faite antérieurement à propos de la valeur d'échange comme de toute autre forme de valeur : le prix exprime toujours un *rapport*, — rapport double, comme nous le savons, — et non une *quantité absolue*. Le *prix*

---

(1) «... C'est pour cette raison que le « poids-étalon d'argent » (*Geld-grundgewicht*) employé à mesurer la valeur, par exemple 4 grammes 1/2 d'argent, ou 1/4 gramme d'or, n'est pas à comparer au mètre-étalon, absolument assuré contre tout changement de longueur, qu'on emploie à mesurer les longueurs, etc., mais plutôt à un bâton long d'un mètre qui, par des circonstances quelconques, peut subir, dans une durée quelconque, des changements sensibles de longueur. Après cela on peut laisser encore à ce bâton le même *nom* qu'auparavant — et de même employer encore la même *quantité* d'argent (4 1/2 grammes) ou d'or (1/4 gramme) pour mesurer la valeur, — mais l'intermédiaire-mesure n'est pas resté exactement le même. » (KARL KNIES, *Das Geld*, ch. IV, pages 172-173.)

d'une marchandise exprime le rapport de cette marchandise à la marchandise-monnaie, en même temps qu'un rapport de l'une et de l'autre à l'homme. Au commencement de ce chapitre, nous avons déjà traité du dernier de ces rapports en ce qui concerne la valeur d'échange, dont le prix est l'expression en monnaie.

Par opposition à la valeur d'échange, le prix est l'élément réel qui se présente, dans l'échange, à la surface des phénomènes du marché. Quel qu'en soit l'aspect, la *valeur* reste toujours une *notion abstraite*; le *prix*, au contraire, prend une forme sensible et matérielle.

Lors de notre analyse de la valeur d'usage, nous avons reconnu, comme unique fait réel, l'expression de cette valeur dans une égalité et la comparaison faite par une personne quelconque entre une quantité x d'un bien et une quantité y d'un autre bien (x francs et y litres de vin, par exemple) estimées équivalentes. Cela devenait particulièrement manifeste, lorsque nous voulions examiner la différence entre les évaluations personnelles faites par plusieurs consommateurs et lorsque nous voyions une deuxième personne estimer par exemple x francs équivalents à $2y$ litres du même vin. Ce fait réel, cependant, supposait, pour être éclairci, une connaissance suffisante de la nature de la valeur d'usage.

Maintenant, nous nous trouvons en présence d'un phénomène analogue : la fixation des prix est, au marché, le fait réel par lequel se manifeste à nous la valeur d'échange des marchandises, comme résultat final des comparaisons et évaluations des acheteurs et des vendeurs. Mais ce fait réel resterait inexplicable si nous ne tentions pas de pénétrer plus profondément dans la nature de la valeur d'échange.

Dans notre définition de la valeur d'échange, nous avons déjà distingué entre la *valeur d'échange subjective ou personnelle* qui est déterminée par les évaluations personnelles d'acheteurs et de vendeurs définis, et la *valeur d'échange objective ou sociale*, qui est déterminée par la valeur de production sociale d'une part et les besoins sociaux de l'autre.

Cornélissen   21

Cette distinction est la conséquence logique de ce que nous avons dit précédemment de la nature des besoins humains et des frais de production ; nous avons distingué également entre les besoins individuels et les besoins généraux, de même qu'entre les frais de production personnels et les frais de production sociaux.

Nos besoins et nos désirs peuvent être considérés d'un point de vue personnel ou bien d'un point de vue général. Les besoins et désirs de chaque consommateur en particulier se font valoir au marché, nous l'avons vu, dans la totalité des besoins et des désirs généraux de chaque marchandise. Les deux notions, pourtant, diffèrent. Il se peut qu'un consommateur déterminé éprouve, ne fût ce que momentanément, un besoin très sensible d'un article quelconque, tandis qu'au marché le besoin général du même article est relativement faible. Le cas contraire peut se présenter aussi.

La même distinction s'impose au sujet des frais de production. Supposons qu'un producteur quelconque considère une quantité x de la marchandise-monnaie comme équivalente aux y hectolitres de blé qu'il porte au marché, en s'appuyant sur le fait que la quantité x de la marchandise-monnaie représente les frais de production personnels de ses y hectolitres de blé augmentés du profit moyen usuel dans sa branche de production. Il n'est pas certain que, dans ce cas, la quantité x de la marchandise-monnaie soit considérée au marché comme la valeur de production de y hectolitres de blé. Nous savons au contraire que les frais de production personnels des divers producteurs se nivellent généralement au marché en une valeur de production sociale et générale.

La différence que nous venons de signaler n'est pas négligeable ; mais il est certain que les évaluations personnelles du consommateur et du producteur peuvent toujours conserver au marché une certaine influence ; ce fait est d'autant plus évident que le nombre des acheteurs et des vendeurs est plus restreint. Du reste, la présence d'un nombre restreint d'acheteurs

ou de vendeurs n'est pas un fait en désaccord avec les rapports
capitalistes les plus développés et avec les conditions du marché
tel qu'il se présente dans les centres d'industrie et de commerce. Lorsque, à la fin de cet ouvrage, nous étudierons les
cartels et les trusts, nous verrons qu'il y a des articles de consommation générale, pour lesquels toute concurrence a cessé du
côté des producteurs, représentés au marché, pour ainsi dire,
par une seule personne. Les évaluations personnelles et même
l'arbitraire personnel peuvent exercer ici une influence prédominante. En outre, n'oublions pas que toute rencontre entre
acheteur et vendeur est considérée par nous, d'après notre définition, comme un marché.

Si nous tenons compte des considérations qui précèdent pour
l'étude de la valeur d'échange, nous devons donc analyser, d'une
part, les influences personnelles et, de l'autre, les influences générales (locales, nationales, etc.). En d'autres termes et pour
nous en tenir à des formules antérieures, nous devons distinguer
entre la *valeur d'échange subjective* et la *valeur d'échange objective*.

Le terme de *valeur d'échange*, cependant, exprime toujours
une certaine notion *objective*, et ce que nous appelons la valeur
d'échange des marchandises est toujours leur poids spécifique
dans la balance de l'échange. Si la transformation des évaluations subjectives des acheteurs et des vendeurs en valeurs objectives ne se révèle pas toujours avec la même clarté, néanmoins
la valeur d'échange résulte toujours d'une transaction entre
deux parties, même au cas où deux personnes seulement se rencontrent au marché. Le pacte définitif peut être davantage influencé par l'une des parties que par l'autre, mais il conserve
toujours son caractère de transaction, exprimant ainsi un nouveau rapport des richesses avec l'homme; par opposition au
rapport subjectif de ces richesses avec le producteur et avec le
consommateur, le nouveau rapport porte toujours un caractère
objectif par lequel il s'impose à chacun des acheteurs ou vendeurs pris individuellement.

Nous pouvons donc considérer la *valeur d'échange subjective* comme une valeur objective jugée d'un point de vue personnel et la *valeur d'échange objective* comme une valeur objective jugée d'un point de vue général et social.

Nous ne consacrerons pas un chapitre spécial à l'examen de la valeur d'échange subjective et de sa nature ; cette valeur, en effet, se présente moins comme une forme spéciale de la valeur d'échange, que comme une déviation hors de la valeur d'échange objective, déviation effectuée d'un côté ou de l'autre sous des influences subjectives. Puisque nous pouvons parler de ces influences subjectives aussi bien par rapport au producteur que par rapport au consommateur, nous pouvons distinguer, si nous le voulons, une double valeur d'échange subjective des marchandises.

Pour le producteur, cette valeur d'échange subjective tendra à coïncider avec la valeur de production subjective (frais de production et de circulation subjectifs + profit moyen) de sa marchandise. A travers toutes les fluctuations du marché, il ne perdra pas de vue la nécessité d'obtenir un équivalent du travail que la production de la marchandise lui a coûté personnellement, ou bien des dépenses en capital qu'il a faites, augmentées du profit moyen qu'il espère obtenir. Nous ne prétendons pas par là qu'il négligera de connaître le niveau de la valeur de production sociale que représente son article. Lorsqu'il aura pu le fabriquer dans des conditions de production plus que moyennes, il cherchera à profiter du niveau plus élevé de la valeur de production générale et sociale ; mais si le rapport existant entre l'offre et la demande de l'article qu'il fabrique, lui est défavorable, il se contentera facilement d'un prix moins haut, pourvu que ce prix ne tombe pas au-dessous de la valeur de production personnelle. Lorsqu'il aura dû produire, au contraire, dans des conditions excessivement défavorables, il s'attendra de prime abord à devoir céder sa marchandise à un prix correspondant à la valeur de production sociale qu'elle représente ; cela ne l'empêchera pas non plus — le rapport entre l'offre et la demande

et les fluctuations du marché lui étant favorables à un moment
déterminé — de remplacer au moment voulu dans ses calculs le
niveau général par le niveau subjectif plus élevé ; il s'efforcera
d'obtenir un prix *aussi voisin que possible* de ce dernier niveau
ou même le dépassant.

Pour le consommateur, la question qui se pose est un peu différente. Sous un régime d'échange plus primitif que le nôtre, il a
pu, assurément, exister un semblable niveau posé par le coût de
production personnel et on peut parler, dans ce cas, d'une valeur d'échange personnelle tendant à coïncider avec le coût de
production personnel économisé au consommateur par l'acquisition d'un certain article. Antérieurement, nous avons eu l'occasion de faire observer en passant que les considérations subjectives qu'on peut faire valoir à ce sujet ont eu une influence
réelle dans l'économie, lorsque celle-ci commençait à se constituer en science sociale. Au temps de Smith, elles ont souvent
égaré les économistes.

Avec les rapports compliqués de la société actuelle et l'échange
régulier moderne, l'économie de frais dont nous venons de parler ne peut exercer longtemps une influence réelle et, le plus
souvent, elle a totalement disparu de l'esprit des consommateurs.

Dans la vie sociale de nos jours, où le producteur travaille
pour d'autres que pour lui, chacun s'attend, à son tour, à ce
que d'autres travaillent pour lui et personne ne tient compte
sérieusement, dans ses évaluations des marchandises, de l'économie de frais qu'il réalise personnellement par le fait qu'il n'a
pas à produire lui-même les centaines d'articles d'usage journalier dont il se sert.

C'est pour la même raison que, généralement, le consommateur ne tient pas compte non plus des frais de production personnels qu'a dû dépenser l'individu quelconque qui se présente à lui au marché comme producteur et possesseur d'un
article de consommation. Il ne connaît pas la valeur de production personnelle qu'un producteur quelconque peut attacher à

un. article et,. vu. le. caractère compliqué que présente. de. nos
jours le travail social, il ne saurait. la. contrôler ; du. reste,
cette. valeur, comme. valeur de. production personnelle, peut. lui
être. indifférente. Si, en. tant que consommateur,. il, doit. prêter
attention à la valeur de production, — et les producteurs l'y
obligent. bien, — c'est, d'ordinaire, à la valeur. de. production objective ou sociale dans laquelle les frais. de. production. subjectifs
se sont nivelés.

A ce point. de. vue, il n'y. aurait donc. pas lieu. de. parler. d'une
valeur d'échange. subjective en. ce. qui concerne. la. personne. du
consommateur. Mais nous savons déjà que la. valeur. de. production sociale ne. se. réalise. pas directement. et. sans. réserves. dans
la valeur d'échange. et le prix. de. vente.

Il y a pour les évaluations subjectives du. consommateur. une
autre. direction. dans laquelle elles peuvent. se. faire. valoir. Les
marchandises, en. définitive, sont. achetées. et vendues. au. marché
parce qu'elles peuvent satisfaire certains besoins. ou désirs. humains. Ceux-ci prennent pour le consommateur le caractère. de
besoins et désirs. concrets et personnels. Certains articles qui. présentent au marché. la. même valeur d'échange. objective et. qui lui
sont également. accessibles par leur prix, peuvent avoir. pour. lui,
consommateur, une valeur d'usage très différente. Il peut. ainsi
donner la préférence à un. de ces. articles sur tous les autres. Il
fait. son choix.

C'est la seconde tendance, distinguée par. nous, qui. se. manifeste ici. du côté. du consommateur, tendance à. juger. la. valeur
d'échange. des produits d'après la valeur. d'usage immédiate
qu'ils possèdent pour. lui. *Valeur d'usage égale, valeur
d'échange égale*, voilà la direction de cette seconde. tendance.

D'une part, cela. est. des plus rationnels. au. point. de vue du
consommateur. Lors de. notre critique. des. théories. de. la. valeur
qui ont cours actuellement. dans. la science. économique,. nous
avons vu qu'au marché. deux hectolitres de. blé, à. qualités. égales.
et dans le même moment. ne valent pas plus l'un. que. l'autre
pour le consommateur; même si l'un. des. deux est. produit. sur. un

champ plus fertile ou mieux situé que l'autre et si, par suite, ses frais de production sont moins élevés.

Semblables au sac de blé qui ne garde pas trace des frais que sa production a coûtés, le fer et le cuivre ne portent pas en caractères apparents. l'indication de la profondeur à laquelle ils ont été extraits. Les caractères intrinsèques des marchandises ne nous disent pas si les frais nécessaires à leur production sont au-dessus ou au-dessous de la moyenne. C'est là précisément une des raisons pour lesquelles la valeur d'échange et la valeur de production ne sauraient être identifiées purement et simplement.

D'autre part, si les évaluations personnelles des consommateurs exercent une influence considérable sur l'échange, il est non moins manifeste que ces différentes évaluations se nivellent au marché en une sorte d'utilité moyenne à laquelle les marchandises doivent répondre, tout comme les différentes valeurs de production personnelles attribuées par les divers producteurs à leurs articles, se nivellent dans la valeur de production sociale. En somme, comme le producteur, le consommateur voit au marché se dresser devant ses yeux une valeur d'échange objective ; cette valeur d'échange objective, il doit la distinguer de ses propres évaluations réglées d'après son usage personnel.

Dans un chapitre antérieur, nous avons vu que l'arrière-pensée de la valeur d'échange objective des biens peut parfois influer directement sur leur valeur d'usage subjective. En ce qui concerne cette dernière forme de valeur, nous avons vu toute espèce d'articles, satisfaisant des besoins et des désirs humains très différents, tendre vers un niveau fixe, celui de leur valeur d'échange objective, ou bien — au cas spécial de la production personnelle — celui de leur coût de production.

Les deux phénomènes que nous avons observés successivement, mènent à la conclusion suivante : Si, du côté du consommateur, il y a encore lieu de distinguer nettement au marché *la valeur d'échange subjective* des produits et leur *valeur d'échange objec-*

tive, cependant, pour lui, consommateur, comme pour le producteur, c'est toujours la *valeur d'échange objective ou sociale* des
produits qui reste *la forme générale de la valeur d'échange* (1).

Lorsque nous parlerons dans les pages suivantes de *la valeur
d'échange* des marchandises tout simplement, c'est donc la valeur d'échange objective que nous entendrons désigner. Les besoins et désirs purement personnels des acheteurs ne s'expriment en elle qu'en tant que fraction des besoins et désirs
généraux. C'est la totalité de ces besoins et désirs qui crée au
marché la demande totale et effective d'un article quelconque,
à laquelle fait face, comme offre, la quantité totale du même article apportée par les producteurs.

Il ressort de notre analyse que tout ce qui a été dit plus haut
sur le caractère subjectif ou objectif de la valeur d'échange est
également applicable au prix des marchandises. Du reste, c'est
ce qui résulte déjà immédiatement de notre définition même,
le prix des marchandises n'étant autre chose, selon cette défi-

---

(1) M. Böhm-Bawerk a caractérisé la *valeur d'échange subjective* comme
il suit : « La grandeur de la valeur d'échange subjective… coïncide évidemment avec la grandeur de la valeur d'usage des articles de consommation que l'on peut échanger contre le bien en question. » (*Kapital und
Kapitalzins*, tome II, livre III, ch. I, v, p. 273.) C'est là une conception
très répandue dans le monde des économistes officiels. Mais il est évident
que, généralement, la *valeur d'échange subjective* possédée par un bien
x (un hectolitre de blé, par exemple) tendra pour son consommateur à
coïncider avec la *valeur d'usage* de ce même bien *x* et non avec celle
d'un autre bien *y*. En outre, la théorie de M. Böhm-Bawerk ne regarde ici
que le consommateur apportant au marché sa marchandise-monnaie et
ayant en vue sa consommation personnelle directe ou bien productive.
Mais elle néglige le côté du producteur ; la *valeur d'échange personnelle*
que celui-ci attribuera à son produit est déterminée, comme nous l'avons
vu, par des facteurs tout autres que la valeur d'usage personnelle des
dizaines ou centaines d'articles de consommation qu'il pourrait échanger
contre son produit par l'intermédiaire de l'argent. Ce que la définition
de M. Böhm-Bawerk appelle *valeur d'échange subjective* est en réalité tout
autre chose pour le producteur : c'est *l'usage subjectif* de la *valeur
d'échange objective*. Tout bien considéré, la définition que nous discutons
se rapporte donc seulement à la *valeur d'échange personnelle* que possède la *marchandise-monnaie* dans les mains de l'acheteur.

nition, que l'expression de leur valeur d'échange sous la forme monnaie.

De même que nous avons distingué la valeur d'échange subjective ou personnelle comme une inflexion de la valeur d'échange objective ou sociale, de même nous distinguerons le *prix d'occasion* comme une inflexion du *prix de marché général.*

On rencontre le prix d'occasion dans chaque commerce et dans chaque industrie. On propose, par exemple, des prix d'occasion dans les bazars et grands magasins modernes pour certains « articles de réclame », destinés à attirer le public. Les propriétaires de ces établissements n'hésitent pas à les vendre au-dessous de leur prix de marché, parce que cette perte sera compensée par la vente des autres articles. Dans les grandes entreprises commerciales ou industrielles, l'important pour les entrepreneurs est de se débarrasser des grandes masses de leurs produits à un prix qui leur permette de réaliser un certain profit total ; l'essentiel est que ce profit total atteigne, au-dessus du prix de revient total, un chiffre proportionné au capital, et qu'il égale du moins le profit moyen usuel dans la branche de l'industrie ou du commerce en question.

Il est, dans certaines circonstances, difficile de décider si un *prix* doit être considéré comme *prix d'occasion*, ou s'il ne fait que refléter exactement les oscillations que subit le prix de marché selon les variations de l'offre et de la demande et s'il est ainsi l'expression fidèle de ce *prix de marché*. Dans la réalité, il nous est souvent impossible de désigner nettement le point où le prix de marché général cesse et où commence le prix d'occasion. Naturellement, les difficultés que nous rencontrons sur ce point augmentent encore par la différence de caractère des marchés.

Le prix de marché général d'une marchandise en une ville est le prix de cette marchandise au centre d'échange dont cette ville dépend en dernier ressort pour cette marchandise. Ce centre de transactions est, d'une façon générale, le point où les acheteurs se rencontrent directement avec les producteurs ou leurs représentants immédiats, de sorte que la marchandise y est fournie *de première main*.

Le centre de transactions peut différer avec la marchandise et avec le lieu. Pour le lait, les œufs, les légumes, chaque bourg peut être considéré comme un centre d'échange. Pour le café, un centre comme le Havre fait sentir son influence sur tout un pays. Pour l'or, le monde entier dépend du marché de Londres. Pour des marchandises de même espèce, un centre d'échange peut souvent influer sur un autre.

Nous devons souvent distinguer le *prix de marché spécial* du *prix de marché général et régulateur* dans une sphère déterminée de production et de consommation : dans le premier cas, les marchandises sont, comme on dit, de *deuxième*, de *troisième main*. Les deux prix que nous avons distingués dépendent au marché des mêmes principes généraux que nous aurons à examiner de plus près dans le chapitre suivant.

Le commerçant qui fait ses provisions le matin aux Halles centrales de Paris reçoit, peut-on dire, ses marchandises de première main. Le prix qui s'impose à lui au marché pour les diverses denrées est le *prix de marché général et régulateur*. La fixation de ce prix se fait, d'après des principes que nous étudierons de près dans le chapitre suivant, sous la double action de la valeur de production sociale et de la valeur d'usage sociale de chaque marchandise, la dernière valeur s'exprimant chaque fois dans le rapport de la demande totale et effective à l'offre totale (1).

(1) L'enquête publiée par l'*Industrial Commission* des États-Unis sur la *distribution et la livraison au marché des produits agricoles* contient une esquisse fort intéressante de la façon dont les prix de première main sont fixés pratiquement, dans un grand centre des États-Unis, par un groupe de dix à vingt commerçants en gros et commissionnaires qui, assis autour d'une table, dans une chambre de la Bourse du commerce, étudient chaque jour la situation réelle dans leur branche (dans l'espèce, il s'agit de produits de laiterie, volailles et œufs).

D'une part, ils prennent en considération les prix qui ont eu cours la

Lorsque notre commerçant va ensuite, avec sa provision, à son petit marché, dans un quartier populaire de la capitale ou dans la banlieue, lorsqu'il étale ses denrées dans une boutique quelconque, ce *prix de marché général et régulateur* reste toujours la base des *prix de marché spéciaux* qui peuvent se constituer ici (1).

Il n'y a, semble-t-il à première vue, qu'à ajouter au *prix de marché général et régulateur* les frais dépensés pour le nouveau transport et le profit moyen du marchand de « demi-gros » ou de détail pour trouver le *prix de marché spécial*; il

veille à New-York, Saint-Louis, Pittsburg et Chicago et les chiffres relatifs à l'exportation et à l'importation, en tenant compte encore de tous les changements importants de température dans les régions d'où ils doivent recevoir leurs provisions.

Comme un grand centre de distribution, tel que la ville que l'Enquête étudie, doit pourvoir aux besoins de quelques centaines de petites villes où les commerçants de détail ne disposent guère d'une provision excédant la demande d'un jour ou, tout au plus, de deux jours, les dits commerçants en gros apportent, d'autre part les renseignements reçus par eux relativement à la demande dans les lieux de consommation dépendant de leur ressort.

C'est armés de toutes ces données de part et d'autre que commerçants en gros et commissionnaires décident s'il y a lieu de hausser ou de baisser les prix de la veille pour faire répondre l'offre à la demande effective et qu'ils fixent de même les prix qu'ils seront prêts à offrir aux fournisseurs locaux dans les centaines de localités rurales où ils doivent s'approvisionner. (Voir *Report of the Industrial Commission on the Distribution of Farm Products*, — vol. VI *of the Commission's Reports* — Washington, 1901, Part. I, § 11, pages 31-32.)

(1) Il est donc tout naturel que le *prix régulateur général du marché* soit pour nous tout autre chose que pour l'école marxiste, qui le confond avec le *coût de production nécessaire*; celui-ci est pour elle le « *prix de production du marché* » (*Markt-Produktionspreis*) ou le « *prix moyen du marché* ». Cette notion concorde avec ce que nous avons appelé *valeur de production sociale.* (Voir KARL MARX, *Das Kapital*, tome III, deuxième partie, ch. xxxviii, trad. franç., p. 222. Cf. le texte original : «*Es ist in der That der Markt-Produktionspreis ; der durchschnittliche Marktpreis im Unterschied zu seinen Oscillationen. Es ist überhaupt in der Gestalt des Marktpreises und weiter in der Gestalt des regulirenden Marktpreises oder Markt-Produktionspreises, dass sich die Natur des Werths der Waaren darstellt, u. s. w.* »*.... Loc. cit.*, p. 180.)

peut, cependant, se présenter à ce dernier marché de tout autres rapports de l'offre et de la demande qu'aux Halles centrales; en effet, il s'agit cette fois d'un cercle restreint par opposition à la zone plus vaste sur laquelle - le centre de transactions exerce ses influences complexes.

Il est vrai que les vendeurs s'entendront d'ordinaire dans ce cercle restreint sur les prix qu'ils proposeront, — c'est aussi le cas, du reste, au premier marché, — mais cela laisse notre distinction intacte. Au marché central, comme au marché secondaire, peuvent ensuite se présenter des *prix d'occasion* ; partout où ces prix d'occasion peuvent s'établir temporairement comme prix de marché, nous les traiterons dans notre étude spéciale comme *prix de marché occasionnels*.

L'esquisse que nous venons de donner se rattache en général à la fixation des prix de tous les articles d'usage journalier en tant, du moins, qu'ils sont régis par la concurrence capitaliste. L'entrepreneur du grand bazar d'articles de ménage, les marchands en gros de blés, combustibles, matériaux de construction, etc., s'approvisionnent chez les producteurs immédiats au marché national sinon international ; les petits commerçants et marchands en détail portent ensuite toutes ces marchandises, à des prix de marché spéciaux, jusqu'aux plus petits hameaux et dans les mains des consommateurs. Aux marchés des deux catégories, peuvent se présenter, à côté des prix de marché, des prix d'occasion et ces derniers peuvent devenir, dans certaines conditions, des prix de marché occasionnels.

La valeur d'échange est la forme de valeur caractéristique d'une période de civilisation basée sur la propriété privée et sur l'échange des produits et des services entre les membres de la société agissant pour leur compte personnel. C'est donc une forme de valeur liée à une forme déterminée de société. Sous toute forme de société les richesses présentent nécessairement une certaine *valeur d'usage*, précisément puisque cette valeur s'exprime immédiatement dans la consommation de ces richesses par l'homme ; elles présentent de même toujours une certaine *valeur de production* en tant que leur acquisition nécessite un coût quelconque, amenant l'homme à attribuer par suite aux richesses une « valeur » proportionnelle. La *valeur d'échange*, au contraire, s'attache seulement à une phase particulière de la civilisation, pendant laquelle producteurs et consommateurs se rencontrent au marché comme vendeurs et acheteurs d'articles de consommation.

Chez les tribus demi-civilisées vivant sous un régime de possession ou de propriété commune, cette dernière forme de valeur ne domine pas la vie sociale entière, pas plus qu'elle ne la dominait dans le monde antique, basé sur le travail servile. Lorsque, dans ces stades de civilisation, les groupes productifs échangeaient accidentellement entre eux une certaine quantité de leurs produits, la valeur d'échange, néanmoins, ne prenait jamais cette forme nette et spéciale qu'elle a acquise, avec la société moderne, dans le *prix de marché*. Nous avons vu, au contraire, que dans les sociétés anciennes et les groupements demi-civilisés les transactions entre individus ou groupes d'individus devaient être considérées plutôt comme des échanges de valeurs d'usage immédiates.

Dans la société socialiste-communiste, telle que nous la fait entrevoir la critique de la société capitaliste, on ne saurait parler non plus d'une valeur d'échange des richesses, en tant que la production pour le propre usage des groupes, — villages, villes, nations, — y aurait remplacé la production pour le marché. Avec l'échange même, la valeur d'échange aurait cessé d'exister. Dans une société communiste, x kilos de fonte de fer pourraient être considérés comme équivalents à y balles de coton ou z hectolitres de blés, lorsque la quantité x du premier article de consommation pourrait être produite avec le même coût de capital (travail antérieur) et de travail immédiat que les quantités y ou z des autres articles. Naturellement, la valeur d'usage particulière des différents articles conserverait toujours son influence en ce qui concerne l'appui spécial que certains agents naturels peuvent accorder à l'homme dans la production et aussi en ce qui concerne la rareté momentanée ou durable des matières premières. D'ordinaire, ces influences se font sentir immédiatement sur le coût nécessaire à la production des richesses. Lorsqu'avec la même dépense en capital et en travail, on produirait, dans une société communiste, des quantités différentes de minerai de fer ou de blé, ou des vins de qualités différentes selon l'aide plus ou moins efficace des agents naturels et le plus ou moins de rareté des matériaux nécessaires, — cette différence en quantité ou en qualité des richesses produites s'exprimerait par la possession d'une valeur d'usage plus ou moins grande. Mais l'action des valeurs de production et d'usage ne donnerait pas lieu, dans un régime de production et de distribution communiste, à la constitution d'une nouvelle et troisième forme de valeur bien séparée des autres.

Pour nos recherches sur la nature de la valeur d'échange, il y a intérêt à faire remarquer que la simple substitution des groupes ou des communes aux acheteurs et vendeurs individuels n'entraîne pas nécessairement la disparition de la valeur d'échange comme forme spéciale de valeur. Cette valeur continue à exister, tant que les richesses se présentent avec le caractère de *marchandises*.

Une commune qui entreprendrait de fournir à ses habitants *le blé, le pain et la farine*, prendrait assurément une mesure comparable, jusqu'à un certain point, à la construction, au compte commun, d'une conduite d'eau potable, ou à la création, à frais communs, d'un jardin public, d'un musée ; ou enfin au pavage des rues et à la construction de ponts et d'égouts, — travaux qui présentent tous un caractère plus ou moins communiste. Mais nous devons reconnaître qu'il y a, à ce sujet, une différence caractéristique due à la circonstance que la consommation du blé, du pain, de la farine n'est pas enfermée, par la nature de ces articles, dans un cercle local bien déterminé. L'eau potable qu'une conduite d'eau fournit à quelques milliers d'habitants à

la fois, possède pour ces consommateurs, à côté de sa haute valeur d'usage, une certaine valeur de production que nous connaissons par notre étude antérieure ; l'eau, pourtant, ne possède
pas généralement de valeur d'échange. Tel n'est pas le cas pour
le blé, le pain et la farine, achetés au compte commun par la population d'une commune. Le système communiste, nous l'avons
montré plus haut, pourrait introduire à ce sujet des économies
essentielles ; il pourrait de même prévenir la falsification de ces
denrées de première nécessité que sont le pain et la farine ; mais,
en définitive, la commune, tout comme le consommateur privé
d'aujourd'hui, aurait à acheter le blé au marché ; dans le cas où
la commune serait producteur de blé, elle aurait de même à
vendre au marché le surplus de sa production. Evidemment, il
en serait ainsi jusqu'à l'époque où un nombre suffisant d'autres
communes auraient réglé, selon le mode communiste, la production et la consommation de leur blé, nationalement ou même internationalement. La production ou la consommation en commun du blé, du pain et de la farine, introduites dans une seule
commune ou dans quelques communes seulement, n'empêche-
raient donc pas ces articles de conserver, à côté de leurs *valeurs
de production* et *d'usage,* leur propre *valeur d'échange* et, par
suite, leur *prix de marché* particulier. Le blé, le pain et la farine ne seraient pas soustraits, par une telle mesure, à la sphère
de l'échange et aux spéculations capitalistes. L'avantage matériel immédiat dont jouiraient les groupes qui auraient pris cette
mesure, consisterait dans le dessaisissement des intermédiaires,
c'est-à-dire dans la disparition de la différence entre *le prix de
marché général et le prix de marché spécial et local.*

CHAPITRE XV

LA FIXATION DE LA VALEUR D'ÉCHANGE ET DU PRIX DE MARCHÉ

Il nous reste à examiner comment se constituent au marché la *valeur d'échange* et le *prix*. Cette tâche est sensiblement facilitée par nos recherches sur chacun des deux éléments qui collaborent à la détermination de la valeur d'échange, c'est-à-dire sur la *valeur de production* et la *valeur d'usage*.

Nous nous aiderons beaucoup aussi des principes formulés au précédent chapitre où nous avons vu la valeur d'échange reposer toujours, par sa nature, sur une transaction entre deux parties intéressées.

Si, dans l'échange, l'intérêt du producteur devait seul être satisfait, la valeur d'échange des marchandises coïnciderait en définitive, sous le régime de la concurrence libre et générale, avec leur *valeur de production sociale*. Les théoriciens qui ne regardent dans la science économique que le côté de la production auraient ainsi entièrement raison. Dans les cas que nous avons spécialement examinés lors de notre analyse de la valeur-de-travail subjective, la valeur d'échange coïnciderait généralement avec la *valeur de production personnelle* aussi longtemps que la concurrence ferait défaut. Enfin, dans le cas où les consommateurs dépendraient absolument d'un seul producteur ou de quelques producteurs peu nombreux et unis entre eux, le prix de marché pourrait prendre aisément le caractère d'un *prix de monopole*. Dans le dernier cas, ce prix de monopole pourrait encore s'attacher, il est vrai, à la valeur de production (personnelle ou sociale), celle-ci restant toujours un élément essentiel de la valeur d'échange et du prix, mais il pourrait facilement la surpasser selon le bon gré des producteurs.

Si, au contraire, l'intérêt du consommateur comptait seul au marché, ce sont les représentants de la théorie utilitaire moderne qui auraient raison : l'utilité des richesses, ou bien leur simple aptitude à servir à la consommation humaine, en rapport avec leur rareté relative, seraient les seuls éléments constitutifs de leur valeur. La théorie de la valeur d'échange et du prix de marché devrait être basée, dans ce cas, sur la théorie de la valeur d'usage des richesses.

Les circonstances du marché, telles qu'elles se présentent dans le rapport de l'offre totale à la demande totale et effective de chaque catégorie de marchandises, nous montrent, cependant, que nous avons à tenir compte des conditions qui se posent des deux côtés, de celui des producteurs et de celui des consommateurs. Le producteur demande un minimum de compensation, en l'absence duquel il abandonnera la production, ne trouvant plus couverts ses propres frais. Le consommateur, de son côté, demande qu'un article ne lui donne pas une valeur d'usage moindre que celle qu'il pense trouver, au même prix, dans d'autres articles du même genre ou d'un genre voisin ; au cas contraire, le consommateur cherchera ailleurs la satisfaction de ses besoins ou désirs.

Cette règle générale n'est pas limitée aux marchandises, mais s'applique également aux services. Ainsi, dans leurs tarifs de transport, les compagnies de chemins de fer doivent tenir compte, non seulement de leurs propres frais d'exploitation, mais aussi de la valeur des services qu'elles offrent au public de chaque commune (1).

(1) C'est ce qui est clairement exposé, dans un chapitre sur les bases

Pour le sujet qui nous occupe, la demande du consommateur est moins absolue et moins coercitive que celle du producteur. Lorsque, d'une façon régulière et définitive — et non pas seulement lors d'une crise passagère — les propres frais du producteur ne sont plus compensés, celui-ci doit nécessairement cesser de produire et abandonner son établissement. La société actuelle, dominée par les intérêts capitalistes, lui a réservé la faculté de se déclarer en faillite. D'autre part, la possibilité pour le consommateur de s'adresser à une autre sphère de la production pour la satisfaction de ses besoins ou désirs, bien que limitée toujours, ne cesse jamais absolument d'exister.

En outre, nous devons tenir compte du fait que la très grande partie des non-possesseurs sont *contraints d'échanger*, autant en qualité de producteurs que de consommateurs ; ils y sont forcés par la dure nécessité de la vie. Comme producteurs ils doivent trop souvent, dans la société actuelle, vendre leur travail à tout prix, s'estimant heureux de trouver encore un emploi à leur activité ; même dans le cas le plus favorable, la liberté de leur choix est toujours très restreinte. Comme consommateurs désirant échanger leur salaire contre des aliments, des habits, etc., leur libre-arbitre s'exerce aussi dans un domaine très limité ; ordinairement ils n'ont même pas la possibilité de rechercher si, en dehors des prix de marché qui s'imposent dans leur voisinage immédiat, les rapports entre l'offre et la demande leur sont plus favorables. Nous passons encore sous silence certaines mesures restrictives telles que l'obligation qui peut leur être faite de se procurer leurs marchandises dans des établissements déterminés (le *Truck-System*).

De nos jours, la demande des articles de chaque espèce ne précède donc pas nécessairement, comme on l'a souvent supposé, l'offre qui, à son tour, s'adapterait à elle ; très souvent c'est au

économiques des tarifs de chemins de fer, par le *Rapport Final* de l'*Industrial Commission* (*Vol. XIX des rapports de la Commission*), Washington, 1902, *Transportation*, pages 388 et suiv.

contraire l'offre qui crée elle-même la demande et en détermine la grandeur.

En traitant dans notre deuxième volume du salaire de l'ouvrier, nous aurons à tenir compte du cas de nécessité dans lequel le non-possesseur peut se trouver sur le marché en qualité de producteur ; mais nous devons dès à présent, dans notre analyse de la valeur d'échange et du prix de marché, prêter notre attention à la deuxième nécessité dont nous venons de parler, celle qui concerne le consommateur.

Nous devons donc, de prime abord, nous élever contre l'exposé de l'échange tel qu'il est généralement donné par la théorie utilitaire moderne et d'après lequel ce seraient des *êtres humains parfaitement libres dans leurs actions* qui se rencontrent au marché et qui s'offrent les uns aux autres leurs propres articles, tout en agissant d'après leurs évaluations et préférences libres et en demandant tous de recevoir en échange des articles d'autre espèce que les leurs et qui représentent pour eux une utilité plus grande (1).

_____

(1) M. Böhm-Bawerk, par exemple, admet que l'échangiste se comportera au marché d'après les règles suivantes :

« 1° Il ne fera généralement des échanges que *dans le cas où l'échange lui apportera quelque avantage ; 2°* il voudra *plutôt échanger avec un grand avantage qu'avec un petit avantage ; 3°* enfin, il voudra *plutôt échanger avec un petit avantage que de ne pas échanger du tout.* » (*Kapital und Kapitalzins*, tome II, livre III, chap. II, II, pages 357-358.)

L'auteur a, naturellement, oublié le point capital ; c'est que : 4° *l'échangiste voudra même échanger avec perte, s'il ne peut pas faire autrement et se voit dans la nécessité de faire des échanges pour pouvoir subsister.* Ceci s'applique au producteur en ce qui concerne ses produits une fois fabriqués et destinés à être vendus ; cela s'applique également au consommateur lorsqu'il ne trouve au marché que des catégories très spéciales de marchandises à des prix déterminés. L'échangiste, dans de tels cas, préférera de deux maux le moindre.

Que l'on observe le procédé tout à fait remarquable par lequel M. Böhm-Bawerk tâche de concilier sa théorie avec la réalité. Il consiste à définir à propos — et cette définition caractérise toute son école — le fait d'échanger « avec avantage ». L'auteur écrit : « Cela veut dire, évidemment, que l'on échange de façon à obtenir avec les biens reçus une utilité plus grande pour son bien-être que celle à laquelle on renonce avec

La collectivité des consommateurs de tout un pays ou même de plusieurs pays, peut parfois être tenue au marché dans une dépendance semblable à celle que nous venons d'indiquer pour le consommateur particulier; il en est ainsi pour des catégories de marchandises dont la production et le commerce sont monopolisés; la dépendance, dans ce cas, sera plus grande à mesure que la marchandise est moins facile à remplacer par des succédanés. Cette dépendance, nous le verrons dans un chapitre suivant, peut même mettre les consommateurs dans l'impuissance complète, partout où il s'agit des premières nécessités de la vie. C'est pour cette raison que les monopoles de la production, du commerce et du transport de plusieurs marchandises entre les mains d'entrepreneurs particuliers coalisés, renferment une menace de futures révolutions sociales.

Si l'on considère maintenant non plus une seule marchandise monopolisée, mais la collectivité des marchandises de catégories voisines, correspondant toutes à des besoins ou désirs semblables, le consommateur se trouvera dans la même dépendance pour la plupart des cas. La liberté de choisir et d'agir selon son propre intérêt matériel immédiat se retourne au marché en nécessité et en coercition objective. Jusqu'à quel point cela s'applique aux producteurs, c'est ce que nous avons vu d'une manière évidente quand nous avons analysé la valeur de production. Une pareille conclusion s'impose maintenant en ce qui regarde les consommateurs.

Nous devions étudier le principe que nous venons de formuler, principe dont antérieurement nous avions parlé de façon sommaire, avant de pouvoir pénétrer dans la constitution de la valeur d'échange et du prix des marchandises. Et nous faisons

les biens cédés ». De cette façon, tout ouvrier, en effet, échange « avec avantage », comme producteur et comme consommateur, tant que l'échange lui permet tout au moins de subsister. D'après la même théorie, si l'on veut, on peut encore considérer qu'un voyageur « échange avec avantage », lorsque, placé par des brigands devant l'alternative de « la bourse ou la vie », il *achète* la vie.

remarquer expressément que le *homo œconomicus* que l'on a vu au marché, cet être « ayant pour unique but le maximum de bien-être matériel », ne peut plus être pour nous qu'une pure abstraction. C'est non seulement parce que l'homme est toujours plus que *homo œconomicus* (voir la préface de cet ouvrage), mais aussi parce que la recherche du maximum de bien-être matériel reste toujours une notion très générale, dont la signification varie avec les conditions sociales dans lesquelles l'homme est placé. Nous nous verrons donc toujours obligés de bien envisager avant tout le milieu où se trouve placé le *homo œconomicus*. Et dans notre étude de l'achat et de la vente des marchandises au marché, nous serons incessamment rappelés au fait que nous devons nous placer dans la société *réelle* dominée par des rapports capitalistes de production et de consommation. Dans cette société, nous ne l'oublierons pas, les transactions entre acheteurs et vendeurs s'accomplissent tout autrement que si les besoins et désirs des uns et des autres pouvaient se manifester avec liberté.

Caractérisons maintenant à notre tour, pour compléter la critique que nous avons exercée antérieurement sur la théorie utilitaire, le phénomène de l'échange des marchandises tel qu'il se présente dans la société capitaliste moderne.

Voici ce que nous avons à constater : généralement l'acheteur ne se présente pas au marché capitaliste l'esprit rempli de certains prix préétablis correspondant aux besoins ou désirs personnels qu'il espère satisfaire par chacun des articles qu'il désire. Au contraire, dans la société moderne, il trouve les prix fixés d'avance par les producteurs qui se basent pour leurs calculs sur les frais de production des marchandises. L'acheteur fait son choix subjectif parmi ces marchandises selon ses propres besoins et désirs, autant du moins qu'il a le choix libre. Par ce choix subjectif, le consommateur peut réagir, à son tour, sur la valeur d'échange et le prix de marché. L'influence qu'exerce chaque consommateur en particulier paraît généralement une quantité négligeable, précisément parce qu'elle dépend d'une

seule personne. Lorsque, cependant, nous régardons la collectivité des acheteurs et leur demande totale de chaque article,
cette influence exercée par les consommateurs devient d'une
importance réelle.

Selon ces principes généraux, la valeur de production restera
toujours, pour la très grande partie des articles d'usage journalier, l'élément essentiel dans la constitution de la valeur
d'échange et la fixation du prix de marché, tandis que la valeur
d'usage n'exerce d'ordinaire qu'une influence secondaire. Le
phénomène contraire ne se présentera au marché capitaliste
qu'exceptionnellement ou pour certaines catégories bien déterminées de marchandises. Que l'on se rappelle notre chapitre
sur les bases de la valeur objective et ce que nous y avons dit
des diverses catégories des richesses.

Si nous avons mis en relief le caractère capitaliste du marché
actuel, c'est que nous avons voulu le distinguer expressément
des marchés tels qu'ils se présentent dans les contrées isolées et
peu développées au point de vue capitaliste, où certaines mœurs
et coutumes anciennes influencent encore les transactions des
hommes et souvent même rejettent à l'arrière-plan l'action générale du coût de production. Le marché capitaliste, que nous
considérons ici, se distingue non moins catégoriquement de certains marchés que nous rencontrons même dans les contrées les
plus développées pour quelques articles tels que les vieux livres
et les vieux habits, les objets rares, etc., et où l'ancien commerce
avec son marchandage a continué d'exister. Ces dernières sortes
de marchés font persister, pour ainsi dire, une phase transitoire
entre les marchés des peuples demi-civilisés, où la *valeur d'usage*
reste l'élément prédominant dans la constitution de la valeur
d'échange et la fixation des prix, et le marché capitaliste moderne, où c'est généralement la *valeur de production* qui joue ce
rôle. Ce que nous caractérisons ici par « phase transitoire » se
rapporte à un système d'échange appliqué encore par plusieurs
peuples, même européens, en ce qui concerne des catégories
de marchandises pour lesquelles le marché présente un ca-

ractère capitaliste dans les pays de civilisation les plus modernes. Ce vieux système de commerce a duré des siècles entiers d'une civilisation précapitaliste et, parmi les mœurs et coutumes aptes à influer ici sur la concurrence et le commerce entre les hommes, nous citons au premier rang les usages magico-religieux (1). Le marchandage qui se pratique pendant toute cette période de la civilisation doit être considéré comme un système de tentatives de la part des acheteurs et des vendeurs pour comprendre la valeur d'usage attribuée par chacun d'eux aux articles mis en vente ; l'aspirant acheteur tâchera, par ce système de marchandage, de masquer et de diminuer aux yeux du vendeur la valeur d'usage qu'il attribue à l'objet désiré par lui ; le vendeur, de son côté, s'appliquera à deviner cette valeur d'usage et à la faire augmenter encore par sa façon de « faire l'article ». Il est tout naturel que le minimum indiqué par le coût propre de production ou le prix de revient continue d'ordinaire à s'imposer au vendeur.

La doctrine utilitaire nous met de préférence en présence des marchés de cette espèce que nous ne connaissons guère plus, dans l'Europe occidentale, les Etats-Unis ou l'Australie, que pour certaines catégories de marchandises au sujet desquelles la valeur d'usage joue un rôle essentiel ; ces marchés ont disparu, à notre époque, pour une très grande partie des articles d'usage journalier (2). Nous n'avons pas à nous étonner — ce fait est

---

(1) Voir la page 191 de cet ouvrage.

(2) Aux Etats-Unis, surtout dans les Etats du Sud, où la situation générale présente souvent une mosaïque des formes sociales les plus différentes, depuis les plus primitives jusqu'aux plus modernes, on trouve encore des marchés communaux qui rappellent étonnamment les vieux systèmes de commerce auxquels nous avons fait allusion. Voir, par exemple, ce qu'on lit, dans un rapport américain, sur le marché de la ville d'Atlanta (Georgia), ville de 120,000 habitants au moment de l'enquête (1900) :

« Les prix de ferme sont presqu'entièrement dominés par l'offre et la demande et, comme celles-ci sont irrégulières, les fluctuations sont violentes et extrêmes. Par exemple, des fraises sont un jour abondantes à 6-8 *cents* [américains] par *quart* [un quart d'un gallon lequel mesure 3.785 litres] ; un autre jour, elles atteigneront probablement 10-12 1/2

simplement intéressant — que ce soit dans l'école autrichienne que la doctrine utilitaire ait atteint de nos jours son plein développement, et nous ne pouvons nous étonner non plus de cet autre fait que le marché-type auquel nous renvoie un économiste comme M. Böhm-Bawerk soit... un marché de chevaux.

Dans le prix des marchandises exprimant leur valeur d'échange en monnaie, nous ne rencontrons que le résultat final de toutes les influences qui se produisent au marché et ce résultat final, naturellement, ne nous révèle pas quelle partie de la valeur d'échange est due à l'influence exercée par la valeur de production, quelle autre à l'action de la valeur d'usage. En tous cas, l'action exercée par la valeur d'usage au marché capitaliste est mal éclaircie par la formule suivante, si fréquemment employée: les variations dans le rapport de l'offre et de la demande, en quoi se reflètent les influences différentes de la valeur d'usage, font seulement osciller la valeur des marchandises au-dessus et au-dessous du niveau fixe tracé par la valeur de production. A condition de tenir compte des variations subies par la valeur de production elle-même, cette formule pourrait servir sans grand inconvénient pour certaines catégories de marchandises dont la valeur d'échange montre au marché la plus forte tendance à coïncider avec la valeur de production ; elle ne peut s'appliquer à ces autres catégories, étudiées dans notre chapitre sur les bases de la valeur objective et pour lesquelles c'est plutôt la valeur d'usage qui se présente comme élément essentiel et prédominant dans la constitution de la valeur d'échange et la fixation du prix de marché.

Plutôt que de nous servir de la formule indiquée, nous pouvons dire que la valeur d'échange des marchandises doit être consi-

---

cents par quart. Pour presque tout article, il y a un prix minimum auquel les envois cesseraient et, annulant l'offre, rétabliraient les prix... La ville a grand besoin d'un marché général pour porter remède aux conditions chaotiques du commerce des produits de ferme. » (*Report of the Industrial Commission*, vol. VI, Part X, § 8, *Atlanta, a typical Southern market*, p. 363.)

dérée comme la *résultante* des deux influences qui se font valoir simultanément au marché : valeur de production et valeur d'usage. Pour la très grande partie des articles d'usage journalier, c'est dans notre vie moderne la valeur de production ; pour d'autres catégories déterminées d'objets, c'est au contraire la valeur d'usage qui se présente comme force dominante.

Afin de pénétrer plus avant dans l'analyse de la valeur d'échange, nous devons maintenant nous rendre au marché, pour y examiner de plus près les résultats finaux de l'échange, c'est-à-dire les prix définitivement fixés.

Nous n'oublierons pas le principe fondamental qui s'applique à chaque marché : des quantités égales de marchandises égales se vendent généralement au même prix, malgré les différents frais de production qu'elles peuvent représenter et malgré l'utilité différente qu'elles peuvent posséder pour chacun des acheteurs. C'est du marché capitaliste dominé par la concurrence que nous parlerons.

Examinons d'abord la situation du marché dans le cas où la valeur de production des marchandises possède encore le caractère de valeur-de-travail primitive.

Dans le chapitre traitant de la valeur-de-travail sociale, nous avons vu que le temps nécessaire à la production d'un ouvrage de tabletterie N peut être très variable, l'objet étant fabriqué, par exemple, successivement en 70, 60, 50 ou 40 heures, selon les circonstances plus ou moins favorables de la production. Et nous avons dû conclure, lors de notre analyse des différentes dépenses personnelles de travail faites par les producteurs, que nous avions à distinguer là une valeur-de-travail sociale reposant sur la quantité de travail socialement nécessaire à la production de l'article en question.

Nous avons trouvé ensuite que cette quantité coïncidait avec la quantité de travail personnellement nécessaire à la production du même article dans les conditions techniques les plus favorables, pourvu seulement que ces conditions soient accessibles à tous les producteurs. Cependant nous avons vu, en même temps, qu'au marché la valeur-de-travail ne se réaliserait pas nécessairement d'une façon correspondant au coût de production socialement nécessaire que représente un produit. A cette occasion déjà, la valeur de production se distinguait par sa nature de la valeur d'échange. C'était seulement, comme nous l'avons remarqué, dans le cas particulier où les quantités de l'article N fabriquées dans les conditions techniques les plus favorables (conditions accessibles à tous) suffisaient au marché pour couvrir la demande totale et effective sans surpasser sensiblement cette dernière, que la valeur de production sociale devait se réaliser purement et simplement dans la valeur d'échange et le prix de marché de cet article.

Supposons cependant que les rapports du marché soient tout autres pour l'article N et que la quantité de cet article fabriquée dans les conditions techniques les plus favorables (conditions accessibles à tous) soit décidément insuffisante pour satisfaire la demande intense de semblables ouvrages de tabletterie. Supposons que la demande totale et effective exige entièrement et constamment, pour être satisfaite, que toute la provision de l'article fabriquée dans des circonstances de production beaucoup moins favorables (par exemple avec 60 heures de travail au lieu de 50 heures), soit également portée au marché. Pendant toute la période où ces rapports continueraient à régir le marché, la *valeur d'échange* de l'article N serait représentée par 60 heures de travail et non par 50 heures. C'est-à-dire que, pendant toute cette période, un exemplaire de l'article N serait considéré au marché comme équivalent à toute marchandise d'autre espèce pouvant également réaliser au marché 60 heures de travail.

Évidemment le principe exposé ici pour les articles de consommation tombant dans le domaine de la simple valeur-de-travail conserve aussi sa force pour le marché capitaliste développé.

C'est ce même principe que devait déjà constater Von Thünen, agronome pratique lui-même, dans son étude sur l'influence exercée par le prix des grains, la richesse du sol et les impôts sur les systèmes de culture. En ce qui concerne le blé il a formulé la conclusion suivante :

« Le prix du grain doit être assez haut pour que la rente foncière d'une exploitation pour laquelle les frais de production des grains et de livraison au marché sont le plus élevés, mais dont la culture est néanmoins indispensable à la consommation, ne tombe pas au-dessous de 0. » (1).

Le prix du grain atteindra ainsi un niveau variant incessamment d'après les conditions momentanées du marché, mais normalement situé à l'intérieur de cette marge, dont la limite inférieure est constituée par la valeur de production des grains qui sont produits dans les conditions techniques les plus favorables et dont la limite supérieure est constituée par la valeur de production des grains qui sont produits dans les conditions les plus défavorables pour les producteurs (2).

Pour les articles industriels, le même principe s'impose. Aux Etats-Unis, — abstraction faite de toutes les spéculations de bourse sur lesquelles nous reviendrons tout-à-l'heure, — une tonne de *standard steel rails* pouvait officiellement être fabriquée, en 1889, au prix de 22 dollars, franco en fabrique (3) ; il est évi-

---

(1) Von Thünen, *Der Isolirte Staat*, tome I, sect. 1, § 24, p. 225 ; cf. trad. J. Laverrière, p. 107.

(2) C'est pourquoi l'expert agronome John Franklin Crowell qui, sous la direction de l'*Industrial Commission* des Etats-Unis et avec l'aide de plusieurs experts spéciaux, a élaboré le remarquable rapport déjà cité sur *la distribution et la livraison au marché des produits agricoles*, a pu arriver pour ces produits à cette formule générale : « Le froment, le maïs, le bétail qui sont tirés de la partie de la terre produisant avec les moindres frais par unité de produit, continuent encore à déterminer le niveau inférieur des prix auxquels tous ces produits doivent se vendre sur le marché mondial. Le niveau supérieur des prix, lequel n'est pas atteint tant que la production s'accroît plus rapidement que la consommation, est déterminé par cette portion considérable de la production agricole qui est produite avec le maximum de dépense. Les prix des produits agricoles s'établissent à la longue entre ces deux niveaux. » (*Report of the Industrial Commission*, vol. VI, *Part*. I, § 8, p. 25.)

(3) « Le Département a reçu des informations précises relativement

dent pourtant, qu'en réalité, chaque établissement fabriquant
des rails d'acier a ses frais de production particuliers et que les
divers frais qui se présentent ainsi peuvent différer de beaucoup
les uns des autres. Dans la même statistique, figurent treize établissements fabriquant des rails d'acier. Parmi ces treize établissements, il y en a deux qui sont situés aux États-Unis mêmes.
Ils fabriquaient une tonne de rails d'acier de 2,240 livres l'un
(le n° 1), avec 24.799 dollars de frais de production; l'autre
(le n° 2), avec 27.687 dollars de frais. Dans le dernier chiffre
ne sont compris ni les appointements des employés et du personnel de bureau, ni les impôts (1).

  La raison de pareilles différences dans les frais de production
peut être facile à comprendre. Le rapport précité dit, par exemple, à propos de l'industrie des rails d'acier : « Ceux qui fabriquent des rails d'acier à titre d'article secondaire dans leur entreprise, réservant plus de soin peut-être à d'autres produits, ne
pourront pas fabriquer, probablement, une qualité-étalon de
60 livres par *yard* à moins que la somme notée pour l'établissement n° 2, c'est-à-dire à moins de 27.687 dollars... » (2).

aux frais nécessaires à la fabrication de rails d'acier dans plusieurs des
plus grands établissements aux États-Unis ; aussi l'auteur (du rapport)
constate-t-il sans l'ombre d'un doute que, dans ces établissements, le coût
de production des *standard steel rails* est actuellement, et a été depuis
quelque temps, à quelques cents près, de 22 dollars par tonne, en fabrique. » (*Sixth Annual Report of the Commissioner of Labor*, Washington, 1891, p. 168.)

  (1) Voir *loc. cit.*, p. 166. Pour l'établissement n° 1, la période d'étude
était du 15 au 27 juillet 1889, pour le n° 2, du 1er janvier au 31 décembre 1889. Nous rappelons que c'est encore le marché capitaliste sous
le régime de la libre concurrence que nous suivons. C'est principalement
en décembre 1898 et dans la première partie de l'année 1899 que se sont
organisées les combinaisons qui ont définitivement mis sous leur contrôle l'industrie américaine du fer et de l'acier. Avant ces dates cependant des ententes temporaires ont été conclues déjà entre plusieurs grands-
fabricants. Cf. le *Bulletin n° 29* du *Département du Travail* à Washington, de juillet 1900. Le lecteur y trouvera (aux pages 813-814), une liste
des prix mensuels de fonte de fer, billettes d'acier, rails, etc., de 1889-
1899, qui sont intéressants à comparer.

  (2) *Loc. cit.*, p. 168.

Supposons maintenant qu'à un moment déterminé de la période de production dont nous parlons, la demande de rails d'acier à un endroit quelconque des Etats-Unis ait été telle que les produits d'entreprises comme notre établissement n° 2, soient déjà partiellement superflus, la demande totale n'exigeant guère l'arrivée d'articles fabriqués à ses frais particuliers ; il se peut alors que l'établissement n° 2, et tous ceux qui ont eu les mêmes frais de fabrication, doivent céder leurs articles *au prix de revient sans faire aucun profit*. Dans ce cas, ce serait là *le prix de marché* des rails d'acier dans la zone de vente en question, aussi longtemps que l'état du marché resterait le même. Et, remarquons-le bien, ce serait là *le prix de marché général* des rails d'acier, ayant force pour tous les établissements qui ont voulu vendre des rails d'acier dans cette même zone de débit (1).

Un entrepreneur industriel qui, tout en augmentant ses frais de production du profit moyen de son industrie particulière, serait à même d'offrir des rails d'acier à 27.087 dollars la tonne, franco en fabrique, aurait travaillé, dans l'état donné du marché, à des conditions moyennes. La valeur de production personnelle (profit moyen inclus) de cet entrepreneur coïnciderait ici avec le prix de marché général.

Si, dans l'état donné du marché, il y avait eu des entrepreneurs de rails d'acier pouvant seulement offrir leurs articles avec des frais de production plus élevés que ceux de l'établissement

---

(1) Voici une opinion émise par un expert (le conseiller des mines *Gothein*, de Breslau) lors de l'enquête allemande sur le cartel des aciers demi-ouvrés (*Halbzeug*) et qui exprime nettement la conclusion à laquelle nous arrivons ici pour les articles industriels en général : « Le prix, quand il peut s'établir librement, se règlera toujours sur les frais de production de l'établissement fabriquant dans les conditions les plus onéreuses qui soient compatibles avec son existence même ; car, en fin de compte, aucun établissement ne fabriquera à un prix inférieur à ses frais de production, mais il disparaîtra, et ce n'est donc pas celui qui fabrique au meilleur marché, mais celui qui, parmi les établissements viables, fabrique avec les plus grands frais, qui fixera le prix... » (*Kontradiktorische Verhandlungen über Deutsche Kartelle, Heft 6 — Halbzeug-Verband —* Berlin, 1904, p. 409)

n° 2 indiqué plus haut, — il est certain que ceux-ci n'auraient pas pu réaliser le total de leurs frais de production. Non seulement ils n'auraient pu réaliser de profit, mais encore ils auraient dû vendre leurs articles avec-perte. En disant cela, nous ne tenons pas compte de ce que ces entrepreneurs auraient pu retirer leurs articles du marché, — la possibilité de le faire variant avec chaque article et la durée de sa conservation, — jusqu'à ce que les conditions du marché fussent devenues plus favorables à la fabrication des rails d'acier (1). Cette dernière issue se présente souvent aux entrepreneurs menacés de travailler à perte.

D'autre part, pour la période de production que nous avons choisie à titre d'exemple et dans les conditions données du marché, tous les entrepreneurs de rails d'acier qui auraient pu les porter au marché avec des frais de production moindres que ceux de l'établissement n° 2, auraient pu réaliser un profit et ce profit aurait été égal à la différence entre le *prix de marché général* et leur propre *prix de revient*. Les entrepreneurs dont le profit surpasserait le profit moyen fait dans cette branche d'industrie, obtiendraient ainsi ce qu'on appelle un *surplus de profit*. En somme, il n'y aurait qu'un seul cas où coïncideraient entièrement le *prix de marché général* et la *valeur de production personnelle* et c'est le cas, déjà relevé, où un entrepreneur, tout en ajoutant à ses frais de production le profit moyen de sa sphère d'industrie, pourrait encore porter au marché des rails d'acier au prix de 27.687 dollars par tonne.

Le principe général s'imposant à la constitution de la *valeur d'échange* et du *prix de marché* se formule donc comme il suit :

La valeur d'échange et le prix de marché d'une marchandise tendent à coïncider, sous le régime de la libre concurrence capitaliste, avec la valeur de production subjective de la quantité

---

(1) Le rapport du *Commissioner of Labor* dit : « Les produits sont souvent vendus au prix de revient, et cela s'applique spécialement aux rails d'acier en Grande-Bretagne, lorsque la demande est faible et l'offre abondante. Il en est de même du froment et d'autres articles qui s'échangent entre ce pays et la Grande-Bretagne. » (*Sixth Annual Report*, p. 171.)

de cette marchandise qui est fabriquée et portée au marché dans les conditions les moins favorables, mais qui est encore absolument nécessaire à la satisfaction de la demande totale, telle qu'elle se fait valoir au marché. La valeur de production subjective de cette quantité de la marchandise comprend le profit moyen dans la branche de l'industrie et du commerce à laquelle la marchandise appartient.

Le principe que nous venons de formuler est depuis longtemps reconnu comme le principe général de la constitution des prix en ce qui concerne les produits de l'agriculture (1). Nous nous trouvons ici au cœur de la discussion soulevée par la théorie classique de Ricardo : le prix de marché est-il, comme le pense Ricardo, régi par les frais de production dépensés *dans les circonstances les plus défavorables (the most unfavourable circumstances)* ? Devons-nous, au contraire, avec d'autres économistes, estimer que le développement général de la production se caractérise précisément par le fait que ce sont les marchandises produites et apportées au marché *avec les moindres frais* qui régissent le prix de marché pour toute la quantité de la marchandise vendue ? Ce prix de marché décide-t-il, en définitive, des frais que l'on peut rationnellement dépenser à la production de chaque article de consommation (2) ?

(1) Voici encore, pour les produits agricoles, l'enquête déjà citée de l'*Industrial Commission* : « Les prix des produits agricoles d'une ferme sont déterminés par le coût de leur production par les moins capables parmi ceux qui disposent de la quantité de capital, de main-d'œuvre et de terre requise pour produire la provision nécessaire. » (*Report* vol. VI, *loc. cit.*, § 12, p. 32.)

(2) « A une conférence entre les producteurs de lait fournissant la ville de New-York, et la direction du *New-York Milk Exchange*, qui distribue une très grande partie du lait consommé dans cette ville, les représentants des intérêts des producteurs essayèrent d'expliquer qu'ils perdaient de l'argent en fournissant du lait à l'*Exchange* à 2 cents par quart. Le *Milk Exchange* répondit qu'il pouvait se procurer à ce prix tout le lait nécessaire pour la consommation de ses clients, et que la question de savoir si les fermiers des cinq Etats limitrophes de New-York pouvaient fournir l   à ce même prix n'était pas une question dont le distributeur eût à se préoccuper. » (*Loc. cit.*, § 11, p. 31.)

La discussion de la théorie de Ricardo a surtout porté sur des mots. Lorsque cette théorie admettait que la quantité de blé produite dans les circonstances les plus défavorables décide du prix du blé, elle ajoutait expressément la réserve suivante : que cette quantité de blé fût nécessaire à l'approvisionnement du marché. D'autre part, les économistes qui prétendent que les marchandises produites dans les conditions les plus favorables règlent le prix du marché, ont toujours supposé tacitement que les marchandises produites dans ces conditions suffisaient à satisfaire la demande totale et effective.

Les marchandises produites dans les conditions les plus défavorables, mais néanmoins nécessaires pour satisfaire la demande, ou bien les marchandises produites dans les conditions les plus favorables et avec les moindres frais, mais suffisant en tout cas à pourvoir à la demande, — voilà deux notions qui coïncident dans la vie pratique.

A notre avis, il s'agit ici, dans les deux formules, du même principe régissant la constitution de la valeur d'échange et du prix de marché, et ce principe s'applique à la très grande partie des produits d'usage journalier, partout où ils s'échangent sous le régime de la libre concurrence entre producteurs et consommateurs.

Dans l'agriculture, l'inégalité de la rente foncière et l'existence de ce que Marx a appelé *la rente différentielle* s'expliquent par le seul fait que, d'une part, les champs plus fertiles ou mieux situés peuvent livrer le blé au marché avec des frais de travail et de capital moindres que ceux des champs moins fertiles ou mal situés, tandis que, d'autre part, le prix est le même pour tout le blé apporté au marché.

Dans l'industrie se présente un phénomène analogue. Les grands entrepreneurs industriels travaillent d'ordinaire dans des conditions exceptionnellement favorables ; ils possèdent les moyens techniques les plus développés et l'outillage le plus perfectionné ; ils peuvent faire des économies considérables sur les matières premières et secondaires ou sur les frais de transport. Ils sont donc généralement à même de réaliser un *sur-plus de profit*, ce qui peut leur permettre de payer des divi-dendes exceptionnellement élevés à leurs actionnaires en dehors de toutes les dépenses pour rente foncière, intérêt des capitaux empruntés, etc.

Pour les catégories plus restreintes et aussi moins importantes des marchandises dont nous avons parlé aux pages 169 à 171, catégories où c'est la valeur d'usage qui domine les transactions et où la valeur de production se tient tout au plus au second rang en influençant seulement les évaluations personnelles d'utilité de la façon que nous connaissons, c'est une loi ana-logue qui règne.

Bien qu'au marché capitaliste libre cette autre loi ne s'ap-plique que rarement, comme nous l'avons constaté dans ce cha-pitre même, il importe de la formuler en passant comme faisant pendant à l'autre.

La valeur d'échange et le prix de ces marchandises tendent à coïncider avec le niveau de valeur d'usage le plus élevé jus-qu'où un acheteur ou un groupe d'acheteurs doit aller né-cessairement pour contenter le vendeur et pour vaincre la con-currence d'autres acheteurs et jusqu'où il est décidé à aller pour satisfaire ses besoins ou désirs, n'ayant pas atteint le maximum des sacrifices qu'il peut faire en vue de cette satis-faction.

Dans certaines ventes aux enchères de vieux livres, antiquités, objets d'arts, etc., cette loi se confirme en fait par les tâtonne-ments des vendeurs, afin de connaître exactement le niveau le plus élevé dont nous venons de parler.

Nous nous approchons ici — on le voit — de la Théorie utili-taire, comme tout à l'heure et pour la grande masse des produits de consommation journalière, nous nous sommes approchés de la Théorie du coût-de-production. Et, cette fois encore, il faut faire une distinction nécessaire.

Selon la Théorie utilitaire, on se le rappelle, ce n'est pas sur l'utilité la plus grande ou sur l'utilité moyenne, mais, en règle

Cornélissen   23

générale, sur la moindre utilité (l'utilité *minima*) qu'un bien pourra produire, que tendra à se régler son prix de marché. C'est là le sens tant de la notion du *Grenznutzen* de l'école autrichienne que du *Final Degree of Utility* de Jevons, de « l'intensité du dernier besoin satisfait » de Walras, etc. (1).

Évitons, ici encore, de discuter sur des mots.

Le niveau d'utilité le plus élevé jusqu'où un acheteur ou un groupe d'acheteurs a dû aller pour contenter le vendeur et vaincre la concurrence des autres acheteurs, ou bien le niveau le moins élevé jusqu'où cet acheteur a pu descendre malgré les exigences du vendeur et malgré la concurrence, — voilà ce qui revient au même dans la réalité.

C'est donc en distinguant entre les différentes catégories de marchandises selon leur nature et le caractère historique et social du marché que nous arrivons ici à fondre ensemble les deux grandes théories de la science économique (2).

---

(1) Voir nos chapitres IV (notamment les pages 60 et suiv.) et VII, I.

(2) Dans notre chapitre sur les bases de la valeur objective, nous avons constaté l'existence d'une grande variété de nuances dans l'action des valeurs d'usage et de production sur la constitution de la valeur d'échange objective. Après avoir formulé maintenant les lois de la valeur et du prix, nous choisirons encore un cas où il s'agit de marchandises de nature littéraire, artistique ou scientifique, pour démontrer nettement la complexité de la vie économique réelle en matière de valeur objective des marchandises.

Lors de l'enquête allemande sur le Syndicat des fabriques de papiers à imprimer, M. Reismann-Grone, propriétaire et imprimeur de la *Rheinisch-Westfälische Zeitung*, exposa dans les termes suivants la façon de procéder de l'entrepreneur capitaliste propriétaire d'un journal : « Si j'arrive aujourd'hui dans une ville, par exemple à Essen, et que je veuille y fonder un journal, je me demande d'abord : à quelle classe de la population le journal sera destiné. Si c'est à des ouvriers, je prends 50 pfennigs et en encaisse le montant tous les mois ; dans les milieux d'artisans, je vais jusqu'à 60 ou 70 pfennigs et encaisse également tous les mois le montant. On monte ainsi toujours et on prend par exemple pour la bourgeoisie aisée 3, 4 ou 5 marks et pour la classe absolument supérieure, la plus riche de la population, 6, 7, 8 ou 9 marks par trimestre. *Après* avoir déterminé ainsi à quel milieu le journal sera destiné et quel prix je veux prendre, je fais mes calculs : Qu'est-ce que je

On sait qu'étant donnée la nature de nos recherches, c'est plus particulièrement de la grande masse des produits d'usage journalier que nous devons nous occuper. Or, le principe gé-

puis fournir pour cet argent, combien de feuilles de papier, quelles dépenses de rédaction, etc. En d'autres termes, nous ne disons jamais : je veux fournir ceci ou cela, pour calculer ensuite combien d'abonnés et combien d'annonces il nous faut et à quel prix il faut les chercher, mais au contraire, nous devons d'abord fixer le prix et déterminer la couche de la population et c'est *là-dessus que nous nous réglons*. Une fois le prix fixé, — par exemple à 5 marks le trimestre, prix qui se rapporte à la bourgeoisie aisée, — nous sommes obligés de nous tenir à ce prix, sinon une catastrophe arrivera et nous perdrons une grande partie de nos abonnés. Par exemple, je n'abandonnerai mes prix qu'après quelques années ou dizaines d'années, quand je pourrai me dire : Ma puissance est telle que je puis tranquillement abandonner quelques milliers de pauvres abonnés et je me rattraperai avec une classe supérieure de la population qui peut payer davantage ; ou encore quand je pourrai me dire, après 10 ou 11 ans, que la richesse de la population totale a augmenté dans toutes les classes de façon que la classe qui a payé jusqu'à présent 5 marks, en peut supporter par exemple 8. Cependant, je serai rarement à même d'augmenter ou de diminuer mes prix parce que le prix du papier aura haussé ou baissé. » (*Kontradiktorische Verhandlungen, Heft 4 — Verband deutscher Druckpapierfabriken —*, p. 70.)

Au premier abord, on croirait se trouver ici devant un de ces cas très nets où la valeur d'usage et les dépenses qu'un public particulier de consommateurs peut se permettre de sacrifier à la satisfaction des besoins et désirs littéraires, politiques, artistiques, etc , déterminent le prix de vente et où les facteurs composant le coût de production (ici papier, main-d'œuvre de compositeurs et imprimeurs, appointements des rédacteurs, etc.) dépendent de ce prix et n'interviennent qu'en second lieu pour déterminer ce que le public recevra en échange de son argent.

Ecoutons cependant le même M. Reismann-Grone indiquer la différence qui existe entre la publication d'un livre d'un auteur connu et celle d'un journal au point de vue des prix du papier. Lorsqu'il s'agit du livre d'un auteur comme Gerhardt Hauptmann, dit-il, « il ne viendra à l'esprit de personne de demander combien de kilogrammes de papier y sont consommés et si le prix de la matière première en compense l'achat ; l'idée que le papier est ici la matière première n'apparaît plus au public ». Regardons maintenant comment il en est pour un journal : « La caractéristique chez nous est par contre que, tout en ne pouvant pas nous régler sur la matière première, tout en ne pouvant pas, comme à la Bourse, hausser ou baisser nos prix de jour en jour selon les prix des matières premières, nous *dépendons* cependant *complètement*, dans *nos*

néral que nous avons développé à leur propos exige quelques explications complémentaires et mène, dans certains cas, à des conclusions spéciales que nous avons encore à exposer.

Les résultats définitifs de la lutte engagée au marché entre acheteurs et vendeurs sous le régime de la libre concurrence capitaliste se font connaître dès le moment où les rapports entre l'offre et la demande de chaque marchandise sont connus des deux parties. Le *prix de marché définitif*, exprimant le résultat final de la concurrence, peut nous indiquer parfois d'une façon très nette lequel des deux groupes, producteurs ou consommateurs, a été le plus fort et jusqu'à quel point il a pu imposer sa volonté à l'autre.

Supposons qu'à un moment donné la demande des consommateurs surpasse sensiblement pour une marchandise quelconque l'offre des producteurs. Un acheteur commencera alors à surenchérir et *à faire hausser ainsi le prix de la marchandise* ; les vendeurs de leur côté s'entendront entre eux, afin d'atteindre le plus haut prix possible. La lutte de la concurrence, plus intense cette fois dans un des deux groupes, entre les différents acheteurs, pourra en éliminer quelques-uns, en plus grand nombre à mesure que le prix de marché hausse. On voit que le jeu du marché se réalise ici par une série de tâtonnements jusqu'à ce que l'équilibre soit obtenu ; le marché est sujet à des fluctuations et différents prix provisoires peuvent précéder le *prix définitif*. Ce dernier prix étant fixé, l'offre et la demande

finances, de la matière première, et nous nous distinguons par là d'autres fabricants »... (*Loc. cit.*, pages 54-55.)
En définitive, plus on étudie le cas de la publication d'un journal d'après l'Enquête allemande, et plus on s'aperçoit que la valeur d'usage y détermine bien quel coût de production pourra rationnellement se réaliser dans le prix fixe auquel un journal doit être vendu, mais que c'est néanmoins à ce coût de production que doit correspondre en définitive le prix de vente. (Cf. au même sujet plus haut notre chap. VIII, p. 172, texte et note. Pour le cas autrement constitué, mais tout aussi compliqué du livre littéraire, artistique ou scientifique, voir l'Enquête allemande, *Heft* 7 — *Börsenverein der deutschen Buchhändler* —, et notamment les pages 299, 414, 632 et suiv., 639-640, etc.)

de la marchandise en question sont d'un poids égal, c'est-à-dire que la quantité de la marchandise qui est offerte au prix fixé est réellement demandée à ce prix. Lorsque, dans le cas que nous venons de supposer, la demande ne diminue pas suffisamment en quantité, — la nature de la marchandise en question exerce ici une influence prépondérante, — le *prix de marché général* pourra monter même jusqu'au niveau de la valeur de production personnelle (frais de production + profit moyen) des quantités de la marchandise offertes dans les circonstances les plus défavorables. Dans ce cas, ce sont ces marchandises *fabriquées et transportées dans les circonstances les plus défavorables* qui régissent le prix du marché. Evidemment, il n'est pas impossible que momentanément, dans le cas supposé, *le prix de marché* surpasse même la valeur de production personnelle des marchandises fabriquées et transportées dans les circonstances les plus défavorables. C'est à de tels moments qu'au marché, la valeur d'usage attribuée par les consommateurs aux marchandises commence à jouer un rôle prédominant dans la fixation du prix de vente, même pour les articles dont la valeur d'échange montre ordinairement la tendance la plus prononcée à coïncider avec la valeur de production. Cependant, pour la très grande partie des articles d'usage journalier, il ne s'agit ici que de certains moments de rareté exceptionnelle ; sous le régime de la libre concurrence entre consommateurs et producteurs, l'état du marché, tel que nous venons de le décrire, suffit d'ordinaire pour attirer immédiatement une quantité plus grande de capital et de travail qu'autrefois dans la production de l'article dont la demande est exceptionnellement si élevée. L'offre de l'article en question augmente donc et amène bientôt la baisse de ce prix de marché exceptionnel.

Supposons, maintenant, qu'au marché le cas contraire se produise, c'est-à-dire qu'à un moment donné l'offre d'une certaine marchandise en surpasse sensiblement la demande, soit que l'approvisionnement du marché paraisse abondant, soit que la demande reste inférieure à la moyenne.

Que se passe-t-il ? L'un après l'autre, les vendeurs, étant cette fois les plus faibles, précisément à cause de l'abondance de l'offre, se défont *de leurs marchandises à un prix de plus en plus faible*, tâchant, chacun-pour soi, de s'en tirer et de réaliser le profit moyen de leur branche de production en dehors de leurs frais personnels. Les acheteurs, d'autre part, sentant bien qu'ils ont le dessus cette fois, s'entendent les uns avec les autres, afin de faire baisser le plus possible les prix de vente. Très souvent, comme nous le verrons encore, la baisse des prix peut faire augmenter la demande, comme elle peut aussi diminuer l'offre. Supposons, cependant, que malgré la tendance à la baisse, l'offre continue à surpasser la demande effective-; il est possible, dans ce cas, que seuls les producteurs qui ont pu fabriquer et transporter leurs marchandises dans les circonstances les plus favorables, réussissent à réaliser dans les prix de marché la valeur de production personnelle (profit inclus) de leurs marchandises. Cette fois, ce sont donc ces marchandises *fabriquées et portées au marché dans les circonstances les plus favorables* qui régissent le prix de marché général (1).

Notons bien que la notion *circonstances les plus favorables*, est tout autre ici que la notion *conditions techniques les plus favorables, mais accessibles à tous*, que nous connaissons depuis notre analyse de la valeur de production sociale. Il s'agit ici exclusivement de l'échange.

Dans le cas supposé, notre principe général conserve sa force,

_____

(1) « Aussi longtemps donc qu'il y avait des terres libres très fertiles disponibles dans l'Ouest, les frais de production sur ces terres très éloignées constituaient le facteur principal pour la détermination du prix des produits agricoles. Ces terres favorisées fournissaient la majeure partie de l'excédent de la récolte et c'est cet excédent qui réglait le marché. Le prix payé par le consommateur, sous ce régime, présentant un excédent d'approvisionnement, était déterminé par cette portion prépondérante de l'approvisionnement nécessaire qui était produite au moindre coût de production ou dans les conditions les plus avantageuses sur les terres bon marché et fertiles qui avaient été défrichées depuis 1873. » (*Report of the Industrial Commission*, vol. VI, *loc. cit.*, § 13, p. 34.)

mais comme le marché est plus que suffisamment approvisionné, les marchandises fabriquées et livrées dans les circonstances les plus favorables prennent en même temps la place de celles qui ont été produites dans les conditions les plus défavorables, mais nécessaires encore pour satisfaire la demande.

Il est évident aussi que, momentanément, le prix de marché peut descendre même au-dessous de la valeur de production personnelle que représentent, pour les producteurs, les marchandises fabriquées et portées au marché dans les circonstances les plus favorables. Mais, encore une fois, il ne peut être question ici que d'un état temporaire et exceptionnel du marché, du moins en ce qui concerne la très grande partie des articles d'usage journalier. La libre concurrence entraîne nécessairement les producteurs à retirer du capital et du travail d'une branche de production trop nourrie, et la diminution de l'offre fait hausser immédiatement les prix de marché. N'oublions pas que, dans le cas où le prix de marché coïnciderait avec la valeur de production subjective des marchandises produites et portées au marché dans les circonstances les plus favorables, les producteurs qui ont dû travailler dans les conditions les plus défavorables, ou du moins moyennes, ne réussiront probablement pas à réaliser le profit moyen dans leur branche de production, en admettant même qu'ils trouvent une compensation suffisante à leurs propres frais de production.

Nos recherches nous ont fait voir que l'état du marché, tel qu'il se reflète dans le résultat final des oscillations de prix, c'est-à-dire dans le *prix de marché général et définitif*, est influencé aussi bien par toutes les variations de la demande des consommateurs que par celles de l'offre des producteurs. L'offre des producteurs peut rester invariable, en même temps que la demande des consommateurs augmente ou diminue ; ce dernier fait peut avoir différentes causes. Le rapport de l'offre à la demande, auquel nous avons affaire, en définitive, au marché, subit immédiatement dans ce cas des variations proportionnelles. Mais ce rapport subira une variation non moins certaine et non moins immédiate, lorsqu'au contraire, par une des causes nombreuses qui peuvent influer sur elle selon la nature de chaque marchandise, l'offre des producteurs augmente ou diminue, la demande restant invariable. Lequel des deux phénomènes s'est présenté en réalité ? Se sont-ils même présentés tous deux ? Le prix de marché n'en porte pas la moindre trace, parce qu'il ne reflète jamais, répétons-le, que le résultat final des influences exercées séparément par l'offre et la demande. C'est précisément la complexité de l'action de ces deux facteurs, offre et demande, et la multiplicité des causes qui peuvent influer sur l'un et sur l'autre qui expliquent l'instabilité du marché et ce fait connu que le prix de certaines denrées peut parfois hausser ou baisser de minute en minute.

Deux conséquences découlent de tout ce que nous venons d'exposer : *En premier lieu*, l'offre et la demande s'équilibrent seulement *à un prix de marché déterminé* ; c'est-à-dire qu'un prix déterminé est toujours supposé, lorsque nous disons que l'offre et la demande d'une marchandise quelconque s'égalent. *Secondement*, le simple fait que l'offre et la demande se font équilibre pour une marchandise à un moment donné ne peut nullement nous informer du *point où* elles concordent ; c'est-à-dire que ce fait ne nous explique pas quel sera à ce moment le prix de marché général de la marchandise.

La vieille formule selon laquelle la valeur et le prix de marché des marchandises sont déterminés par « le rapport entre l'offre et la demande » doit donc nous paraître vide de sens. Le fait qu'au marché l'offre et la demande concordent exprime simplement qu'elles sont en état d'équilibre. Si donc, pour une marchandise quelconque, les *variations* dans le rapport de l'offre à la demande peuvent souvent nous expliquer les *oscillations* dans le prix de marché de cette marchandise, ces variations ne nous expliquent jamais pourquoi le prix de marché *s'arrête* précisément à un point déterminé ni où se trouve ce point (1).

(1) Non moins vide de sens est la conception de Karl Marx à ce sujet.

Dans tout ce qui précède, l'offre des producteurs s'est révélée à nous comme un des deux facteurs qui décident de la situation du marché. D'autre part, nous avons vu que le rapport entre l'offre et la demande peut réagir généralement sur l'offre même des producteurs, en les obligeant à retirer du marché une quantité de capital et de travail, lorsque les prix du marché sont exceptionnellement bas, ou au contraire en les amenant à consacrer plus de capital et de travail à la production dans leur branche lorsque les prix du marché y sont excessivement hauts. Il s'agit ici d'une action et d'une réaction régulières : la production influe sans cesse sur les rapports du marché, mais ceux-ci, de leur côté, influencent non moins régulièrement la production.

En ce qui concerne la consommation, une réciprocité analogue se présente. La demande totale et effective des consommateurs constitue le second facteur dans la constitution de l'état du marché, à côté de l'offre des producteurs ; mais nous avons fait remarquer déjà que la hausse du prix de marché peut avoir comme conséquence une diminution de la demande des

---

Il admet qu'en économie politique l'on suppose que l'offre et la demande se font équilibre, bien que ceci ne se manifeste que par hasard ; si l'économie politique fait cette supposition, c'est « d'abord, pour étudier les phénomènes sous leur forme régulière, correspondant à la conception qu'elle en a, c'est-à-dire indépendamment des apparences que leur communique le mouvement de l'offre et de la demande ; ensuite pour constater et fixer pour ainsi dire la tendance réelle de ce mouvement ». (« *Um die Erscheinungen in ihrer gesetzmässigen, ihrem Begriff entsprechenden Gestalt zu betrachten, d. h. sie zu betrachten unabhängig von dem durch die Bewegung von Nachfrage und Zufuhr hervorgebrachten Schein. Andrerseits, um die wirkliche Tendenz ihrer Bewegung aufzufinden, gewissermassen zu fixiren.* » KARL MARX, *Das Kapital*, t. III, première partie, ch. x, p. 169 ; cf. trad. franç., p. 202.)

Il n'est pas plus raisonnable de vouloir étudier les phénomènes du marché indépendamment des fluctuations de l'offre et de la demande, que de vouloir étudier les différences de niveau de la mer, indépendamment du flux et du reflux. Car les effets sur le marché de l'offre et de la demande ne sont pas des phénomènes extérieurs n'influençant les prix du marché que par accident ou bien en « apparence » ; ce sont au contraire des facteurs réels dans la constitution des prix.

consommateurs, de même que la baisse de ce prix peut amener l'extension de cette demande.

Nous avons déjà relevé ce fait qu'avec un prix de marché exceptionnellement bas, les producteurs ne peuvent souvent pas réaliser leur profit, ou même parfois leurs propres frais de production. Qui plus est, il peut leur arriver, l'état du marché étant défavorable, d'avoir fabriqué des quantités considérables d'articles qui restent invendus, se détériorent, deviennent inutilisables à la longue, pour la simple raison que le marché ne peut absorber toutes les quantités apportées (1). Il en ressort que la demande des consommateurs n'est pas indéfiniment susceptible d'extension et qu'elle est liée à des conditions restrictives.

Le degré jusqu'où cette extension est possible dépend beaucoup de la nature de chaque marchandise. Ricardo disait par exemple que le pain est un article pour lequel la demande des consommateurs « n'augmenterait pas considérablement » si les frais de sa production baissaient de 50 0/0 par suite de quelque grande découverte agronomique (2). En ce qui concerne des articles d'une autre espèce, au contraire, une diminution des frais de production de 50 0/0 pourrait faire doubler ou même décupler la demande à leur égard, attendu que cette diminution, en amenant une baisse de prix, aurait pour résultat de les mettre à la portée du grand public ; après quelques oscillations, la production s'adapterait à la nouvelle demande. Que l'on se demande, par exemple, si la lecture des journaux ne s'est pas universalisée dans les dernières dizaines d'années pour une cause analogue, partiellement du moins. Que l'on pense aussi à l'augmentation considérable des correspondances après les diminutions successives du prix de l'affranchissement. Et ainsi de suite.

On comprend que la demande d'un article tel que le pain, une fois que la production est parvenue à suffire aux besoins

(1) Voir ci-dessus les pages 103-105 et 107-108.
(2) Ricardo, *Principles*, chap. xxx, p. 234 ; cf. trad. franç., p. 323.

de toute une population, ne se modifie guère. Le fait s'explique aisément par la généralité de l'usage de tels articles. Les articles de cette espèce, apportés au marché en quantités toujours croissantes, atteindraient bientôt un point où leur vente ne compenserait même plus les frais de leur transport au marché. Ces articles, d'autre part, donnent souvent lieu aussi à un phénomène contraire : un prix de marché excessivement élevé n'en diminuerait pas sensiblement la demande, attendu que la satisfaction des premières nécessités de la vie exige qu'une certaine quantité en soit produite et que, pour la fixation des limites dans lesquelles cette quantité peut être modifiée, le prix ne joue qu'un rôle secondaire. Citons encore à ce propos les charbons, tant pour l'usage domestique que pour l'usage industriel (1). Notons encore que ces articles appartiennent généralement à des catégories que l'on ne peut qu'exceptionnellement ou dans des limites restreintes remplacer par des articles de sphères voisines de la production et de la consommation.

Les exemples que nous avons donnés ici peuvent éclaircir ce fait général que la demande des consommateurs se présente au marché comme une quantité totale correspondant à la totalité des besoins qu'éprouvent les consommateurs. Il ressort de ce

---

(1) Lors de l'enquête allemande sur le Syndicat rhénan-westphalien des houilles, M. Stein de Francfort-sur-le-Main, invité par le Gouvernement comme représentant les intérêts des consommateurs de charbons à usage domestique, dit : « La consommation des charbons dans l'intérieur du pays, se règle moins sur les prix que sur la possibilité d'expansion de l'industrie et particulièrement de l'industrie du fer. Celle-ci n'achète pas les charbons lorsque le prix en est bas, mais lorsqu'elle en a besoin à cause de la prospérité des affaires et alors elle les achète même à des prix élevés ; ces prix ont moins d'importance lorsque l'état du marché est favorable aux industriels que n'en ont les charbons à bon marché en période de mauvaises affaires. Il en est de même pour la consommation des charbons à usage domestique. Plus que le prix, c'est la sévérité et la durée de l'hiver qui détermine cette consommation. » (*Kontradiktorische Verhandlungen, Heft* I, Berlin, 1903, pages 82-83.)

Jusqu'ici, le raisonnement de M. Stein est juste. Mais il tombe dans l'exagération et l'erreur en prétendant ensuite qu'une baisse des prix des charbons n'aurait amené aucun accroissement de la consommation.

que nous venons d'exposer que ces besoins totaux n'ont pas
une limite immuable, mais se meuvent généralement entre un
minimum et un maximum. Au-dessous de ce *minimum*, la demande de la marchandise ne se restreint plus : les sphères voisines de la production et de la consommation ne peuvent plus
apporter leur aide et les consommateurs cessent de se retirer
du marché. Le *maximum*, au contraire, est le point auquel les
besoins d'une population sont entièrement satisfaits. Dans ce
cas, le travail et le capital donnés à la production de cette marchandise sont dépensés inutilement et doivent être considérés
économiquement comme perdus.

Les besoins totaux diffèrent encore beaucoup, naturellement,
selon la nature des articles et le bien-être plus ou moins grand
de chaque population. Ils sont tout autres pour les perles et les
pierres précieuses, pour les habits de luxe et les aliments rares
dont l'usage est limité à une partie relativement très petite de
la population que pour le blé, la farine et le pain dont la consommation est générale. Pour le même article de consommation,
ils sont aussi tout autres dans des pays différant par les mœurs,
les coutumes ou le bien-être matériel des habitants.

Tous ceux qui ont encore quelques ressources se présenteront
alors pour acheter certains articles de première nécessité, tels
que le pain, et augmenteront ainsi la demande totale de la population. Seuls les indigents seront dans l'impossibilité de se présenter comme acheteurs au marché, même pour ces articles de
première nécessité. Ils pourront mourir de faim ou rester sans
logis pendant la nuit, personne ne s'occupant de leurs besoins
de nourriture et de repos. La société actuelle ne tient compte
pour chaque article de consommation — nous le savons depuis
notre analyse de la valeur d'usage — que de la *demande totale
et effective* pouvant se manifester sur le marché capitaliste, c'est-
à-dire de la demande de tous ceux qui peuvent payer le prix de
marché éventuel d'une denrée. Nous savons aussi que la demande totale et effective dont il est question au marché, est généralement tout autre pour chaque marchandise qu'elle ne le

serait si tous les biens étaient librement accessibles à tous, comme l'eau de la source ou l'air que nous respirons, ou si nous vivions dans une société réglant sa production d'après les besoins immédiats de ses membres au lieu de produire pour la demande du marché.

Sous la forme capitaliste de la civilisation, il peut donc rester et il restera communément une partie assez importante de la population qui ne saurait se présenter au marché capitaliste pour la satisfaction d'aucun de ses besoins et désirs et qui ne figure dans la demande totale d'aucun article de consommation ; elle n'a rien à offrir, ou du moins ce qu'elle a (sa force de travail, par exemple), elle ne le possède pas sous la forme monnaie exigée par le marché capitaliste. A côté de cette partie de la population qui est absolument indigente, il y en a une autre plus étendue encore qui n'entre en considération que pour certains articles de première nécessité et seulement pour les catégories inférieures de ces articles. C'est à cette classe qu'appartiennent encore partiellement les masses ouvrières de chaque pays, même de civilisation moderne. Si leur bien-être matériel était plus grand, ces grandes masses de consommateurs ne demanderaient probablement pas beaucoup plus de pain, de pommes de terre ou de coton, mais elles augmenteraient, sans doute, leurs demandes personnelles de toile, laine, beurre, etc. et, par suite, la demande totale de ces articles. Cette partie de la population n'est pas précisément dans l'indigence, mais se trouve encore dans l'état de pauvreté matérielle et intellectuelle. C'est à ces masses que s'applique dans toute sa rigueur le mot noté plus haut ; ce sont elles qui *doivent* échanger au marché capitaliste, obligées qu'elles sont de le faire par la nécessité immédiate. Seuls quelques privilégiés parmi les consommateurs ont le choix entre les diverses catégories de marchandises et les divers marchés.

En somme, nous voyons toujours, derrière l'offre et la demande du marché, se dresser le grand problème de la répartition générale du bien-être matériel entre les diverses classes de la société. Ce problème demandera encore toute notre attention,

lorsque nous analyserons dans des volumes ultérieurs les diverses sources de revenu : salaire, profit, intérêt et rente foncière, chacune en particulier.

Nous devons encore examiner un phénomène général concernant le rapport de la valeur d'échange et du prix de marché à la
valeur de production.

Jusqu'ici le coût de production dont il a été question, était le
coût de production subjectif de chaque producteur en particulier.

Quel rôle, cependant, joue au marché la *valeur de production
sociale* ?

Pour les articles d'usage journalier dont la valeur d'échange
tend le plus à coïncider avec la valeur de production et pour lesquels cette dernière reste généralement l'élément essentiel dans
la fixation du prix de marché, la valeur de production sociale
joue le rôle suivant : elle indique la compensation contre laquelle, sous le mode de production capitaliste, les grandes
masses de ces articles auront les plus grandes chances d'être
produites et livrées au marché. La valeur de production sociale
est, d'après notre analyse, la valeur de production personnelle que
représentent, pour leurs producteurs respectifs, les quantités de
chaque marchandise qui sont produites dans les conditions techniques les plus favorables, pourvu que ces conditions soient accessibles à tous les producteurs. Mais, puisque tout producteur
capitaliste s'applique à se mettre au courant des progrès de son
industrie, il y aura des sphères entières de la production et de la
consommation pour lesquelles, en réalité, les très grandes masses
des denrées apparaîtront au marché plus ou moins nettement
avec leur valeur de production sociale, le profit moyen inclus.

Ici se place une observation importante. Le rapport de l'offre
et de la demande, comme nous l'avons vu dans ce chapitre,
nous apprend, en général, quelles marchandises doivent être
considérées comme indiquant le prix de toute la provision apportée au marché. Comme deuxième facteur influent, nous de-

vons noter encore les quantités proportionnelles des marchandises produites et apportées au marché dans des circonstances différentes.

Dans certains cas, d'après le principe général de l'échange, les marchandises produites et apportées dans les circonstances les plus défavorables devraient, à première vue, déterminer la valeur d'échange et le prix de marché général pour la totalité de ces marchandises. Mais il peut arriver que les marchandises de cette catégorie ne représentent qu'une fraction relativement insignifiante de la totalité, les très grandes masses de la marchandise étant produites et apportées au marché dans des circonstances moyennes ou très favorables.

Dans le cas supposé, les vendeurs de ces dernières fractions de la marchandise se laisseront induire par leur propre intérêt à rester au-dessous du prix qui devrait être le *prix de marché général et régulateur* selon notre principe. Ce dernier se fixera donc, en réalité, dans ce cas, *au-dessous* du niveau indiqué par la valeur de production subjective (profit inclus) que possèdent pour leurs producteurs éventuels les marchandises produites et apportées au marché dans les circonstances les plus défavorables.

Le prix correspondant à ce niveau, au contraire, pourra tout au plus obtenir le caractère d'un *prix d'occasion*, n'ayant force au marché que momentanément. Ordinairement, dans ce cas, le prix de marché général s'élèvera encore tant soit peu au-dessus du niveau de la production personnelle des autres quantités de la marchandise. Moindre sera proportionnellement la quantité des marchandises produites et livrées dans les circonstances les plus défavorables, et plus éloigné sera le prix de marché du niveau théorique indiqué par le principe général que nous avons exposé ; le prix s'approchera de plus en plus de la valeur de production personnelle (profit inclus) que représentent pour leurs producteurs éventuels les catégories de marchandises composant au marché les grandes masses de la provision entière.

Le même phénomène, en sens inverse, peut se présenter naturellement lorsque ce sont les marchandises produites et livrées dans les circonstances les plus favorables qui devraient déterminer la valeur d'échange et le prix de toute la provision. Si cette catégorie ne représente qu'une fraction relativement minime de toute la provision, *le prix de marché général* sera *plus haut*, en réalité, qu'il ne devrait l'être d'après le principe général développé par nous. Dans ce cas, le prix s'élèvera au-dessus du niveau indiqué d'après ce principe, à mesure que les marchandises produites et livrées dans les circonstances moyennes ou très défavorables surpasseront davantage en quantité celles qui arrivent au marché dans les circonstances les plus favorables. Cependant, le prix de marché restera généralement, dans ce cas, audessous de la valeur de production personnelle que représentent pour leurs producteurs éventuels les grandes masses de marchandises portées au marché.

Il est tout naturel que ce second principe, agissant accessoirement, à côté du principe général, dans la constitution de la valeur d'échange et du prix de marché, exerce une influence essentielle pour toutes les marchandises dont les très grandes quantités viennent au marché dans des conditions plus ou moins égales de production et de transport. C'est précisément à l'aide de ce phénomène que nous devons nous expliquer, pour plusieurs articles d'usage journalier, la tendance que montrent leur valeur d'échange et leur prix de marché à coïncider avec leur valeur de production sociale. Cette coïncidence, naturellement, ne se présente pas tous les jours et pour chaque quantité de ces marchandises en particulier. C'est une tendance qui paraît plus manifeste et plus forte, à mesure que l'on compare le prix de marché et la valeur de production sociale pendant des périodes plus longues ; plus forte aussi à mesure que l'on étudie la consommation d'une même catégorie de marchandise dans une zone de débit plus large. Toute notre analyse, cependant, nous a montré combien nous aurions tort de vouloir identifier tout simplement *le prix de marché général et régulateur* des marchandises avec leur *valeur de production sociale*.

Nous ne sommes pas autorisés davantage à considérer, avec l'économie classique de Ad. Smith et de Ricardo, la valeur de production sociale comme une sorte de « prix naturel » (*natural price*) des marchandises (1). Au marché un prix n'est pas plus « naturel » qu'un autre pourvu que tous deux dérivent normalement des rapports du marché. Et l'idée même d'un prix de marché en dehors du marché (le *Markt-Produktionspreis* de Karl Marx) est une contradiction *in adjecto* (2).

Il en résulte encore ceci : Lorsqu'un prix ne dérive pas immédiatement des rapports réels du marché, mais, par exemple, de spéculations sur des rapports de marché *possibles* dans l'avenir et n'existant pas au moment où le prix se fixe, nous ne pouvons pas considérer ce prix comme un *prix de marché général* nor-

---

(1) Voir ADAM SMITH, *Wealth of Nations*, livre I, ch. VII : *Du prix naturel des marchandises, et de leur prix de marché,* p. 57 et suiv.; trad. franç., pages 68 et suiv. Cf. par exemple la définition à la page 59, tr. fr., p. 71 : « Le prix naturel est donc, pour ainsi dire, le prix central vers lequel gravitent continuellement les prix de toutes les marchandises. Différentes circonstances accidentelles peuvent quelquefois les tenir sensiblement élevées au-dessus de ce prix et quelquefois les forcer à descendre même un peu au-dessous. » Cf. aussi RICARDO, *Principles*, ch. IV : *Du prix naturel et du prix courant.*

(2) Une autre notion qui donne lieu parfois à une confusion réelle est celle du « travail socialement nécessaire » ; elle perd, en effet, tout sens lorsqu'on vient l'appliquer avec Karl Marx à *la valeur d'échange* et au *prix du marché* au lieu de l'appliquer à *la valeur de production.*

Supposons que la demande d'ouvrages de tabletterie, comme l'objet N dont nous avons parlé plus haut, soit temporairement telle, que toute la provision d'articles de cette espèce, même ceux qui sont fabriqués dans les conditions techniques les plus défavorables, trouvent des acheteurs et que la demande continue toujours. Quel *travail* ou quelle *durée de travail* sera dans ce cas « socialement nécessaire » à l'approvisionnement du marché ? Les 70 heures de l'ouvrier travaillant isolément ? Ou bien 60 heures ? Ou encore 50 heures, temps qui représentait la valeur-de-travail personnelle jouant dans cette branche de métier le rôle de *valeur-de-travail sociale* et indiquant peut-être le niveau d'où les prix ont commencé à monter par suite de l'augmentation de la demande ? Ou enfin est-ce 40 heures ? En réalité, chacun de ces différents temps de travail s'est montré au marché comme « socialement nécessaire ».

Cornélissen   24

malement constitué, mais comme un de ces *prix occasionnels* dont nous avons parlé plus haut.

Empruntons un exemple à la statistique. Les statisticiens du Département du Travail à Washington, déclarent qu'au moment de leur enquête (dans la période 1889-1890), des rails d'acier pouvaient être fabriqués en Grande-Bretagne « dans des conditions normales » *à un prix très voisin de 18 dollars par tonne.* Cependant, en réalité, les frais de production des rails d'acier variaient beaucoup en Grande-Bretagne pendant toute la période de l'enquête. Et le rapport cherche le motif principal de ces grandes fluctuations dans les spéculations de Bourse sur la fonte de fer; ces spéculations avaient pris une telle extension qu'à cette même époque des mesures ont été proposées au Parlement anglais pour régler le commerce en *warrants* de fonte. En effet, c'était chose usuelle à cette époque pour certains spéculateurs du marché au fer de Glasgow d'acheter et de vendre des liasses énormes de *warrants* de fonte sans posséder une seule tonne de fer et même sans avoir aucune envie d'en posséder une seule (1).

L'influence exercée sur les prix de marché par ces spéculations nous est signalée par les cours suivants de la fonte de fer, empruntés par le même rapport à un article publié dans le bulletin de l'*American Iron and Steel Association* (numéro du 11 juin 1890), par M. Swank, secrétaire de cette Association : « Les marchés européens montent et baissent comme les nôtres... En janvier et février 1890, des rails d'acier anglais coûtaient 7 livres sterling 5 shillings, ou environ 35 dollars par tonne livrable à bord du vaisseau ; en juin, ils étaient cotés 4 livres 10 shillings, ou environ 21.90 dollars; soit une diminution de plus de 13 dollars par tonne en 4 mois. En août 1888, les rails d'acier anglais étaient cotés 3 livres 12 sh. 6 d. ou 17.63 dollars par tonne, et depuis le mois de mai jusqu'en août 1886, ils étaient régulièrement cotés 3 livres 7 sh. 6 d. ou 16.42 dollars. Les

_____

(1) *Sixth Annual Report*, pages 169-170 et 14.

cotes de 1886 et aussi celles de 1888 doublèrent au commencement de 1890. » (1).

Il est évident que nous ne saurions prendre ces prix comme des *prix de marché* normalement fixés, c'est-à-dire comme l'expression de la valeur d'échange de la fonte de fer en monnaie à chacun des moments donnés ; ces prix ne sont en effet que des *prix occasionnels*. Comment déterminer, cependant, dans chacun de ces cas ce qui est, en réalité, le *prix de marché général* de la fonte de fer ? C'est là une difficulté que nous avons déjà relevée plus haut en disant qu'il est impossible souvent de désigner nettement où cesse le *prix de marché général* et où commence le *prix d'occasion*. Il en est surtout ainsi en ce qui concerne les matières premières qui se prêtent tout particulièrement aux spéculations de Bourse, mais dont les prix de marché, étant des prix de gros, réflètent facilement aussi tout changement réel dans les conditions de la production et de la vente (2). Dans le cas des prix de la fonte, la meilleure solution de cette difficulté sera de leur appliquer l'expression de *prix de marché occasionnels*, c'est-à-dire de prix d'occasion devenus accidentellement prix de marché.

En tout cas, les spéculations sur la fonte ne restent pas sans influence assurément sur les *frais de production réels* de tous les articles dans lesquels la fonte entre comme matière première.

Vers la fin de l'année 1889 une très grande maison anglaise fabriquant entre autres articles des rails d'acier (comme article

----

(1) *Loc. cit.*, p. 170.

(2) « Les prix de gros sont plus sensibles que les prix de détail et reflètent plus vite les changements dans les mêmes conditions... Les prix de détail suivent d'ordinaire les prix de gros, mais pas toujours très nettement. Pour certaines marchandises, la marge entre les deux prix est si grande que des changements légers dans le prix de gros n'influent pas sur le prix de détail. Les changements dans le prix de gros, qui durent seulement pendant un temps court, n'ont pas d'ordinaire comme résultat des changements correspondants dans le prix de détail. » (*Bulletin of the Bureau of Labor*, n° 99, mars 1912, Washington, pages 530-531.)

accessoire), a fait connaître au Département du Travail à Washington les frais de production bien spécifiés que représente une
tonne de rails d'acier de 60 livres par *yard*. Ces frais de production étaient, à cette époque, de 22.456 dollars par tonne. D'après
le calcul de la même maison, ces frais s'élevèrent, en octobre 1890, pour le même article, à 24.226 dollars par tonne,
l'augmentation des frais étant la conséquence des hauts prix
du fer et d'une hausse des salaires (1).

Si nous devons distinguer *en principe* le prix de marché général de ce que nous avons appelé le prix occasionnel, au marché
même la différence est souvent difficile à établir. Nous venons
de voir, en effet, que les spéculations sur les matières premières
peuvent donner au prix de marché d'un produit un caractère spécial, celui d'un prix d'occasion plus ou moins prononcé.

Certaines circonstances exceptionnelles de salaires peuvent
parfois exercer une influence analogue. Nous comprenons par
exemple comme prix occasionnel les prix excessivement bas
auxquels se vendent parfois les articles de certaines branches
d'industrie où les salaires sont régulièrement beaucoup inférieurs
à ceux des autres branches de la production. Il en est ainsi, par
exemple, de certains articles produits par le travail des enfants
ou des femmes.

Lorsque, dans ces branches d'industrie, les grandes masses
des produits sont encore fabriquées avec les salaires usuels des
ouvriers adultes masculins du pays, de sorte que les produits
fabriqués ainsi règlent le *prix de marché général*, il est manifeste que nous pouvons encore considérer comme des prix occasionnels les prix plus bas obtenus par de semblables articles
lorsqu'ils sont fabriqués à des salaires exceptionnels de femmes
et d'enfants. Mais ces derniers prix peuvent se transformer en
prix de marché (*prix de marché occasionnels*) au fur et à mesure que les conditions de travail anormales dans lesquelles les

(1) *Sixth Annual Report*, p. 169.

produits peuvent être fabriqués se généralisent pour certaines branches d'industrie sous l'influence de la misère sociale. Tel est le cas, en réalité, dans plusieurs centres d'industrie et de commerce, pour une grande partie des articles de confection pour hommes et dames, pour d'autres produits de l'industrie à domicile et pour le travail au marchandage.

CHAPITRE XVI

LA VALEUR DES « BIENS COMPLÉMENTAIRES ». — LA VALEUR POTENTIELLE

1. — La valeur des « biens complémentaires. »

Certains représentants de la doctrine utilitaire attribuent une grande importance à la théorie des « biens complémentaires ». Ils entendent, par ce dernier terme, les biens qui se complètent de telle façon qu'ils deviennent, étant séparés, complètement inutilisables ou qu'ils subissent du moins une déperdition de valeur. Les deux souliers d'une paire, la clef et la serrure, le violon et l'archet, le marteau et l'enclume sont des exemples de ces biens. Leur nombre peut être augmenté à volonté, surtout dans le domaine des biens productifs, dont l'action précisément repose presque toujours sur le concours de plusieurs éléments dans un même processus de production.

A la catégorie des biens complémentaires appartiennent aussi, si l'on veut, certains biens qui ont attiré particulièrement l'attention de John Stuart Mill (1). Ce sont des articles tels que le coke et le gaz ou, jusqu'à un certain point, la laine et la viande de mouton, les poulets et les œufs, etc., articles qui sont produits ensemble et qui ont, pour ainsi dire, un coût de production commun.

(1) *Principles of Political Economy*, Livre III, ch. XVI, § 1.

Dans cette dernière série, la production d'un article nécessite souvent, en même temps, celle de l'article complémentaire en quantité proportionnée. Comme les deux articles peuvent satisfaire des besoins ou désirs humains différents et que la demande du marché peut différer beaucoup pour l'un et pour l'autre, il est possible qu'ils obtiennent une valeur d'échange et un prix très différents.

Nous ne consacrerions pas un chapitre spécial à l'analyse de la valeur que peut représenter un ensemble de biens et nous nous serions contentés — conformément à nos observations précédentes sur la valeur des « biens productifs » (1) — d'examiner brièvement la question de la valeur à attribuer rationnellement à chacune des parties d'un ensemble de biens productifs, si l'importance particulière que la question a prise de nos jours dans la science ne nous obligeait pas à nous y arrêter. Il n'y a guère de problème économique qui, dans les dernières dizaines d'années, ait donné lieu à plus d'abus pratiques que celui de la valeur des *biens complémentaires* en général et des *biens productifs* en particulier.

Abstraction faite de la question de savoir comment la valeur des richesses est déterminée, il est toujours évident qu'un ensemble de biens, s'il représente dans sa totalité une valeur plus grande que la somme des éléments constitutifs pris isolément, ou s'il peut créer une valeur supérieure à cette dernière, devra être jugé en tant qu'ensemble, c'est-à-dire comme un tout. Nous devrons juger, dans ce cas, la valeur de l'ensemble en dehors de la valeur que chacun de ses éléments représenterait s'il était pris à part. Ceci, du reste, s'accorde parfaitement avec nos remarques antérieures sur la création des richesses et la constitution de leur valeur. Nous ne pouvons pas les attribuer exclusivement au travail humain, ni exclusivement à l'aide des agents naturels, mais à la collaboration de l'un et de l'autre facteur.

(1) Voir la fin du chapitre : « Observations complémentaires sur la valeur de production sociale ».

Ensuite il importe de savoir si nous pouvons indiquer la quote-part attribuable à chacun des éléments constitutifs d'un ensemble de biens, à cause des conséquences pratiques de cette question.

Ce problème n'existe pas pour les économistes qui ont posé *a priori* ce principe qu'un ensemble de biens *ne peut jamais avoir une valeur supérieure à la somme des valeurs représentées par chacun des éléments constitutifs pris à part.*

Pour l'école de Karl Marx, par exemple, qui identifie la valeur d'échange avec la valeur de production, ce problème est très simple. Pour la constitution de la *valeur* d'une fabrique [ne pas la confondre dans la théorie marxiste avec les *prix de production (Produktionspreise)* auxquels les parties constitutives peuvent se vendre au marché capitaliste], cette école ne s'occupe que de chercher la totalité des années, jours, heures, etc. de travail « socialement nécessaire » pour fonder ou pour « reproduire » cette fabrique, c'est-à-dire les bâtiments, les machines, les outils, etc., qui la composent.

Pour nous, au contraire, qui savons par notre analyse précédente qu'on ne peut identifier tout simplement la valeur de production, bien qu'élément essentiel et souvent prédominant dans la constitution de la valeur d'échange, avec cette dernière valeur, — pour nous, une entreprise industrielle est un ensemble pouvant, comme tel, posséder une valeur d'échange tout autre que celle des éléments qui la composent ou que la valeur de production de ces éléments. Pour nous, la combinaison synthétique des éléments est un nouveau facteur pour l'estimation duquel nous devons tenir compte de plusieurs conditions : le plus ou moins d'harmonie dans l'action coordonnée des membres constitutifs, l'emplacement plus ou moins heureux de la fabrique, la clientèle établie sous des influences historiques, géographiques ou personnelles très particulières, etc.

Quelle est, d'autre part, notre position, dans ce problème, vis-à-vis de la doctrine utilitaire dont le représentant le plus autorisé, M. Böhm-Bawerk, a traité la question avec un grand luxe de détails (1).

Lorsqu'aucun des éléments d'un ensemble de biens ne peut être employé à un but indépendant, l'existence de chacun de ses membres en tant qu'objet de valeur dépend de l'existence de l'ensemble. Si, dans ce cas, la liaison entre les éléments constitutifs vient à se rompre, ces éléments perdent tous leur *valeur d'usage* et par suite aussi leur *valeur d'échange*.

Si aucune des parties constitutives ne peut être remplacée dans l'ensemble par une autre, il est clair que la perte d'une seule de ces parties peut entraîner la perte de la valeur de l'ensemble. Quiconque perd un soulier ou un gant perdra par là, d'ordinaire, la valeur d'une paire de souliers ou de gants. Mais on ne saurait en conclure, comme le fait M. Böhm-Bawerk que, dans ce cas, une seule partie du groupe représente la valeur du groupe entier (2). Du fait que la valeur entière d'un ensemble de biens peut être annulée par l'absence d'un de ses membres, on ne peut pas déduire que, dans ce même ensemble, la valeur d'une seule partie représente, sous tous les rapports, la valeur du tout. La conclusion serait fausse à plusieurs points de vue. Quiconque veut s'en persuader, n'a qu'à tâcher de substituer la partie au tout en se plaçant *à un point de vue autre que celui de la perte* (3). Cette substitution

_____

(1) Voir *Kapital und Kapitalzins*, tome II, livre III, chap. I, vi : « La valeur des biens complémentaires ».

(2) « Lorsqu'aucun des membres ne tolère aucune autre utilisation que l'utilisation en commun et qu'en même temps aucun membre ne peut être remplacé dans sa collaboration à l'utilité commune, alors *une seule pièce possède déjà la valeur entière du groupe*, tandis que les autres pièces n'ont aucune valeur. » (BÖHM-BAWERK, *loc. cit.*, p. 278.)

(3) *Wieser* a raison quand il fait à la théorie de Böhm-Bawerk et de Menger l'objection suivante : « L'hypothèse régulière et décisive d'après laquelle on suppute la valeur d'un bien, n'est pas celle de sa perte, mais celle de sa possession tranquille et de son usage conformément à son but ». (WIESER, *Der natürliche Wert*, Wien, 1889, p. 82.)

M. BÖHM-BAWERK (*loc. cit.*, tome II, *Exkurs* VII, p. 192) lui a répondu que cette « antithèse dialectique » ne correspond pas à une « antithèse

échouera généralement. L'élément ne tiendra pas lieu de l'ensemble et, pour l'usage, il faudra y joindre les autres éléments, en les unissant dans la même combinaison, c'est-à-dire qu'il faudra revenir à l'ensemble même. Aussi n'admettrons-nous pas, avec M. Böhm-Bawerk, que dans un ensemble de biens, dont aucun membre ne peut être remplacé et utilisé en dehors de la combinaison, la valeur du membre pris à part est ou « rien », ou « tout ».

Lorsqu'une pièce détachée d'un ensemble peut être utilisée séparément sans atteindre toutefois le même degré d'utilité qu'auparavant, nous ne serons pas autorisés davantage à considérer la valeur réelle de cette pièce comme oscillant entre un « minimum », représenté par *l'utilité-limite* moindre qu'elle possède isolément, et un « maximum » égal à *l'utilité-limite* de l'ensemble dont elle est détachée, diminuée de celle des parties restantes prises isolément (1).

Même si l'on veut se placer absolument au point de vue de M. Böhm-Bawerk en ne prêtant attention qu'à la valeur d'usage et au *Grenznutzen* des biens, il est certain que, dans le cas supposé, le « minimum » est bien indiqué mais non le « maximum ». En effet, la valeur possédée par l'ensemble ne saurait être séparée de celui-ci pour être attribuée à une seule de ses parties, — pas plus cette fois et après diminution des valeurs représentées par les parties restantes que tout à l'heure. C'est pour la même

réelle ». « Ce qui se perd par la perte d'un bien, dit-il, est toujours et nécessairement identique à ce qui est obtenu par sa possession » (*was durch seinen Besitz erreicht wird*). C'est là une erreur évidente de la part de M. Böhm-Bawerk, et une erreur grosse de conséquences pour sa théorie. En effet, si ce qu'on *perd* est « toujours et nécessairement identique » à ce qu'on *possède*, ce n'est ni *toujours*, ni *nécessairement* identique à ce qu'on aurait obtenu (*erreicht*) par cette possession, si la perte n'avait pas eu lieu. Au contraire, toute la production et toute accumulation de richesses dans la société repose précisément sur le principe d'*obtenir* par l'*usage* qu'on fait de ses biens une valeur supplémentaire, un excédent en plus de la valeur représentée par les choses possédées.

(1) Böhm-Bawerk, *loc. cit.*, chap. I, VI, p. 278.

raison que les parties d'un ensemble qui peuvent être remplacées possèdent parfois dans la combinaison une valeur non seulement supérieure à celle qu'elles posséderaient isolément, mais supérieure aussi à la valeur qu'auraient isolément les pièces qui les remplacent.

Nous avons dû nous arrêter à ces premières observations, puisque c'est précisément de ces fausses prémisses que des économistes, tel que M. Böhm-Bawerk, ont déduit des conclusions non moins fausses et qui, par leurs conséquences, ont de l'importance.

Ces conclusions sont les suivantes : Les parties d'un ensemble de biens qui peuvent être remplacées, même si elles sont la « clef de voûte » (*Schlusstück*) de l'ensemble, ne peuvent jamais atteindre une valeur supérieure à leur « valeur de substitution » (*Substitutionswert*), c'est-à-dire à la valeur de l'objet qui peut être employé à leur place dans le même but ; en même temps, tout le reste de la valeur entière représentée par l'ensemble doit être attribué aux parties du groupe qui ne peuvent pas avoir de substitut (1).

On ne saurait logiquement justifier cette attribution arbitraire de la valeur d'un ensemble de biens aux diverses parties dont cet ensemble se compose. La conclusion est fausse parce qu'elle repose sur des prémisses fausses.

Malgré tout cela nous devons reconnaître, avec M. Böhm-Bawerk, qu'une pareille attribution de valeurs a lieu très souvent dans la vie sociale de nos jours :

« Dans la pratique on retranche d'abord du produit total les « frais ». Si l'on y regarde de plus près, ce n'est pas en vérité l'ensemble des frais que l'on retranche, parce que les services du sol où l'activité de l'entrepreneur appartiennent, eux aussi, comme biens de valeur, à ces frais. Ce que l'on retranche précisément, ce sont les dépenses pour *les moyens de production que l'on peut remplacer et qui représentent une valeur de substitu-*

(1) Böhm-Bawerk, *loc. cit.*, pages 280-283.

tion déterminée, c'est-à-dire pour le travail salarié, les matières premières, l'usure de l'outillage, etc. Le reste est attribué comme « produit net » à la partie ou aux parties qui ne peuvent pas être remplacées : par le paysan à son sol, par le propriétaire de mine à sa mine, par le fabricant à sa fabrique et par le commerçant à son activité d'entrepreneur. » (1).

Reconnaissons tout d'abord que cette façon de faire le compte n'est que par trop usuelle dans l'ordre social actuel : hâtons-nous cependant de faire remarquer qu'il ne s'agit pas ici d'un calcul scientifique, mais d'un acte de suprématie sociale et d'arbitraire de la part du paysan, du propriétaire, du fabricant ou du commerçant. Cet acte s'explique seulement par le fait que les moyens coercitifs de la société actuelle — justice, police, armée, etc. — sont avant tout au service de l'entrepreneur industriel, agricole ou commercial. C'est pour cette raison que cet entrepreneur se trouve à même d'imposer son intérêt particulier à tous ceux qui ont collaboré avec lui à la production ou à la distribution des richesses. L'attribution des valeurs que nous discutons ici, nous fait plutôt penser au partage de la proie tel que le fait le lion de la fable qu'à une répartition scientifique.

Nous pouvons aisément nous rendre compte du rôle que joue ici la suprématie sociale. Il suffit pour cela de remarquer que, selon les mains dans lesquelles se trouvent les moyens coercitifs de la société, certains éléments d'un ensemble de biens productifs seront considérés ou non comme « pouvant être remplacés ».

Supposons que les masses ouvrières d'un pays, grâce à leur organisation, soient de force à soumettre à leur volonté tous les entrepreneurs industriels, agricoles et commerciaux. Alors, dans la société, le centre de gravité économique et politique irait des classes possédantes aux classes ouvrières.

En vertu des principes économiques qu'ils auraient pu trouver dans la doctrine utilitaire moderne, les ouvriers organisés d'une

(1) *Loc. cit.*, p. 281.

fabrique pourraient raisonner comme il suit tout en appuyant leurs opinions sur la force sociale :

— M. X., entrepreneur industriel, est un membre « remplaçable » de notre combinaison. En qualité de « propriétaire » du sol, de la fabrique ou de la mine, on peut lui substituer le premier venu d'entre nous et nous tous, en collectivité, nous prendrons volontiers sa place. En ce qui concerne son rôle dans la direction des affaires, il est travailleur comme nous et la question de savoir qui, parmi nous, serait le plus facile à « remplacer », du directeur ou d'un ouvrier manuel, n'est qu'une question de plus ou de moins. Si M. X. n'était pas toléré dans notre combinaison ou s'il était même obligé de partir pour une contrée inhabitée, il pourrait arriver que ses capacités particulières fussent peu recherchées et qu'elles eussent, dans ce cas, pour la création des richesses humaines, une valeur très voisine de zéro. Qu'il considère donc ceci comme sa « valeur minima » et qu'il se rappelle que ses capacités ne pourront jamais représenter dans notre combinaison une valeur supérieure à la « valeur de substitution » de la force de travail apte à les remplacer...

Du point de vue de la doctrine utilitaire, telle que la représente M. Böhm-Bawerk, il n'y aurait rien à dire contre ce raisonnement. Cela nous montre jusqu'à l'évidence l'arbitraire des distinctions faites par l'économiste autrichien. Dans sa théorie, des considérations politiques ont trop tendu la main au raisonnement scientifique et ce sont les premières qui ont fait dévier le dernier du droit chemin.

Après avoir examiné la théorie utilitaire au sujet des biens complémentaires, nous avons à y opposer la nôtre. Les principes généraux suivants ressortent immédiatement de notre discussion :

1. Lorsqu'un ensemble de biens représente globalement une valeur plus grande que la somme des éléments constitutifs pris isolément, on ne peut pas attribuer exclusivement le surplus de valeur, soit aux parties pouvant être remplacées dans l'ensemble, soit aux parties qui ne peuvent pas l'être. Ce surplus de

valeur appartient à la combinaison elle-même et ne peut pas être séparée d'elle.

2. Lorsqu'aucun des éléments d'un ensemble de biens ne peut être utilisé isolément et qu'aucun élément ne peut être remplacé par un autre, la perte d'une seule de ses parties constitutives entraîne généralement la perte de la valeur de chacune des autres parties en même temps que la valeur de l'ensemble. Cependant, on ne peut pas déduire de ce fait qu'une seule partie représente alors, sous tous les rapports, la valeur du tout.

3. Lorsqu'un (ou plusieurs) des éléments d'un ensemble de biens représente quelque valeur en dehors du tout, cette valeur — valeur *minima* — ne doit pas être confondue avec la valeur que le même élément représente dans l'ensemble.

4. Lorsqu'un élément d'un ensemble de biens peut être remplacé par un autre possédant moins de valeur que le premier pris à part, la possibilité de cette substitution peut entraîner pour l'ensemble en question une déperdition de valeur égale à la différence. On peut en déduire qu'un semblable élément ne représentera pas plus de valeur que sa « valeur de substitution » ; mais il faut, sous ce terme, comprendre la valeur que le substitut représenterait s'il faisait également partie de l'ensemble de biens ; cette dernière valeur ne doit pas être confondue à son tour avec la valeur que le substitut possède isolément.

Faisons remarquer, par exemple, que les établissements industriels perdent souvent en valeur, par suite du vieillissement et de la dépréciation de leurs machines consécutifs à une invention nouvelle ou d'un procédé nouveau de production ou pour toute autre cause. Lorsque, dans une fabrique, une machine simple et peu coûteuse peut en remplacer une autre plus compliquée et ayant exigé de grandes dépenses, on doit admettre généralement que la valeur de l'ancienne machine est réduite, par cette possibilité même, à la valeur de la nouvelle. Lorsque la nouvelle machine, bien que moins coûteuse, rend de meilleurs services que l'ancienne, il peut même arriver que cette dernière perde entièrement sa valeur et ne compte plus que comme ferraille. Mais on ne doit jamais confondre la « valeur de substitution » attachée à la nouvelle machine avec le prix de marché représenté par elle en dehors de l'entreprise industrielle. En effet, si l'on voulait calculer la valeur d'un établissement industriel, agricole ou commercial d'après son inventaire réel, ou même en comptant le matériel comme neuf et acheté au prix-courant, il est certain que, pour la majorité des établissements, cette valeur resterait sensiblement inférieure à leur valeur d'échange réelle, — celle qu'on leur accorde à la Bourse.

5. Dans un ensemble de biens productifs, nous pouvons généralement distinguer les éléments purement matériels : sol, bâtiments, machines, matières premières et secondaires, etc., des éléments qui représentent le travail. Parmi ces derniers se rangent aussi bien les éléments du travail manuel que ceux du travail intellectuel : direction des affaires, administration, surveillance, etc.

La valeur possédée par un ensemble de biens productifs en plus de la somme des « frais » de ses éléments constitutifs (l'achat des matières premières et secondaires et du travail humain, l'usure des machines, etc.), doit être attribuée, d'après ce que nous avons exposé au paragraphe I, à la combinaison tout entière.

Dans l'ordre social actuel, cet excédent de valeur est accaparé d'ordinaire et mis arbitrairement au compte de certains des éléments plus ou moins engagés dans la production.

L'exposé de ce procédé d'accaparement, si étroitement lié à la constitution de la société, demandera toute notre attention dans un tome suivant de cet ouvrage où nous aurons à l'examiner dans son fonctionnement intime.

Dès à présent, nous en noterons les traits caractéristiques suivants :

Le sol, élément matériel de la production, est remplacé, dans l'œuvre d'accaparement dont nous venons de parler, par le propriétaire du sol qui n'a pas pris, en cette qualité, la

moindre part à la production, mais qui s'est placé historiquement entre le producteur et le moyen de production.

A côté du propriétaire comme accapareur de valeurs, se présente l'entrepreneur (ou les entrepreneurs) qui participe à la
production, soit directement en qualité de directeur, soit indirectement en qualité d' « actionnaire ». A ce dernier titre, son
rôle est analogue à celui du propriétaire foncier.

A la théorie de la valeur des biens complémentaires telle que
nous l'avons exposée dans les pages précédentes, sont étroitement liés des problèmes très importants. Cette théorie — comme
M. Böhm-Bawerk l'a fait remarquer à bon droit — nous fournit
la clef du problème de la répartition des richesses (1). Les conclusions dérivant des théories que présente la doctrine utilitaire sont celles que nous retrouvons à ce sujet dans toute la
science économique « officielle ». Il est évident que nous nous
distinguerons de ces économistes autant par les conclusions que
par les principes.

En effet, tous les produits sont créés, comme le dit M. Böhm-
Bawerk, — n'exprimant ici, du reste, qu'un des principes les
plus élémentaires de la science économique, — par la collaboration des trois « facteurs de production » complémentaires :
travail, sol et capital (2). Parmi eux, cependant, le sol et
le capital sont au nombre des éléments matériels participant
eux-mêmes, il est vrai, à la production, mais dont les posses-

(1) « La théorie de la valeur des biens complémentaires nous donne la
clef d'un des problèmes les plus importants et les plus difficiles de notre
science : c'est le problème de la répartition des richesses, telle qu'elle
s'accomplit, sous la forme actuelle de la société, avec le régime d'une
concurrence plus ou moins libre et avec la détermination des prix selon
une entente réglée par contrat entre les parties. » (*Loc. cit.*, p. 285.)

(2) « Tous les produits sont créés par la collaboration des trois « facteurs de production » complémentaires, travail, sol et capital. Si donc
notre théorie dégage la part du produit commun que nous devons économiquement à chacun d'entre eux et la part de la valeur commune que
nous attribuons à chacun, elle explique, en même temps, les motifs pro-
fonds qui décident de la hauteur des honoraires obtenus respectivement
par chacun des trois facteurs. » (*Ibid.*)

seurs (en cette qualité) restent, en tout cas, en dehors de celle-ci. Pour le troisième facteur, il en est tout autrement. Si le travail est un facteur dans la production, sans contredit le travailleur, possesseur de la force de travail, prend immédiatement part à elle, soit qu'il exécute le travail manuel, soit qu'il agisse comme surveillant, ingénieur, administrateur ou directeur technique, etc. Tandis que, sous toute forme de société, le travailleur devra entrer en considération comme créateur de richesses, le propriétaire foncier et le capitaliste-entrepreneur ne peuvent se présenter à bon droit comme participant à la création des richesses et, par là, à leur répartition, que grâce à l'organisation capitaliste de la société actuelle.

Il est donc d'une importance essentielle pour la vie sociale des peuples de savoir entre les mains de qui se trouvent et devraient se trouver les éléments matériels de production de chaque nation. Cela s'applique particulièrement aux éléments qu'on ne peut pas remplacer dans la production par d'autres, au sol, aux mines, aux rivières et aussi aux fabriques, aux moyens de transport et de communication, etc.

La réponse à cette question dépasse les limites de notre étude de la valeur.

II. — *La valeur potentielle.*

D'après la définition que nous avons donnée au commencement du présent ouvrage, la valeur exprime toujours un rapport entre l'homme et les biens. Comme nous l'avons vu, les biens cessent de posséder de la valeur, dans n'importe quel sens, lorsque, pour une cause quelconque, ce rapport avec l'homme n'a pas lieu.

Nous devons reconnaître de même que les richesses futures, c'est-à-dire celles qui seront produites seulement dans quelques jours, quelques années ou quelques siècles, ne peuvent pas posséder une valeur présente. Ici ce n'est pas l'homme qui fait défaut pour la constitution du rapport sous-entendu par nous dans le mot de « valeur », ce sont les richesses elles-mêmes.

Cela n'empêche pas qu'une école influente attache un grand intérêt au problème de la valeur des biens futurs ; le représentant le plus autorisé de cette école, M. Böhm-Bawerk, est même allé jusqu'à formuler la thèse suivante : « Les biens présents ont régulièrement plus de valeur que les biens futurs de la même espèce et du même nombre ». Il ajoute, comme on sait, que c'est là *l'essence et le point central de la théorie de l'intérêt du capital* (*der Kern-und Mittelpunkt der Zinstheorie*) (1).

Lorsque nous devrons développer à notre tour la théorie de l'intérêt, nous aurons à examiner de plus près cette thèse, que nous n'aborderons ici qu'en ce qui touche la valeur des richesses. Jevons a été le premier représentant de la doctrine utilitaire qui ait étudié quelque peu systématiquement l'influence exercée par la durée sur l'évaluation que l'homme fait de ses besoins et sur la satisfaction de ces besoins. Il a surtout mis en lumière la « sensation anticipée » (*anticipated feeling*) que nous pouvons éprouver actuellement d'une joie ou d'une douleur futures, et il a proposé la formule psychologique suivante : « Une sensation future a toujours moins d'influence qu'une sensation présente. » (2).

Entre les mains de M. Böhm-Bawerk, cette thèse, encore vague et indécise, prend une netteté qui lui donne une importance immédiate dans la théorie de la valeur. « En bonne règle, dit-il, les biens présents possèdent une valeur subjective plus

---

(1) Böhm-Bawerk, *Kapital und Kapitalzins*, tome II, livre IV, chap. ı, p. 426.

(2) Stanley Jevons, *The Theory of Political Economy*, ch. ııı, p. 723 ; cf. trad. fr. p. 137. Au moment où Jevons a formulé cette hypothèse, il ne s'est pas rappelé sans doute une autre thèse psychologique exprimée ailleurs par lui dans les termes suivants : « Chacun doit avoir éprouvé que la satisfaction actuellement ressentie est limitée et trompe ordinairement les espérances que l'on avait faites. » (*Loc. cit.*, chap. ıı, p. 34; cf. trad. fr. p. 91.)

grande que les biens futurs de la même espèce et du même nombre. Et puisque la valeur d'échange objective est une résultante des évaluations subjectives, les biens présents ont aussi, en bonne règle, une plus haute valeur d'échange et un plus haut prix que les biens futurs de la même espèce et du même nombre. » (1).

Examinons de près cette formule et relevons dès maintenant quelques confusions de termes dont nous retrouverons plus tard l'influence malheureuse dans la théorie de l'intérêt proposée par M. Böhm-Bawerk. L'auteur parle ici de la valeur (présente) d'un bien futur et non — comme on le devrait — de la valeur (présente) de la perspective (présente) de l'existence future de ce bien. On verra, quand le moment sera venu, que nous n'avons pas soulevé une simple querelle de mots (2).

Des biens futurs ne peuvent pas posséder de la valeur présente. Ils ne possèdent pas plus de valeur actuellement que de couleur ou de poids. Cela s'applique à la valeur sous toutes ses formes. Actuellement les biens qui seront produits dans des jours, des années ou des siècles futurs, ne possèdent pas de

---

(1) Böhm-Bawerk, *loc. cit.*, page 439.

(2) M. Böhm-Bawerk ne pose pas la question de savoir si la possibilité de l'existence d'une valeur future peut avoir elle-même une valeur présente ; il traite nettement de la valeur présente qu'auraient, selon lui, les biens futurs eux-mêmes. « Tout tourne, dit-il, autour de ce simple fait que, d'après les lois ordinaires de la valeur, les articles de consommation présents, par la liaison casuistique des circonstances que nous venons d'exposer, accordent régulièrement une plus grande *utilité-limite* et obtiennent ainsi une plus haute valeur que les articles de consommation futurs » (*loc. cit.*, pages 472-473). L'auteur reproche précisément à Jevons — et cela à bon droit — de n'avoir pas distingué dans son terme de *present anticipated feeling* les deux notions suivantes : « Que l'on se représente dans l'esprit un plaisir futur (ou une douleur future) en évaluant par cette représentation son intensité probable » et « que l'on éprouve par cette représentation même un plaisir et une *joie anticipée, réelle et présente* ». (*Kapital und Kapitalzins*, tome II, *Exkurs.* XI, p. 311 ; pour la deuxième édition du livre, voir la note à la p. 251.) M. Böhm-Bawerk fait observer qu'il s'agit pour la valeur des richesses de « *l'intensité de la joie principale future* (ou de la douleur future à éviter) *telle qu'elle est évaluée d'après sa représentation* » (*loc. cit.*, p. 312).

valeur de production pour la simple raison qu'ils ne sont pas encore produits ; ni de *valeur d'usage* puisqu'ils ne peuvent pas servir à l'usage humain ; par-suite, ils ne peuvent pas davantage posséder de *valeur d'échange* (1).

Quiconque veut, en ce moment, donner ou demander des biens présents en échange d'autres biens qui seront produits dans un avenir plus ou moins long, se livre à ce qu'on appelle une spéculation. Il échange des richesses existantes contre des possibilités de richesses. Ses spéculations peuvent lui apporter assurément quelque avantage présent. Cette *valeur de spéculation*, si l'on veut l'appeler ainsi, peut être l'objet d'études particulières qui feront ressortir la nature de ces possibilités de richesses, — ce qui est autre chose que la nature des biens futurs eux-mêmes. Cette valeur n'entre pas dans le cadre de notre ouvrage que nous limitons à l'étude de la valeur des richesses réelles. Nous faisons remarquer seulement qu'il dépend essentiellement de la nature spéciale des biens, ainsi que de la mentalité particulière des hommes qui désirent se les procurer, que nous puissions dire en règle générale que les biens présents sont plus estimés que les biens futurs, ou que ce soit l'inverse qui se rapproche de la vérité. A notre avis, M. Böhm-Bawerk s'est hasardé ici sur un terrain où nous pataugeons encore en plein inconnu et où les psychologues ont encore tout à faire pour aplanir le chemin aux études proprement économiques (2).

(1) L'erreur que commet l'économiste autrichien est d'autant plus remarquable qu'il fait, dans le courant de son exposition, l'observation suivante relativement au travail qui doit être exécuté dans l'avenir : « Evidemment, un mois de travail à fournir en 1910, ne donne *pas de produit du tout* pour l'année 1909. » (*Loc. cit.*, livre IV, chap. I, p. 456). Si M. Böhm-Bawerk admet cette proposition, il aurait dû admettre aussi qu'un *produit disponible en* 1910 ne possède *pas de valeur du tout en* 1909.

(2) Notons encore que l'hypothèse posée par M. Böhm-Bawerk est loin d'être généralement admise par les représentants de la doctrine subjectiviste et utilitariste. Ainsi un économiste qui a essayé de formuler une théorie de la valeur nettement subjectiviste, M. Robert Liefmann, dit de M. Böhm-Bawerk : « Sa thèse principale, selon laquelle les biens présents sont appréciés plus haut que les biens futurs, n'est certainement

Nous devons nous occuper d'un peu plus près des richesses qui existent déjà à l'heure présente, mais dont la valeur d'échange ne pourra se réaliser que dans l'avenir. Si l'on y réfléchit, toutes les richesses qui sont actuellement à la disposition de l'homme avant d'avoir fait leur apparition au marché appartiennent à cette catégorie.

Regardons, par exemple, les marchandises emmagasinées, les étoffes entassées pour la vente dans une boutique quelconque. Ces marchandises possèdent une certaine *valeur de production*. Elle est naturellement, nous le savons par notre analyse précédente, susceptible de variations ; des perfectionnements techniques dans la production peuvent en diminuer la valeur de production sociale. Mais le fait que ces marchandises possèdent de

---

pas exacte, d'une façon générale. Toute l'activité économique de prévoyance est plutôt fondée sur le fait que nous apprécions plus haut les biens *futurs*. Lorsque l'homme isolé amasse et conserve une provision de fruits, cela veut dire qu'il les apprécie plus haut dans l'avenir, tandis qu'aujourd'hui ces fruits, peut-être, ne satisfont plus aucun de ses besoins et que, par conséquent, il ne se donnerait aucune peine pour les cueillir. Lorsque, sous le régime monétaire, quelqu'un met en réserve une partie de son revenu pour l'achat futur de tels ou tels objets de consommation, cela veut dire qu'un certain objet, qu'on peut se procurer pour une certaine somme, a plus de prix pour lui dans l'avenir que maintenant. » (ROBERT LIEFMANN, *Ertrag und Einkommen auf der Grundlage einer rein subjektiven Wertlehre*, Iéna, 1907, chap. II, p. 13.) Cf. aussi LUJO BRENTANO, *Versuch einer Theorie der Bedürfnisse*, dans les rapports des séances de l'Académie des sciences bavaroise, *Munich*, 1908, p. 10 : « Le fait qu'on capitalise montre déjà, à lui seul, dans les cas où il se produit, que, pour le prêteur, 100 marks dans l'avenir ont *plus de valeur* que 100 marks dans le présent ; d'où il résulte que la théorie de l'intérêt de Böhm-Bawerk n'est pas soutenable. »

Ce n'est pas sans étonnement que nous avons lu la réponse de Böhm-Bawerk à l'attaque de Brentano: « C'est juger précipitamment, dit-il. En réalité, cela ne prouve qu'une chose : que les capitalistes apprécient plus l'*emploi* futur de l'argent que l'*emploi* présent, mais non pas qu'ils apprécient plus les *biens* futurs que les *biens* présents. » (BÖHM-BAWERK, *loc. cit.*, chap. II, note à la page 520.)

Nous avions cru que M. Böhm-Bawerk se rappellerait du moins que, d'après sa thèse fondamentale, les appréciations de la valeur des *biens* et celles de leur *emploi* sont des choses identiques ! (Voir plus haut chap. VII, p. 126 du présent ouvrage.)

la valeur de production (abstraction faite de la quantité) doit être reconnu en principe.

De même, ces marchandises possèdent de la *valeur d'usage* dans un sens général ; c'est-à-dire qu'elles correspondent à certains besoins ou désirs humains. Il est donc probable qu'elles trouveront un consommateur quelconque, dont elles satisferont dans l'avenir quelque besoin ou désir réel.

La valeur d'usage de cette catégorie de marchandises ne se réalisera jamais que dans l'avenir. Elle s'oppose ainsi à la valeur d'usage des richesses qui sont déjà actuellement parvenues à leur destination, telles que les étoffes actuellement utilisées sous forme d'habits. Nous pourrions parler ici de *valeur d'usage potentielle*. C'est du reste la seule qui se laisse atteindre au marché.

Ce qui est vrai ici des valeurs de production et d'usage, ne l'est pas moins de la valeur d'échange. Comme ces marchandises possèdent *de la valeur de production latente* et *de la valeur d'usage potentielle*, elles peuvent être considérées comme possédant aussi une *valeur d'échange potentielle*, qui pourra se réaliser dans l'échange futur en *valeur d'échange réelle* s'exprimant dans un *prix de marché*.

Il est naturel que nous ne puissions pas désigner exactement la quantité de cette valeur d'échange potentielle, pas plus que nous ne pouvons déterminer d'une façon précise la valeur d'usage potentielle, ni même la valeur de production latente. C'est la conséquence même du fait que toutes ces formes de valeur ne se réaliseront que dans l'avenir.

Il est vrai que nous pouvons évaluer par approximation cette valeur d'échange, en la comparant à celle que représente la même quantité de marchandises semblables actuellement sur le marché. Mais nous savons, après tout ce que nous avons dit sur la réalisation des valeurs au marché, que nous ne pouvons pas identifier ces deux valeurs d'échange.

La valeur de production et surtout la valeur d'usage sont des grandeurs variables ; il est évident que nous devons juger de leur influence sur la constitution de là valeur d'échange objec-

tive et définitive au moment même où cette dernière se réalise
dans l'échange effectif.

Une partie spéciale de la catégorie de biens que nous étudions
ici comprend les richesses qui possèdent de *l'utilité et de la
valeur d'usage potentielles* sans posséder pourtant *de la valeur
de production*, puisqu'elles ne sont pas produites par le travail
humain. C'est relativement à ces dernières espèces de richesses
que règne le plus de diversité d'opinions dans la science économique.

Evidemment on ne pourrait pas attribuer à ces richesses la
possession d'une valeur d'échange potentielle, si la valeur
d'échange supposait nécessairement dans son origine l'existence
d'une certaine valeur de production. Nous avons vu, cependant,
que l'existence de la valeur d'échange d'un bien ne dépend pas
simplement du travail ou des frais en capital dépensés à sa production et que le fait de posséder de la valeur de production n'est
pas une condition *sine qua non* pour qu'un bien possède de la
valeur d'échange.

Dans des circonstances de production égales, un champ fertile
par nature dont la mise en culture n'a pas exigé de travail humain, a la même valeur d'échange qu'un champ moins fertile
qui, par les engrais, le drainage, etc., est en état de produire
autant de blé que le premier. C'est parce que les deux champs
sont considérés comme possédant la même valeur d'usage qu'ils
ont aussi la même valeur d'échange. Lorsque les deux champs
se trouvent en jachères et ne doivent être cultivés que dans un
avenir plus ou moins rapproché, ils peuvent posséder la même
utilité et la même valeur d'usage potentielles et, par suite, la
même valeur d'échange potentielle.

Pour la doctrine de la valeur-de-travail et pour ses représentants, ces champs de blé, comme tous les biens en général,
possèdent seulement de la valeur d'échange proportionnellement
à leur valeur de production. S'ils ne représentent pas une certaine valeur de production, n'étant pas créés par le travail humain, ils ne peuvent pas davantage posséder de valeur d'échange,

tout en obtenant peut-être un certain prix au marché. On sait que l'école marxiste moderne, par suite de la conception inexacte qu'elle a de la valeur d'échange, reproche précisément à ses adversaires de confondre sur ce point *la valeur* et *le prix*.

Pour nous, les champs que nous venons de désigner possèdent tous deux, *et* de la valeur d'échange *et* un prix de marché, et ils obtiennent à la fois la même valeur d'échange et le même prix, lorsqu'ils sont considérés comme représentant la même valeur d'usage.

Dès lors il est possible, selon nous, qu'un champ inculte situé dans une contrée à population rapidement croissante — des terres, par exemple, situées autour d'une ville en voie d'extension — peuvent obtenir peu à peu de la valeur d'échange potentielle ; celle-ci peut augmenter de plus en plus, quoique les terres continuent invariablement à ne posséder aucune valeur de production. Et cela parce que de telles terres ont obtenu de l'utilité et de la valeur d'usage potentielles, — par exemple, comme terrains à bâtir, — ce qui leur permet d'obtenir également une valeur d'échange potentielle propre à se réaliser à un moment donné en une valeur d'échange réelle et en un prix de marché effectif.

Ce sont ces mêmes motifs qui expliquent l'augmentation rapide en valeur d'échange et en prix de marché de certains terrains incultes où l'on a découvert l'existence de charbon, fer, or, cuivre, ou diamant. Dans ce cas, comme dans le précédent, il n'y a pas assurément de personnes qui puissent se présenter pour l'échange en qualité de producteurs. On ne tardera guère à en trouver qui, en qualité de « propriétaires », se présenteront pour récolter sans avoir semé.

La dernière espèce de biens que nous venons de nommer est particulièrement propre à nous faire entrevoir la différence entre ce que nous avons appelé l'utilité (ou la valeur d'usage) potentielle et l'utilité (ou la valeur d'usage) réelle et présente. On pourra, dans l'avenir, s'apercevoir que les terrains contenant du charbon, des métaux ou du diamant, possèdent beaucoup plus ou, au contraire, beaucoup moins de valeur d'usage et, par suite, de valeur d'échange réelles qu'on ne l'avait supposé d'abord ; les minéraux obtenus peuvent dépasser considérablement les espérances par leur quantité ou leur qualité ; ils peuvent aussi causer des déceptions.

Ces derniers biens possédant de l'utilité et de la valeur d'usage potentielles et, par suite, de la valeur d'échange potentielle, montrent jusqu'à l'évidence que l'estimation de cette valeur d'échange diffère par sa nature de l'estimation de la valeur d'échange de tous les biens qui sont absolument prêts à la consommation. Précisément par ce fait que nous ne pouvons déterminer exactement la valeur d'échange que posséderont le charbon, le fer ou le diamant fournis, la réduction de la valeur d'échange potentielle des terrains contenant ces minéraux en valeur d'échange réelle et leur expression dans un prix actuel, reste toujours un acte de *spéculation*. Il s'agit ici d'un calcul de probabilités reposant d'une part sur l'estimation des frais qu'on peut calculer approximativement, mais, d'autre part, sur une évaluation des résultats du travail, dont le juste degré est des plus problématiques.

En tous cas, nous n'avons pas à nous engager dans des évaluations de cette sorte. La spéculation qui peut être l'objet d'études spéciales sort des limites que nous nous sommes tracées. C'est parce que nous avons voulu nous limiter à l'étude de la valeur des richesses réelles que nous ne sommes pas entrés davantage dans la voie suivie par plusieurs économistes qui ont étendu leurs recherches, comme l'a fait Bastiat, aux services rendus ou promis et, en général, à tout ce qui peut être acheté ou vendu dans le présent ou dans l'avenir, c'est-à-dire à tout ce qu'on peut considérer comme « chose de valeur ».

Nous ne nierons pas que l'avis d'un ami ou d'un parent, un mot bien placé, ne puisse égaler dans notre vie quelque richesse réelle et matérielle. Mais pour établir les bases d'une théorie de la valeur, point de départ de toute la science économique, il est prudent, à notre sens, d'user de beaucoup de réserves et de choisir un terrain où la valeur conserve quelque constance et quelque précision.

En ce qui concerne la valeur d'échange potentielle de certaines richesses, nous nous sommes préoccupés seulement de rechercher et d'établir le principe général de son existence. Ce principe est le suivant : *une certaine valeur de production latente à côté d'une certaine utilité et d'une certaine valeur d'usage potentielles, ou même l'utilité et la valeur d'usage potentielles seules, peuvent accorder à un bien une valeur d'échange potentielle.* On doit reconnaître que cette valeur d'échange potentielle pourra, dans certaines conditions, se manifester sans délai en une valeur d'échange réelle et un prix effectif ; mais il faut démontrer aussi que cette dernière valeur et ce dernier prix doivent être distingués de la valeur d'échange potentielle que possède la marchandise en question. Les rapports existant entre cette valeur d'échange potentielle et la valeur d'échange réelle qu'on lui substitue restent indéterminés.

SIXIÈME PARTIE

La valeur d'échange sous le régime du monopole.

CHAPITRE XVII

L'ORIGINE DES TRUSTS ET DES MONOPOLES INDUSTRIELS

Au fur et à mesure que le régime capitaliste de la production et de la distribution se développe et que ce développement commence à exiger l'accroissement du capital fixe ou du capital circulant, nous voyons les sociétés par actions devenir de plus en plus la forme prédominante des entreprises. Jusqu'à la fin du XIXᵉ siècle cependant, la production, dans sa forme générale, reste sous le régime de la libre concurrence, soit entre entrepreneurs particuliers, soit entre sociétés.

Ce n'est que dans la seconde moitié du siècle dernier, ou plus exactement dans les dernières dizaines d'années, que les coalitions de capitalistes — entrepreneurs particuliers ou sociétés — ont commencé à dominer la production et la distribution successivement dans plusieurs branches de l'industrie, du commerce, des transports et des communications et même, dans certains pays, de l'agriculture. Ces coalitions ayant pour but soit l'organisation de la production d'après les intérêts communs des capitalistes unis, soit leur entente pour la vente et la fixation des prix de marché, ont remplacé plus ou moins l'ancien système de la concurrence.

En traçant ces lignes de démarcation historique, nous avons fait abstraction des combinaisons qui, dès le Moyen Age, se produisaient, pour une durée limitée, entre armateurs, pour le commerce d'outre-mer. Mais alors de pareilles combinaisons restèrent toujours des exceptions, étant limitées, en tout cas, à certaines branches de métiers très particulières et peu nombreuses.

De même, nous passons sous silence le fait incontestable que la prétendue « libre concurrence » n'a jamais été absolue. Dans toutes les sphères de l'industrie, du commerce ou de l'agriculture, elle n'a jamais existé que sous certaines réserves importantes concernant les producteurs et les vendeurs. Même sous le régime de la libre concurrence, il y a des conditions exceptionnelles — telles que la situation favorable d'un magasin de marchandises ou la pression personnelle exercée sur certaines catégories de clients (*Truck-system*) — qui mettent un commerçant ou même un simple boutiquier en état d'imposer localement aux consommateurs des prix de vente surpassant de beaucoup les prix moyens demandés par ses concurrents. Aussi les ententes de toute espèce entre fabricants, petits commerçants, etc., les contrats, publics ou secrets, entre boulangers, épiciers ou bouchers concernant les prix de leurs articles, datent-ils de longtemps. Nous avons connu, même dans les plus petites communes, des unions de boutiquiers de toute catégorie, unions ayant pour but avant tout l'entente sur les prix et les qualités des produits et permettant en outre à leurs membres de se fournir mutuellement des renseignements sur tout ce qui pouvait être d'intérêt commun et de se prêter une aide réciproque dans toutes les difficultés du métier.

Durant le Moyen Age, nous voyons les magistrats de plusieurs villes s'opposer à maintes reprises à de pareilles conventions faites ordinairement de façon occulte (1).

_____

(1) « 19 janvier 1421. — Les bouchers vendent la viande à un prix excessif. L'échevinage décide que, jusqu'au carême, ils ne pourront vendre « le meilleur quartier de mouton que 5 sols parisis et au dessous et ainsy est le char de mouton 20 sols parisis », etc. Suivent d'autres prix. — Cet

Notons bien que les organisations modernes que nous étudions ici sont l'œuvre de grands entrepreneurs dans les principales branches de l'industrie et du commerce et que ces organisations, réglées par des contrats formels, ne se limitent pas au cercle restreint d'une clientèle locale, mais étendent leur action à toute une contrée, souvent même à plusieurs pays, parfois au monde entier.

Après avoir dit quelques mots de la nature et de la constitution de ces combinaisons modernes d'entrepreneurs capitalistes, nous nous occuperons spécialement, dans la dernière partie du présent volume, des influences qu'elles exercent sur la valeur des biens productifs et sur les prix de marché des articles de consommation.

Dans le troisième tome de notre ouvrage : *Théorie du Capital et du Profit*, la nature et les buts des combinaisons capitalistes seront plus profondément traités. Nous aurons alors à examiner les économies techniques que ces grandes combinaisons ont pu réaliser dans la production, le transport et l'écoulement des marchandises ; c'est aussi à plus tard que nous devons renvoyer l'étude des influences que ces combinaisons exercent sur la répartition des richesses entre les classes, sous forme de salaires, profits, rente et intérêt. Enfin les influences politiques et morales que les grandes combinaisons modernes peuvent exercer et ont déjà exercées sur l'Etat et ses organes, sur la législation, la police, la justice, etc., sont étrangères à notre sujet.

Ces combinaisons présentent des aspects fort variés. Les grands capitalistes modernes — entrepreneurs particuliers ou sociétés anonymes — peuvent s'unir tout en maintenant, comme entrepreneur, leur indépendance personnelle. La combinaison, alors, se borne à une entente sur les qualités des marchandises, les prix, etc. C'est ce qu'on appelle souvent en Europe un

exemple se trouve cité chez A. DE CALONNE, *Histoire de la ville d'Amiens*, tome I, Amiens, 1899, Livre II, chap. VII : « *La vie municipale au* XVe *siècle* », p. 337.

cartel (1), ou aux Etats-Unis et en général dans les pays anglo-
saxons un *pool*, et qui est formé entre les entrepreneurs industriels d'une même branche ou de branches connexes. Les
comptoirs de vente français sont une forme spéciale de ce genre
de combinaisons. Ces conventions se font ordinairement pour un
temps restreint, pour une ou plusieurs années. Le contrôle insuffisant que peuvent exercer les membres les uns sur les autres
a privé ordinairement les premières combinaisons de cette sorte
de toute stabilité.

Dans leur forme et dans plusieurs détails de leur constitution,
ces conventions primitives sont aussi variées que les industries
auxquelles elles se rapportent. Avant la fondation du *Whiskey
Trust* (au commencement de 1887), il y avait déjà eu, aux
Etats-Unis, différents *pools* ayant eu pour but de limiter la production des spiritueux. La plupart de ces combinaisons n'avaient
pas même duré une année entière (2).

Lorsque ces premières combinaisons avaient pour but de fixer
d'un commun accord les prix d'un article de consommation, on
nommait souvent une administration centrale qui déterminait pour chaque établissement la quantité à produire et les
prix de vente des marchandises. Dans le cas de l'*Addyston Pipe
and Steel Company*, aux Etats-Unis, le comité central, com-
posé d'un représentant de chaque corporation affiliée, fixait les
prix à exiger pour chaque travail ; la corporation pouvant faire
le travail dans les meilleures conditions acceptait le marché,
tandis que les autres corporations, afin de maintenir l'apparence
de la concurrence, intervenaient seulement pour la forme par

(1) Le mot allemand *Kartell* vient du vieux mot français *cartel* (dérivé
de *carte*) qui avait, entre autres sens, celui de *règlement* entre nations
belligérantes pour la rançon ou l'échange des prisonniers. C'est à cause
de cette origine française que j'écris « cartel » et non pas, comme le
font beaucoup d'auteurs français, « cartell ».

(2) Voir dans le *Bulletin* n° *29* du *Département du Travail*, juillet
1900, Washington, l'article intitulé : *Trusts and industrial combinations*, p. 730. Voir aussi : *Preliminary Report on Trusts and Industrial
Combinations* de l'*Industrial Commission*, Washington, 1900, part. I,
p. 47.

leurs soumissions plus élevées (1). Nous citons cet exemple à titre d'illustration ; dans notre troisième volume, nous reviendrons plus en détail sur les différentes formes qu'ont prises les premières combinaisons capitalistes.

Les défauts que présentaient, de par leur nature, ces combinaisons, du moins du point de vue des entrepreneurs, firent remplacer bientôt en Amérique les *pools* par les *trusts*. Le premier exemple d'un trust nous est donné par la *Standard Oil Company* se transformant, en 1882, en *Standard Oil Trust*. Cet exemple fut suivi par le *Whiskey Trust*, le *Sugar Trust* et d'autres.

Ces trusts se distinguaient des *pools* en ceci : les différentes corporations unies perdaient dans le trust l'indépendance qu'elles avaient dans le *pool*. Les actionnaires des différentes sociétés et les propriétaires particuliers mettaient leur capital entre les mains d'un certain nombre de commissaires (*trustees*) qui, en qualité de plénipotentiaires, prenaient absolument la place des propriétaires. Des *certificats*, délivrés par les *trustees* et remplaçant les *actions*, donnaient aux propriétaires et actionnaires d'autrefois le droit au dividende. Les recettes de chaque établissement étaient versées dans la caisse commune et c'est cette caisse qui payait les profits proportionnellement aux certificats possédés par chacun des membres de la combinaison.

Cette forme du trust rencontra aux Etats-Unis une opposition passionnée de la part de la population entière et, en 1890, le trust du sucre fut même condamné par la *Court of Appeals* de l'Etat de New-York, pour le motif que les corporations constituantes avaient renoncé à leur indépendance en faveur de leurs *trustees* (2). Une réorganisation fut entreprise par les combinaisons ; mais, si importants que fussent parfois les change-

---

(1) Voir : Prof. JER. W. JENKS, *The Trust Problem*, New-York, 1901, chap. VII, p. 109.

(2) *The People of the State of New-York v. The North River Sugar Refining Company* (121 N. Y., 582).

ments introduits dans leur constitution, cette réorganisation maintenait toujours dans son essence la forme du trust.

Soit que le trust se fractionnât en apparence en plusieurs corporations, dans chacune desquelles les anciens *trustees* détenaient pourtant la majorité des certificats (première réorganisation du *Standard Oil Trust*, 1892), soit que le trust se fondît en une seule et vaste corporation, propriétaire de tous les établissements possédés antérieurement par les sociétés ou par les propriétaires particuliers et dont les actionnaires étaient les mêmes personnes que les porteurs de certificats d'autrefois (*Trust du sucre*, *Trust du whiskey*), l'ancienne forme était toujours maintenue dans son essence. Rien n'empêchait les ex-*trustees* de se présenter maintenant comme directeurs et administrateurs des nouvelles combinaisons.

Mentionnons encore, comme une forme de trust spéciale, le *voting trust*, où la majorité des actionnaires confient à quelques *trustees* les voix que représentent leurs actions, soit en leur donnant certaines instructions spéciales concernant l'usage à faire de ces voix, soit en leur prescrivant une ligne de conduite générale pour la direction des affaires. C'est un tel exemple que présente la *Pure Oil Company* (1), la concurrente de la *Standard Oil Company*, constituée sous cette forme particulière précisément pour empêcher la majorité des actions d'être achetées par la compagnie rivale.

De même, sous les formes que prirent postérieurement les trusts dans différentes branches d'industrie et de commerce, se maintenait toujours l'idée principale : les sociétés et entrepreneurs particuliers formaient une organisation générale, dirigée par une direction centrale contrôlant dorénavant la production de chaque établissement et assumant toutes les dépenses et toutes les recettes de la communauté.

Parfois les sociétés et entrepreneurs particuliers qui entraient

---

(1) Voir les statuts de ce trust dans le *Preliminary Report*, Part. II, pages 464 et suiv.

dans la combinaison vendaient effectivement leurs établissements à la nouvelle corporation, qui prenait entièrement ainsi la place des corporations constituantes. C'est là une forme des plus fréquentes, mais cette constitution particulière ne changeait nulle part le caractère de la combinaison que nous venons d'indiquer. Il se peut aussi (et c'est là la forme la plus récente et la plus simple, celle de la *Holding Company*, acceptée aux Etats-Unis par certaines des plus grandes *consolidations* capitalistes), que la combinaison nouvellement fondée ait pour seul but d'acheter toutes les actions, ou du moins la grande majorité des actions, dans les corporations constituantes. Ces dernières maintiennent entièrement ainsi, nominalement et légalement, leur existence indépendante. Exemple de cette forme de combinaison : le grand Trust de l'acier (*United States Steel Corporation*).

Cependant, en ce qui concerne la haute direction des affaires, toutes ces formes de combinaisons variées se ressemblent, car elles reposent toutes sur le même principe.

Au cours des dernières années, et notamment sous les présidences de MM. Roosevelt et Taft, des poursuites ont été intentées contre plusieurs grands trusts pour infraction à la loi contre les trusts, la *Sherman Act*. Ainsi, dans le procès commencé le 15 novembre 1906 contre la *Standard Oil Company*, la Cour suprême des Etats-Unis donna, le 14 mai 1911, gain de cause au Gouvernement en ordonnant la dissolution de la Compagnie ; le 19 juillet 1907, le Gouvernement attaqua l'*American Tobacco Company* et le 29 mai 1911, la Cour suprême en ordonnait la dissolution ; en 1912, une action en dissolution était engagée contre la *U. S. Steel Corporation*, et ainsi de suite.

Bien que l'impuissance de l'Etat dans la lutte contre les monopoles capitalistes doive nous occuper ultérieurement, nous tenons à constater dès maintenant que toutes ces poursuites n'ont en rien changé les caractères fondamentaux des trusts, tels que nous les avons exposés plus haut.

Quant au but de ces combinaisons, il était des plus évidents

Cornélissen 26

dans le cas où elles se produisaient entre des entrepreneurs qui, avant leur fondation, s'étaient combattus avec acharnement. Il en avait été ainsi, par exemple, des trusts que nous venons de mentionner (1).

Ultérieurement on a souvent fondé des combinaisons industrielles en vue d'unir les entrepreneurs contribuant à la production des mêmes matières dans les différentes phases de leur transformation (par exemple le fer ou l'acier, depuis l'extraction du minerai jusqu'à la fabrication des articles de fer et d'acier propres à l'usage humain). En mettant en rapport constant les entrepreneurs qui produisent des matières premières et secondaires et les usines qui fabriquent les produits finaux, on parvenait, non seulement à perfectionner la production, mais aussi à réaliser plusieurs sortes d'économies. Par la suppression de la concurrence entre leurs adhérents, les combinaisons d'entrepreneurs ne la continuent que plus activement contre tous leurs rivaux jusqu'au jour où ceux-ci, vaincus, sont obligés d'entrer dans la combinaison.

Dans un cas comme dans l'autre, la nouvelle combinaison tendait, immédiatement ou non, à la domination du marché local, national ou même international d'un article quelconque et à la monopolisation de toute une branche d'industrie ou de commerce. Cette tendance devait croître naturellement, à mesure qu'augmentait la puissance de la combinaison.

Ce que nous venons de dire de l'origine et de la nature des trusts américains montre pourquoi cette forme d'organisation industrielle se prête particulièrement à notre étude de l'influence exercée par les combinaisons monopolisatrices sur la valeur des

---

(1) Voir par exemple pour le Trust du sucre le *Bulletin n° 29* du Département du Travail, à Washington : « Il est peut-être juste de dire, que les raffineurs de sucre eux-mêmes observent qu'avant l'organisation du trust, la concurrence avait été tellement rigoureuse que, pour la majorité des raffineurs, il n'y avait pas de profit à faire dans leur industrie et qu'une grande partie des raffineurs du pays, environ 16 sur 40, avaient fait faillite. » (*Loc. cit.*, p. 716.) Cf. *Preliminary Report*, part. I, p. 45, où l'on parle de 18 raffineurs sur 40 environ qui auraient fait faillite.

biens productifs et sur les prix des marchandises. Elle s'y prête
mieux par exemple que les cartels allemands qui, contrairement
aux trusts, ne se basent pas sur une communauté de propriété,
mais sur de simples contrats temporaires, encore qu'il faille
constater que beaucoup de cartels aient évolué déjà dans un
sens analogue aux trusts américains et que certains ne se distinguent plus guère des trusts que par le nom.

Pour notre étude, nous avons encore à rechercher quelle signification on doit attribuer aux expressions de « monopolisation »
d'une branche d'industrie ou de commerce et de « domination
du marché ».

On peut partager l'opinion du Procureur Général des Etats-
Unis, prétendant, devant la Cour fédérale suprême, qu'il n'y a
lieu de parler de monopole que lorsque la loi frappe d' « inha-
bilité » (*disability*) ou impose des « restrictions » à tous ceux
qui voudraient faire de la concurrence (1). On peut être d'une
opinion différente et penser qu'une industrie ou un commerce
sont quelquefois effectivement monopolisés, sans aucune sanction légale ou même en dépit de la loi. On pourrait, par
exemple, prétendre, avec le juge Barrett, de la Cour suprême
de l'Etat de New-York, qu'il faut comprendre sous le nom de
monopole « toute combinaison tendant à empêcher la concurrence, dans le sens large et général du mot, et à *contrôler* et relever ainsi les prix à son gré au préjudice du public... Il n'est
pas non plus nécessaire, dit le même magistrat, qu'il [le mono-
pole] soit permanent ou complet. Il suffit qu'il ait un succès,
celui-ci ne fût-il que temporaire et partiel. » (2).

Si l'on demande à une définition de dire ce qu'il y a de plus
essentiel dans la réalité, l'opinion du juge Barrett est la bonne.
C'est de la façon la plus correcte que celui-ci a caractérisé la
puissance monopolisatrice du trust du sucre. Ce trust, a-t-il dit,
« peut fermer à son gré toutes les raffineries, ou en fermer

(1) *Annual Report Attorney-General of the United-States*, 1893.
(2) Voir, pour ces déclarations, HENRY DEMAREST LLOYD, *Wealth
against Commonwealth*, New-York, 1901, chap. I, p. 3.

quelques-unes et en ouvrir d'autres ; il peut limiter l'achat des matières premières ;... il peut limiter artificiellement la production du sucre raffiné, hausser les prix pour s'enrichir, lui et ses associés, aux dépens du public, ou déprécier les prix, s'il est nécessaire, pour écraser et ruiner un rival téméraire. » (1).

Au cours de nos recherches, nous parlerons, dans le sens indiqué ici, de monopole *entier* ou *partiel*, partout où une combinaison dispose d'un nombre suffisant d'établissements dans une branche d'industrie ou de commerce pour dominer d'une façon plus ou moins complète la production, le transport ou la vente d'un article quelconque, et se trouve ainsi à même de fixer plus ou moins arbitrairement les prix du marché sans avoir trop à s'occuper ni de ses rivaux dans la même industrie ni des consommateurs.

Il nous faut donc, de prime abord, distinguer entre le grand capital qui ne procure pas d'autres avantages à son possesseur que ceux qui émanent directement de l'accumulation — comme les économies réalisées à plusieurs égards dans la production ou dans le transport — et le grand capital qui est assez fort pour donner à ses possesseurs, par son étendue même, un monopole réel dans l'industrie ou le commerce.

Que l'existence d'un tel monopole effectif soit sanctionnée ou non par les lois, peu nous importe au point de vue économique, — aussi longtemps du moins que le monopole même est toléré. En ce sens, on parle souvent aux États-Unis d'un « monopole capitaliste » ; cette expression, à notre avis, exprime fort bien ce qu'elle veut dire. C'est dans le même sens que nous parlerons encore de *l'influence monopolisatrice* ou de la *puissance monopolisatrice* d'une combinaison capitaliste, même dans le cas où il n'y a pas lieu de parler d'un monopole complet et définitif, mais seulement d'une influence *durable* ou *temporaire* dans la direction indiquée. La différence entre un *monopole temporaire* ou *partiel* d'une part, et un monopole *durable* ou *complet* de

(1) Voir H. D. LLOYD, *loc. cit.*, p. 4.

l'autre, ne correspond souvent qu'à une différence dans la phase de développement des combinaisons modernes, et une expérience croissante, ou l'effet du temps seul, peut très souvent transformer peu à peu un monopole temporaire ou partiel en un monopole plus ou moins durable ou complet.

L'expression de « monopole capitaliste » répond encore spécialement au but, lorsque nous voulons distinguer un monopole possédé par un certain nombre de particuliers millionnaires du monopole possédé par l'Etat, c'est-à-dire par le pouvoir central, par un département ou par une commune. Sans nous occuper ici de rechercher les avantages ou les désavantages d'une de ces deux catégories de monopoles comparée à l'autre et quelle catégorie doit être préférée à l'autre, nous avons à constater en principe que, si un organe de l'Etat a acquis sous sa direction immédiate, en qualité de « service public », une branche quelconque de l'industrie, du commerce, des transports, — soit qu'il possède par exemple des chemins de fer, des lignes de tramways, des usines à gaz ou des conduites d'eau, ou qu'il se présente comme entrepreneur de l'industrie du tabac, des allumettes, du sel, ou du commerce des blés, — cet organe de l'Etat exerce un monopole au même titre qu'une combinaison de capitalistes ayant pu s'emparer d'une branche entière de l'industrie, du commerce ou des transports. Entre ces deux formes de monopole il n'y a qu'une différence : c'est que les monopoles de l'Etat sont réglementés expressément par la loi, tandis que les monopoles capitalistes sont seulement tolérés par elle.

Peu importe que, dans les deux cas, il y ait encore des concurrents capables de se maintenir à côté de la puissance monopolisatrice, à partir du moment où cette dernière est prédominante. Tant qu'il restera des concurrents, le monopole sera plus ou moins incomplet. Par exemple, aussi bien sous le régime de la monopolisation des chemins de fer par l'Etat que sous celui de leur monopolisation par les grands capitalistes, on ne saurait empêcher qu'une partie du transport des voyageurs et des marchandises se fasse par l'intermédiaire de bateaux à vapeurs, de voitures de messagerie et de fiacres, d'automobiles et d'omnibus, etc.

Le Procureur Général des États-Unis, parlant dans son rapport annuel de 1893 de *l'Anti Trust Law*, faisait observer que « toute propriété est un monopole ». Sur ce point, ce magistrat avait parfaitement raison. Toute propriété personnelle prive, en effet, toute autre personne que le détenteur de l'occasion de posséder la même propriété et de s'en servir en maître. Cette comparaison ne justifie, en principe, ni les monopoles industriels ni la propriété.

Nous avons caractérisé les combinaisons capitalistes d'une part, les industries d'État de l'autre, en disant qu'elles appartiennent à une période de transition vers une organisation de la production et de la distribution des richesses qui reposera sur l'entente libre des producteurs. Ces combinaisons et monopoles sont indispensables pour réaliser le nivellement des conditions générales de la production et de la distribution telles qu'elles se sont formées sous le régime de la petite propriété morcelée et de la concurrence capitaliste. Sauf peut-être pour l'agriculture dans les pays de vieille civilisation, ce nivellement s'accomplit dans toutes les branches de la production et de la distribution avec une rapidité tout à fait remarquable.

Pour soutenir le contraire, on aurait tort de prendre pour argument la grande variété des articles de l'art manuel et de la manufacture que l'on trouve entassés dans les expositions modernes, nationales et internationales. Les industries qui les procurent peuvent se trouver et se trouvent en réalité souvent sous la domination des grands capitalistes, tout comme les industries qui possèdent une machinerie des plus développées. Non seulement l'influence exercée par la machinerie dans les arts manuels est très souvent appréciée fort au-dessous de sa véritable importance, mais le fait que l'habileté et le goût personnel de l'artisan jouent un rôle prépondérant dans toutes ces branches d'industrie n'empêche nullement leur concentration sous le contrôle de sociétés d'actionnaires. A la longue,

ces industries ne pourront pas plus se soustraire à cette centralisation que l'agriculture elle-même qui, en Amérique, s'est
transformée déjà, pour une très grande partie, en industrie agricole (1).

(1) Ce qui est dit ici de la concentration de la production n'implique
pas que les trusts auraient nécessairement pour résultat d'accumuler le
capital entre les mains d'un nombre de possesseurs diminuant toujours.
C'est précisément le phénomène inverse que signalent les représentants
des grandes combinaisons industrielles et commerciales. Dans une revue
américaine, M. Charles M. Schwab, président du Trust de l'acier, a écrit
par exemple : « Tandis qu'un nombre relativement restreint de personnes
étaient intéressées dans nos fabriques et usines, il y a quelques années,
actuellement ce nombre a centuplé et le même processus de distribution
continue encore constamment. » (*North American Review*, mai 1901,
p. 660.)

De même, M. F. B. Thurber, parlant du Trust du sucre, a dit : « Les
neuf raffineries qui se sont combinées dans le « Trust », comptaient
vingt-sept associés ; actuellement le « Trust » représentant ces neuf raffineries, compte plus de 11,000 associés sous la forme d'actionnaires. »
(*Loc. cit.*, p. 680.)

Vers la même époque, l'*Industrial Commission* des Etats-Unis cons-
tata un phénomène analogue pour plusieurs chemins de fer dont la majorité des titres est souvent concentrée dans les mains de quelques
millionnaires, tandis que les titres restants sont le plus souvent aux
mains d'un grand nombre de petits actionnaires: « Le plus grand actionnaire de la *Boston and Albany*, par exemple, ne possède que
3,000 actions; il n'y a pas moins de 4,645 personnes qui possèdent moins de
10 actions chacune. Le nombre des actionnaires des *Eastern trunk lines*
se chiffre par 99,826. Dans le cas d'une autre ligne, 50 0/0 des actionnaires
sont des femmes. En 1897, feu George R. Blanchard estimait le nombre
des détenteurs d'actions et d'obligations de chemins de fer aux Etats-
Unis à 1,250,000 dont 950,000 actionnaires et 300,000 possesseurs d'obligations. » (*Final Report of the Industrial Commission*, vol. XIX, *of
the Commission's Reports*, Washington, 1902, *Transportation*, p. 403.)

Voyons encore le progrès de cette évolution dans les deux premiers
cas cités par nous. Récemment poursuivi par le gouvernement, le Trust
de l'acier s'est défendu par une pétition où il était dit notamment « que,
parmi les actionnaires, 35,230 sont enregistrés comme détenteurs d'actions ordinaires et 67,113 comme détenteurs d'actions de préférence ;
que, sur les détenteurs d'actions ordinaires, 31,063, soit 88 0/0, et sur les
détenteurs d'actions de préférence 62,199, soit 92 0/0, ne possèdent pas
plus de 100 actions chacun ; qu'une grande partie du capital restant a
été placé et enregistré au nom de personnes ou de raisons sociales, qui
en sont détenteurs pour des tiers, et qui en ont donné des reçus ; que le

Ce qui, du point de vue de la société, apparaît comme une
nécessité économique pour le développement des forces productives, apparaît à l'entrepreneur capitaliste, en tant qu'individu,
comme la nécessité d'organiser plus logiquement la production
et surtout, de supprimer la concurrence souvent désastreuse que
lui font ses rivaux.

Aux hauts dividendes de la première période de développement de l'industrie américaine avait succédé une dépression
causée par une concurrence acharnée et sans cesse accrue. Les
grands entrepreneurs désiraient unanimement mettre fin à cette
lutte ruineuse. Ils firent un effort commun pour obtenir à nouveau les hauts dividendes du passé. Voilà ce qui, historiquement
et économiquement, explique l'origine et le prompt développement des combinaisons modernes dans l'industrie et dans le
commerce (1).

nombre des détenteurs de ces reçus est probablement de 50,000, en sorte
que le nombre total des possesseurs bénéficiaires du capital est d'environ 150,000 ; que, parmi les détenteurs enregistrés du capital de la Compagnie, se trouvent plus de 22,000 de ses employés et que 8,000 autres
employés sont en outre souscripteurs d'actions. » (*Summary of the Joint
and Several Answers filed February 1*, 1912, *in the United States District Court at Trenton, N. J., by the Steel Corporation to the Petition
filed by the Government under the Anti-Trust Act*, p. 4.)

Au même moment, le Trust du sucre annonçait dans son rapport annuel sur l'exercice 1911 : « Nous sommes heureux de pouvoir ajouter
comme une indication de l'intérêt que le public porte à la Compagnie,
qu'il y a maintenant 20,206 détenteurs d'actions tant ordinaires que de
préférence — le plus grand nombre que présente l'histoire de la Compagnie. » (*Annual Report of the American Sugar Refining Company
for the fiscal Year ending* December 31, 1911 — *New-York, March 13*,
1912, p. 7.)

On le voit, jusqu'à présent la concentration de capital, au moyen des
combinaisons dont il vient d'être question, a considérablement accru le
nombre des petits possesseurs.

Sur le principe de l'association des ouvriers dans les entreprises où ils
travaillent, tel qu'il a été inauguré par exemple par la *U. S. Steel Corporation,* voir notre *Théorie du Salaire et du Travail Salarié,* chap. XXII,
pages 561 et suiv.

(1) Un homme aussi modéré et à plusieurs égards aussi bienveillant
pour les combinaisons modernes que le professeur Jenks dit : « Même

En Amérique, comme en Europe, on fait souvent appel à la législation contre la tyrannie des combinaisons modernes. Cependant, si la législation avait pu intervenir dans cette voie, son influence aurait dû se révéler dès la première période du développement des trusts.

Actuellement, la période est plus ou moins passée où l'intervention de la loi eût pu prévenir la domination du marché par les combinaisons. Pour certaines branches de la production, il ne nous reste plus — en Amérique et même en Europe — qu'à constater la domination absolue que les combinaisons industrielles et commerciales exercent sur le marché moderne (1).

N'oublions pas non plus que c'est précisément dans la pé-

dans les industries non protégées dans lesquelles les Etats-Unis ont un avantage, on retrouve les mêmes phénomènes : de hauts profits dans les premiers temps, ensuite des profits diminués sous la pression de la concurrence et, par conséquent, la tentation de réaliser des combinaisons. » (Jer. W. Jenks, *The Trust Problem.*, ch. iii, page 46.)

M. Jenks fait remarquer encore que la législation douanière et le soutien donné par elle à l'industrie nationale ont souvent été la cause première de la fondation de combinaisons tendant à la monopolisation d'une industrie. L'abolition des droits d'entrée, comme le pense cet auteur, — qui est connu comme l'expert de l'*Industrial Commission* en matière de trusts et connaît spécialement la situation, — ruinerait en tout cas les rivaux des grandes combinaisons avant de pouvoir détruire ces combinaisons mêmes ; aussi cette mesure aboutirait-elle souvent à la fondation de combinaisons internationales. Il me semble que M. Jenks a raison à ce propos et que la vie moderne échappera de moins en moins, dans les conditions sociales actuellement existantes, à la domination des grandes combinaisons industrielles et commerciales.

(1) Caractéristique est la constatation suivante qu'on trouve dans le « Rapport final » de l'*Industrial Commission* : « Un des effets les plus remarquables de la législation contre les soi-disant trusts a été celui-ci : de faire abandonner par les corporations désirant se combiner les vieilles formes de combinaison contenant souvent les éléments de leur décomposition et de leur faire adopter la nouvelle forme d'une unique et large corporation ». (*Final Report, Industrial Combinations*, p. 595.)

Quant aux poursuites récentes du gouvernement américain contre plusieurs des grands trusts, elles ont tout au plus donné à la presse financière mondiale l'occasion de se moquer de leurs résultats en signalant la hausse des actions des compagnies poursuivies immédiatement après leur condamnation.

riode de formation des trusts que les grands capitalistes coalisés ont prouvé, d'une façon décisive, qu'ils sont plus forts que
les gouvernements. Il n'y a qu'une seule puissance capable de
leur tenir tête. « ... Le peuple, une fois excité, est plus puissant que les combinaisons des chemins de fer », a dit le financier
Russell Sage (1).

La domination exercée par les combinaisons est une conséquence inévitable du développement de la propriété privée. Ce
fait se montre avec évidence, surtout dans la première période
de l'existence des trusts en Amérique, lorsque nous voyons, par
exemple, les raffineurs de pétrole indépendants, pourchassés
partout comme un gibier, chercher pour le transport de leurs
produits une issue sur les fleuves, Ohio, Mississippi, Tennessee,
Missouri, et sur les grands lacs. L'eau et l'air du moins n'étaient
pas encore accaparés et mis en « propriété privée » par la volonté de quelques individus tout puissants.

Dans le même temps, nous voyons encore les entrepreneurs
coalisés des trusts invoquer l'aide de la loi et chercher, par leur
influence sur les corps législatifs, à introduire certains articles
de loi rendant plus difficile le transport de pétrole par la voie
fluviale.

La mer est trop puissante encore, — même pour les grands
trusts. Elle reste vaste et généreuse, ouverte à tout le monde
comme l'air que nous respirons. Encore ne faut-il pas trop
s'avancer.

On connaît les tentatives du grand capital américain pour
monopoliser les lignes de navigation entre l'Europe et l'Amérique. Ces tentatives ont abouti, au commencement de 1902,
à la fondation de *l'International Mercantile Marine Company*, autrement dite *l'Atlantic Shipping Trust*, disposant d'un
capital nominal de 170 millions de dollars !

(1) *North American Review*, mai 1901, p. 645.

CHAPITRE XVIII

INFLUENCE DES TRUSTS ET DES MONOPOLES SUR LE MARCHÉ

I. — *Influence sur la valeur des biens productifs.*

Pour notre étude de l'influence exercée par les trusts et les monopoles sur la valeur des biens productifs, nous trouvons de précieux matériaux dans une discussion datant d'une douzaine d'années et à laquelle prirent part plusieurs représentants des trusts et de la haute finance d'Amérique.

Cette discussion, qui avait trait aux fusions (*Consolidations*) industrielles et ferroviaires, parut en mai 1901 dans la *North American Review* de New-York et les économistes d'Europe et d'Amérique la suivirent avec le plus grand intérêt (1).

Un financier, vieux connaisseur des affaires de Bourse, Russell Sage, avait émis l'opinion que les combinaisons industrielles constituent vraiment pour le pays « un grave danger ». Il justifiait son opinion comme suit :

« Il me paraît, à moi, qu'il y a quelque chose de très semblable à un tour de passe-passe dans la manière dont les industries

---

(1) Voir dans la *North American Review*, New-York, mai 1901, l'article intitulé : *Industrial and Railroad Consolidations*, par Russell Sage, James J. Hill, président du *Great Northern Railway*, Charles M. Schwab, président de la *United States Steel Corporation*, Charles R. Flint, trésorier de la *United States Rubber Company*, F. B. Thurber, président de la *United States Export Association* et James Logan, directeur général de la *United States Envelope Company*.

doublent de valeur, comme par l'attouchement d'une baguette magique. Voilà une fabrique — constituant un bon placement de fonds, solide et bien productif — qui pourrait produire toutes sortes d'objets, depuis des jouets d'enfants jusqu'à des locomotives. Elle tombe entre les mains des fusionneurs ; hier elle avait une valeur de 50,000 dollars, aujourd'hui elle en vaudrait 150,000, — du moins sur le papier. Des actions sont émises ; des obligations placées et des prêts demandés avec ces actions comme garantie. L'industriel qui possédait la fabrique, n'aurait pu emprunter, probablement, plus de 10,000 dollars sur elle. Mais, lorsque l'établissement de 50,000 dollars est transformé en une masse de titres de 150,000 dollars, les banquiers et les financiers sont sollicités en vue de prêter 60 ou 70,000 dollars sur ce qui est, en fait, la même propriété que précédemment, et beaucoup d'entre eux, selon toute vraisemblance, y consentiront.

« Dans ces circonstances, un écrasement me semble inévitable. La *Clearing House* annonce, de semaine en semaine, une expansion des emprunts dépassant de beaucoup tout ce que nous avons pu rêver jusqu'ici. Cela ne peut pas continuer éternellement, et cependant il semble très probable que l'ère des fusions n'a fait que commencer.

« Une réaction doit se produire aussitôt que les banques réaliseront la situation. Une propriété n'a pas une valeur de 50,000 dollars un jour et de 150,000 dollars le lendemain, simplement parce qu'une société d'hommes, si grands et importants qu'ils soient, l'affirme...

« Personne ne peut estimer le montant des sommes qui ont été avancées sur des garanties de ce genre ; mais c'est une estimation modérée de dire que les emprunts industriels ont décuplé par rapport aux conditions d'il y a peu d'années. » (1).

On voit immédiatement ici en présence de quel problème grave nous mettent les trusts modernes : c'est le problème de

(1) *North American Review*, *loc. cit.*, p. 642.

l'influence exercée par les fusions sur la valeur des biens et notamment sur celle des biens productifs. Il est évident aussi que les objections faites par un financier habile et expérimenté comme l'était feu Russell Sage, révèlent un vice général dans l'organisation des combinaisons industrielles et commerciales.

La capitalisation de celles-ci, le montant total des actions ordinaires et actions de préférence ainsi que des obligations, dépasse très souvent de beaucoup l'estimation réelle du sol, des bâtiments, des machines et des valeurs que possède la combinaison. Quelquefois ce montant est trois ou quatre fois plus fort que la valeur d'inventaire. C'est le problème de « l'arrosage » arbitraire du capital (*stock watering*) qui se présente ici à nos yeux (1).

Russell Sage, dans le même numéro de la revue, fut combattu par toute une escouade de représentants du grand capital américain. Nous trouvons, chez ces contradicteurs, une réponse claire et catégorique à la question qui nous occupe.

Avant de discuter les objections de Russell Sage, nous avons à y opposer quelques lignes de James J. Hill :

« Une propriété n'a pas nécessairement pour valeur que ce qu'elle représente en immeubles, en bâtiments et en matériel de construction. Elle vaut plutôt ce qu'elle représente en capacité de profit (*earning capacity*) ; si, dans une combinaison, sa capacité de profit se trouve triplée, à cause des économies faites dans la production, il n'est pas déraisonnable de dire que sa valeur a été triplée, bien que rien de tangible n'ait été ajouté à son inventaire matériel. Il n'y a pour aucun bien de règles d'évaluation rigides et fixes. Une propriété ayant aujourd'hui

---

(1) Ce vice doit être considéré comme accidentel et comme sans influence sur la domination croissante exercée par les trusts. Si plusieurs de ces combinaisons ont fait et feront encore faillite à cause de ce vice, en somme, cela ne signifie qu'une chose : c'est que leur inventaire a pu ou pourra être encore racheté au plus bas prix par les grands financiers intéressés. C'est précisément après cet événement inévitable que certains trusts d'existence jusqu'ici précaire peuvent établir définitivement leur domination sur le marché national ou international.

une valeur de 1,000 dollars peut en avoir une de 2,000 dollars
demain, simplement parce qu'une amélioration quelconque introduite dans le voisinage augmente le rendement de la propriété en question. Des terres dont on présume qu'elles contiennent du fer et qui, une dizaine d'années auparavant, auraient
été vendues dix dollars l'*acre*, ou même moins, ont maintenant
une valeur de 50,000,000 de dollars. Ce ne sont pas les frais de
production, mais c'est la puissance de profit (*earning power*)
qui mesure la valeur. Il s'en présente des exemples tous les
jours dans presque toutes les communes du pays, et personne
ne songerait à protester contre l'augmentation de valeur ni
n'hésiterait à prêter de l'argent en prenant pour base cette augmentation. C'est une affaire de commerce et elle doit être traitée comme telle.

« D'autre part, bien des propriétés ne valent plus leur prix
d'achat, bien qu'elles se soient notablement améliorées. De nos
jours, les terres arables anglaises présentent un type de culture
beaucoup plus élevé que jamais, mais elles n'ont pas la valeur
qu'elles possédaient il y a vingt-cinq ou cinquante ans. L'entrée
en scène de l'immense Ouest américain a donné au cultivateur
anglais un concurrent qu'il ne peut combattre à armes égales.
Par conséquent, sans que sa terre ait rien perdu de sa productivité, elle vaut beaucoup moins, parce que la valeur vénale de
ses produits est moindre. » (1).

Les deux théories ayant cours dans la science économique
moderne, la *théorie du coût de production* et la *théorie utilitaire*,
s'opposent une fois de plus ici, dans la question de savoir comment se fixe la valeur réelle d'une entreprise industrielle ou
commerciale.

Cette valeur doit-elle être estimée d'après les frais de répro-
duction du capital fixe, — bâtiments, machines, etc., — calculés
en supposant que ce capital doive être reproduit dans sa situation actuelle, frais augmentés encore du capital circulant dis-

_____

(1) James J. Hill, *loc. cit.*, p. 649.

ponible ? Ou bien la valeur d'une entreprise industrielle ou commerciale est-elle mesurée par sa capacité de production, par l'*earning power*, ou l'*earning capacity* dont nous parle M. Hill, c'est-à-dire par la capacité pour l'établissement de donner un certain profit net par an à ses possesseurs ?

Chacune de ces deux opinions trouve des défenseurs en Amérique comme en Europe. C'est la première qui est plus ou moins catégoriquement représentée par M. Russell Sage, lorsqu'il prétend qu'un établissement industriel « n'a pas une valeur de 50,000 dollars un jour et de 150,000 dollars le jour suivant », simplement parce qu'il vient d'entrer dans une combinaison, et bien que, — comme Sage le dira à propos de la combinaison de l'acier, — « pas un seul four n'ait été ajouté » à l'établissement en question. « Lorsque la richesse est créée par ce procédé, s'écrie-t-il, quelle sécurité y a-t-il pour le système entier ? »

C'est là une opinion fort répandue ; elle a servi de base à la législation dans quelques Etats de l'Amérique du Nord (1).

D'après elle, pour juger de la solidité d'une entreprise industrielle ou commerciale, on se demande si la capitalisation est bien et dûment faite d'après la « valeur réelle » des bâtiments, machines, etc., c'est-à-dire d'après les frais de la reconstruction éventuelle de l'établissement et le capital qui est en caisse sous la forme d'argent monnayé ou de papier. C'est là ce qu'on comprend en Amérique sous le nom de *actual cash value* ou *valeur d'inventaire actuelle*.

D'autre part, la formule de M. Hill : « ce ne sont pas les frais de production, mais c'est la puissance de profit, qui mesure la

---

(1) Voir le *Bulletin* n° 29 du *Département du Travail*, pages 670-671. Cf. pour la législation de l'Etat de Massachusetts à ce propos, par exemple, JER. W. JENKS, *The Trust Problem.*, ch. VI, p. 99. Un recueil complet de toutes les lois et décisions judiciaires concernant les trusts dans les différents Etats de l'Union qui existaient au moment de la grande enquête se trouve dans les rapports de l'*Industrial Commission*, — volume II, Washington, 1900.

valeur », cette formule exprime parfaitement l'opinion de plusieurs industriels et hommes d'affaires, qui, en basant la capitalisation d'une entreprise industrielle ou commerciale sur sa puissance de production, mettent ainsi en lumière certaines particularités telles qu'une direction habile des affaires, la possession de brevets et de marques de fabrique, une clientèle excellente et des relations de commerce particulières, tous éléments immatériels.

Qu'un établissement puisse payer des dividendes de 6 0/0, par exemple, sur une capitalisation de 1,000,000 de dollars, ces personnes diront : « Mettons la capitalisation à 1,000,000 de dollars, même si l'établissement pouvait être reconstruit avec 200,000 dollars ». C'est en ces termes que le bulletin du Département du Travail à Washington, que nous avons cité plus haut, formule la deuxième opinion en question (1).

Nous démontrerons que les deux théories contiennent chacune une part de vérité, tandis qu'à certains égards elles sont toutes les deux fausses.

La théorie d'après laquelle la valeur d'une entreprise industrielle serait déterminée par les frais de production (ou de reproduction) des établissements qui la composent, nous ramène à la vieille théorie de Ricardo-Marx, qui confondait la *valeur d'échange* avec la *valeur de production*.

C'est spécialement en ce qui concerne les biens productifs que cette théorie se montre insoutenable. En effet, un ensemble de biens servant à un but productif, par exemple une entreprise industrielle ou commerciale en pleine exploitation, est tout autre chose que le simple amas des matériaux qui en forment les éléments palpables. C'est une combinaison en pleine action, prise au milieu des circonstances particulières, techniques, etc., dans lesquelles elle fonctionne et qu'il faut juger comme telle (2).

La *valeur d'échange* des biens se produit — c'est notre théorie

(1) *Loc. cit.*, p. 671.
(2) Voir notre chapitre sur « la valeur des biens complémentaires », pages 375-376 et 381-383.

générale de la valeur — sous la double influence de la *valeur de production* et de la *valeur d'usage*. Or la valeur d'usage des biens productifs dépend des services que ces biens rendent dans la production ; et la valeur d'usage d'une entreprise industrielle ou commerciale n'est autre chose, au fond, que cette puissance de production dont nous venons de parler, — puissance qui se traduit dans notre société capitaliste par la capacité de donner certains profits à ses possesseurs, c'est-à-dire par l'*earning capacity*.

De l'autre côté, la théorie qui mesure la valeur des entreprises industrielles ou commerciales d'après leur seule capacité éventuelle de profit annuel commet une autre erreur non moins essentielle, — c'est d'identifier absolument et sans réserves la *valeur d'échange* et la *valeur d'usage* des biens productifs. Cette théorie assimile donc les services rendus dans la production par les biens productifs avec la propre valeur de ces biens (1). Par exemple, en séparant entièrement la valeur d'échange d'une charrue des frais de production de cette charrue, la théorie en question estime que cette valeur repose uniquement sur les services que la charrue rendra prochainement à son possesseur éventuel.

Cette théorie se montre dans toute sa faiblesse si nous voulons l'appliquer à quelque instrument de travail simple comme une charrue, un fourneau de cuisine, ou une machine à battre ; mais elle se présente, cependant, sous une forme toute particulière lorsqu'on l'applique à un ensemble de biens productifs, tel qu'un établissement industriel ou commercial, ou plutôt encore à une combinaison de plusieurs établissements unis dans un trust moderne.

En principe, la théorie générale de la valeur se maintient toujours, quel que soit le cas envisagé. Le possesseur d'une charrue pourra dire : « Cet instrument *vaut pour moi* le gain

(1) Voir le chapitre « Observations complémentaires, etc. », pages 257 et suiv.

qu'il me permet de faire », mais cela n'empêche pas qu'il se gardera bien, quand il ira acheter une charrue, de confondre la valeur d'échange et le prix-courant de cet instrument avec la haute valeur d'usage qu'éventuellement il pourra y attacher.

De même, les propriétaires d'un établissement ont beau dire : « Nous attribuons à notre entreprise une valeur de 1,000,000 de dollars, parce qu'elle nous fournit l'occasion de faire un profit annuel de tant pour cent sur un capital de 1,000,000 de dollars » ; en définitive, une pareille évaluation reste forcément *subjective* et la question est toujours de savoir si la *valeur d'usage per-sonnelle* qui s'exprime ici par 1,000,000 de dollars, pourra se réaliser entièrement et sans réserves au marché dans la *valeur d'échange réelle* de l'établissement en question — c'est-à-dire si les actions de cette entreprise seront cotées à la Bourse suivant une capitalisation d'un million de dollars. C'est là une question qui ne dépend pas exclusivement des propriétaires de l'établissement.

Mais il y a une différence essentielle entre les deux catégories de biens productifs dont nous venons de parler. L'estimation personnelle de la valeur d'usage d'une charrue ou d'une machine à battre, par un agriculteur, n'a pas, sur la valeur d'échange de ces instruments de travail, la même influence que l'évaluation de la capacité productive d'une entreprise ou d'une combinaison d'entreprises sur leur valeur de marché. En d'autres termes, les deux espèces de biens productifs peuvent différer infiniment en ce qui concerne la proportion dans laquelle les valeurs de production et d'usage collaborent à la création de la valeur d'échange objective.

Si l'on considère les simples instruments de travail, — comme aussi la très grande partie des articles d'industrie en général, — cette valeur d'échange objective montre ordinairement une plus forte tendance à coïncider avec la valeur de production que dans le cas où il s'agit d'entreprises isolées ou groupées entre elles. Si l'on considère un établissement industriel ou commercial, — une fabrique de machines à vapeur, une mine de charbon, ou

mieux encore un ensemble d'établissements tel que le présente
un trust moderne, — la puissance de production et la valeur
d'usage que possèdent ces moyens productifs dans les mains de
leurs propriétaires ont généralement une influence beaucoup
plus grande que dans le cas précédent.

Cela devient évident lorsque nous considérons un établissement ou bien un trust qui domine plus ou moins le marché
et qui possède ainsi un monopole plus ou moins complet.
Dans ce cas, la situation privilégiée dans laquelle se trouvent
les possesseurs et les exploitants de ces biens pourra les mettre
à même de maintenir les cours normaux de la Bourse sur la
base de l'estimation personnelle qu'ils font de la capacité productive de leur entreprise. Ainsi un ensemble de biens productifs peut alors se ranger dans les catégories de biens ayant
une forte tendance à régler la valeur d'échange sur la valeur
d'usage.

Revenons un moment — avant de rechercher plus profondément l'influence que le monopole peut exercer sur la valeur objective des biens productifs — aux deux théories que nous avons
posées l'une en face de l'autre, celle de Russell Sage et celle de
James J. Hill.

Sans contredit, le second a raison de soutenir qu'une entreprise industrielle peut doubler ou tripler de valeur du fait de son
entrée dans un trust, de même qu'une propriété valant aujour-
d'hui 1,000 dollars peut en valoir demain 2,000 à cause d'une
amélioration quelconque introduite dans son voisinage. Pour
qu'il en soit ainsi, il suffit que l'entrée dans la combinaison ait
vraiment fait doubler ou tripler — d'une façon quelque peu
stable — la puissance de production de cette entreprise.

Mais est-ce que la critique que soulève l'organisation des
combinaisons modernes — critique qui se dirige particulièrement
contre le mal de l' « arrosage du capital » (*stock watering*) —
est suffisamment repoussée par cette réponse générale ? Est-ce
que cette réponse fait disparaître toutes les observations que le
critique peut faire lorsqu'il prédit la faillite prochaine de plu-

sieurs des trusts, ou prévoit même une crise générale pour
les industries américaines, dès que la période de prospérité relative sera suivie par une période de stagnation (1) ? Et même,
ce que demande Russell Sage, est-ce autre chose, en définitive,
que les garanties nécessaires pour que les organisateurs des
trusts modernes n'élèvent pas la somme de la capitalisation de
leurs établissements beaucoup au-dessus, non-seulement de leur
valeur d'inventaire, mais encore au-dessus de toute la valeur
qui peut résulter des améliorations et économies réalisées par la
combinaison?

Quiconque a étudié sérieusement les combinaisons industrielles et commerciales devra reconnaître que ces garanties ne
font que trop défaut. C'est une habitude assez fréquente aux
Etats-Unis d'émettre des actions de préférence et des obligations
jusqu'à concurrence du montant total de la valeur d'inventaire
des établissements et d'y ajouter un capital plus ou moins considérable en actions ordinaires exprimant la valeur qui est attribuée plus particulièrement à la combinaison des entreprises. Et
on peut dire en général que les organisateurs des trusts modernes, grands financiers et industriels, se sont servis des améliorations et des économies devant résulter de la fusion des capitaux comme d'un argument pour la défense de leurs
spéculations plutôt qu'ils ne les ont considérées comme une base
fixe et solide pour leurs calculs lorsqu'ils chiffraient souvent le
capital à plusieurs fois la valeur d'inventaire. C'est là une critique dont la justesse est maintenant généralement reconnue.
Les fondateurs des grands trusts se sont plutôt révélés comme
des agioteurs que comme des organisateurs consciencieux d'une
industrie nationale ou internationale (2).

(1) La vérité que contient cette phrase écrite en 1902, a été prouvée,
avant même que la grande crise commencée en octobre 1907 fit sombrer
bon nombre de combinaisons américaines, par plusieurs faits saillants tels
que la ruine (été 1904) du scandaleux trust des constructions navales, la
United States Shipbuilding Company, le contre-coup sévère qu'a dû
subir à la Bourse le grand trust de l'acier, etc.

(2) Dans son livre sur les combinaisons anglaises, M. Macrosty dit, à

Nous avons vu, d'autre part, que si un établissement industriel ou commercial n'a pas nécessairement la simple valeur de ce qu'il représente en *actual cash value*, c'est-à-dire en inventaire : bâtiments, machines, etc., il ne vaut pas non plus absolument et sans réserve ce qu'il représente en puissance de production (*earning power*). Au contraire, l'influence que cette puissance et l'aptitude à donner un certain profit exercent sur la valeur de marché diffère beaucoup selon la nature de l'industrie et la situation particulière de l'établissement en question.

Nous allons examiner un exemple que l'on cite très souvent aux Etats-Unis, lorsqu'on veut prouver que l'*earning power* d'une entreprise capitaliste doit rationnellement servir de base à sa capitalisation ; il s'agit d'une entreprise sur la valeur de laquelle la puissance de production a une influence essentiellement importante, — si importante que l'exemple peut nous prouver en même temps combien peu nous serions autorisés à en déduire quelque règle universelle s'appliquant à toutes les branches de l'industrie, du commerce et des transports nationales et internationales.

Un journal peut, avec un capital de 250,000 francs, donner facilement, dans certaines conditions, un profit net de 500,000 francs par an. Pourquoi ne fixerait-on pas, dans ce cas, la capitalisation sur la base de ce profit net, sans avoir égard aux frais qu'exigerait le recommencement de l'entreprise? Dans ce cas, le profit exceptionnellement élevé pourrait être dû à

propos des économies réalisées par la concentration de l'industrie :
« Lorsqu'une société (*amalgamation*) a commencé par capitaliser effectivement ses économies présumées, comme l'ont fait la *Calico Printers' Association*, la *Bleachers' Association* ou la *British Cotton and Wool Dyers'-Association*, il lui est difficile d'arriver à une position satisfaisante, ainsi que le montrent les cotes de la Bourse... Les promoteurs ont cru ou ont amené le public à croire, que la valeur monétaire des perfectionnements réalisés pouvait être payée deux fois : une première fois par le prix d'achat touché par les vendeurs, et une seconde fois par l'accroissement des dividendes touchés par les actionnaires. » (HENRY W. MACROSTY, *The Trust Movement in British Industry*, London, 1907, chap. XIV, *Survey and Conclusions*, p. 334.)

l'habile direction du journal, ou bien à l'appui d'un parti politique ou encore à une clientèle inébranlablement fidèle.

Cet exemple indique, par sa nature, les causes de l'influence
particulière exercée ici sur la valeur de marché de l'entreprise
par sa puissance de production. La situation privilégiée de tel
journal garantit, pour ainsi dire, cette entreprise contre la libre
concurrence générale. C'est cette situation privilégiée qui accorde
à la capacité productive et à l'*earning power* de cette entreprise
assez de stabilité pour que la valeur d'usage éventuelle qu'elle
possède dans les mains de ses propriétaires et directeurs puisse
se maintenir entièrement et se refléter dans le cours des actions
de cette entreprise à la Bourse.

Est-ce que la puissance de donner des profits, l'*earning power*
des trusts modernes montre la même stabilité? En général
non ; et leur stabilité diminue d'autant plus qu'ils sont davantage basés sur des spéculations financières et moins exclusivement sur un calcul consciencieux des avantages qu'ils pourront
procurer (1) ; — d'autant plus aussi que la branche d'industrie
ou de commerce à laquelle se rapporte le trust est flottante, instable et exposée à des crises périodiques, et que la combinaison n'a pas pu prouver suffisamment, pendant sa courte existence, qu'elle pourra braver les tempêtes (2).

(1) « Les prix auxquels la plupart des combinaisons (*consolidations*)
de 1900-1901 ont été conclues, sont excessivement élevés. Ainsi le *Central
Railroad of New Jersey* a été acheté au plus haut prix auquel les actions eussent été cotées depuis vingt ans. Le prix auquel la *Pennsylva-
nia Coal Company* a été transférée à l'*Erie Railroad* dépasse considérablement toutes les cotes antérieures. Les sommes payées aux actionnaires originaires se sont élevées à environ 800 dollars par action, alors
qu'ils avaient payé l'action 100 dollars au pair... Des transactions comme
la vente du *Central Railroad of New Jersey* au *Reading Railroad*, où
la même maison de banque possède la direction des deux lignes, invi-
tent certainement à la spéculation et peuvent facilement conduire à la
fraude... » (*Final Report of the Industrial Commission, Transportation*,
pages 325 et 326.)

(2) Une preuve éclatante de ce qu'en général les combinaisons industrielles et commerciales modernes ne possèdent pas encore la stabilité
dont nous parlons, est fournie par un représentant d'un des trusts qui

Nous revenons au phénomène que nous étudions particulièrement ici. En général, la stabilité dont nous avons parlé plus haut n'est acquise par les combinaisons modernes qu'à mesure qu'elles dominent plus complètement le marché et obtiennent un monopole plus ou moins stable dans leur branche particulière de l'industrie, du commerce ou des transports. De même qu'un journal soutenu par un parti politique exerce déjà un certain monopole, une combinaison peut obtenir un monopole pareil dans l'industrie, le commerce ou les transports, lorsque son capital est assez grand pour empêcher suffisamment la concur-

voulait prouver le contraire dans la *North American Review*, mai 1901. M. Charles R. Flint (*loo. cit.*, pages 666-667) a dressé une liste comprenant quarante-sept combinaisons des Etats-Unis, liste contenant, à côté des noms des sociétés, leur capital (en actions ordinaires et actions de préférence), le profit net de chacune d'entre elles pour une période de six mois, le cours des actions à la Bourse à la date du 13 mars 1901, la valeur de marché totale des entreprises déduite des données précédentes et, enfin, les rapports du profit net à la valeur de marché et à la valeur nominale des entreprises.

De semblables listes sont toujours défectueuses ; et notamment une statistique comme celle que M. Flint a dressée du profit net de différentes combinaisons pour une période de six mois, est, sans doute, de celles qui méritent le moins de confiance. Dans les entreprises industrielles et commerciales gigantesques dont il s'agit ici, le contrôle n'est guère possible pour les statisticiens et une comparaison statistique du genre de celle-ci doit donc nécessairement rester infructueuse.

Voulant prouver que la capitalisation des trusts ne se base pas trop sur ce qu'on appelle en Amérique « de l'eau » (*water*), mais qu'au contraire les organisateurs « opèrent sur une base très saine » (*are trading on a very sound basis*), M. Flint montre que les quarante-sept corporations comprises dans sa liste ont fait un *profit net moyen par an* de 7.44 0/0 de la somme de leur capitalisation *au pair* (*loo. cit.*, p. 665.)

L'auteur cependant ne s'est pas donné la peine de nous expliquer comment il a été possible — avec une pareille prospérité dans toutes ces industries — que, non seulement les actions ordinaires de quarante-quatre corporations sur quarante-sept restaient à la Bourse au-dessous du pair, mais qu'il en était de même des actions de préférence de trente et une de ces corporations. Nous pouvons d'ailleurs contrôler la vraie valeur de la grande majorité des trusts examinés en comparant leurs cours à ceux d'entre eux qui, comme celui du tabac et d'autres, passaient pour mériter la confiance des capitalistes et qui n'avaient pas subi une dépréciation semblable.

rence. S'il en est ainsi, cette combinaison peut donner des profits aussi sûrs que le sont parfois les dividendes d'un journal soutenu par un parti politique.

Donc, au fur et à mesure que croît le pouvoir monopolisateur d'une combinaison industrielle ou commerciale, la valeur de marché de ses établissements — c'est-à-dire le cours de ses actions à la Bourse — augmentera ; ainsi s'accentuera la tendance qu'a la valeur de marché de ces établissements à coïncider avec la puissance de production qu'ils ont entre les mains de leurs propriétaires éventuels. Dans la même mesure aussi, les profits que rapportent les établissements entrés en combinaison serviront de base plus sûre à la capitalisation de l'entreprise.

Est-ce que les autres influences auxquelles se réfèrent les représentants des trusts, « perfectionnements techniques » et « économies » de toutes sortes, procurent la même sécurité à ce sujet? M. Hill, qui nous l'assure dans la revue américaine, nous prouve cependant dans le courant de sa réponse à Russell Sage que le contraire de cette assertion est plus près de la vérité. Il nous renvoie à l'agriculture anglaise : de nos jours, dit-il, les terres arables d'Angleterre présentent un type de culture plus élevé que jamais ; mais il reconnaît non moins catégoriquement que, malgré le perfectionnement technique de la culture, ces terres n'ont plus la valeur qu'elles possédaient il y a vingt-cinq ou cinquante ans. Le paysan anglais a vraiment rencontré dans l'agriculture des Etats centraux et occidentaux de l'Amérique du Nord un rival qui lui est supérieur.

Il résulte de là un fait irréfutable : lorsque l'industrie des Etats-Unis d'Amérique, présentant le type le plus élevé du développement industriel, se heurtera dans l'avenir à des concurrents avec lesquels elle ne pourra se mesurer à chances égales, — par exemple à l'industrie naissante de certains nouveaux pays industriels comme l'Allemagne, la Russie, la Chine ou le Japon, pays où le travail est moins rémunéré, et où, d'autre part, les entrepreneurs posséderont d'ici peu les machines les plus perfectionnées, — alors, les avantages donnés par les améliorations techniques et les économies qu'ont apportées les trusts américains disparaîtront aussi sûrement qu'ont disparu ceux de l'agriculture perfectionnée de l'Angleterre ; en somme, le sort qui a été réservé à cette dernière et que M. Hill a si bien mis en lumière atteindra également l'industrie nord-américaine.

Cela arrivera à mesure qu'en Europe et en Asie se généralisera l'organisation moderne de l'industrie, et qu'une nouvelle combinaison-capitaliste pourra être opposée à l'ancienne.

Ainsi les avantages qu'apportent les améliorations techniques et la direction particulièrement habile d'une industrie peuvent disparaître dans la concurrence ; de même, les périodes de prospérité industrielle et commerciale sont régulièrement suivies par des périodes de crise. Et la crise peut résulter de ce qu'une industrie, étant en plein développement et surpassant déjà la demande du marché national, éprouve des difficultés considérables à trouver de nouveaux débouchés.

Parmi tous les avantages dont peut jouir une industrie nationale ou internationale, l'un, assurément, est d'un caractère plus durable que l'autre, soit par sa nature générale, soit par son application à une industrie particulière. Sous le régime de la concurrence capitaliste, nulle influence, en général, ne peut accorder la même stabilité que le monopole. Ceci s'applique à toutes les branches de l'industrie, de l'agriculture, du commerce et des transports, et justement parce que le monopole fait, d'une façon plus ou moins absolue, cesser la concurrence elle-même.

On s'explique aisément par là pourquoi les combinaisons modernes se sont efforcées et s'efforceront dorénavant encore d'arriver en fait au monopole, soit nationalement, soit mondialement.

Aux Etats-Unis, les grands capitalistes commencent à comprendre la difficulté qui se pose ici : si la monopolisation ne peut s'opérer successivement dans toutes les grandes branches de l'industrie, du commerce et des transports, l'industrie américaine n'aura pas la stabilité nécessaire à son développement

futur. Pendant les dernières années on a pu voir, spécialement
parmi les grands industriels des Etats-Unis, un changement
d'opinion tout à fait remarquable concernant ce protectionnisme
qui, dans le passé, avait fait la fortune de plus d'une industrie
américaine. Cela prouve que la vérité que nous venons de découvrir s'impose avec une force essentielle.

Le régime de la protection commerciale a pu être utile aux
grands capitalistes américains à une époque où les industries
de leur pays étaient en voie de formation ; mais pour le développement ultérieur des Etats-Unis en tant que pays industriel, ils ont besoin maintenant de pouvoir tranquillement et librement monopoliser sous leur direction omnipotente ces
mêmes industries, nationalement et internationalement (1).

Lorsque nous exposerons tout à l'heure ce que signifie le
pouvoir monopolisateur que les trusts modernes exercent déjà
à un degré fort considérable, lorsque nous verrons combien ce
pouvoir peut mettre les entrepreneurs coalisés à même d'élever
les prix de leurs marchandises au-dessus du niveau qu'ils atteindraient sous le régime de la concurrence libre, alors le système de la capitalisation des entreprises industrielles ou commerciales d'après leur capacité de donner des profits — leur
earning capacity — nous apparaîtra sous un jour tout autre (2).

_____

(1) L'élection, en novembre 1912, de M. Woodrow Wilson à la Prési-
dence des Etats-Unis, est un signe des temps et confirme les vues émises
par nous dès 1902. En effet, M. Wilson était connu comme nettement
libre-échangiste. Le rôle que le grand capital joue en Amérique dans les
élections présidentielles ne peut que rendre l'élection de M. Wilson
plus significative encore.

(2) Voir l'observation faite bien à propos, à ce sujet, par l'auteur du
rapport statistique publié dans le *Bulletin* n° 29 du *Département du
Travail* à Washington : « Il faut se rappeler, cependant, que si les récla-
mations de bien des gens concernant le pouvoir des grandes combinaisons industrielles de faire hausser les prix au-dessus du niveau de concurrence étaient justifiées, ce principe de la capitalisation d'après *l'earning
capacity* indiquerait simplement la capitalisation du pouvoir monopolisateur. Cela peut-être dissimulé, naturellement, par des expressions
telles que « relations de commerce » (*good will*), « expérience d'affaires »,
« habileté en affaires », ou tout ce que l'on voudra. » (*Loc. cit.*, p. 671.)

Faisons remarquer encore que les représentants des trusts nient catégoriquement, d'ordinaire, qu'ils aspirent à un pouvoir monopolisateur. « Une industrie, écrit M. Charles M. Schwab, qui est assez importante pour justifier l'existence de la combinaison, a aussi assez d'importance pour attirer du capital en concurrence, si cette combinaison cherche à hausser déloyalement (*unfairly*) le prix de ses produits... Si grande que puisse être une industrie, elle ne peut pas raisonnablement espérer monopoliser le commerce dans sa partie, à moins qu'elle ne possède quelque brevet ou quelque procédé technique qui lui soient particuliers. » (1).

Nous n'avons guère à nous occuper de pareilles assertions, d'autant moins qu'il s'agit ici d'une différence d'opinion sur ce qu'il faut entendre par « monopole », ainsi que d'une question traitée par nous dans un chapitre précédent, à savoir si un monopole peut jamais être considéré comme complet et durable (2).

_____

(1) Voir la *North American Review*, *loc. cit.*, p. 649. Il est intéressant d'observer comment les représentants des grandes combinaisons se contredisent à ce sujet. Le même M. Schwab, parlant plus loin de sa propre industrie, dit : « Un monopole dans l'industrie du fer et de l'acier est une impossibilité. Nulle personne ou nul groupe de personnes ne saurait effectuer une chose pareille. Nulle personne sensée ne rêverait de l'entreprendre. Un monopole des champs de froment du Minnesota et des Dakotas, ou celui des vergers de la Californie serait, par comparaison, une chose simple. » (*Loc. cit.*, p. 662.) Avant lui, au contraire, M. Hill qui, autant que personne sait ce qu'est un monopole dans l'industrie du fer et de l'acier, avait prétendu que la Compagnie Carnegie seule était déjà si colossale « qu'elle dominait absolument le marché de l'acier. » (*Loc. cit.*, p. 648.)

(2) Signalons encore le passage suivant du rapport annuel que le Trust du sucre adressa à ses actionnaires, pour l'exercice finissant le 31 décembre 1911, au moment des poursuites entamées contre lui par le Gouvernement : « Votre compagnie n'est pas maîtresse des prix (*does not control prices*), car elle est en butte à une concurrence quotidienne très âpre. Elle n'a pas monopolisé le trafic interétatique (*interstate*) du sucre, trafic dont elle ne détient que beaucoup moins de la moitié; et son développement n'a point eu pour effet de restreindre l'industrie du sucre, mais a contribué au contraire à son expansion légitime et salutaire; la Compagnie n'est un monopole, ni au point de vue légal, ni dans le sens

Aussi pouvons-nous passer sous silence les déclarations de ces deux représentants des grandes combinaisons industrielles et commerciales, étant donné que l'aspiration vers le monopole est dans la ligne de développement des industries et du commerce organisés nationalement et internationalement suivant les principes capitalistes.

Nous désirons pourtant répondre à un autre argument que nous venons de citer ; on nous dit qu'une industrie qui est assez importante pour faire réussir un trust, l'est également assez pour attirer du capital en concurrence, dès que les monopoleurs de cette industrie tâchent de faire hausser déloyalement les prix.

Evidemment, cette affirmation est fausse et nous avons à l'examiner brièvement avant d'entrer dans nos recherches spéciales sur l'influence qu'exercent les combinaisons et monopoles sur les prix de marché des différents articles de consommation. Dans le cas qui lui est le plus favorable, l'entrepreneur entrant en concurrence avec un des trusts modernes doit posséder un capital assez grand pour lui permettre d'adopter tous les perfectionnements techniques de son industrie, afin de pouvoir à la longue réaliser quelques profits.

Ce n'est pas tout. Un tel entrepreneur doit aussi pouvoir vendre ses produits, pendant une période assez longue, à des prix restant bien au-dessous de ses propres frais de production ; il devra le faire partout où le trust, de son côté, baissera ses prix pour chasser du marché le capital rival ; aussi, cette baisse de prix peut-elle dépasser toute limite. Non seulement une pareille nécessité se présente encore journellement sur le marché national et international en cas de concurrence sérieuse, mais nous connaissons la tactique usuelle et désormais historique des grandes combinaisons ; nous savons que la vente à perte est

courant et usuel du mot. » (*Annual Report of the American Sugar Refining Company*, March 13, 1912, p. 14.)

Si l'on compare ces assertions à ce que nous disons dans le chapitre suivant sur le marché américain du sucre sous le régime de la combinaison, on verra qu'il s'agit ici d'une question de mots.

l'arme redoutable qui, à côté des avantages concédés par les compagnies de chemins de fer, a collaboré le plus à la victoire des trusts.

Les entrepreneurs indépendants désirant combattre un trust moderne à chances égales, doivent donc disposer d'un capital au moins égal à celui de l'adversaire. Cela veut dire, en termes généraux, qu'une combinaison doit être opposée à une autre. Tel a été le cas, pendant ces dernières années, dans plusieurs industries, jusqu'au jour où, finalement, les combinaisons rivales se sont unies en une seule corporation contre laquelle dorénavant toute concurrence fût impossible (1).

Il y a longtemps que la crainte de ce qu'on appelle la « concurrence potentielle » (*potential competition*) n'inquiète plus les grandes combinaisons industrielles et commerciales. Il ne faut pas oublier non plus que cette soi-disant concurrence potentielle suppose la création d'établissements qui, non seulement coûteraient des millions dans les circonstances modernes de la production, mais qui demanderaient aussi un certain temps avant de pouvoir être achevés et mis en exploitation, de sorte que, dans le cas le plus favorable, ils ne pourraient entrer en concurrence effective qu'au bout de quelques années.

Cela explique, premièrement, que les combinaisons peuvent toujours prendre à temps des mesures pour décourager ceux qui

---

(1) Dans un article du *Daily News*, on lisait les justes observations qui suivent :

« Pour pouvoir s'élever, la concurrence doit commencer quelque part. Elle ne peut pas subitement inonder le pays. Dans le district où elle fait son apparition, le trust baisse tout à coup ses prix, jusqu'à ce que le rival local soit coulé à fond, après quoi les prix sont relevés. Par conséquent, il n'est d'aucune utilité de combattre un trust, à moins que vos fonds n'égalent les siens, si séduisants que soient les profits du trust. Vous pouvez faire diminuer ses profits, mais vous ne pouvez pas en réaliser vous-même, avant que vous ayez acculé le trust à faire faillite pour devenir en réalité trust vous-même. Le résultat net serait, dans ce dernier cas, qu'un trust prendrait la place d'un autre, sans que, pour le public, la situation fût en rien modifiée. » (*Daily News*, 5 avril 1902, *The perils of trusts*, III.)

voudraient commencer contre elles la lutte de la concurrence,
— mesures telles que l'abaissement des prix de marché aux endroits où le capital rival doit entrer en scène, la dissimulation des
profits sur le bilan annuel, etc. Cela nous explique aussi pourquoi un *monopole temporaire* a pu, souvent, exister pendant de
longs mois, dans une branche d'industrie, avant même que
l'organisation nationale et définitive de cette industrie eût été
terminée.

II. — *Influence sur les prix des articles de consommation.*

Le problème de l'influence exercée par les trusts et monopoles
sur les prix courants des marchandises est théoriquement un des
plus importants de la science. Pratiquement, c'est encore un
des plus difficiles à résoudre à cause de la complexité des influences qui se font sentir sur la fixation des prix. Les données
statistiques applicables à de telles recherches sont jusqu'à présent assez rares et très incomplètes.

Dans l'examen de ce problème, nous devrons toujours considérer le but que se proposent les grands capitalistes en fondant
des combinaisons industrielles ou commerciales : ce but est le
maintien et, si possible, la hausse de leur profit. Nous en avons
déjà parlé, au point de vue historique, dans un chapitre précédent.

Les entrepreneurs capitalistes atteindront ce but, soit par la
diminution du coût de leurs matières premières et secondaires
et de leurs frais de production en général ; soit par la hausse
des prix de vente de leurs produits, leurs frais de production
restant invariables ; soit encore par les deux procédés à la fois.
Pour la diminution de leurs frais de production, ils ont recours
à des économies dont nous n'avons pas à nous occuper pour le
moment. Examinant simultanément les effets des deux sortes
de procédés qu'appliquent les trusts, la statistique américaine

a donc de préférence basé ses calculs sur l'étude de la « marge » (*margin*) qui existe entre les prix des matières premières et ceux des produits finaux.

De ce que nous venons de dire, il résulte déjà que les variations de cette marge ne sont pas nécessairement les mêmes que celles du *profit* proprement dit. En effet, la différence entre les deux prix indiqués, autrement dit la *marge*, comprend, en dehors du profit d'entreprise, les frais de production qui peuvent également subir des modifications sous le système des trusts. Ainsi, la *marge* restant invariable, les trusts peuvent souvent augmenter leurs profits en réalisant des économies et des perfectionnements de toute sorte qui font baisser leurs frais de production.

Il est évident, — et c'est là une observation que nous avons à faire de prime abord, — que les prix de monopole, tels que les grands trusts peuvent les fixer de nos jours, ne sont pas nécessairement des prix élevés.

Dans un tome suivant, nous parlerons spécialement des désavantages inhérents au vieux système de la concurrence et qui disparaissent, pour une très grande part, avec le système de la combinaison. On pourrait même partir de là pour soutenir cette thèse qu'en général et par leur nature, les prix de monopole, tels que les combinaisons modernes sont à même de les établir, pourraient être comparativement plus modérés que les prix exigés sous le régime de la concurrence. Aussi les affirmations de ce genre ne manquent-elles pas du côté des représentants des trusts.

Nous avons déjà fait observer combien cette théorie se vérifie peu dans la pratique, parce que le pouvoir monopolisateur que possèdent les combinaisons modernes fait naître en elles, à côté de la tendance à la concentration de la production, — avec tous les avantages et les économies qui en dérivent, — d'autres tendances non moins essentielles. Ces dernières, à leur tour, demandent maintenant un examen plus spécial.

Ce qui est pour nous d'une importance primordiale, c'est

moins encore d'examiner ce que les combinaisons auraient pu faire dans certaines branches de l'industrie, du commerce et des transports, que de rechercher ce qu'elles ont fait en réalité.

Ces recherches, pratiques et historiques, sont — nous l'avons déjà dit — extrêmement difficiles. Par exemple, les représentants du grand capital moderne font grand bruit de ce qu'un gallon de pétrole raffiné d'exportation coûtait aux États-Unis 25.7 cents américains en 1871, tandis qu'en 1900, le prix en était tombé à 7.8 cents (1) ; mais il n'y a rien à conclure *a priori* de cette différence de prix en faveur de l'influence que la combinaison aurait exercée. L'industrie du pétrole s'est développée pendant les dernières dizaines d'années comme une industrie absolument nouvelle ; la production et le transport du pétrole ont été continuellement transformés par des révolutions techniques qui réduisaient incessamment la valeur de production représentée par un gallon de pétrole raffiné. Pour tirer une conclusion quelque peu exacte concernant l'influence que les trusts ont exercée sur le prix du pétrole, il faudrait autre chose qu'une simple comparaison des prix à différentes époques pendant les 30 ou 40 dernières années. A côté de l'étude spéciale des prix, il faudrait également étudier les frais de production qu'a coûtés un gallon de pétrole aux différents degrés de développement de la fabrication et du transport ; ces études devraient être étendues aux raffineries des entrepreneurs indépendants comme à celles de la *Standard Oil Company.*

Ce n'est que sur des données suffisamment complètes ainsi recueillies que l'on pourrait déterminer jusqu'à quel point la diminution des prix du pétrole, depuis 1871, est due à certains perfectionnements dans la production ou le transport, qui doivent nécessairement être attribués à la combinaison, et jusqu'à quel point cette diminution s'explique, au contraire, par l'extension de la production et par des révolutions techniques

(1) Voir l'article de F.-B. THURBER dans la *North American Review* de mai 1901, ainsi que celui de RUSSELL SAGE.

qui concernent l'industrie du pétrole en général, abstraction faite du système de la combinaison (1).

Voici un exemple en sens inverse : Aux Etats-Unis, les prix du fer blanc (*Bessemer coke tin plates*) livré à New-York s'élevaient de 2.90 dollars la « box » de 108 livres anglaises, en octobre 1898, à 3.10 dollars en décembre ; à 3.84 dollars en février 1899 ; à 4.21 1/2 dollars dans les mois de mars, avril, mai et juin ; à 4.71 1/2 dollars en juillet et à 5 dollars durant tout le reste de la même année (2).

Est-ce que ces chiffres nous autorisent à mettre la hausse des prix au compte de l'organisation de l'*American Tin Plate Company* dont la fondation définitive avait eu lieu en décembre 1898 et pouvait être déjà prévue quelques mois auparavant? Ce trust, en effet, dominait 95 0/0 de la production du fer blanc aux Etats-Unis. Quiconque examine attentivement les listes statistiques relativement à cette industrie particulière, doit remarquer

(1) Nous revenons plus bas (pages 442-443) au cas de la *Standard Oil*. Un exemple analogue très remarquable et également propre à mettre en évidence les difficultés des recherches pratiques est donné par M. Jenks à propos du Trust du sucre : « M. Havemeyer, le président de l'*American Sugar Refining Company*, semble refuser d'admettre que les frais de raffinage soient aussi bas que le prétendent ses concurrents. M. Jarvie, de la Compagnie Arbuckle frères, dit que le sucre peut être raffiné sans perte avec une *marge* de 50 à 60 cents. M. Doscher l'approuve, disant que le raffinage peut être fait sans perte, quand la *marge* est de 50 cents. M. Post place la *marge* un peu plus haut, mais il admet qu'un grand établissement comme le trust aurait toujours dans le raffinage un avantage de 3 à 5 cents par cent livres. M. Havemeyer, au contraire, considère 50 cents par cent livres comme représentant les propres frais de raffinage et il déclare qu'il y faut ajouter 24 cents au moins, pour tenir compte de la nécessité d'élever le degré du sucre de 96° à 100°,... cela élève la *marge* nécessaire pour réaliser un profit, à environ 75 cents par cent livres, au lieu de 50 à 60 cents. » (JER. W. JENKS, *The Trust Problem*, ch. VIII, pages 142-143.) Voir, pour les témoignages complets des représentants de l'industrie du sucre, les rapports de l'*Industrial Commission*, vol. I (*Preliminary Report*), Part. I, p. 46, et les endroits auxquels renvoie cette page.

(2) Voir *Preliminary Report*, Part II, p. 868. Cf. aussi le *Bulletin* n° 29 du *Département du Travail* à Washington, pages 731 et suiv.

que pendant cette période de production, le *margin* des fabricants a décidément *haussé*. Mais on est obligé de tenir compte aussi de ce fait que, en vertu du contrat conclu avec l'*Amalgamated Association of Iron, Steel and Tin Workers*, les salaires des ouvriers dans l'industrie du fer blanc ont été augmentés de 15 à 20 0/0, et plus encore pour certaines catégories, après le 30 juin 1899 (1).

Finalement, on trouve que la cause principale de la hausse des prix du fer blanc réside peut-être dans l'augmentation du prix des matières premières ; et la probabilité devient certitude dès que l'on examine quelle a été la hausse colossale des prix de l'acier et de l'étain brut. Les causes de cette dernière hausse, on les trouve en grande partie dans l'accroissement de la demande d'acier et d'étain, — accroissement s'expliquant, par exemple, pour l'industrie du fer et de l'acier, par la construction et le renouvellement de plusieurs grandes voies ferrées et de ponts métalliques, la construction de bâtiments en fer, etc. En somme, tout cela fait croire qu'il y aurait eu une hausse considérable dans les prix des produits finaux des deux industries, même si aucune combinaison n'eût existé ni dans l'industrie du fer et de l'acier ni dans celle du fer blanc. D'une comparaison minutieuse des prix, il résulte cependant que la combinaison a mis les entrepreneurs à même de tirer de la situation industrielle quelques avantages que l'entrepreneur isolé n'aurait pu en tirer (2).

Voilà donc, caractérisées par quelques exemples, les difficultés que rencontre celui qui examine, dans le domaine de la pratique, l'influence exercée sur les prix des marchandises par les combinaisons industrielles et commerciales.

---

(1) *Preliminary Report*, Part I, p. 186.

(2) Voir pour ces deux industries les cartes et les tableaux des prix avec texte que contient le *Preliminary Report* de l'*Industrial Commission*, Part I, pages 53 et suiv. Cf. ensuite pour l'industrie du fer blanc le *Bulletin* n° 29 du *Département du Travail*, *loc. cit.*, et pour l'industrie du fer et de l'acier, *ibidem*, pages 738 et suiv. De même J. W. JENKS, *loc. cit.*, pages 157 et suiv.

Pour les Etats-Unis, nous possédons déjà des statistiques assez volumineuses provenant d'enquêtes officielles. Elles sont, pour une grande partie, recueillies dans le *Preliminary Report* de l'*Industrial Commission* concernant les trusts et composant le premier volume de toute une remarquable série de rapports publiés par cette commission (1). Ce « Rapport préliminaire » traite de onze combinaisons industrielles des plus importantes aux Etats-Unis et donne pour quelques-unes d'entre elles appartenant aux industries du sucre, du whisky, du pétrole, du fer blanc, du fer et de l'acier bruts et travaillés, des cartes représentant clairement le mouvement des prix. Ces cartes et les tableaux des prix s'appliquent d'ordinaire à toute une suite d'années et sont accompagnés d'un texte explicatif dû au professeur Jer. W. Jenks.

On peut consulter aussi le *Bulletin n° 29* du *Département du Travail* à Washington que nous avons également cité à plusieurs reprises.

Il faut signaler encore les recherches faites par des particuliers. M. Jenks, dans son livre *The Trust Problem*, a consacré un chapitre fort remarquable aux prix de marché dans quelques branches principales de l'industrie américaine. Il y a ajouté des cartes analogues à celles du *Preliminary Report* de l'*Industrial Commission* ; on y trouve à côté des hausses et baisses du prix moyen pour chaque mois, les variations dans les prix des matières premières : par exemple les prix moyens du blé à côté de ceux des spiritueux. Ensuite les cartes montrent encore la différence entre les deux prix, — le *margin*. Quand cela a été possible, les variations dans les prix européens sont également indiqués, de sorte que l'on peut suivre, au moins dans

(1) Nous renvoyons encore le lecteur au volume XIII, Washington, 1901, de la même série ; c'est le deuxième volume sur ce sujet comprenant les témoignages entendus après le 4 mars 1900, ainsi que différents rapports spéciaux concernant l'influence exercée par les combinaisons industrielles sur les prix des marchandises, les bases de la capitalisation des trusts, etc. Ensuite le vol. XIX, Washington, 1902, contenant le « rapport final » de l'*Industrial Commission*.

les grandes lignes, le mouvement des prix pour un article spécial.

De pareilles données statistiques ne peuvent être employées qu'avec circonspection. Par rapport à la fabrication de plusieurs articles, par exemple, il faut reconnaître avec le Bulletin du Département du Travail que, trop souvent, la science d'un expert serait nécessaire pour tirer des chiffres donnés quelque conclusion absolue (1). En effet, la plus grande prudence doit toujours nous guider si nous voulons être certains de compter tous les facteurs capables d'influer sur les prix.

Pour l'Europe, nous n'avons rien, sur cette question des prix, qui soit quelque peu digne de confiance. Le mystère que font nos grands industriels du vieux monde de leurs alliances et de leurs conventions joue ici un rôle important (2). Néanmoins, tout ce que nous possédons actuellement, nous permet de formuler quelques principes généraux sur les tendances que montrent les trusts et les monopoles dans la fixation des prix.

---

(1) *Loc. cit.*, p. 711.

(2) Etant donné que certains cartels allemands ont abouti déjà à des monopoles aussi fermes et aussi rigoureux que ceux que possèdent les plus forts trusts américains, nous nous appuierons de temps en temps, dans nos conclusions, sur la grande enquête officielle menée en Allemagne. Mais le mystère dont nous parlons ici offre toujours des difficultés réelles. A chaque pas, dans l'Enquête allemande, on est frappé par la mauvaise volonté des industriels qui se refusent à éclaircir le public et par l'impuissance du Gouvernement à y remédier.

Lors de l'enquête sur le cartel allemand du fer blanc, le Directeur Diether, de Rasselstein, en rappelant le désir exprimé par quelques témoins de « pénétrer dans le mystère des frais de revient », dit : « Ah ! certes, aucun de ces messieurs ne me croira assez puérilement naïf pour divulguer ces choses-là ». (*Kontradiktorische Verhandlungen über Deutsche Kartelle, Heft 9 — Weissblechverband — Berlin, 1905, p. 107.*) Cette remarque exprime fidèlement l'état d'esprit des grands industriels allemands. Heureusement pour la science, leurs collègues américains pensent un peu autrement. Ils sont souvent assez « puérilement naïfs » non seulement pour « divulguer » leurs frais de revient ainsi que leurs profits, mais avec une franchise tout « américaine » ils sont même allés jusqu'à révéler les procédés par lesquels ils arrivaient à mettre leurs concurrents au pied du mur et à monopoliser le marché.

Nos expériences à cet égard concernent particulièrement certaines marchandises appartenant à des branches d'industrie dans lesquelles, aussi bien en Europe qu'aux Etats-Unis, se sont formées les premières grandes combinaisons. Ces articles de consommation sont d'usage général et de qualités plus ou moins uniformes ; aussi peuvent-ils nous servir de guide, non seulement parce que leurs frais de production et leurs prix de marché se prêtent le mieux à la comparaison, mais aussi parce que l'influence exercée par les monopoles sur les prix de marché se fait, pour eux, tout particulièrement sentir.

Dans les industries où certaines marques de fabrique recherchées par le public jouent un rôle important, les combinaisons se basent particulièrement sur les économies à réaliser dans l'administration et, en général, elles sont d'une date relativement récente.

Une étude attentive des données statistiques disponibles fait voir en premier lieu que la formation d'une vaste combinaison dominant plus ou moins le marché, a généralement pour conséquence de hausser immédiatement les prix de marché en même temps que le *margin* des entrepreneurs.

Lorsque la concurrence violente entre fabricants de sucre cessa aux Etats-Unis dans l'automne de 1887, après la fondation du premier trust du sucre, le *margin* monta tout de suite d'un peu plus d'un 1/2 cent par livre à 1 cent et parfois à 1 1/4 cent ou plus la livre ; il doublait donc et même faisait plus que doubler. Avec de petites oscillations journalières, le prix maintenait son niveau élevé pendant deux ans.

Cependant, à peine eut commencé vers la fin de 1889 la concurrence des raffineurs indépendants, — surtout celle des nouveaux établissements Claus Spreckels à Philadelphie, — que le *margin* retombait immédiatement au niveau d'avant la formation du trust. Il y resta jusqu'à ce que, en février 1892, les établissements concurrents fussent achetés par la combinaison, pour remonter immédiatement à la hauteur de la période précédente alors que le trust n'avait pas de concurrence à craindre.

La combinaison du sucre maintint ensuite ses prix pendant
plus de six ans avec une très légère diminution du *margin*,
attribuable, pense-t-on, à des perfectionnements dans le
raffinage et des baisses correspondantes dans les frais de production, — pendant quelques mois seulement il y eut une
diminution importante du *margin*, — jusqu'à l'automne de
1898. Alors, le trust réorganisé (l'*American Sugar Refining
Company*) dut accepter de nouveau la lutte avec plusieurs raffineurs indépendants et particulièrement avec les maisons Arbuckle frères et Claus Doscher. Le *margin* tombait alors de
0.9 1/2 cent en moyenne par livre en juillet et 0.8 1/4 cent
en septembre 1898, à 0.5 cent et moins par livre pendant les
trois derniers mois de l'année (moins de 0.4 1/2 cent en décembre) et même à 0.3 1/2 cent en avril 1899. Quoiqu'il soit
ensuite remonté, nous voyons dans les tableaux des prix que
nous avons sous les yeux — tableaux qui vont jusqu'à janvier
1900 — qu'il n'atteignit plus son ancien niveau (1).

Eu comparant ce mouvement général des prix du sucre sur
le marché américain avec les prix anglais, et le *margin* américain avec le *margin* anglais, M. Jenks conclut que, en général,
le prix du sucre dans son pays a été plutôt au-dessus qu'au-
dessous de ce qu'il eût été si la plupart des raffineurs s'étaient
contentés de prendre seulement un petit profit sur les frais de
raffinage, et « assurément bien au-dessus de ce qu'il eût été
dans les conditions de la concurrence telles qu'elles ont existé
pendant les deux dernières années. » (2).

Cet exemple caractéristique du mouvement des prix que présente la combinaison du sucre, pourrait être complété par des

(1) Voir les cartes et les tableaux de prix dans le rapport de l'*Industrial Commission*, vol. I (*Preliminary Report*), part. I, pages 39 et suiv.
Ensuite le *Bulletin n° 29*, pages 712-716, et JEN. W. JENKS, *loc. cit.*,
ch. VIII, pages 133-146. Les chiffres des sources mentionnées ici, montrent
de petites différences de prix qui, pour notre sujet, n'ont pas d'importance.

(2) *Loc. cit.*, p. 142. Les recherches de l'auteur vont jusqu'au mois de
juin 1900.

exemples empruntés aux autres combinaisons industrielles ou
commerciales. Souvent la formation d'un *cartel* ou d'un *pool*
disposant d'un capital important sur le marché national ou international peut déjà exercer pareille influence sur les prix.

Lorsqu'en novembre 1887, le syndicat du cuivre fut fondé à
Paris, les prix de ce métal, au marché de Londres, avaient os-
cillé, pendant les premiers mois de l'année, entre 38 1/2 et
40 1/2 livres sterling la tonne. Après la fondation du syndicat,
les prix montaient subitement de 39 et 40 livres sterling (en octobre) jusqu'à 85 livres sterling au commencement de 1888. Le
syndicat gouverna le marché international pendant toute
l'année 1888 et put même élever les prix du cuivre de 80 à
92 livres sterling en août 1888 et à 115 livres sterling en septembre.

Lorsque, dans la période de 1895-1896, le *pool* des pointes
(*Wire Nail Pool*) posséda temporairement un monopole dans
sa branche d'industrie, il fit hausser le prix des pointes de
0.97 dollar les cent livres en mai 1895 jusqu'à 1.68 dollars en
juillet et 2.25 dollars en septembre, prix maintenu pendant
six mois et qui monta encore à 2.40 dollars en mars 1896 et
à 2.55 dollars en mai de cette même année. Le prix resta six mois
à ce niveau particulièrement élevé, jusqu'au jour où le *Wire
Nail Pool* s'écroula et où le prix des pointes, par conséquent, re-
tomba au niveau de la concurrence (1).

En pareils cas, lorsqu'une hausse des prix résulte de la
pression d'une combinaison dominant temporairement le
marché, les grands capitalistes coalisés, menacés d'une concurrence qui va se dresser devant eux, tâcheront de profiter le plus
possible de leur supériorité temporaire et de tirer tout l'avantage qu'ils pourront de leur monopole passager.

Les grands trusts, au contraire, organisés d'une façon plus
solide, n'ayant pas à craindre une concurrence sérieuse ou es-

---

(1) Voir le tableau des prix et la carte du *Preliminary Report*, Part. I,
p. 56.

pérant lui tenir tête victorieusement, suivent souvent une tactique inverse. Pour eux, il s'agit plutôt de maintenir ou d'élever légèrement les prix du marché de manière à accroître leur profit ; mais les grands trusts aiment à atteindre ce but sans imprimer au marché de ces secousses soudaines propres à éveiller l'hostilité du public et à nuire aux intérêts de la combinaison. Du reste, dans la phase moins développée des cartels, il a déjà été prouvé que le système de la combinaison régulièrement établi peut favoriser essentiellement la stabilité des prix (1).

Une certaine diminution des prix de marché — le profit augmentant ou restant invariable — n'est pas exclue de cette politique.

Après la fondation, en 1882, de la *Standard Oil*, la *marge* entre l'huile brute et l'huile raffinée ne subit pendant les premières années — sauf peut-être en 1884-1885 — qu'une petite augmentation. Ensuite elle se maintint six ans — jusqu'au commencement de 1892 — à un niveau légèrement plus bas ; puis se produisit, jusqu'au commencement de 1893, une période de baisse plus prononcée atteignant son point le plus bas dans le courant de 1894. A partir du commencement de 1898, cependant, et jusqu'en 1900 où la statistique américaine que nous suivons termine ses recherches, les prix du pétrole et le *margin* du trust montent très sensiblement (2).

En général, la *Standard Oil Company* nous donne la preuve manifeste qu'un trust peut et même doit, dans son intérêt bien compris, combiner souvent des dividendes excessivement élevés avec des prix de marché quelque peu infléchis (3). Il en a été

---

(1) Voir par exemple à ce propos : *Kontradiktorische Verhandlungen, Heft 4 (Druckpapiersyndikat)*, p. 185, *Heft 12 (Spiritusindustrie)* p. 326, etc.

(2) Voir le tableau des prix et la carte du *Prelim. Report, Part. I*, pages 48 et suiv. Ensuite Jer. W. Jenks, *loc. cit.*, pages 150 et suiv. et le *Bulletin* nº 29, pages 723 et suiv.

(3) Voici les dividendes payés par le Trust du pétrole depuis son ori-

ainsi, parce que le trust pouvait combiner des améliorations techniques et des épargnes réelles dans la production et le trans-

gine. Les chiffres sont extraits de *Poor's Manual of Industrials and Public Utilities, 1912 (Third Annual Number)*, New-York, p. 2529

Années	Capital	Dividendes	
		Taux	Montant
	dollars	0/0	dollars
1882	71,116,100	4 1/2	3,695,253
1883	71,730,700	6	4,268,086
1884	71,230,700	6	4,283,842
1885	71,230,700	10 1/2	7,479,223
1886	73,855,800	10	7,826,452
1887	90,187,160	10	8,463,327
1888	90,293,360	11 1/2	10,207,905
1889	90,344,360	12	10,620,630
1890	96,941,860	12	11,200,089
1891	97,219,800	12	11,648,826
1892	97,250,000	12.21	11,874,225
1893	97,250,000	12	11,670,000
1894	97,250,000	12	11,670,000
1895	97,250,000	17	16,532,500
1896	97,250,000	31	30,147,500
1897	97,250,000	33	32,092,500
1898	97,250,000	30	29,175,000
1899	97,250,000	33	32,008,541
1900	97,500,000	48	46,691,474
1901	97,500,000	48	46,775,390
1902	97,500,000	45	43,851,966
1903	97,448,900	44	42,877,478
1904	98,338,300	36	35,188,266
1905	98,338,300	40	39,335,320
1906	98,338,300	40	39,335,320
1907	98,338,300	40	39,335,320
1908	98,338,300	40	39,335,320
1909	98,338,300	40	39,335,320
1910	98,338,300	40	39,335,320
1911	98,338,300	37	36,385,171

Le Rapport de l'*Industrial Commission* (vol. XIX, *Final Report*,

port de ses marchandises avec une position particulièrement privilégiée.

Dans de pareils cas, cependant, on peut se demander si la diminution des prix de marché a été proportionnée aux avantages que le trust a réalisés. Les témoignages de plusieurs raffineurs de pétrole, dit le rapport de l'*Industrial Commission,* nous apprennent que le trust a pu beaucoup économiser, dans les dernières années, sur les produits accessoires, qui étaient considérés antérieurement comme des non-valeurs, de sorte que les profits faits sur ces produits accessoires égalaient souvent ceux que l'on tirait du pétrole. Dans ces conditions, pensent les auteurs du rapport, on aurait pu s'attendre peut-être à ce que le prix du pétrole raffiné, comparé à celui de l'huile brute, diminuât plus encore qu'il ne l'a fait en réalité (1).

p. 668), après avoir noté quels dividendes les actionnaires de la *Standard Oil Company* avaient touché de 1882 à 1901, ajoute :

« Il est impossible de déterminer le montant que les plus-values et les bénéfices non distribués ont pu atteindre ; mais d'après les dépositions faites, on peut tranquillement conclure qu'ils ont été grands. Les dividendes payés en 1894, 1895 et 1896 ont été respectivement de 12, 17 et 31 0/0. Cependant, il est probable qu'il n'y a pas eu d'accroissement soudain des profits correspondant à cet accroissement de dividendes. L'explication loyale de ce fait est que, dans les années antérieures à 1895, de larges bénéfices sont restés non-distribués. »

Pour se donner une idée de l'importance considérable des bénéfices non-distribués dans la *Standard Oil Company,* non seulement pour les premières années, mais pendant toute son existence, cf. encore *The Manual of Railroads and Corporation Securities* (*Moody's Manual,* 13 th Edition), New-York, 1912, p. 3605.

(1) Voir *Prelim. Report, Part.* 1, p. 52. Cf. aussi JER. W. JENKS, *loc. cit.,* ch. VIII, p. 154, et le *Bulletin* n° 29, p. 724. Voici les termes dans lesquels l'*Industrial Commission* a résumé son opinion : « Il est vrai que l'huile raffinée se vend aujourd'hui à meilleur marché que dans la première période de l'industrie, mais le trust n'a pas concouru à déterminer ce bon marché relatif. Les plus grandes réductions de prix se sont produites avant l'organisation du trust (Cf. Vol. I, pages 48-52). Il n'a ni découvert ni introduit le système des *pipe lines,* et il n'a découvert aucun nouveau bassin pétrolifère. Il n'est pas démontré qu'il ait inventé de nouveaux appareils de forage, ni aucune méthode pour raffiner l'huile à meilleur compte, tous facteurs qui ont largement contribué à rendre

Cette politique générale des trusts concernant les prix des produits prêts à la consommation, est complétée par une autre : c'est celle que les dirigeants de plusieurs grandes combinaisons ont pratiquée relativement aux matières premières dont ils ont tâché de baisser les prix le plus possible ; s'ils n'y parvenaient pas, ils cherchaient peu à peu à attirer dans leur combinaison des branches entières de la production des matières premières et secondaires.

Presque tous les concurrents de la *Standard Oil Company* qui ont été entendus par l'*Industrial Commission* se sont plaints de ce que cette corporation, « contrôlant » les principales canalisations en fer (*pipe lines*) pour le transport du pétrole brut, et étant en même temps le principal raffineur du pétrole, fixât dans la pratique les prix du pétrole brut. Ils prétendirent que la combinaison faisait cela depuis plusieurs années au préjudice financier des autres producteurs d'huile qu'elle avait souvent complètement ruinés.

Partout où la *Standard Oil Company* avait le contrôle exclusif des *pipe lines* elle tenait le prix du pétrole brut à un niveau si bas que, à la longue, elle pouvait acheter les sources d'huile aux producteurs et propriétaires ruinés à des conditions très avantageuses pour elle ; ceci fait, le prix de l'huile brute montait sur le champ à un niveau de production plus normal. En outre, la combinaison appliquait souvent un système particulier de primes pour le pétrole brut provenant des contrées où s'étaient établis les concurrents ; elle payait plus que le prix régulier

l'huile moins chère pour le consommateur. Cependant, il a fait des progrès dans le développement et la monopolisation des produits accessoires, ce qui aurait rendu l'huile raffinée meilleur marché pour le consommateur.

« Les prix n'ont pas baissé autant qu'ils l'auraient fait sous la libre concurrence ou qu'ils l'ont fait par la concurrence pour d'autres marchandises. Il y a eu de grandes découvertes et de nouvelles économies dans la production de l'huile brute et c'est aux bénéfices réalisés sur ce point qu'il faut attribuer entièrement la réduction actuelle du coût de l'huile raffinée. » (*Final Report, Industrial Combinations*, pages 666-667.).

pour ce pétrole. Dans ces cas, les propriétaires de petites *pipe lines*, se voyant privés d'huile, furent lentement ruinés et, à la fin, leurs canalisations furent achetées par le trust (1).

A cet exemple caractéristique, nous en ajouterons un autre concernant une branche particulière de production et de commerce. De même que les producteurs de pétrole brut et les propriétaires de petites canalisations devaient se sentir impuissants et désarmés devant la *Standard Oil Company*, de même les éleveurs de bestiaux, les petits marchands de bétail et les bouchers se sont trouvés et se trouvent encore sans défense devant le puissant Trust de la viande, qui règle absolument les prix de cet article dans presque tous les Etats-Unis. C'est ce même trust qui a été tant de fois déjà la cause de troubles aux Etats-Unis, troubles qui ont montré combien est vrai, par rapport aux trusts, le mot que l'on a prononcé : « Les individus sont sans force contre eux et un peuple seulement peut conquérir et garder la liberté » (2).

Aux pratiques déjà mentionnées qu'appliquent plusieurs grands trusts comme acheteurs de matières premières et secondaires envers les producteurs de ces matières, il faut ajouter une tactique particulière suivie localement vis-à-vis des producteurs rivaux de produits finaux. C'est la diminution temporaire des prix, destinée soit à supplanter un adversaire déjà établi, soit à effrayer ceux qui voudraient entrer sur un terrain où le trust domine.

Le rapport de l'*Industrial Commission* montre que les plus grandes combinaisons, comme la *Standard Oil Comp.* et la

---

(1) Voir pour la tactique suivie par le trust du pétrole, outre le Rapport mentionné (*Prelim. Report, Part I*, pages 16 et 17), HENRY-DEM. LLOYD, *Wealth against Commonwealth*, chap. VIII, pages 84 et suiv., et chap. IX, pages 104 et suiv. ; ensuite surtout, la politique pratiquée par le trust contre la *Tidewater Pipe Line*, une vraie guerre industrielle, *ibidem*, pages 107 et suiv.

(2) Pour juger de l'influence monopolisatrice que les quatre grandes maisons de boucherie de Chicago (*the Big Four*) exerçaient déjà en 1890 sur le prix du bétail dans différents Etats de l'Union, voir HENRY-DEM. LLOYD, *loc. cit.*, ch. IV, pages 34 et suiv.

Sugar Refining Comp., méritent pleinement les plaintes portées contre elles à ce propos (1).

Si difficile qu'il soit de prononcer un jugement général sur la politique suivie par les grandes combinaisons industrielles et commerciales en ce qui touche les prix des marchandises, il est sûr que plusieurs d'entre elles ont su obtenir, d'une manière temporaire ou durable, une puissance monopolisatrice ; il est non moins manifeste que, dans ce cas, elles ont généralement profité de leur position privilégiée pour augmenter la différence entre les frais d'acquisition de leurs matières premières et secondaires et les prix de leurs produits finaux et à faire hausser ainsi le *margin* et par suite leur profit d'entreprise.

Elles ont obtenu ce résultat soit en abaissant les prix de leurs matières, soit en haussant ceux des produits finaux, soit encore en combinant les deux moyens. Voilà l'opinion définitive à laquelle mènent les faits. C'est la conclusion à laquelle est arrivé aussi le rédacteur du rapport contenu dans le *Bulletin N° 29* du Département du Travail à Washington pour « la plupart des cas » où les combinaisons pouvaient arriver à dominer le marché (2).

Ce jugement est justifié partout par l'expérience ; il ne vaut pas seulement pour les combinaisons de l'Amérique du Nord ; il peut être appliqué aux syndicats et cartels d'Europe. Souvent les chambres de commerce allemandes se sont plaintes de la politique suivie dans les industries coalisées par rapport aux prix du marché (3).

(1) A plusieurs endroits de ses rapports, l'*Industrial Commission* parle de ces *diminutions locales des prix* (*cuts in local markets*). Voir par exemple *Prélim. Report, Part.* I, p. 20, où la Commission renvoie le lecteur à diverses déclarations de témoins, déclarations aussi bien de représentants des grands trusts que de leurs rivaux. En ce qui regarde la *Standard Oil Company*, on trouve quelques exemples très remarquables de ce que signifient réellement ces *cuts* dans les prix chez Henry-Dem. Lloyd, *loc. cit.*, ch. xxx, pages 422 à 427, ch. xxxi, p. 439, etc.

(2) *Loc. cit.*, p. 764.

(3) Voir *Jahrbuch für Gesetzgebung...* etc., publié par Gustav Schmoller,

Lors de l'enquête officielle sur les cartels allemands, un phénomène curieux se fit jour en ce qui concerne l'attitude différente de
certaines combinaisons en période d'expansion et de haute activité ou au contraire en période de contraction et de dépression
économique. Il résulta des discussions que les combinaisons
existant dans les industries de la houille et du coke avaient su
modérer plus ou moins leurs efforts vers le plus gros profit
possible dans la période de haute prospérité jusqu'en 1900 et
que, obéissant à la pression de l'opinion publique, elles ont pu
exercer alors une bonne influence dans ce sens sur les propriétaires de mines les plus âpres au bénéfice. Mais il n'en était plus
de même dans la période de crise qui suivit, en 1901-1902; alors
ces combinaisons se sont trop efforcées de maintenir les hauts
prix obtenus dans les années de prospérité. L'appétit leur était
venu en mangeant et leur puissance monopolisatrice leur permettait déjà de se montrer gourmandes (1).

Notons encore que le renchérissement des produits peut se

1901. *Heft* IV, p. 9. L'auteur de l'article auquel nous renvoyons le lecteur (H. WAENTIG) dit encore : « Les phénomènes les plus récents que
nous montre le marché allemand du charbon, du fer et du sucre, ne
sont guère propres à réconcilier le public avec la politique suivie par
les cartels en matière de prix de marché.»

Mentionnons encore une statistique spéciale. Lors de l'enquête allemande sur les syndicats des aciéries (20 et 21 juin 1905), l'Office Impérial
de l'Intérieur (*Reichsamt des Innern*) avait préparé un tableau des prix
de commerce moyens des différentes sortes de charbons et de cokes, des
fontes et aciers demi-ouvrés, des poutrelles, tôles, etc., portant sur les
divers trimestres des années 1885-1905. Ces prix, empruntés par la statistique officielle à la revue technique *Stahl und Eisen*, présentent dans
leur ensemble un mouvement des plus intéressants pour quiconque veut
étudier l'influence des cartels sur les prix de marché. (*Kontradiktorische
Verhandlungen, Heft 10 — Stahlwerksverbände —Anlage* I, pages 451 et
suiv.)

(1) Pour les combinaisons anglaises, c'est à une conclusion analogue
qu'est arrivé M. HENRY W. MACROSTY dans son livre *The Trust Movement in British Industry* : « Elle (la combinaison) peut plus rapidement
profiter d'un marché ascendant et faire une opposition plus tenace à une
baisse des prix que cela n'est possible quand l'industrie n'est pas organisée. » (*Loc. cit.*, chap. xiv, *Survey et Conclusions*, p. 335.)

manifester, non seulement de façon directe, par la hausse des prix, mais aussi indirectement, par une diminution dans la qualité des marchandises fournies. Ainsi, lors de l'enquête sur le Syndicat des cokes de Westphalie (*Westfälisches Kokssyndikat*) il fut généralement reconnu, même par les représentants de cette combinaison, que la qualité des cokes avait sensiblement diminué depuis la fondation du Syndicat, malgré le mouvement ascendant des prix. Le renchérissement des cokes se montrait ainsi à l'usage — surtout dans l'industrie du fer — plus grand que ne le laissait croire une simple comparaison des prix. Certaines compagnies de mines qui avaient auparavant, sous le régime de la libre concurrence, garanti une certaine qualité moyenne de leurs produits, refusaient de le faire depuis qu'elles se sentaient soutenues par la puissance économique de la combinaison (1).

Le jugement final auquel nous sommes arrivés par l'étude de la politique des grandes combinaisons industrielles et commerciales, correspond entièrement à leur nature et cela d'autant plus qu'elles présentent davantage un caractère de monopolisation.

Prenons tout d'abord comme exemple un monopole dont l'existence est incontestable, un soi-disant « monopole légal » comme celui que possède une compagnie de chemins de fer.

Une compagnie n'exploite pas pour son plaisir, ni par sentiment d'humanité. « Les affaires ne sont pas de la philanthropie », disait M. Havemeyer, président du Trust du sucre, devant l'*Industrial Commission*. N'étant pas arrêtée dans son exploitation par la concurrence, une compagnie de chemins de fer prend d'abord ses propres frais d'exploitation — ce que nous avons appelé en général pour l'industrie *les frais de production* — comme base pour la fixation de ses tarifs ; mais ce niveau

(1) Voir *Kontradiktorische Verhandlungen*, *Heft* 3, pages 710 et suiv.

peut être dépassé plus facilement que sous le système de la concurrence. En somme, la fixation des prix de monopole est régie ici par la règle générale de l'obtention du plus grand revenu net, pour autant, du moins, que les monopoleurs ne rencontrent pas d'obstacles du côté du Gouvernement (1).

Les frais d'exploitation restant invariables, il s'agit avant tout, pour les directeurs d'une ligne de chemins de fer, de résoudre la question suivante : Les revenus nets augmenteront-ils par une diminution des tarifs qui multiplierait le nombre des voyageurs et accroîtrait la masse des marchandises à transporter? Augmenteront-ils au contraire par le relèvement des tarifs? On ne saurait oublier que ce relèvement pourra se heurter à l'hostilité du public et faire diminuer la masse des voyageurs et des marchandises. La question de savoir quelle influence exercent sur l'intensité de la demande les variations des prix de l'offre, voilà le problème qui se pose ici. Nous devrons y revenir lorsque, tout à l'heure, nous traiterons particulièrement des articles de consommation pour lesquels la demande ne peut notablement décroître.

La puissance monopolisatrice que nous venons de constater est parfois non moins incontestable — bien qu'elle soit moins complète — dans les industries où certains entrepreneurs jouissent d'avantages naturels ou techniques tels que des relations de commerce et une clientèle acquise par de longues années d'expérience ou que la possession de brevets d'invention. L'*American Steel and Wire Company*, par exemple, obtint en Amérique un monopole réel pour la fabrication des fils de fer épineux (*barb wire*) grâce à ses brevets d'invention.

_____

(1) Voici une opinion émise par l'*Interstate Commerce Commission* des Etats-Unis et citée par le Rapport de l'*Industrial Commission* : « La nature humaine et la leçon de l'Histoire montrent toutes les deux qu'un pouvoir sans limite mène à l'abus de ce pouvoir. Les chemins de fer n'ont pas été *combinés* dans le but *d'extorsion et d'abus*, mais néanmoins le peuple devrait s'assurer une certaine protection contre ces résultats possibles de la combinaison. » (*Final Report, Transportation*, p. 323.)

Parmi ces sortes de monopoles on peut classer aussi celui d'un journal soutenu par un grand parti politique.

Lorsque, dans de tels cas, le monopole est plus ou moins complet et absolu, ce sont les frais d'exploitation qui serviront, comme toujours, de base à la fixation des prix de vente ; mais les entrepreneurs peuvent plus facilement hausser ces prix que sous le régime de la concurrence libre. Dans tous ces cas, la règle des plus grands revenus nets s'impose.

Dans le cas d'un journal politique où le monopole ne se heurte pas à une influence gouvernementale, cette règle mène à la question suivante : le journal donnera-t-il les profits les plus élevés avec un prix d'abonnement peu élevé et un cercle de lecteurs très étendu, ou bien, au contraire, avec un prix élevé et un nombre plus restreint d'abonnés ? De même, est-ce que les revenus augmenteront en diminuant le prix des annonces ou, au contraire, en l'élevant ?

De tout ce qui précède, il résulte que la possession d'un capital considérable, assez grand pour dominer le marché, peut attribuer à certains entrepreneurs une puissance monopolisatrice proportionnelle au capital mis en œuvre.

Examinons les conditions dans lesquelles se trouve placée une combinaison « contrôlant », comme on dit aux Etats-Unis, 70 ou 80 0/0, sinon plus, de la production nationale dans une branche déterminée d'industrie. Par exemple, regardons de près la situation dans laquelle se trouvaient au moment de la grande enquête américaine les combinaisons suivantes : l'*American Sugar Refining Company* fabriquant, d'après le témoignage de son président devant l'*Industrial Commission*, 90 0/0 de tout le sucre produit aux Etats-Unis, et pouvant fabriquer 20 0/0 au-dessus de la demande totale du sucre dans ce pays (1) ; la *Standard Oil Company*, « contrôlant » de 82.3 à 95 0/0 — les évaluations des témoins devant l'*Industrial Commission* diffèrent à ce sujet — de tout le pétrole raffiné aux Etats-Unis (2) ; les

(1) *Prelim. Report, Part* II, p. 107.
(2) *Loc. cit.*, pages 286, 402 et 560.

Cornélissen   29

deux *combinaisons du whiskey* dominant en octobre 1899,
d'après les témoignages des présidents, 85 à 90 0/0 de la production totale des spiritueux (1); l'*American Tin Plate Company* avec 95 0/0 de la production totale du fer blanc, ou bien,
au moment du témoignage de son président devant l'*Industrial
Commission* et d'après ce témoignage même, 90 0/0 environ de
la production (2). Et ainsi de suite.

De telles combinaisons, évidemment, possèdent une tout autre
influence sur le marché qu'aucun de leurs concurrents, une tout
autre influence aussi que celle que pourrait posséder, sous le
régime de la libre concurrence, un entrepreneur quelconque,
même s'il fabriquait 3 ou 5 ou même 10 0/0 de la production
totale. L'influence particulière qu'exercent de pareils trusts consiste précisément en ceci que la très grande partie des consommateurs se trouvent à la fin, bon gré mal gré, renvoyés à eux.
Même dans le cas où le trust ferait hausser les prix bien au-
dessus du niveau de la concurrence, les consommateurs, néanmoins, ne pourraient s'adresser que pour une partie peu importante aux rivaux du trust qui ne sauraient satisfaire à la
demande totale. Il est vrai que, en pareils cas, de nouveaux
concurrents peuvent entrer en scène, mais nous savons par
tout ce qui précède quels moyens coercitifs possèdent les grands
trusts pour décourager leurs adversaires éventuels.

La dépendance du public trouve quelque atténuation, tant
que les consommateurs peuvent, dans une sphère voisine de la
production, satisfaire à leurs besoins, en remplaçant par exemple
les spiritueux par la bière, le thé ou le vin par le café ou le lait,
la viande par les œufs, et ainsi de suite. Ce remplacement ne
peut avoir lieu, cependant, que jusqu'à une limite déterminée,
et une hausse des prix dans une sphère de production et de consommation, occasionne, immédiatement d'ordinaire, — par
l'accroissement de la demande, — une hausse analogue dans les

(1) *Loc. cit.*, pages 814 et 835.
(2) *Loc. cit.*, p. 882.

sphères voisines (1). Tout ce que la science économique nous apprend sur la rigueur des besoins sociaux dans certaines sphères de la production où la demande totale n'est plus susceptible de resserrement, reçoit une signification particulière du fait que les trusts modernes ont monopolisé surtout les branches de production d'articles de première nécessité. Le besoin qu'un peuple peut avoir d'un article quelconque n'est pas une grandeur fixe et invariable, mais ses fluctuations se meuvent généralement, nous l'avons vu, entre un certain minimum et un certain maximum. La dépendance des populations vis-à-vis des grandes combinaisons modernes ne devient que trop aisément intolérable et elle augmente encore à mesure que les combinaisons, dans des sphères voisines d'industrie, commencent à concerter ensemble les prix de leurs produits.

Il est évident que les quelques entrepreneurs indépendants qui peuvent se maintenir à côté des grandes combinaisons n'ont point, pour hausser arbitrairement leurs prix, la même puissance que ces trusts. Dans le cas où ils le tenteraient ils verraient immédiatement leur clientèle passer à leurs rivaux, les entre-

---

(1) Il faut compter à ce sujet avec les pratiques des trusts, qui, loin de rester inactifs lorsqu'il s'agit de vaincre leurs concurrents et le public, se montrent au contraire sans pitié en matière d' « affaires ».

Un rédacteur du *Temps*, chargé en 1902, par les ministères des Finances, de la Marine et du Commerce de France, d'une mission d'études aux États-Unis, raconte l'histoire suivante : « Le premier résultat du Beef Trust a été une hausse excessive de la viande provoquée par les *Stockyards* de Chicago. Les bouchers de New-York prirent mal la chose et résolurent un jour de fermer boutique. Un matin, les ménagères trouvèrent les boucheries closes et sur les devantures, cette pancarte : « N'achetez plus que des œufs. Cela vous coûtera moins cher que nos bœufs. »

« Le lendemain, la maison Armour, de Chicago, télégraphiait à ses représentants de rafler tous les œufs qu'ils pourraient trouver. Elle en achetait cinquante millions. Les œufs devenaient plus chers que la viande et les bouchers de New-York se résignèrent à rouvrir leurs boutiques. » (*Temps* du 2 juillet 1902). On pourrait ajouter à cet exemple nombre d'autres pris de tous côtés dans le monde des trusts luttant pour la domination du marché.

preneurs unis dans la combinaison étant à peu près à même de pourvoir à tous les besoins du marché.

De même, en ce qui concerne la tactique d'abaissement des prix dans certains cas spéciaux, les trusts que nous avons nommés n'ont pas à subir les mêmes difficultés que les entrepreneurs indépendants. « Lorsque [les trusts] abaissent les prix (*when they make a cut in the price*), dit l'enquête de l'*Industrial Commission*, les autres doivent suivre et l'action [des trusts] est réellement arbitraire. Eux-mêmes, au contraire, exerçant un si large contrôle sur le marché, n'ont pas besoin de suivre l'abaissement du prix lorsque cet abaissement est opéré par un concurrent sur un marché relativement petit ; toutefois ils ne peuvent pas permettre à ce concurrent d'élargir notablement sa clientèle, si, du moins, ils désirent conserver le contrôle du marché. » (1).

Dans les branches principales de l'industrie, du commerce et des transports qui ont été monopolisées par les grandes combinaisons, la situation, aux États-Unis, est donc généralement celle-ci : la combinaison fixe les prix de marché, tandis que les entrepreneurs indépendants, qui se maintiennent encore à côté d'eux, acceptent les prix qui leur sont imposés (2).

---

(1) *Preliminary Report*, Part 1, p. 19. Cf. aussi l'esquisse excellente donnée de cette puissance monopolisatrice par JER. W. JENKS, *loc. cit.*, ch. IV, pages 60 et 63.

(2) « Depuis quelques années la *Standard Oil Company* a pris l'habitude d'annoncer journellement le prix qu'elle veut payer pour le pétrole brut et le prix auquel elle veut vendre le pétrole raffiné. Ce prix est généralement accepté comme le prix du marché et les concurrents le suivent.

« De la même manière l'*American Sugar Refining Company* affiche les prix du jour et est suivie par ses concurrents qui affichent les leurs...

« Les fonctionnaires de l'*American Tin Plate Company* reconnaissent que leur prix fonctionne comme prix américain... La compagnie fixe le prix, que ses concurrents suivent en général... » (*Prelim. Report*, Part 1, pages 18-19.)

Une situation pareille existe souvent en fait avant la formation des trusts proprement dits. Voir, par exemple, pour les cartels allemands, l'enquête officielle sur le Syndicat rhénan-westphalien des houilles (*Rheinisch-Westfälisches Kohlensyndikat*) dans *Kontradiktorische Verhandlungen über Deutsche Kartelle, Heft 1*, p. 71. La clientèle du cartel de

Mais c'est là le monopole, au sens le plus absolu du mot ! Non pas, il est vrai, le monopole établi et sanctionné légalement d'une compagnie de chemins de fer ou d'une industrie d'Etat, mais, ce qui revient au même ou ce qui est pis (faute d'un fort contrôle de la part de l'Etat), c'est un monopole réel dérivant des faits, un monopole particulier sans frein.

Lorsque les grandes combinaisons portent leurs marchandises au marché à un prix plus bas que ne pourraient le faire les entrepreneurs particuliers agissant chacun pour soi sous le régime de la libre concurrence, ces prix moins élevés n'existent cependant que grâce à la bonne volonté des directeurs de ces combinaisons dont, en définitive, les consommateurs dépendent pour la satisfaction de leurs besoins.

En étudiant de près la production capitaliste sous le régime de la libre concurrence, nous avons vu, au plus haut degré de développement de cette production, que les prix de marché de la très grande partie des articles de consommation journalière tendent à prendre la forme : *frais de production sociaux + profit moyen.* La valeur de production reste, pour la grande masse des marchandises, l'élément essentiel de leur valeur de marché. La même concurrence entre les entrepreneurs indépendants, qui lie continuellement le prix de marché des marchandises à leur valeur de production sociale et qui nivelle ainsi les prix de marché montre, en même temps, une tendance plus ou moins prononcée au nivellement des profits d'entreprise.

De même que l'artisan indépendant ou le maître de métier du Moyen Age devait juger la valeur de marché de ses produits d'après le travail dépensé à leur production et tâcher de réaliser

l'alcool (*Zentrale für Spiritusverwertung*) en Allemagne prétend de même que les prix des alcools de la « Centrale » servent de base à ceux des producteurs restés en dehors du cartel (Voir *loc. cit., Heft 12*, Berlin, 1906, p. 597.)

ce travail dans le prix du marché, de même l'entrepreneur capitaliste moderne doit évaluer ses produits, sous le régime de la libre concurrence, d'après les frais de production (au sens large du mot) augmentés du profit d'entreprise ayant cours dans sa sphère particulière de production.

Pour l'artisan indépendant et le maître de métier du Moyen Age, comme pour le capitaliste moderne, c'est là le prix que vaut leur marchandise, puisqu'ils ne peuvent continuer à la fabriquer que si ce dédommagement leur est accordé. « Les affaires ne sont pas de la philanthropie. »

Il résulte de tout ce qui précède que, sous le régime de la combinaison, la valeur de production reste encore, jusqu'à une certaine hauteur, la base sur laquelle les entrepreneurs doivent fixer les prix de marché. Aussi avons-nous vu que ce sont précisément les représentants des trusts modernes qui mettent incessamment en lumière la nécessité que cette base soit maintenue. Ce sont eux qui défendent précisément l'existence des combinaisons en rappelant les prix excessivement bas que leurs corporations sont à même de faire, étant donnés leurs frais de production et de transport excessivement modérés.

Mais nous avons vu, d'autre part, que la puissance monopolisatrice que les combinaisons réalisent de plus en plus dans l'industrie, le commerce et les transports, les met à même d'élever leur prix au-dessus, et même parfois beaucoup au-dessus, de leurs propres frais de production et de circulation. Ce fait explique — mieux que toutes les améliorations et tous les perfectionnements techniques, mieux que toutes les économies que peuvent faire les trusts — pourquoi plusieurs combinaisons ont pu réaliser des profits tels qu'ils rappellent ceux de la première période de la production capitaliste; et encore, pendant cette période, de tels profits n'existaient-ils que pour des capitaux exceptionnels.

Tant que les prix des marchandises se règlent encore, sous le régime des trusts modernes, sur les frais réels de la production, le système de la combinaison apparaît comme un perfectionnement technique de la production et de la circulation, perfectionnement qui résulte de toutes les améliorations et de toutes les épargnes introduites. Il apparaît ensuite comme une réaction naturelle contre le nivellement primitif et grossier des profits par la concurrence.

Les trusts modernes ont remplacé, dans la production, la lutte de tous contre tous — lutte irrégulière et inorganisée, aboutissant partout à la ruine d'un grand nombre de petits entrepreneurs indépendants — par la guerre d'extermination systématique et grandiose dans sa cruauté, que les grands capitalistes coalisés entreprennent contre tous leurs rivaux, grands et petits, restés indépendants. En transformant complètement l'aspect de la lutte économique, les combinaisons ont réussi avant tout à niveler absolument le profit d'entreprise au sein de leur corporation : le grand entrepreneur capitaliste entré dans un trust est devenu en effet l'actionnaire d'une société qui lui paye ses dividendes — tant pour cent du capital placé par lui dans l'entreprise commune.

Cependant, en dehors de leur cercle les combinaisons ont brisé complètement la tendance primitive au nivellement des profits dans les différentes sphères de la production, — tendance, du reste, que nous n'avons vu que très imparfaitement agir, même au plus haut degré de développement de la concurrence capitaliste. Cette tendance primitive est brisée comme sont brisées les lois de la concurrence capitaliste et de la fixation des prix de marché sous le régime de cette même concurrence.

Au fur et à mesure que les Pierpont Morgan, Hill, Carnegie, Schwab, Rockefeller et Vanderbilt répartissent leurs formidables capitaux sur les branches principales de l'industrie, du commerce et des transports et qu'ils parviennent, pour l'ensemble de ces industries nationales ou internationales, aux mêmes résultats que le système de la simple combinaison a déjà produits dans plusieurs branches en particulier, une nouvelle tendance au nivellement général des profits pourra se faire jour de plus en plus dans l'avenir ; alors, cependant, il s'agira d'une tendance agissant à un tout autre degré, à un degré beaucoup plus développé de la production, que celui où se manifestait la tendance primitive au nivellement des profits sous le régime d'une concurrence libre et effrénée entre plusieurs milliers d'entrepreneurs indépendants.

Nous devons faire remarquer en outre que, pendant toute cette période d'élargissement et de développement du système des trusts et monopoles, on ne pourra pas parler d'une tendance immédiate au nivellement des profits entre les industries monopolisées, d'une part, et d'autre part toutes celles qui ne le sont pas.

Le contact immédiat entre ces sphères de production est rompu. Lorsque, dans l'avenir, les capitaux pourront affluer plus facilement d'une sphère à l'autre, — les branches non monopolisées de la production, telles que les branches agricoles, commençant à manifester une tendance à la combinaison, — ce contact pourra se rétablir lentement. Pour le présent, pourtant, les deux sphères de production que nous venons de distinguer, celle des industries monopolisées et celle des non-monopolisées, se séparent nettement l'une de l'autre et appartiennent déjà en réalité à des périodes historiques différentes. Ces périodes se distinguent aussi nettement que celles que représentent, d'une part, la fabrication des meubles, chaussures, etc., dans la grande fabrique capitaliste et, d'autre part, la réparation de ces articles dans l'atelier de l'artisan indépendant ou du petit patron. Ces différentes catégories d'industrie tombent, comme nous l'avons vu, sous des conditions tout autres eu égard à la fixation de la valeur des produits.

En examinant ensuite jusqu'à quel point les prix des marchandises dépendent encore, sous le système de la combinaison moderne, de leur valeur de production, nous voyons, dans la lutte des trusts pour obtenir la domination du marché, que le mouvement des prix prend en général le cours suivant.

D'abord, il existe une période pendant laquelle les prix de marché tombent au-dessous — et parfois dans des proportions considérables — de ceux auxquels pouvaient antérieurement descendre les entrepreneurs isolés. Prenons comme exemple la tactique suivie par la *Standard Oil Company*, aux Etats-Unis, dans sa lutte pour accaparer le marché mondial du pétrole. Pour arriver à son but, elle vendait parfois en Europe le pétrole raffiné à des prix auxquels on ne pouvait pas même importer d'Amérique du pétrole brut (1).

Dans ces conditions, les petits entrepreneurs indépendants, après avoir été obligés pendant quelque temps de produire et de livrer leurs marchandises au-dessous de leurs propres frais de fabrication, ne tardent pas à disparaître, ruinés, ou bien ils entrent dans la combinaison.

Alors s'ouvre généralement une période dans laquelle le trust conserve la domination du marché et peut hausser les prix, souvent bien au-dessus du niveau qu'ils atteignaient sous le régime de la libre concurrence.

Si alors d'autres concurrents surgissent sur le marché, le jeu se répète : Une baisse des prix soudaine et formidable se produit, du moins là où les nouveaux adversaires peuvent arriver au marché ; les marchandises obtiennent un « prix d'occasion » pouvant tomber au-dessous des frais de production de plusieurs, sinon de tous les rivaux du trust, jusqu'à ce que la victoire reste de nouveau au plus fort ou qu'un accord mette fin à la lutte (2).

(1) La *Pall Mall Gazette* du 18 juin 1894, par exemple, annonçait que le trust vendait à cette époque de l'huile raffinée en Europe à des prix plus bas que ceux auxquels l'huile brute pouvait être importée d'Amérique. Voir ensuite les déclarations de plusieurs témoins devant l'*Industrial Commission*, par exemple celles d'Archbold, vice-président de la *Standard-Oil-Company*. (*Prelim. Report, Part* II, pages 571-572.)

(2) Pour un mouvement pareil des prix, M. Jenks donne comme exemple l'histoire du Trust du sucre à laquelle nous avons nous-mêmes renvoyé plus haut aux pages 437-438 (voir Jer. W. Jenks, *loc. cit.*, ch. VIII, pages 141 et 142). Un autre exemple caractéristique se présente dans les différents *pools* des grands distillateurs des Etats-Unis de 1881-1887. D'une consultation attentive, pour cette période, des cartes et tableaux de prix que nous connaissons, il résulte clairement que, durant l'existence de chacune de ces combinaisons temporaires, les prix des spiritueux étaient élevés et que les profits sans doute y correspondaient. Toutes les

Bien que, pendant toute cette période de guerre industrielle, la valeur de production ne puisse pas toujours servir de base aux prix des marchandises, on pourrait affirmer que les frais de production restent toujours, en dernière analyse, l'élément prédominant dans la fixation des prix. N'oublions pas à ce sujet : premièrement, que la somme de ces frais est variable et qu'elle varie, sous le régime des trusts, avec le développement technique et l'organisation de l'industrie ; deuxièmement, que nous pouvons chercher toujours le prix de marché moyen pour une période de plusieurs années, durant laquelle les oscillations au-dessus et au-dessous du niveau indiqué par la valeur de production sociale peuvent se contrebalancer partiellement.

Cependant, fixons notre attention sur ce qui se produit après une période de lutte alors qu'une combinaison a réussi à accaparer plus ou moins complètement le marché, comme cela est arrivé dans plusieurs branches de l'industrie, nationalement ou même internationalement.

Dans ces conditions, — nous l'avons déjà appris par la pratique — les prix de marché peuvent surpasser les frais de production et de circulation beaucoup plus que sous le régime antérieur de la libre concurrence, avec sa tendance à la formation d'un profit moyen.

La valeur de production des marchandises est mise à l'arrière-plan, bien que, naturellement, elle ne perde jamais toute son influence. Ce qui domine, c'est de nouveau la valeur d'usage. Nous avons pu observer ce fait, quand nous avons cherché si la valeur d'un ensemble de biens productifs doit être estimée d'après la valeur d'inventaire, ou bien d'après la puissance de production des établissements. Maintenant, le même phénomène nous apparaît par rapport au prix de marché des produits finaux prêts à la consommation.

Au fur et à mesure que les prix de marché de ces produits se

---

fois, cependant, qu'un de ces *pools* s'écroula, les prix tombèrent jusqu'à un minimum et le *margin* diminua excessivement, de sorte que souvent le prix n'égalait pas même les simples frais de fabrication.

détachent de leur valeur de production, la loi des plus grands revenus nets que nous avons formulée commence à imposer rigoureusement son action aux capitalistes coalisés. Cette loi n'exprime autre chose, en dernier lieu, que la prédominance de la valeur d'usage. Dans des cas spéciaux, nous avons déjà constaté l'action de cette loi en traitant la question de savoir s'il serait préférable pour un producteur de faire des prix élevés en vue d'une clientèle restreinte ou, au contraire, des prix modérés en vue d'une clientèle plus large.

Du fait précisément que, dans certaines industries, les monopoleurs se trouvent au marché dans une situation de supériorité réelle vis-à-vis des consommateurs, ils peuvent élever arbitrairement les prix jusqu'à un certain niveau. C'est jusqu'à ce niveau que les prix de marché peuvent s'écarter du niveau indiqué par les frais de production.

Les monopoleurs d'une industrie n'ont pas besoin de présenter au marché la masse entière des produits dont ils disposent. Dès qu'ils ont réussi, en tant que producteurs, à étouffer toute concurrence, ils dominent au marché l'offre des marchandises. En limitant cette offre, ils peuvent accroître l'intensité de la demande et faire augmenter ainsi la valeur d'usage que leurs produits possèdent pour les consommateurs.

Dans l'histoire de la *Standard Oil Company*, comme dans celle de plusieurs autres trusts, la fermeture et le « démantèlement » (*dismantling*) aussi bien des établissements rivaux vaincus par la combinaison que des établissements entrés dans le trust et qui sont les moins favorablement situés ou équipés, sont d'une pratique fréquemment employée pour diminuer l'offre au marché. Et nous savons ce que signifie, dans la production des métaux précieux, la domination de l'offre du côté des propriétaires de mines et des grands financiers. L'or, comme nous l'avons remarqué au commencement de cet ouvrage, possède déjà une valeur d'échange vraiment fictive, et la fixation d'un rapport entre la valeur de l'or et celle de l'argent ; x d'or $= y$ d'argent, est au pouvoir des capitalistes qui monopolisent ces métaux.

Par notre étude des combinaisons, nous avons déjà appris que le problème de la monopolisation n'est pas si facile à résoudre de la part des grands capitalistes modernes pour la très grande masse des produits d'usage général et journalier qu'il l'est pour certains articles spéciaux, tels que les métaux précieux. Pour la très grande partie des articles de consommation journalière, l'arbitraire des producteurs est beaucoup plus limité, même lorsqu'ils possèdent un monopole effectif dans leur industrie.

Faisons encore abstraction du fait que tout monopole ne conserve sa force que jusqu'à une certaine limite et que la « concurrence potentielle », bien que peu à craindre pour certains trusts dans les conditions ordinaires de l'industrie, se dresse quand même à l'arrière-plan d'une manière plus ou moins menaçante. L'Etat, par exemple, ayant lui-même une force monopolisatrice, pourrait se présenter en concurrent dans une industrie nouvelle, au cas où un trust abuserait trop de son monopole. Mais, en outre, et c'est là ce que nous voulions encore mettre en lumière, ce n'est qu'exceptionnellement que l'on peut parler d'une impuissance complète des consommateurs et de leur dépendance absolue par rapport aux grands monopoleurs.

Les consommateurs, tout comme les producteurs, quoique dans un sens bien différent, se voient placés dans des alternatives particulières dérivant de la prédominance de la valeur d'usage qui se fait sentir pour eux aussi. Les consommateurs demandent toujours, les conditions du marché étant données, le plus grand avantage ou le plus grand plaisir dans la consommation, de même que les producteurs cherchent toujours le plus grand avantage à tirer de la production.

Certains articles de consommation peuvent être remplacés par des succédanés, ou bien parfois, comme nous l'avons démontré, par des articles appartenant à des sphères voisines de la consommation. Vis-à-vis des producteurs de ces articles, les entrepreneurs d'une industrie monopolisée peuvent donc se trouver dans les mêmes conditions de concurrence que les en-

trepreneurs isolés et indépendants le sont entre eux sous le
régime de la libre concurrence capitaliste et dans une branche
particulière d'industrie.

La restriction du débouché des produits monopolisés peut
donc être effectuée par leur remplacement, sur une vaste
échelle, au moyen d'autres produits, et la crainte d'un tel remplacement doit être considérée comme propre à tenir quelque
peu en bride l'arbitraire des trusts.

Par exemple, la possibilité du remplacement de la lumière,
du pétrole par la lumière du gaz, de l'électricité, de l'acéty-
lène, ou de la chaleur du pétrole par celle du charbon, du bois
de l'alcool à brûler, etc., pose toujours une limite à l'arbitraire
de la grande combinaison du pétrole, si fort que soit le monopole possédé par cette corporation dans son industrie particulière (1).

Cependant, il faut tenir compte de ce que nous avons fait
remarquer plus haut sur la possibilité d'une entente entre les
monopoleurs capitalistes de sphères différentes, mais voisines, de
la production, et aussi de ce que nous avons dit sur les sphères
de production dont les produits satisfont les besoins de première nécessité d'un peuple (2).

(1) Voir, d'autre part, sur la nécessité où se trouve le cartel de l'alcool allemand, qui exerce pourtant une puissance de monopole assez
forte, de tenir les prix de l'alcool à brûler en rapport avec ceux des
autres combustibles nécessaires au chauffage et à l'éclairage : *Kontradiktorische Verhandlungen*, *Heft 12*, *Anlage* I, p. 484.

(2) Le mouvement général des prix sous le régime des trusts et l'influence qu'exercent ceux-ci par leur puissance monopolisatrice dans différentes sphères de la consommation, sont exprimés par le professeur
Andrews dans les termes suivants :

« Lorsqu'une marchandise est fabriquée dans des conditions semblables,
les frais ne règlent plus le prix. La fixation se fait arbitrairement pendant quelque temps, les caprices du vendeur étant peut-être tempérés un
peu par sa mémoire des prix sous l'ancienne concurrence. Lentement le
caprice donne place à une certaine loi, mais c'est une nouvelle loi, —
celle du besoin des hommes. Les prix augmentent de plus en plus, jusqu'à ce que la demande et, par là, le profit, commencent à diminuer ; ils
oscillent ensuite autour du niveau que le marché peut supporter, comme

Voici, en termes généraux, la loi qui régit le mouvement des prix sous le système des combinaisons et monopoles :

À côté de la valeur de production, nous voyons s'accroître, chez les consommateurs comme chez les producteurs, l'influence de la valeur d'usage sur les évaluations et, par suite, l'influence de cette valeur d'usage sur la valeur d'échange objective et le prix de marché des marchandises. Lorsque, à un certain prix, la demande totale et effective égale l'offre totale, sans pourtant trop la surpasser, et que la marché peut absorber toute la provision apportée d'une marchandise, — alors, il n'y a pas de raison pour les fabricants monopoleurs de diminuer le prix de cette marchandise. Une raison seule pourrait les y conduire : c'est que la diminution du prix fut plus que compensée par une extension de la demande et par suite de la vente de la marchandise. Il n'y aurait pas de raison non plus pour élever le prix de marché, à moins que la demande ne puisse se restreindre davantage ou qu'elle se restreigne si peu par une élévation de prix que le profit des capitalistes monopoleurs augmenterait par la tactique employée.

Nommons q la quantité d'une marchandise monopolisée qui est apportée au marché à un moment donné ; p le prix de marché d'une unité de cette marchandise (mètre, litre, ou kilogramme, etc.) au même moment ; les capitalistes monopoleurs tâcheront d'élever p jusqu'au point où pq leur donne un excédent sur les frais de production de la quantité q de leur marchandise, plus grand que celui qu'ils obtiendraient en portant au marché n'*importe quelle autre quantité* de leur marchandise, (q') à un prix variant en même temps (p').

Donc, lorsque les fabricants monopoleurs d'une industrie

ils l'ont fait autrefois autour de celui des frais. Le producteur peut être plus ou moins exigeant, selon la nature du produit. Si c'est un article de luxe, là nouvelle loi, peut-être, n'élèvera pas les prix beaucoup au-dessus de l'ancien niveau. Si c'est un article de première nécessité, le producteur peut saigner le peuple à mort.» (E. Benjamin-Andrews, *The Quarterly Journal of Economics*, jan. 1889. Article: *Trusts according to Official Investigations*, p. 143.)

offrent au marché une quantité q de leur marchandise à un prix de monopole p, la situation du marché tend à s'exprimer dans la formule suivante :

$$pq - qr > p'q' - q'r'.$$

Dans cette formule, r exprime les frais de production d'une unité de la quantité q de la marchandise, et r' les frais de production de q'. Si la différence entre q et q' n'est pas importante, on a $r' = r$. Mais — et c'est précisément ce phénomène que les représentants des grands trusts s'appliquent à mettre en lumière — il est possible que les frais de production d'une unité (mètre, litre ou kilogramme, etc.) d'une marchandise diminuent à mesure que la quantité produite augmente.

Cependant il est évident qu'il existe toujours une certaine limite au-dessus de laquelle l'accumulation du capital et la centralisation de la production sur une échelle plus vaste ne mènent plus rationnellement à la diminution des frais de production d'une marchandise.

La situation devient un peu différente, lorsqu'une combinaison capitaliste arrive avec l'excédent de sa production dans des régions étrangères où, malgré sa supériorité technique évidente, elle rencontre néanmoins une concurrence sérieuse de la part de l'industrie indigène et même de l'industrie mondiale. Sa supériorité technique peut lui permettre, dans ce cas, de dépasser de beaucoup ses frais de production, lesquels restent toujours à l'arrière-plan pour laisser une prédominance sensible à la valeur d'usage des produits. Mais la combinaison trouve cette fois des limites à sa gourmandise par le prix de marché national ou mondial tracé conformément à la loi générale que nous connaissons. Elle ne saurait « saigner à mort » les consommateurs qui dépendent de ce marché extérieur.

Normalement — peut-être après une période de lutte acharnée contre la concurrence étrangère, période pendant laquelle les prix peuvent descendre bien au-dessous même des frais de production de toutes les parties en présence — la combinaison tâchera de tenir ses prix à une hauteur suffisante pour empêcher tout juste ses concurrents d'approvisionner régulièrement le marché.

Faisons observer que tous les cas successivement étudiés ici sous le régime du monopole, cadrent avec la théorie générale exposée dans notre chapitre sur la fixation de la valeur d'échange et du prix de marché. Ici encore, les cas infiniment variables qui peuvent se présenter dans la vie sociale réelle, ne peuvent que mettre en relief les grandes lignes de notre théorie qui y trouve précisément sa complète justification.

FIN

INDEX ALPHABÉTIQUE

ERRATA

La première feuille du livre a été, par erreur, mise sous presse sans que la correction en fût terminée. Voici les principales fautes à corriger dans cette feuille :

Page 1, ligne 2 d'en bas. — *Au lieu de* : mon volume, *lire* : ce volume.

Page 4, ligne 7 d'en bas. — *Au lieu de* : dirigent, *lire* : régissent.

Page 11, lignes 14 et 15. — *Au lieu de* : éclaircissement, *lire* : explication.

Page 11, ligne 21. — *Au lieu de* ; l'hésitation, *lire* : la circonspection.

TABLE DES MATIÈRES

—

CINQUIÈME PARTIE

La valeur d'échange.

SIXIÈME PARTIE

La valeur d'échange sous le régime du monopole.

BIBLIOTHÈQUE INTERNATIONALE D'ÉCONOMIE POLITIQUE (¹)
publiée sous la direction de Alfred Bonnet

Histoire Économique

ASHLEY (W. J.). — Histoire et Doctrines économiques de l'Angleterre, 1900. 2 vol. in-8 (II et III). . . . 15 fr. »»

SEE (H.), professeur à l'Université de Rennes. — Les classes rurales et le régime domanial au moyen-âge en France, 1901. 1 vol. in-8 (IV). . . . . 12 fr. »»

CARROLL D. WRIGHT. — L'Évolution industrielle des Etats-Unis, trad. F. Lepelletier. Préface de E. Levasseur. 1901. 1 vol. in-8 (V). . . . . . 7 fr. »»

SALVIOLI (G.). — Le Capitalisme dans le Monde antique, tr. A. Bonnet, 1906. 1 vol. in-8 (XXXI). . . . . 7 fr. »»

Histoire des Doctrines

COSSA (L.). — Histoire des doctrines économiques (I). . . . (épuisé)

DENIS (Hector). — Histoire des Systèmes économiques et socialistes. 2 vol. (XIX-XX) in-8. . . . 17 fr. »»

ASHLEY (W. J.). — Histoire et Doctrines économique de l'Angleterre, 1900. 2 vol. in-8 (II-III) . . . . 15 fr. »»

CANNAN (Edwin). — Histoire des théories de la production et de la distribution dans l'économie poli-

tique anglaise, de 1776 à 1848, 1 vol., 1910. in-8 (XL). . . . . . 12 fr. »»

PARETO (V.). — Les systèmes socialistes (XII-XIII). . . . (épuisé)

MENGER (Anton). — Le droit au produit intégral du travail, trad. Alf. Bonnet, préface de Charles Andler, 1900. 1 vol. (sér. in-8, I). . . 3 fr. 50

BÖHM-BAWERK (E). — Histoire critique des théories de l'intérêt du capital, trad. par J. Bernard, 1902. 2 vol. in-8 (X-XI). . . . . . 14 fr. »»

Manuels et Méthodes d'Economie politique

CAIRNES (J. E.). — Le caractère et la méthode logique de l'Economie politique, trad. G. Valran, 1902. 1 vol. in-8 (VI). . . . . . 5 fr. »»

SCHMOLLER (G.), professeur à l'Université de Berlin. — Principes d'Economie politique, 1905-8. 5 vol. in-8 (XXIV à XXVIII). . . . . . 50 fr. »»

WAGNER (Ad.), profes. à l'Université de

Berlin. — Les Fondements de l'Economie politique, 5 v. in-8, 1904-13. 52 fr. »»

MARSHALL (Alfred). — Principes d'économie politique, trad. Sauvaire-Jourdan, 1907. 2 v. in-8 (XXIV-XXXV) - 22 fr. »»

PARETO (V.). — Manuel d'économie politique, 1909. 1 v. in-8 (XXXVIII) 12 fr. 50

CLARK (J. B.). — Principes d'Economique. 1 vol. in-8 1911 (XLI) . 10 fr. »»

Systèmes Economiques

JEVONS (Stanley W.). — La théorie de l'économie politique, avec une préf. de Paul Painlevé. 1909. 1 v. in-8 (XXXIX). 8 fr. »»

PETTY (William). — Œuvres économiques, trad. Dussauze et Pasquier, préface de A. Schatz, 1905. 2 vol. in-8 (XXIX-XXX). . . . . 15 fr. »»

LASSALLE (F.). — Théorie systéma-

tique des droits acquis, avec préface de Ch. Andler, 1904. 2 vol. in-8 (XIV-XV) 20 fr. »»

EFFERTZ (Otto). — Les antagonismes économiques. Avec préf. de Ch. Andler, 1906. 1 vol. in-8 (XXXII-XXXIII) . 12 fr. »»

LORIA (A.). — La Synthèse économique, trad. C. Monnet, 1911. 1 vol. in-8 (XLIII). . . . . . 12 fr. »»

Théorie de la Répartition

SMART (W.). — La Répartition du revenu national, 1902. 1 vol. in-8 (VII). . . . . . 7 fr. »»

CARVER (Th.-N). — La Répartition des richesses, trad. Roger Picard. 1 vol. in-8 1913 (XLV). . . . . 5 fr. »»

CORNÉLISSEN (C.). — Théorie du salaire et du travail salarié. 1908. 1 fort vol. in-8 (XXXVII) . . 14 fr. »»

SCHLOSS (David). — Les modes de

rémunération du travail, traduit, avec introduction, notes et appendices par Charles Rist. 1902. in-8 (VIII) . . 7 fr. 50

RODBERTUS (C.). — Le Capital. 1904. 1 vol. in-8 (XVI). . . . 6 fr. »»

LANDRY (A.). — L'Intérêt du Capital, 1904. 1 vol. in-8 (XVII). . 7 fr. »»

FISHER (Irving). — De la Nature du Capital et du Revenu. trad. S. Jouyssy. 1911. 1 vol. in-8 (XLII). . . 12 fr. »»

Politique Economique et Sociale

SCHMOLLER (Gustav). — Questions fondamentales d'économie politique et de politique sociale. 1902. 1 vol. in-8 (IV). . . . . . 7 fr. 50

PHILIPPOVICH. — La politique agraire. 1904. 1 vol. in-8 (XVIII). 6 fr. »»

FONTANA-RUSSO (L.). — Traité de politique commerciale, 1908. 1 vol. in-8 (XXXVI) . . . . . 14 fr. »»

WEBB (S. et B.). — La Lutte préventive contre la misère, 1 vol. in-8 1913. (XLIV). . . . . . 8 fr. »»

BASTABLE. — La théorie du commerce international, trad. Sauvaire-Jourdan, 1900. 1 v. (Sér. in-18, III). 3 fr. »»

PATTEN (S. N.). — Les fondements

économiques de la protection, avec préface de Paul Cauwès, 1899. 1 vol. br. (Sér. in-18, II) . . . . . 2 fr. 50

KOBATSCH (R.). — La politique économique internationale, trad. G. Pilati et A. Bellaco, 1913. 1 vol. in-8. 12 fr. »»

WILLOUGHBY (W.-F.). — Essais sur la législation ouvrière aux Etats-Unis. Trad. et annotés par A. Chaboseau, 1903. 1 vol. (Sér. in-18, IV) . 3 fr. 50

HERSCH (L.), privat-docent à l'Université de Genève. — Le Juif errant d'aujourd'hui, 1913. 1 vol. in-8 (V) . 6 fr. »»

LEROY (Maxime). — La Coutume ouvrière, 1913. 2 v. in-8 (s. presse). 18 fr. »»

(¹) Les volumes de cette collection se vendent aussi reliés avec une augmentation de 1 franc pour la série in-8° et de 0 fr. 50 pour la série in-18.

www.ingramcontent.com/pod-product-compliance
Lightning Source LLC
Chambersburg PA
CBHW031614210326
41599CB00021B/3183